AMÉRICA DEL SUR

BELICE
HONDURAS
NICARAGUA
Lago de Nicaragua
EL SALVADOR
GUATEMALA
PANAMÁ
COSTA RICA

MAR CARIBE

Barranquilla
Cartagena
Maracaibo
Caracas
Lago de Maracaibo
San Cristóbal
VENEZUELA
Río Orinoco
Georgetown
GUAYANA
Paramaribo
Cayena
SURINAM
GUAYANA FRANCESA
Medellín
Río Magdalena
Bogotá
Cali
COLOMBIA
Boa Vista

ECUADOR
Quito
Guayaquil
Cuenca
Iquitos
ECUADOR

ISLAS GALÁPAGOS (Ecuador)

PERÚ
Río Amazonas
A M A Z O N A S

BRASIL

LOS ANDES

OCÉANO PACÍFICO

Machu Picchu
Lima
Ayacucho
Cuzco
BOLIVIA
La Paz
Lago Titicaca
Santa Cruz
Sucre
Potosí
Brasilia

Río Paraná

PARAGUAY
São Paulo
Río de Janeiro

TRÓPICO DE CAPRICORNIO

CHILE
Asunción
Iguazú
OCÉANO ATLÁNTICO

Río Uruguay

Córdoba
URUGUAY
Montevideo

Viña del Mar
Valparaíso
Santiago
Buenos Aires
Río de la Plata
Concepción
ARGENTINA
Bahía Blanca

Viedma

Elevación en metros
4.000+
2.000–4.000
500–2.000
200–500
0–200
Nivel del mar

250   500   750 MILLAS
500   1.000 KILÓMETROS

AMÉRICA
DEL SUR

ISLAS MALVINAS (Br.)
Estrecho de Magallanes
TIERRA DEL FUEGO

ÁFRICA
NIGERIA
CAMERÚN
Malabo
GUINEA ECUATORIAL
GABÓN
ÁFRICA

0   MILLAS   250
0   KILÓMETROS   500

MÉXICO, AMÉRICA CENTRAL Y EL CARIBE

ESTADOS UNIDOS

Albuquerque

San Diego
Mexicali
Tijuana
Nogales
Nogales
El Paso
Ciudad Juárez
Hermosillo
Chihuahua
San Antonio

Río Bravo

Nuevo Laredo
Laredo

BAJA CALIFORNIA

SIERRA MADRE OCCIDENTAL

SIERRA MADRE ORIENTAL

MÉXICO

Río Bravo

Brownsville
Matamoros

Monterrey

GOLFO DE MÉXICO

Mazatlán

Aguascalientes

San Luis Potosí

Tampico

León

PENÍNSULA DE YUCATÁN

Puerto Vallarta
Guadalajara

Mérida
Cancún
Chichén Itzá

México, Distrito Federal

BAHÍA DE CAMPECHE

Taxco
Cuernavaca
Puebla
Veracruz

OCÉANO PACÍFICO

Acapulco
Oaxaca

Palenque

⌂**Belmopan**
BELICE

Guatemala

Tegucigalpa

GUATEMALA

San Salvador

EL SALVADOR

Managua

Elevación en metros

4.000+
2.000–4.000
500–2.000
200–500
0–200

Nivel del mar

0	125	250	375	500 MILLAS	

0	250	500	750 KILÓMETROS	

MÉXICO, AMÉRICA CENTRAL Y EL CARIBE

30°
25°
20°
15°
10°
5°

110°   105°   100°   95°   90°

ESPAÑA

Elevación en metros

2.000+
500–2.000
200–500
0–200

Nivel del mar

FRANCIA

ANDORRA

OCÉANO
ATLÁNTICO

MAR CANTÁBRICO

200 MILLAS

300 KILÓMETROS

150

200

100

100

50

100

0

0

ISLAS CANARIAS

ÁFRICA

LANZAROTE

FUERTEVENTURA

Las
Palmas

GRAN
CANARIA

TENERIFE

LA
PALMA

GOMERA

HIERRO

MILLAS

KILÓMETROS

100

150

MAR MEDITERRÁNEO

MENORCA

MALLORCA

Palma

ISLAS
BALEARES

IBIZA

Costa
Brava

Barcelona

Gerona

CATALUÑA

PIRINEOS

Lérida

NAVARRA

Pamplona

Zaragoza

ARAGÓN

Río Ebro

LA RIOJA

PAÍS VASCO

CANTABRIA

Bilbao

Santander

PRINCIPADO
DE ASTURIAS

CORDILLERA CANTÁBRICA

CASTILLA-LEÓN

GALICIA

Santiago
de Compostela

Valladolid

Salamanca

Segovia

SIERRA DE
GUADARRAMA

MADRID

★ Madrid

Toledo

CASTILLA-LA MANCHA

Ciudad Real

COMUNIDAD
VALENCIANA

Valencia

Alicante

MURCIA

Murcia

Cartagena

SIERRA NEVADA

Granada

ANDALUCÍA

Río Guadalquivir

Córdoba

Sevilla

Málaga

Costa del Sol

Cádiz

GIBRALTAR (Br.)

CEUTA (Sp.)

MELILLA (Sp.)

Estrecho
de Gibraltar

Tánger

MARRUECOS

EXTREMADURA

Río Tajo

PORTUGAL

⬠ Lisboa

10°

8°

6°

4°

2°

44°

42°

40°

38°

36°

2°

4°

6°

8°

42°

40°

38°

14°

16°

18°

28°

0°

2°

4°

Perspectivas

octava edición

Brenda Wegmann
University of Alberta Extension

Sandra Schreffler
Roger Williams University

Mary Ellen Kiddle

HEINLE
CENGAGE Learning

Australia • Brazil • Japan • Korea • Mexico • Singapore • Spain • United Kingdom • United States

HEINLE
CENGAGE Learning™

Perspectivas: Octava Edición

Brenda Wegmann • Sandra Schreffler • Mary Ellen Kiddle

Executive Editor: Lara Semones

Acquisitions Editor: Heather Bradley

Managing Development Editor: Harold Swearingen

Development Editor: Sarah Link

Assistant Editor: Katie Latour

Editorial Assistant: David Naden

Media Editor: Morgen Murphy

Executive Marketing Manager: Lindsey Richardson

Marketing Manager: Ben Rivera

Marketing Assistant: Jill D'Urso

Marketing Communications Manager: Stacey Purviance

Content Project Manager: Tiffany Kayes

Senior Art Director: Cate Rickard Barr

Print Buyer: Betsy Donaghey

Permissions Editor: Mardell Glinski Schultz

Text Researcher: Llanca Letelier

Production Service: Stacey C. Sawyer

Text Designer: Glenna Collett

Photo Manager: Deanna Ettinger

Photo Researcher: Pre-Press PMG

Cover Designer: Jill Ort

Cover Image: Steve Hamblin/Alamy

Compositor: Greg Johnson

For product information and technology assistance, contact us at **Cengage Learning Academic Resource Center, 1-800-423-0563**

For permission to use material from this text or product, submit all requests online at **www.cengage.com/permissions.** Further permissions questions can be e-mailed to **permissionrequest@cengage.com.**

Library of Congress Control Number: 2009923281

ISBN-13: 978-1-4130-3337-3

ISBN-10: 1-4130-3337-7

Heinle
20 Channel Center Street
Boston, MA 02210
USA

Cengage Learning products are represented in Canada by Nelson Education, Ltd.

For your course and learning solutions, visit **www.cengage.com.**

Purchase any of our products at your local college store or at our preferred online store **www.ichapters.com.**

Printed in the United States of America
3 4 5 6 7 8 9   21 20 19 18 17

We dedicate this book to five wonderful people who have been a great source of encouragement and support in our work and in our lives:

From Brenda to Jessica and Jake, with all the appreciation of my heart, and to Kaz with gratitude for generous assistance.

From Sandra to my mother, Gloria Anker, with unending gratitude for being such an inspiring role model, and to Sophia Daniela, an inspiration of things to come.

Contenido

Capítulo **3**

El hombre y la mujer

95

Preface

I n its eighth edition, *Perspectivas* continues to be a theme-based Spanish text intended for use at the Intermediate or post-Intermediate level: in second-year courses, conversation courses, or culture courses. It succeeds by engaging students intellectually in Spanish through authentic "perspectives": interviews, magazine articles, short stories by world-class authors, poems, book excerpts, paintings, photographs—and now in this eighth edition for the first time—*popular songs and contemporary comic strips* from diverse parts of the Spanish-speaking world. It uses both structured and imaginative activities to teach conversational and critical-thinking skills (expressing an opinion, defending a viewpoint, analyzing an argument, following a sequence of events). *Perspectivas* also presents strategies for acquiring vocabulary, improving reading techniques and cultural awareness, increasing listening comprehension, and inferring the meaning of visual material. These are transferable skills that benefit students' performance in other courses and improve their personal lives as well.

What's New to this Edition?

The six main chapter themes remain the same as in past editions; however, the Introductions have been updated to reflect current times, and close to half of the authentic materials have been replaced to ensure relevance. In addition to these revisions, there are new features:

1. **Authentic lyrics from a popular song** have been added to every chapter as *Selección 2*. Students can purchase and download the recorded song from the *Perspectivas*, Octava Edición, playlist in iTunes™. One of the great attractions of the Spanish language for young people everywhere is the incredible variety of captivating songs from its diverse cultures. The stylistic techniques and emotional/conceptual nuances usually taught in poetry can be presented through song lyrics and enhanced by the magic of music.

2. **A brand-new authentic comic strip or comic selection** serves as *Selección 4* in every chapter. The comic strip introduces unique cartoon characters with Latino verve and provides a sampling of popular humor from different regions of the Spanish-speaking world. Comics bring us smiles and laughter, but they also carry commentary and cultural insights from the societies that produce them. Just as *Mickey Mouse* and *Spiderman* have become American icons, *Mafalda* appears in some ways quintessentially Argentine.

3. **A premium website** offers students access to a collection of multimedia resources and supplementary materials. This passkey-protected website contains MP3 files of the audio CD, a link to the iTunes™ playlist, flashcards that review the terms

in the Preliminary Vocabulary Lists, web links for the *¡Conectémonos!* section, flash-based grammar tutorials for self-study, and correlations to the *Heinle Voices* database, from which students can purchase related reading materials. This is an excellent support supplement that *Perspectivas* has not had in the past.

4. **Major restructuring** has made chapters more consistent and easier to follow, by limiting the number of selections to five while preserving the diversity and the originality that have been *Perspectivas* hallmarks. Chapters 1 through 5 now follow this pattern: Preliminary Vocabulary and Introduction followed by five selections, with the first, third, and fifth being magazine articles and literature, the second selection, a song, and the fourth, a comic strip. Chapter 6 follows a somewhat different structure because of its specific theme relating to Hispanics in the United States and Canada, with Preliminary Vocabulary and Introduction followed by three sections, each one containing background information about one Hispanic group and a representative reading or song selection.

   This structure makes it easier for instructors to plan assignments and gives students a better idea of what is expected of them.

5. **The audio CD with added sound effects** includes pertinent excerpts from every chapter read by professional narrators. In addition to new recorded excerpts, the CD now also contains occasional sound effects to heighten listening pleasure. Pre-listening questions help focus students' attention, and the answers provided afterward give an incentive to keep on listening. The readings furnish models of pronunciation and intonation patterns for imitation and also offer a convenient way for students to prepare some of their homework while commuting, waiting in line, or exercising. Note the CD icons in every chapter that signal which sections are on the CD and that also give the track numbers.

A New Approach to Poetry through the Lyrics of Songs

Many instructors have said that they find it difficult to interest their students in poems. Some have even wondered: "Is poetry dead to the youth of today?" We believe that poetry is alive and well but that young people now enjoy it in a context different from that of prior generations. It no longer speaks to them from the printed page but exists instead in the music on their iPods, MP3 players, CDs, and videos, with all the splendor of its metaphors, rhyme, rhythm, similes, alliteration, and other characteristics. (Think of the origins of poetry in the songs of minstrels, troubadours, and the courtly poets.) That is why *Perspectivas* presents the lyrics of a popular song in every chapter.

However, written poetry is not ignored. Chapter 2, *Cambios sociales*, includes Miguel Hernández's moving poem on war, and Chapter 3, *El hombre y la mujer*, offers some exquisite love poems written by both men and women, with the challenge to compare and contrast their differing viewpoints.

An Integrated Multimedia Approach

This new integrated multimedia approach in the eighth edition of *Perspectivas* expands the idea of a Spanish reader to that of a Spanish culture sampler including the written, spoken, sung, and illustrated word. The song selections, and also the comic strips, are not simply "add-ons" used for decoration or as a supplement; they are selections equal to, and given the same treatment as, the fiction and non-fiction reading selections. They are truly integrated. The overt references to online support in the *¡Conectémonos!* sections also serve to expose students—in a directed manner—to additional authentic materials and, more important, help to guide their interpretation of these materials. The *¡Conectémonos!* sections allow students to work in the target language via their preferred medium, the Internet.

Tips for Teachers

General Tips for Teaching Chapters 1–5

The purpose of *Perspectivas* is to pique the interest of students in the cultures and the language of the Spanish-speaking world and get them to read, speak, write, listen, discuss, and perhaps even laugh in Spanish. Each chapter is organized around a general topic and begins with a Preliminary Vocabulary and Introduction to the theme; so, in general, we recommend that you start at the beginning of a chapter to lay the groundwork. After that, the only important rule is to pick and choose! You can proceed through all of the selections or focus on certain ones, according to the inclinations of your class and the time available. The text is designed to be flexible, so some teachers will choose to do only certain chapters and include all the material; others will decide to do the introductory part of all the chapters, along with one or two selections from each. They may even allow their students to participate in the selection process, a good way to motivate them to do a quick preview of the readings.

Getting Started . . .

The chapters can be taught in any order, but many instructors start with the first chapter, because its topic, *Nature,* is relatively noncontroversial and serves as a good point of departure for discussion when students do not yet know one another. Chapters 2, 3, and especially 4 may well awaken more provocative and passionate discussion, because they present controversial issues, often through two contrasting viewpoints, that provoke discussion and elicit debate (learning how to disagree without becoming disagreeable, an important skill). Chapter 1 is also the easiest of the chapters in terms of its linguistic demands.

Every one of the first five chapters contains three reading selections (stories, articles, interviews, essays, poems, book excerpts) plus one song selection and one comic strip selection, so there is ample material from which to select.

Strategy / Skill-Based Exercises / End-of-Chapter Compositions

In this edition, we have included strategy-based exercises to teach listening and visual interpretation skills in Spanish, as well as the reading and vocabulary skills that have been a mainstay in past editions. These exercises have a practical goal: the development of a strategy or skill rather than simply the memorization of facts and details that soon will be forgotten. Learning how to listen for a global idea (in a song or at a conference), how to pick up visual cues (whether in comic strips, photographs, or charts), how to identify cognates and infer their meaning, and how to skim written material for main ideas or scan for details can give a boost to students not only in Spanish but also in their other academic courses or even in their careers.

At the end of each chapter, we provide a list of thought-provoking topics that invite students to express their opinions in written form with the aid of specific references to the ATAJO composition tool.

We also encourage instructors to expand any of the reading comprehension exercises we provide in order to meet the needs of each class. We acknowledge the fact that every class has its own personality, strengths, and weaknesses. All our features provide a "jumping off" point for further work.

Connecting to Online Support

For the first time, this edition of *Perspectivas* is connected to a Premium Website. In addition to the multimedia resources and the tutorial tools, the *¡Conectémonos!* sections (included in every chapter) are available on the website to facilitate online research for students. These sections provide many activities, all of which may not feasibly be implemented either because of time constraints and/or the unavailability of appropriate materials. Instructors should choose those activities that they feel are most beneficial to their students; or, they may decide to allow students to choose for themselves. Allowing students to select what interests them results in a proprietary feeling and thus encourages many to increase their effort and to turn in a more complete and higher-quality project. Most of these sections appear at the end of subsections and are intended as synthesizing activities in which students can show their classmates what they have learned during the unit and, essentially, "strut their stuff." Learning is enhanced by sharing, and these activities provide students with the means to do so.

We all know that when we make our expectations clear, more often than not, our students rise to the occasion and make both us and them proud of the work done. Don't be afraid to raise the bar! Let's give our students the push they sometimes need to excel.

Tips for Teaching the New Chapter 6

Chapter 6 has been expanded to include some new topics and has undergone more changes than any of the other chapters. Chapter 6 focuses on the identity of the three major groups of Hispanics in the English-speaking nations of North America. It highlights their contributions to the non-Hispanic cultures found therein. To make room for the songs and comic selections, some of the literary readings from previous editions have been eliminated, but the new selections maintain the central theme of Hispanic identity and life as part of an English-speaking society.

Each section of the chapter opens with an expanded and updated version of the featured Hispanic groups' histories, preceded by thought-provoking questions for discussion that place students within the appropriate frame of reference and mind and prepare them for the readings and activities to follow. To keep students focused, the narratives are complemented by comprehension checks. We strongly recommend that these exercises not be skipped, because they prepare students for the material that follows. The narratives in turn lead into pre-reading activities focused on each of the literary pieces, which are written by authors who are immigrants or descendants of immigrants.

The *¡Conectémonos!* activities in Chapter 6, like those in Chapters 1 through 5, are intended to synthesize and link the historical information and literary works to present-day experiences. They deliberately remove students from the pages of the textbook in order to emphasize the presence of Hispanics and their cultures in the everyday life of non-Hispanic North Americans. We suggest Internet activities to underscore the concept of our "shrinking world" and the connection between what we do in our Spanish classrooms and the "real" world.

Acknowledgments

We would like to thank the Spanish Conversation students at Roger Williams University for their willingness to serve as "guinea pigs" on a number of the new selections and for their insightful feedback. Acknowledgment is also due the Instructors and Teaching Assistants at Boston College who gave us many helpful insights in previous editions that have left an indelible mark on this text.

We are grateful to Dr. Naldo Lombardi of Buenos Aires for his generous and unerring advice regarding language and organization. To Llanca Letelier we owe a debt of gratitude for her assiduous research and many helpful suggestions. Additionally, we would like to thank three consultants who aided us with their collaborative input: Dean Fernandez of Redwood City, California, who advised us on the section about Mexicans in the U.S.; Ingrid de la Barra of University of Alberta Extension, who gave us useful recommendations for the section on Latin American immigrants to Canada; and Dr. Gene Bell-Villada, chair of the Department of Romance Languages at Williams College and author of several fine books, who contributed to the section on Puerto Ricans in the U.S. and also provided insightful comments to assist us in shaping the revision.

It is appropriate to thank Helen Greenlea (formerly of Heinle Cengage Learning) for getting the ball rolling by dreaming up the initial idea. Also, we especially wish to express our deep appreciation to the talented people from Heinle Cengage who cooperated with expertise and acumen in giving shape to the dream and turning it into a reality: Lara Semones, who supplied encouragement and early direction; Sarah Link, who helped to develop the manuscript with care and diligence; Stacey

C. Sawyer, who moved it forward; Tiffany Kayes, who adroitly managed the complex process of production; Greg Johnson, talented compositor; and last, yet foremost, Heather M. Bradley who, ably assisted by Harold Swearingen, guided this edition from start to finish past many a threatening Scylla and Charybdis with a deft and flexible hand. A big thank you to all the capable staff at Heinle Cengage!

Finally, we would like to convey our gratitude to María Teresa Varese from Red Deer College and the many instructors who shared their knowledge and expertise with us. In particular, we want to thank the following reviewers for their valuable counsel and specific suggestions, which steered us in the right direction for selecting materials and organizing this eighth edition.

Josebe Bilbao-Henry, *George Washington University*
Irene Chico-Wyatt, *University of Kentucky*
Kellye Church, *University of North Texas*
Mark Darhower, *North Carolina State University*
Dominick A. DeFilippis, Ph.D., *Wheeling Jesuit University*
Vanessa G. DelGiudice, *Barrington High School*
Jabier Elorrieta, *Arizona State University*
Molly Falsetti-Yu, *Smith College*
Charlene M. Grant, *Skidmore College*
Peg Haas, *Kent State University*
Todd Hernández, *Marquette University*
Margarita Hodge, *Moravian College*
Carlos F. Martínez, *New York University*
Dr. Anne Elizabeth Massey, *King's College*
Ximena Moors, *University of Florida*
Dr. John A. Morrow, *Eastern New Mexico University*
Carmen Scales, *Arizona State University*
Liana Stepanyan, *U.S.C.*
Jorge Trinchet, *Murray State University*
Catherine Wood Lange, *Boston College*

The *Heinle Voices* Collection (www.textchoice.com/voices)

Suggested Additional Readings

The website cited above provides additional readings for purchase, related to *Perspectivas* chapter themes, from the literatures of Spain and Latin America for students who wish to earn extra credit or extend their practice in the art of reading Spanish. The following list offers suggestions for some of the readings available that could be correlated to the six general chapter themes of *Perspectivas*.

CHAPTER 4 Cuestiones éticas

«El jardinero y su amo», Tomás de Iriarte (18th-century Spanish poem presenting practical moral advice by means of a brief fable)

«En tranvía», Emilia Pardo Bazán (19th-century Spanish short story that poses the moral question of what responsability the rich have for the problems of the poor)

«El chiflón del diablo», Baldomero Lillo (19th-century Chilean short story about the questionable working conditions imposed on miners and their consequences)

«La lengua de las mariposas», Manuel Rivas (20th-century Spanish Civil War short story portraying the horrific lengths to which people—who consider themselves to be good—may be driven by fear)

«Clarisa», Isabel Allende (20th-century Chilean short story about a modern-day saint whose goodness is manifested in strange and nontraditional ways)

CHAPTER 5 Arte y fantasía

«Los ojos verdes», Gustavo Adolfo Bécquer (19th-century Spanish poetic fantasy about the obsessive and fatal attraction of love)

«La Casa de Bernarda Alba», Federico García Lorca (early 20th-century folk play with an all-female cast, presenting the rigid customs and repression of Spain's countryside in riveting poetic symbolism)

«La isla a mediodía», Julio Cortázar (20th-century Argentine short story that blurs the boundaries between reality and desire, offering the challenge of multiple interpretations)

«Walking Around», Pablo Neruda (short 20th-century Chilean poem representing the necessary personal revolt against the disguised madness of normal life)

«Chac Mool», Carlos Fuentes (Mexican tale of terror about an ancient Aztec statue of a god that come to life and resumes its killing ways)

«La muñeca menor», Rosario Ferré (20th-century Puerto Rican horror story combining grotesque and surreal events with social satire)

CHAPTER 6 Los hispanos en Estados Unidos y Canadá

«Los versos sencillos» José Martí (universally acclaimed 19th-century Cuban poetry from which the lyrics of the song *Guantanamera* were taken)

«Sensemayá, Canto para matar a una culebra», «Balada de los dos abuelos», Nicolás Guillén (exuberant 20th-century Afro-Cuban poetry famous for its strong rythms)

«El laberinto de la soledad», Octavio Paz (20th-century Mexican interpretive essay analyzing the unique psychology and social customs of Mexican people)

«Las migraciones culturales», Carlos Monsiváis (20th-century essay that analyzes cultural and population movements in Mexico)

Capítulo 1

La naturaleza

Buceadores sacan fotos de un tiburón blanco desde una jaula abierta. ¿Será peligroso?

MHandler/Handlerphoto.com

Vocabulario preliminar

Antes de leer la Introducción, examine Ud. esta lista y haga los ejercicios de práctica. Luego, trate de usar las palabras de la lista durante su estudio del capítulo.

Cosas y conceptos

amenaza, la	algo que indica que se le va a hacer mal a una persona, una cosa o un lugar
bosque, el	lugar con muchos árboles, terreno forestal
contaminación, la	condición de estar impuro, de estar infiltrado de sustancias malas o impuras
daño, el	efecto negativo producido en algo o en alguien; detrimento
deforestación, la	pérdida o eliminación de bosques o de árboles
desarrollo, el	acción de crecer en tamaño *(size)* o en importancia; crecimiento; progreso
deterioro, el	acción de ponerse mal o en mal estado
especie, la	grupo de plantas o animales con características similares
extinción, la	acción de extinguirse, de dejar de existir, desaparición
medio ambiente, el	conjunto de condiciones naturales que influyen en el desarrollo de los animales, las plantas y las personas
peligro, el	riesgo inminente de que pase algo malo
ser humano, el	persona, individuo, hombre o mujer
turista, el (la)	persona que viaja por diversión o recreo

Acciones

agonizar	estar en la agonía, estar en el proceso de morir(se)
desaparecer	dejar de ser visible, dejar de existir
destruir	causar destrucción o ruina; arruinar, devastar
deteriorarse	arruinarse, ponerse en peores condiciones
detener	interrumpir el movimiento de algo, parar
mejorar	ponerse mejor, prosperar, progresar, adelantar
salvar	librar de un peligro, rescatar, liberar, proteger

A. Sinónimos

Dé un sinónimo de la lista anterior para cada palabra.

1. arruinarse   *deteriorarse*
2. crecimiento   desarrollo
3. devastar   destruir
4. liberar   salvar
5. prosperar   mejorar
6. persona   ser humano

B. Antónimos

Dé un antónimo de la lista anterior para cada palabra.

1. aparecer   *desaparecer*
2. beneficio   el daño
3. comenzar   extinguir
4. nacimiento   extinción
5. purificación   contaminación
6. seguridad   peligro

Este dibujo fue hecho por el artista costarricense Oki como una protesta contra la deforestación. (Véase la Selección 4 de este capítulo.) ¿Por qué cree Ud. que Oki usó el muy conocido personaje de Pinocho? ¿Qué idea o lección estará tratando de comunicarnos? ¿Cómo se siente Pinocho? ¿Por qué?

Oki (Oscar Sierra Quintero) by permission of artist

okicartoon@yahoo.com

Introducción Los seres humanos y su medio ambiente: Tres interacciones

Antes de leer

Para abrir el tema La naturaleza es un tesoro que debemos conservar y proteger. Pero es también, a veces un monstruo que destruye y causa daño. Lea el siguiente artículo para saber más sobre las dos «caras» de la naturaleza y haga los ejercicios para practicar el vocabulario importante.

Interacción 1 Las fuerzas de la naturaleza para bien y para mal

Todos estamos acostumbrados a leer o escuchar el pronóstico diario del tiempo *(daily weather report)*. Oímos o leemos por ejemplo:

«Esta tarde va a hacer frío»; «Mañana va a llover.» Pero en Quito, la capital de Ecuador, la gente busca otro pronóstico: el de los volcanes, que sale todos los días en el periódico: «Hoy el Pichincha está muy activo. Por eso mañana va a haber un alto nivel de contaminación.»

Informes como éste, del periódico electrónico *Correo,* presentan las noticias más recientes sobre «el Pichincha» y otros volcanes de la región.

del periódico electrónico *El Diario Correo*

Hay volcanes activos en otras regiones que también dan miedo, tales como el Popocatépetl, cerca del D.F. (Distrito Federal), la inmensa capital de México (con más o menos 22 millones de habitantes). «El Popo», como lo llaman, echa fumarolas y sigue con una actividad moderada y constante. En el estado de Washington de Estados Unidos en 1980, el volcán Santa Elena *(Mt. St. Helen)* estalló súbitamente después de un largo período de estar dormido, destruyendo bosques y propiedades y matando a dos personas y muchos animales. Toda la magnífica cumbre del volcán desapareció, pero desde el 2005 se ve la formación de una nueva cúpula de lava, todavía pequeña.

El volcán Popocatépetl

Dolores Ochoa/AP Photo

Hay un proverbio que dice: «No hay mal que por bien no venga».[1] No todas las consecuencias de las erupciones volcánicas son dañinas. Ahora, por ejemplo, algunos negocios en Seattle ofrecen excursiones en autobús que llevan a turistas cerca del cráter para que miren la boca del volcán. Además, las erupciones traen beneficios para la industria y la agricultura, tales como la formación de minerales y de un suelo (tierra) más fértil. También los volcanes pueden servir como fuente natural de energía que no daña el medio ambiente. En la parte central de México los volcanes se usan así, y en Costa Rica éstos producen una parte significativa de la electricidad nacional. Y, por supuesto, los volcanes son bellos; sirven como inspiración a poetas, pintores y fotógrafos. En Costa Rica varios volcanes se han convertido en atracciones turísticas. Por ejemplo, el famoso Arenal que echa chispas al aire y produce con regularidad suaves temblores de tierra para el deleite de los turistas que lo miran desde unos baños termales que están al pie del volcán.

[1] El proverbio sugiere que los malos sucesos siempre traen algunas buenas consecuencias.

1. Identificaciones

Identifique los siguientes volcanes, diciendo dónde están, quiénes viven cerca de ellos y qué relación hay entre ellos y la gente.

1. el Pichincha
2. el Popocatépetl
3. el monte Santa Elena

 2. Comentario   Hable con un(a) compañero(a), alternándose *(taking turns)* con estas preguntas, y usando la forma de *tú.*

¿Qué piensas tú de los volcanes? ¿Has visto un volcán alguna vez? ¿Dónde? ¿Por qué vive mucha gente cerca de ellos? ¿En qué ciudades existe mucho peligro de volcanes o de terremotos *(earthquakes)*? ¿Tendrías miedo de vivir en una de esas ciudades, o no? ¿Por qué?. ¿Crees que los volcanes nos traen más daños o más beneficios? Explica.

Interacción 2   El calentamiento global: Una verdad «incómoda»

La cuestión del **calentamiento** global le **calentaba** la sangre a mucha gente. ¡No quería aceptar que fuera cierto! Insistía en que podía ser un proceso natural y cíclico, y que no tenía nada que ver con las actividades humanas. Eso era antes. Ahora no. A partir del año 2007 tantos científicos de tantas partes diferentes del planeta acumularon tanta evidencia que hoy más o menos todo el mundo tiene que aceptar lo que ya es un hecho: la temperatura de nuestro planeta ha subido a causa del desarrollo industrial.

David Mercado/Reuters/Landov Media

Una mujer llora por su casa que desapareció en un deslizamiento de lodo causado por lluvias torrenciales en las afueras de La Paz, Bolivia, el 23 de enero de 2008.

Esto presenta tremendos peligros a largo plazo *(long-range)*, tales como la desaparición de los glaciares en el Polo Norte y la subida del nivel del mar, la extinción de especies de animales y plantas, la desertificación de la tierra... El calentamiento del planeta presenta también peligros a corto plazo *(short-range)*, y estamos sufriendo sus graves consecuencias. Según *(According to)* los expertos, el calentamiento de la tierra causa un aumento *(increase)* en el número de desastres naturales como terremotos, maremotos *(tsunamis)*, huracanes, inundaciones *(floods)*, tornados, tormentas de nieve y deslizamientos de lodo *(mud slides)*.

Ahora, el gran reto *(challenge)* para toda la humanidad es éste: ¿qué hacer para detener el proceso de calentamiento? Aunque algunos dicen que ya es tarde porque es imposible cambiar a la gente, la gente sí puede cambiar, como puede verse en los dos ejemplos siguientes. Hace diez años todo el mundo se preocupaba porque el agujero en la capa de ozono se estaba agrandando. Luego, prohibieron el uso del gas freón en los refrigeradores y las latas de aerosol, y el problema se detuvo. Otro ejemplo es el de la costumbre de fumar que ha cambiado mucho en años recientes. En cuanto *(Regarding)* al problema del calentamiento, los ecologistas sugieren algunas posibles soluciones, tales como el uso de más transporte público, la fabricación de autos eléctricos, el retorno a una vida más sencilla, etcétera. ¡Quizás la solución dependa de nosotros!

3. Explicaciones

Explique Ud. en español los siguientes conceptos.

1. el calentamiento global: ideas de antes e ideas de ahora
2. los peligros a largo plazo que este proceso puede presentar
3. los desastres naturales que este proceso puede causar a corto plazo
4. el gran reto para la humanidad

4. Comentario Hable con un(a) compañero(a), alternándose con estas preguntas.

¿Crees que la gente puede cambiar? ¿Qué ejemplos de cambios se dan en el artículo? ¿Qué te parecen las soluciones que se mencionan? Explica.

Interacción 3 | Los turistas y la contaminación

La paradoja del turismo es que los turistas suelen destruir en un lugar precisamente las características que los han atraído allí. Por una parte, el turismo trae consigo beneficios, tales como desarrollo económico, empleos, amistades entre personas de diferentes países. Por otra parte, trae la contaminación del medio ambiente y lo que algunos sociólogos llaman la «contaminación cultural». Esto se manifiesta en el aumento de crímenes como el robo o la violación, en bruscos cambios de costumbres y en efectos psicológicos. Un ejemplo de estos últimos cambios es un complejo de inferioridad producido a veces en la gente nativa por su proximidad a grupos privilegiados de extranjeros. La contaminación cultural afecta especialmente a los jóvenes y contribuye a acentuar los conflictos entre las generaciones.

Examinemos brevemente dos lugares donde se ve con claridad esta paradoja.

Cancún y la «Riviera maya»

Cancún es ejemplo de un lugar de excepcional hermosura natural que ha empezado a deteriorarse bajo el fuerte impacto del turismo. Situada en la costa del mar Caribe en la península mexicana de Yucatán, Cancún ahora les sirve a muchos turistas sólo como un destino de paso. Éstos llegan al aeropuerto y se suben en seguida a una camioneta que los lleva a la costa del sur, llamada (en la propaganda turística) la **Riviera maya.** Aquí encuentran el paraíso natural de Cancún: lindas palmeras y flores de colores vívidos, extensas playas de arena blanca y aguas cristalinas de un intenso azul turquesa. Vienen con ansias de tomar el sol, nadar y practicar deportes como el esnórquel, el buceo con tanques *(scuba),* el esquí acuático o el windsurf. Pero cada año se construyen más hoteles inmensos, campos de golf y tiendas de lujo. ¿Podrá durar mucho más tiempo este nuevo paraíso de la Riviera maya?

Las islas Galápagos: La lucha por la supervivencia

El ambiente es extraño. Sobre la arena negra caminan enormes iguanas de varios colores que parecen dragones prehistóricos. Hay tortugas gigantescas que viven por siglos, flamencos y —¿cómo puede ser?— aquí lejos de la Antártida... ¡pingüinos! Estas islas se llaman las Galápagos[1] y se encuentran en el Pacífico a 970 kilómetros de la costa de Sudamérica. Son famosas en la historia como fuente de inspiración de Charles Darwin, quien en 1853 encontró allí animales que no existían en ninguna otra parte del mundo. Esto lo llevó a formular la teoría de la evolución mediante

---

[1] En español, el territorio formado por estas islas se llama el Archipiélago de Colón.

Craig Lovell

El turismo: ¿una amenza a la sobre-vivencia? Las islas Galápagos son «grave-mente amenazadas» según declaración de la UNESCO en 2007. Aquí se ven unos turistas que molestan a una tortuga gigante, un animal que no comienza a reprodu-cirse hasta la edad de 40 años y puede vivir hasta casi dos siglos.

la selección natural: todas las criaturas se adaptan a su medio ambiente y las más aptas sobreviven para tener hijos y transmitir sus genes. Por ser remotas, las islas habían funcionado como un «laboratorio natural» que contenía especies, como las tortugas colosales, que evolucionaron en un medio ambiente cerrado.

Con el tiempo, el contacto con el ser humano ha sido fatal para muchas de estas especies. Las ratas y cabras que llegaron con los barcos se multiplicaron rápida-mente y se comieron las plantas. Poco a poco los animales nativos empezaron a desaparecer porque no podían competir. En 1959 la República de Ecuador convir-tió las islas (las cuales forman parte de su territorio nacional) en Parque Nacional y empleó científicos para matar las ratas y cabras en un esfuerzo por restablecer el delicado equilibrio natural. Actualmente Ecuador sólo permite pequeñas expe-diciones dirigidas por biólogos. Pero muchos ecuatorianos quieren ganar el dinero que viene con el turismo y esto es difícil de controlarlo. En 2007, Ecuador le pidió a la UNESCO que cambiara la clasificación para las Galápagos de «Patrimonio de la Humanidad» a «Patrimonio de la Humanidad en Peligro».

5. Descripciones

Describa Ud. en español los siguientes lugares o conceptos.

1. la paradoja del turismo
2. Cancún
3. la Riviera maya
4. las islas Galápagos
5. la selección natural
6. clasificación como *Patrimonio de la Humanidad*

6. Comentario Hable con un(a) compañero(a), alternándose con estas preguntas.

¿Qué es la contaminación cultural? Para ti, ¿cuál es peor, la contaminación física o la contaminación cultural? Explica. ¿Por qué van tantos turistas a la Riviera maya? ¿Qué hacen allí? ¿Qué piensas de Charles Darwin? ¿Cuál preferirías tú: pasar tiempo en la Riviera maya o en las Galápagos? ¿Por qué?

Después de leer

7. Vocabulario: Palabras relacionadas Tal como las personas, las palabras pertenecen *(belong)* a familias. Busque en la selección los sustantivos *(nouns)* relacionados con los verbos en negrilla (1–6); luego, busque los adjetivos relacionados con las palabras en negrilla (7–10).

1. Los agricultores **se benefician** de los volcanes. Reciben *beneficios.*
2. Algunas personas **se calentaban** cuando hablaban del _____ global.
3. El número de desastres **crece** y este _____ nos da miedo.
4. En Quito, Ecuador, los meteorólogos **pronostican** la actividad diaria de los volcanes, y estos _____ son importantes.
5. La belleza de los volcanes **inspira** a muchos artistas, quienes, con esta _____, producen obras de arte.
6. Los volcanes de Costa Rica **atraen** a los turistas; son _____ turísticas.
7. Los habitantes **se acostumbran** al peligro; están _____.
8. A veces los huracanes causan muchos **daños**; son muy _____.
9. Los extranjeros gozan de muchos **privilegios**; son un grupo _____.
10. Contratan a biólogos para **dirigir** las expediciones y los participantes dicen que son bien _____ por ellos.

8. Entrevista: Opiniones Trabaje con otra persona, entrevistándose con estas preguntas, usando la forma de **tú**. Escriba las respuestas. Después, compare sus opiniones con las de otros estudiantes de la clase[2].

1. ¿Has estado en un terremoto o un huracán alguna vez o en algún otro tipo de catástrofe natural? De todos los desastres naturales, ¿cuál te parece el más terrorífico *(terrifying)*? ¿Por qué?
2. ¿Qué podemos hacer en la vida diaria para no contribuir al calentamiento global? ¿Qué haces tú?
3. Si trabajaras como mesero(a) *(waiter, waitress)* en un lugar de lujo *(luxury)*, ¿qué emociones sentirías al servir a los turistas extranjeros? ¿Envidia? ¿Resentimiento? ¿Admiración? ¿Empatía? Explica.

[2] La norma en este libro es usar la forma de **Ud.** cuando se trata de comunicación entre el o la profesor(a) y los estudiantes, y la forma de **tú** cuando se trata de comunicación entre los estudiantes. La razón de esta norma es ofrecer la oportunidad de practicar las dos formas.

4. ¿Qué piensas de la idea de volver a una vida más sencilla? ¿Sería posible? ¿Qué tendríamos que hacer? ¿Sería mejor para el planeta? ¿Para nosotros mismos? ¿Por qué?

5. ¿Cuál de los lugares mencionados en la Introducción te interesaría más visitar? ¿Qué harías allí?

 9. Las cinco reglas para turistas «anticontaminantes» Trabajando en grupo, inventen cinco reglas para los turistas que no quieran hacer daños ni a la naturaleza ni a la cultura. Escríbanlas rápidamente, empezando cada regla con **Hay que** *(One should)* o **No hay que** *(One should not)*. Por ejemplo:

1. Hay que pedir permiso antes de tomar fotos de la gente.
2. No hay que tomar demasiada cerveza y gritar en lugares públicos.

Luego comparen su lista con la de otro grupo. ¿Cuáles son las reglas más importantes?

Selección 1   El misterio de los delfines

Antes de leer

Para abrir el tema Para Ud., ¿qué animal es el más bello? ¿El más impresionante? Para mucha gente, la respuesta sería «los delfines». Aunque a primera vista parecen ser peces *(fish)*, no lo son. Los delfines son realmente **cetáceos**, un grupo de animales que incluye también las ballenas *(whales)* y las orcas *(killer whales)*. Son mamíferos como nosotros, excepto que viven —desde su nacimiento hasta su muerte— siempre en el agua. El siguiente artículo de Nicaragua presenta datos interesantes y sorprendentes sobre estos fascinantes animales.

Antes de leer, conteste estas preguntas.

1. ¿Ha visto Ud. delfines alguna vez? ¿Dónde? ¿Cuándo?
2. ¿Qué sabe Ud. de los delfines? ¿Son inteligentes? ¿Comunicativos? ¿Peligrosos? ¿Cómo pasan su tiempo?
3. ¿Qué piensa Ud. del título de esta selección? ¿Por qué serán "misteriosos" los delfines?

1-1. Vocabulario: Adivinar *(Guessing)* el significado de palabras con cognados

Para aprender un idioma es muy útil desarrollar la habilidad de adivinar el significado de nuevas palabras. (¡Así no es necesario correr siempre al diccionario!) Una manera de hacer esto es tratar de pensar en un **cognado**, una palabra similar en inglés que significa más o menos lo mismo *(the same thing)*. Lea las frases tomadas del artículo y las indicaciones *(hints)* entre paréntesis. Luego, escoja la palabra o frase que exprese el significado de la palabra en negrilla. (¡Paciencia! No es posible desarrollar esta habilidad inmediatamente.)

1. Los pueblos de **la antigüedad**, que estaban muy **relacionados** con el mar por su situación geográfica... (La palabra **antigüedad** es similar a **antiguo** y al cognado inglés *antiquity.*)
   a. las grandes ciudades
   b. las altas montañas
   c. los lugares fríos
   d. los tiempos pasados

   (La palabra **relacionados** es similar a **relación** y al cognado inglés *related.*)
   a. afectados
   b. conectados
   c. impresionados
   d. relajados

2. Durante siglos se creyó que las criaturas marinas eran **mudas** y los océanos, el mundo del silencio. (La palabra es similar al cognado inglés *mute.*)
   a. en peligro de extinción
   b. en una condición estable, sin movimiento
   c. sin la capacidad de hacer ruidos
   d. sin la capacidad de razonar

3. [Los defines]... han desarrollado un ingenioso sistema para aprovechar que el sonido **se propaga** rápidamente y a enormes distancias bajo el agua... (La palabra es similar al cognado inglés *propagate.*)
   a. extiende
   b. interrumpe
   c. limita
   d. termina

4. Cuando el Dalai Lama fue galardonado con el Premio Nobel de la Paz en 1989, un grupo de monjes tibetanos lo **festejaron**... (La palabra es similar a **fiesta** y **festival** y al cognado inglés *feast.*)
   a. celebraron
   b. imitaron
   c. insultaron
   d. protestaron

5. [los delfines]... mantenían la cabeza fuera del agua como queriendo **percibir** aun mejor la letanía sagrada de los Lamas. (La palabra es similar al cognado inglés *perceive.*)
   a. apartar
   b. cambiar
   c. eliminar
   d. escuchar

6. La forma en que el delfín **se sumerge** en el agua y luego salta y permanece en el aire... (La palabra es similar al cognado inglés *submerge.*)
   a. corre rápidamente
   b. se mete hacia abajo
   c. se mueve con violencia
   d. trata de escaparse

1-2. Estrategia para leer: Lectura rápida *(Skimming)* **para identificar los temas** *(topics)* Formular de antemano *(in advance)* una idea general de los temas de un artículo nos ayuda a leerlo con mayor comprensión. Haga una lectura rápida del artículo y después escriba una **X** delante de los temas que están incluidos, y una **0** delante de los que **no** están incluidos.

_____ amistad entre delfines y seres humanos *(human beings)*
_____ ataques contra seres humanos por delfines
_____ el simbolismo místico del delfín
_____ la comida que comen los delfines
_____ leyendas antiguas sobre los delfines
_____ un encuentro de Michael Jackson con unos delfines
_____ un encuentro del Dalai Lama con unos delfines
_____ un posible lenguaje de los delfines
_____ una descripción de los excelentes oídos *(ears)* del delfín
_____ una descripción de los maravillosos ojos del delfín

Leer

El misterio de los delfines[1]

Listen to the reading on the CD, Track 2.

Tom and Pat Leeson

Los pueblos de la antigüedad, que estaban muy relacionados con el mar por su situación geográfica, veían en el delfín un animal muy singular por su sociabilidad con el hombre, y pensaban incluso que habían sido enviados por los dioses para ayudar al hombre en el mar y transmitirle algún tipo de ejemplo o enseñanza.

5

Durante siglos se creyó que las criaturas marinas eran mudas y los océanos, el mundo del silencio. Cuando en la Segunda Guerra Mundial, técnicos° navales introdujeron micrófonos en el agua para escuchar el ruido de los submarinos, pudieron oír, asombrados°, una auténtica babel° de ruidos procedentes del mundo marino.

10

expertos de la tecnología

muy sorprendidos; confusión

[1] De la Asociación Cultural Nueva Acrópolis, Altamira, del BDF, Managua, Nicaragua

La importancia del sonido

Dolphin Talk © Royce B. McClure/RoyceArt

lo... *what (is the same as); sight*

El sonido es para los delfines, lo que° para nosotros la vista°. Debido a su miopía, han desarrollado un ingenioso sistema para aprovecharse de° que el sonido se propaga rápidamente y a enormes distancias bajo el agua (viaja 4.5 veces[2] más rápido y más lejos en el agua que en el aire). Es un sistema parecido, aunque más sofisticado, al sonar de los barcos y submarinos. Su oído es el más perfecto de todos los seres vivos, aunque carecen de° orejas[3].

utilizar

carecen... *les faltan*

whistle

consta... *consiste en*

Al... *Aparentemente*
honrado
prayers

daban placer

litany (a form of repetitive prayer); sacerdotes budistas; male; al... after; even; clase

historias

gente de la isla de Creta; familiares y amigos muertos; felicidad eterna (del cielo); **a...** *on the backs of; que están cerca*

bank, shore

Es difícil saber cómo emiten los cetáceos sonidos, pues carecen de cuerdas vocales. El silbido° del delfín puede oírse a casi tres kilómetros de distancia bajo el agua. Éstos se encuentran más allá de nuestras posibilidades de percepción. Emiten 32 clases de silbidos; si cada uno de ellos expresa algo diferente, su lenguaje consta de° 32 señales, pero si cada silbido fuese un signo o «palabra», podrían combinarse en un auténtico lenguaje animal.

Al parecer°, ciertos sonidos, similares a mantras, ejercen influencia sobre los delfines. Cuando el Dalai Lama fue galardonado° con el Premio Nobel de la Paz en 1989, un grupo de monjes tibetanos lo festejaron cantando sus oraciones° a los delfines de acuario marino de Miami, los científicos asistentes afirmaron que las ondas sonoras producidas por los cantos agradaban° a los delfines, que mantenían su cabeza fuera del agua como queriendo percibir aún mejor la letanía° sagrada de los Lamas°.

Cuando los delfines machos° se reúnen al cabo° de algún tiempo, charlan como viejos amigos que vuelven a encontrarse; incluso° se cree que puede haber una especie° de tradición oral que pasa de padres a hijos.

¿Es posible que los delfines realmente conversen? ¿Estarán contando chistes?

Mitos y leyendas...

Son numerosos los relatos° que hablan de la relación que desde tiempos remotos ha existido entre los hombres y los delfines.

El propio santuario de Delfos, en Grecia, y sus misterios debían el nombre a este animal sagrado. Los cretenses° creían que las almas de sus difuntos° partían hacia la Isla de la Bienaventuranza° a lomos de° delfines. Los aborígenes que viven en la costa norte de Australia y las islas colindantes° consideran al delfín como animal totémico; asimismo creen que la relación con los delfines aporta la iluminación. En África se han descubierto petroglifos de hombres nadando entre cetáceos.

De Plinio el Viejo[4], nos llega la historia de la amistad surgida entre un niño y un delfín. Todos los días se encontraban en la orilla° del Lago Lucrino. El niño montaba

---

[2] En Nicaragua, en España y en algunos otros países de habla española, el uso de la coma y del punto son diferentes del uso inglés. Por ejemplo: 4.000 significa cuatro mil y 4,5 significa cuatro y medio.

[3] En español hay dos palabras para *ear*: **oreja** *(outer ear)* y **oído** *(inner ear)*. Cuando se habla en general de *hearing*, se usa la palabra **oído**.

[4] Escritor latino del primer siglo d. C.

fue

caer

período de tiempo

marineros; *strait*

jumps

característica

sobre él y llegaba hasta la otra orilla, donde estaba la escuela. Un día, el pequeño 50 enfermó, y cuando estaba a punto de morir, el delfín acudió° a visitarlo antes de sumirse° en una profunda tristeza.

En nuestra época° también encontramos anécdotas del mismo carácter. Tenemos la historia de Pelorus Jack, un delfín que se dedicó, entre 1888 y 1912, a guiar a diferentes navegantes° por un estrecho° de Nueva Zelandia. Uno de estos navegan- 55 tes, Bernard Moitessier, escribió en su libro *La larga ruta* cómo éstos le salvaron la vida. O el caso de Nina, que durante el verano de 1971, frecuentó una playa cercana a La Coruña, donde jugaba con los bañistas.

La forma en que el delfín se sumerge en el agua y luego salta° y permanece en el aire, en muchas civilizaciones ha servido para ejemplificar el concepto de reen- 60 carnación, pues en su constante sumergir y emerger, ha simbolizado los ciclos de la vida (vida-muerte-vida-muerte), los que no parecen afectar esa constante sonrisa propia° de este animal tan especial.

Después de leer

1-3. Identificaciones   Diga a qué, a quién o a quiénes se refiere cada descripción, escribiendo en el blanco la letra correcta de la columna a la derecha.

modelo: 1. __e__ Carecen completamente de orejas pero tienen el mejor oído de todos los seres vivos.

1. __l__ Carecen completamente de orejas pero tienen el mejor oído de todos los seres vivos.
2. __f__ Charlan como viejos amigos cuando se reúnen al cabo de algún tiempo.
3. __a__ Consideran al delfín como animal totémico que aporta la iluminación.
4. __k__ Escribió la historia de la amistad entre un niño y un delfín.
5. __b__ Recibió el Premio Nobel de la Paz en 1989.
6. __e__ Introdujeron micrófonos en el agua y se sorprendieron de oír ruidos.
7. __h__ Jugaba frecuentemente con la gente en la playa de La Coruña en España en 1971.
8. __j__ Muestran hombres nadando entre cetáceos.
9. __g__ Pensaban que los delfines habían sido enviados por los dioses para ayudar a los seres humanos.
10. __c__ Puede oírse a casi tres kilómetros de distancia bajo el agua.
11. __i__ Se dedicó a guiar a navegantes por un estrecho de Nueva Zelandia.
12. __d__ Viaja 4.5 veces más rápido y más lejos en el agua que en el aire.

a. los aborígenes del norte de Australia
b. el Dalai Lama
c. el silbido del delfín
d. el sonido
e. los delfines
f. los delfines machos
g. los pueblos de la antigüedad
h. Nina la delfín
i. Pelorus Jack
j. los petroglifos de África
k. Plinio el Viejo
l. técnicos en la Segunda Guerra Mundial

1-4. ¿Qué opinas tú, y por qué? Trabaje con otra persona con los siguientes temas. Luego, comparen sus opiniones con las de otro grupo de dos personas.

1. **La historia más interesante o más asombrosa (*amazing*)** El artículo incluye mitos, leyendas y relatos más recientes. También describe las creencias de varios pueblos con respecto a los delfines. Para ti, ¿cuál es la historia (o creencia) más interesante? ¿La más asombrosa? ¿Por qué?

2. **¿Amistad entre seres humanos y delfines?** ¿Es posible una verdadera amistad entre nosotros y los delfines? Y, por extensión, ¿es posible una amistad entre nosotros y un perro, gato, caballo o cualquier otro animal? ¿Nos quieren realmente nuestras mascotas (*pets*) o es que simplemente les gustan la comida y las atenciones que les damos? ¿Qué crees tú? ¿Por qué?

3. **El delfín como símbolo** ¿Qué simbolizan los delfines en muchas civilizaciones? ¿Qué simbolizan para ti? ¿Por qué?

4. **¿Son inteligentes los delfines?** Mira las fotos y los dibujos de delfines que aparecen en este capítulo. ¿A ti los delfines te parecen seres inteligentes o no? ¿Por qué? ¿Crees que realmente tienen un lenguaje, o simplemente hacen sonidos para expresarse? ¿Qué opinas tú?

1-5. Mesa redonda Trabaje con dos o tres personas. Imagínense que el año es 2050 y el planeta está en una crisis. Uds. han sido escogidos para escaparse del desastre en una nave espacial y pueden llevarse cinco parejas de animales para salvarlos para el futuro. ¿Qué animales —aves, caballos, conejos, delfines, elefantes, gatos, perros, pollos, puercos, vacas, etcétera— van a escoger? Hagan una lista de los cinco animales y digan por qué escogen éstos y no otros. Comparen su lista con las de otras personas. (Acuérdense de usar la forma de **tú** en conversación con sus compañeros de clase.)

Silbido : whistle
Lo sonido que los delfines preden hacer

¿Qué les parece?

Nadar con delfines: ¿Experiencia maravillosa o negocio cruel?

¿Qué les parece? En Costa Rica, en Cuba, en México, en la República Dominicana o en la Florida, Estados Unidos—en muchas partes se ha vuelto popular como diversión **nadar con delfines.** Algunas personas dicen después que ha sido la experiencia cumbre de su vida, ¡lo máximo! La propaganda comercial nos invita con frases como éstas: **maravilla natural, experiencia inolvidable, ambiente de sueños, seguridad total…** Inclusive hay programas de terapia para niños que sufren de autismo y parecen beneficiarse mucho de la natación con estos simpáticos animales.

Por otra parte, hay algunos grupos que protestan contra esta actividad, manteniendo que es un negocio lucrativo y cruel. Cuentan que las operaciones de captura afectan mucho los grupos familiares de los defines, que éstos son cercados con redes *(surrounded by nets)* o hasta atacados con explosivos. Los delfines que quedan en el océano sufren por la separación de sus parientes. También dicen que puede ser peligroso nadar con los delfines porque a veces éstos se ponen agresivos.

Govanni/Used under license from Shutterstock

Trabaje Ud. con otra persona, contestando las siguientes preguntas. Luego, comparen sus opiniones con las de otro grupo de dos personas.

1. ¿Qué te parece la idea de nadar con delfines? ¿Lo has hecho o visto? ¿Has hablado con alguien que lo haya hecho? ¿Dónde? ¿Cuándo? *Una buena idea porque pienso que es una cosa magical Y también no pienso que ellos peligroso*

2. ¿Qué opinas de esta actividad como negocio? ¿Crees que es bueno, malo o que depende de las circunstancias? Explica. ¿Qué otras cosas hacemos con animales que también pueden parecer crueles, como la equitación (montar a caballo), exhibir los perros o gatos en *shows,* hacer que los perros ayuden a la policía, etcétera? ¿Qué piensas de estas actividades? *Pienso que necesitan muchos espacios y es la crisis porque los perros no están para ellos a veces*

3. ¿Qué medidas *(measures)* debemos tomar antes de nadar con delfines? ¿Dónde y cuándo sería mejor hacerlo?

4. En fin, ¿qué piensas tú? ¿Nadarías con delfines o no? ¿Por qué?

Selección 2 Primavera: La estación de renovación

Antes de escuchar

Para abrir el tema Asociamos cada estación del año con acontecimientos, objetos, acciones y emociones especiales y específicas a ella. Si alguien le preguntara a Ud. qué parte del año es su favorita y por qué, ¿cómo contestaría? ¿Está su respuesta relacionada con la naturaleza y el medio ambiente?

Trabajando con un(a) compañero(a), piensen en las cuatro estaciones del año y juntos hagan una lluvia de ideas *(brainstorm)* sobre las asociaciones que tienen con cada estación. Decidan si:

nova en el invierno porque hace frío
Si estoy consciente es la razón porque no influye muy caro cuando no necesite y cuando puedo caminar

1. hay algunos ejemplos que se pueden clasificar bajo más de una categoría y expliquen sus razones;
2. la naturaleza hace un papel importante en su vida y en sus actividades y mencionen cómo influye ella en su vida diaria y
3. los cambios que la humanidad está causando en el mundo hoy día afectarán las asociaciones personales que Uds. tienen con la naturaleza y el medio ambiente.

a causa de los cambios todos las derechos no + que el mundo puedo hacer para el medio ambiente

2-1. Vocabulario: Palabras disfrazadas Dele una ojeada *(quick look)* a la letra de la canción de Carlos Santana y su conjunto, para luego descifrar las palabras «disfrazadas» *(disguised)* en la siguiente lista.

1. epomit   _____
2. nacera   _____
3. arevamirp   _____
4. redev   _____
5. retiar   _____
6. narge   _____
7. ellamis   _____
8. ederitos   _____
9. duvujent   _____
10. azír   _____

 Escuchar

2-2. Estrategia para escuchar: Identificar las palabras clave El tema principal de la canción de Santana es muy obvio; sólo necesitamos leer el título. Pero hay bastante información contenida en ella. Escuche la canción (sin leer la letra) y apunte las palabras clave que nos dan información sobre esta estación del año y lo que significa para el individuo que la escribió.

Primavera

Carlos Santana[1]

 Perspectivas **iTunes playlist**

Reed Saxon/AP Photo

La primavera ha llegado
las flores florecen
y los campos se ponen verdes.
¡Qué bonita es la primavera!
Los niños salen a la calle   5
y la gente sale a disfrutar de ella

lo que es el origen o
la causa de alguna
cosa, *seed*
un período largo de
tiempo

Como la semilla°
Lleva nueva vida
Hay en esta primavera una nueva era°

Lluvia de sol   10

alabanza o glorifica-
ción, *blessing;* nace
otra vez

Como una bendición°
La vida renace° con su luz
La primavera ya llegó

Todo es así

la parte de la planta
que está debajo
de la tierra, *root;*
inquieta... edad
o etapa de vida
después de la niñez y
antes de la madurez
cuando la persona
está preocupada o
dispuesta a conocer
cosas nuevas, *restless
youth; becomes*

Regresó a la raíz°   15
Tiempo de inquieta juventud°
En primavera ya

La tierra negra se vuelve° verde
Y las montañas y el desierto
Un bello jardín   20

Como la semilla
Lleva nueva vida
Hay en esta primavera una nueva era

Como la semilla *(= graine)*
Lleva nueva vida
Hay en esta primavera una nueva era   25

En el aire de este nuevo universo
Hoy se respira libertad
En primavera ya

[1] Carlos Santana, guitarrista, compositor, cantante y director de banda, quien ayudó a darle vida al concepto de «música mundial» a través de sus experimentos, mezclando muchos estilos de música de una gran variedad de etnias.

La tierra negra se vuelve verde   30
Y las montañas y el desierto
Un bello jardín

Como la semilla
Lleva nueva vida
Hay en esta primavera una nueva era   35

Como la semilla
Lleva nueva vida
Hay en esta primavera una nueva era

La tierra negra se vuelve verde
Y las montañas y el desierto   40
Un bello jardín

Como la semilla
Lleva nueva vida
Hay en esta primavera una nueva era

Como la semilla   45
Lleva nueva vida
Hay en esta primavera una nueva era

Después de escuchar

2-3. Significados: ¿Qué relación hay? Escoja la palabra o frase de la Columna B
que mejor se relacione con la palabra de Columna A. Luego escriba la letra que le
corresponda en el espacio en blanco.

	Columna A	Columna B
_i_	1. la semilla	a. bonito(a)
_j_	2. renacer	b. convertirse en
_g_	3. una era	c. la adolescencia
_f_	4. inquieto(a)	d. la parte de una planta que la sujeta a la tierra
_c_	5. la juventud	e. la estación cuando salen las plantas de la tierra
_h_	6. regresar	f. sin la habilidad de estarse quieto(a) o tranquilo(a)
_d_	7. la raíz	g. una temporada de larga duración
_b_	8. volverse	h. volver
_e_	9. la primavera	i. la fuente de donde salen la vida y las ideas
_a_	10. bello(a)	j. comenzar la vida de nuevo; comenzar a vivir otra vez

2-4. Ud. es el crítico. ¿Qué piensa? Con un(a) compañero(a), comenten la letra de la canción, usando la guía que sigue.

[handwritten: primavera es cuando cosas comienzo a crecer]

1. la relación del título con el contenido
2. el uso y la eficacia de la repetición
3. las imágenes creadas
4. el significado de ciertas frases:
   a. «Lluvia de sol, Como una bendición»
   b. «Todo es así, Regresó a la raíz»
   c. «Y las montañas y el desierto, Un bello jardín»
   d. «En el aire de este nuevo universo, Hoy se respira libertad»

2-5. ¡Sea poeta! La letra de la canción que acaba de escuchar podría ser un poema si no tuviera música. Usando «Primavera» como modelo, escriba un poema sobre uno de los siguientes temas: una de las otras estaciones del año; algún desastre de la naturaleza que le causa daño al ser humano (un huracán, una granizada *[hail storm]*, un maremoto *[tsunami]*, una tempestad, un terremoto); la naturaleza como amiga del hombre; alguna belleza natural (el mar, un río, una selva tropical, una catarata *[waterfall]*).

2-6. Juego imaginativo: ¡Hagamos un collage! Piense en lo que la naturaleza simboliza para Ud. Luego conéctese a Internet para buscar una serie de imágenes que represente sus sentimientos e ideas respecto al tema. Cuando encuentre una que de veras encaje *(fits well; gels)* con sus pensamientos, imprímala. Repita el proceso hasta que tenga suficientes imágenes para hacer un collage para compartir con los compañeros. Prepare una corta presentación con su collage, para que sus compañeros lo (la) puedan conocer a Ud. mejor.

Selección 3   Así será el mundo

Antes de leer

Para abrir el tema Deténgase *(Stop)* un momento. Trate de vaciar *(empty)* la mente y de proyectarse hacia el futuro. Imagínese que es el año 2030. ¿Cómo ve Ud. el mundo? ¿Está mejor o peor que nuestro mundo de hoy? En el siguiente artículo, los editores de la revista española *Magazine* del diario *El Mundo* presentan dos portadas *(covers)* posibles para el futuro, una para el año 2030 en la página 22 y la otra para el año 2050 en la página 24, junto con las noticias *(news stories)* que las acompañan.
    Mire las dos portadas y conteste estas preguntas.

1. ¿Qué animal ve Ud. en la primera portada (del año 2030)? ¿Qué piensa de él? ¿Cómo es? ¿Por qué cree Ud. que este animal esté en las noticias? ¿Cómo será su situación?
2. ¿Qué tipo de paisaje ve Ud. en la segunda portada (del año 2050)? ¿En qué parte del mundo cree que se habrá sacado esta foto? ¿Cómo será la situación de la gente que vive allí?

3-1. Vocabulario: Adivinar el significado de palabras con cognados Para aprender español es muy útil saber adivinar el significado de nuevas palabras. Una manera de hacer esto es tratar de pensar en un **cognado**, una palabra similar en inglés que significa más o menos lo mismo. Practique esta destreza con las siguientes palabras tomadas del artículo, subrayando la mejor definición de las dos presentadas. Preste atención a las indicaciones entre paréntesis. (Por supuesto, ayuda mucho tener un buen vocabulario en inglés.)

1. **simio** (similar al cognado inglés *simian*)
   a. tipo de flor que tiene una estructura simple y crece en la selva
   b. animal mamífero que pertenece al grupo que incluye los monos

2. **primatólogos**
   a. profesores que enseñan filosofía
   b. expertos en el estudio de los primates

3. **pariente** (Esta palabra es un cognado falso porque se parece a la palabra inglesa *parent*, pero tiene un significado diferente.)
   a. persona de la misma familia, familiar
   b. compañero de clase o de trabajo

4. **aniquilación** (La palabra es algo similar a la palabra inglesa *annihilation.*)
   a. destrucción total
   b. imitación directa

5. **floreciente** (similar al cognado inglés *flourishing*)
   a. complicado, imposible de entender
   b. próspero, que progresa

6. **comportamiento**
   a. conducta, manera de actuar
   b. obstáculo, cosa difícil de conquistar

7. **desertificación**
   a. transformación de la tierra en desierto
   b. problema ecológico causado por grandes lluvias

8. **insostenible**
   a. con la tendencia a extenderse
   b. sin la posibilidad de mantenerse

9. **refugiados**
   a. personas obligadas a abandonar su país de origen a consecuencia de guerras o de persecución
   b. personas que encuentran buenas oportunidades en otros lugares después de salir de su país natal

10. **retroceder** (Para encontrar el cognado, quite *[take away]* la segunda sílaba.)
    a. retirarse, volver hacia atrás
    b. avanzar, moverse hacia adelante

3-2. Estrategia para leer: Búsqueda rápida *(Scanning)* para encontrar referencias históricas Supuestamente *(Supposedly)*, las noticias descritas en el artículo que sigue son del futuro: una del año 2030 y la otra del año 2050. Pero las dos están basadas en noticias de nuestros tiempos (de las primeras décadas del siglo XXI). Dele una mirada rápida al artículo y llene los siguientes espacios en blanco con la información correcta.

campo = rural area (country, field) [handwritten note]

　　1) En la primera parte sobre los gorilas (2030), se menciona un artículo de la revista *Science* que fue publicado en el año ___2030___ . 2) Los investigadores que escribieron el artículo eran de ___España___ . 3) Advirtieron *(They warned)* sobre la masiva ___muerte___ de gorilas en el Congo, a causa del virus ___Ébola___ .
4) En la segunda parte (2050), se menciona el informe del 2004, *Impacts of climate change in Europe,* que describe la terrible situación reflejada en los ___campos___ de Extremadura, Levante, Cataluña, León... 5) Como consecuencia de esta situación, los agricultores *(farmers)* tienen que usar plantas ___modificadas___ genéticamente.

Así será el mundo[1]

Paco Rego

No nos hemos vuelto locos, ni exageramos. Los científicos lo están anunciando a gritos. La acción del hombre ha alterado el medio ambiente y las consecuencias son terribles. Éstas serán las dos portadas que *Magazine* publicará en los años 2030 y 2050... si no nos anticipamos al desastre.

2030 Desaparecen los gorilas

En el corazón de los montes Virunga, cerca de la línea imaginaria que separa Uganda, Ruanda y la República del Congo, murió ayer el último gorila que quedaba en el mundo. El poderoso simio—250 kilos de peso—agonizaba entre la espesa maleza° cuando fue hallado por un grupo de primatólogos americanos que seguían sus pasos desde hacía 12 días. Con él desaparece el pariente más cercano al ser humano. No en vano compartíamos° con ellos el 97,7% de los genes. Su verdugo°, según los científicos, fue un virus del Ébola cuya mutación tendría su origen en el cambio climático.

　　En esta región, donde en 1925 se creó el primer parque nacional del continente negro

espesa... *thick underbrush*

No... *Not in vain did we share*

executioner

Paul Taggart

5

10

15

Año 2030. Ha muerto en Uganda el último gorila salvaje que quedaba en el mundo.

[1] De *Magazine,* la revista que aparece los domingos en el periódico español *Mundo.*

(uno de los primeros del mundo), habitaba la población más importante de gorilas de montaña. 20

aquel... *that long ago (year); specimens (gorillas)* Estimaban

hunting; recipe

Ya en aquel lejano° 2006, pocos días antes de Navidad, dos investigadores españoles advirtieron en la revista *Science* sobre la masiva muerte de ejemplares° en El Congo. Cifraban° en unos 5.500 los gorilas muertos (el 25% del total) por el Ébola. «Si a esto añadimos la caza° comercial, tenemos la receta° para una rápida aniquilación biológica», afirmaron los primatólogos Magdalena Bermejo y José Domingo 25 Rodríguez, de la Universidad de Barcelona. No eran las únicas amenazas. Hace 25 años más de 1.500 hectáreas° de hábitat selvático de los gorilas fueron devastadas° por asentamientos° ilegales en el Parque de Virunga. La deforestación destruyó bosques enteros para obtener madera y condenó a la extinción a decenas° de simios.

hectares (unit of measure = 2.471 acres); destruidas; settlements; grupos de diez representado

estrechos... *close family ties; females; male;* llegaban a permanecer; una... un período; *similar*

favorecieron

de... *in fact*

closeness

Aunque se les ha retratado° como seres violentos, los gorilas eran criaturas gentiles e inteligentes. De hábitos vegetarianos, vivían en pequeños grupos unidos por 30 estrechos lazos familiares°, integrados por varias hembras° y sus hijos. Y al frente, el macho° poderoso. Cuando los pequeños alcanzaban° la edad adulta, si eran hembras, podían quedarse°. No así los machos, que pasaban una época° en solitario hasta que conseguían formar su propia familia. Este comportamiento, parecido° en 35 muchos aspectos al humano, y su forma de ser pacífica propiciaron° el nacimiento de una floreciente industria turística. La proximidad a la gente, de hecho°, les hizo sensibles a ciertos virus y enfermedades humanas por su cercanía° genética.

seeds

En una lucha desesperada por intentar revivir la especie, los biólogos han guardado células del último gorila. Son las semillas° para una futura clonación de los 40 primates.

2050 España es un desierto

omens

tierra

leprosy

han... *have given way to;* las... *those of dust and sand*

leap

ciudad en el sureste de España; escenario... *scenario of mass destruction (Apocalypse); report;* se... está presente; mitigar, disminuir; *losses;* echar... usar

Los malos augurios° se han cumplido. El planeta agoniza y España no es una excepción. Más de la mitad del suelo° fértil español (52%) está ya muerto. Sufre lo que los científicos llaman la «lepra° de la tierra» o desertificación. Sólo se salvan de la amenaza Asturias, La Rioja y el País Vasco. Estamos en abril y en la mayor parte de 45 la península Ibérica las nubes de agua han dado paso a° las de polvo y arena°, contaminando el aire que respiramos.

Desde que el Sáhara dio, hace décadas, el primer salto° hacia Europa, entrando por Almería°, España sigue a la cabeza de los países más áridos de la Unión, según los balances de la ONU. Y el teórico escenario apocalíptico° que entonces describía 50 el informe° *Impacts of climate change in Europe*[2] hoy se ve reflejado° en los campos de Extremadura, Levante, Cataluña, León... Para intentar paliar° las pérdidas°, los agricultores se han visto obligados a echar mano° de plantas modificadas genéticamente.

por... en exceso de

El precio a pagar es alto. La pérdida de suelo fértil en España equivale a más de 60 300 millones de euros por año. Y a nivel mundial las pérdidas se estiman por encima de° los 60.000 millones de euros anuales.

[2] El documento *Impacts of climate change in Europe* fue publicado en inglés por la Unión Europea en el 2004. Incluía muchas predicciones pesimistas sobre el futuro de Europa, debido a los cambios del clima, y sostenía que España iba a ser la principal víctima de estos cambios.

Madrid 2050

irrigation
eliminar

No sólo la erosión y el clima están detrás de la pérdida irreparable de suelo fértil. La urbanización masiva de los valles fluviales de regadío°, los incendios y la explotación insostenible de los acuíferos han contribuido a borrar° el verde de nuestro paisaje. 65

got it right

Siguiendo la evolución del clima global desde principios del presente siglo, los demógrafos acertaron° en su conclusión de que hoy, año 2050, más de 300 millones de personas tendrían que abandonar sus territorios desertificados del África subsahariana en dirección al norte del continente y a la Europa húmeda. Son los llamados «refugiados climáticos». En total, casi 3.000 millones de personas en todo el mundo están hoy condenados a vivir prácticamente en el desierto. 70

se... *they are deprived*

Decían los urbanistas árabes que el sonido del agua es el segundo más bello, después del silencio. Pero hoy muchos españoles ven cómo se les priva° no sólo de su sonido, sino también de su presencia en cantidades suficientes. El desierto está aquí 75
y ya nada puede hacerlo retroceder.

3-3. ¡Contesta, por favor! El o la profesor(a) nombra un(a) estudiante para empezar. Éste(a) se levanta y lee la pregunta #1. Luego, señala a otra persona, diciéndole: «¡Contesta, por favor!» Esta persona contesta la pregunta. Si no puede, el (la) estudiante continúa (señalando, preguntando y diciendo: «¡Contesta, por favor!») hasta que alguien conteste bien, y entonces él o ella se levanta y lee la pregunta #2, y así sigue la actividad hasta el final. Es posible que a veces dos o tres estudiantes se ayuden para completar la respuesta.

Parte 1: 2030 Desaparecen los gorilas
1. Dicen que el gorila es el pariente más cercano al ser humano. ¿Por qué?
2. En 1925 se creó el primer parque nacional de África. ¿Dónde?
3. El virus del Ébola es una de las causas de la destrucción de los gorilas. ¿Qué otras causas hay?
4. Han dicho que los gorilas son violentos. ¿Cómo son realmente?
5. En la noticia del 2030, los biólogos guardan células del último gorila. ¿Por qué?

Parte 2: 2050 España es un desierto
1. La noticia del 2050 dice que «el planeta agoniza». ¿Por qué?
2. Algo muy malo pasa en España. ¿Qué?
3. La pérdida de suelo fértil en España es alta. ¿Cuánto es?
4. El clima es una de las causas de la pérdida de suelo. ¿Qué otras causas hay?
5. Se menciona que hay millones de «refugiados climáticos». ¿Quiénes son?

 3-4. ¿Sí o no, y por qué? Trabaje con otra persona sobre los siguientes temas. (Acuérdense de usar la forma de **tú** cuando hablen en clase con otro estudiante.) Traten de ponerse de acuerdo *(Try to come to an agreement)* sobre las siguientes preguntas y decidan si están de acuerdo o no, y digan por qué. Luego, comparen sus opiniones con las de otros estudiantes de la clase.

1. La extinción de todos los animales de una especie es siempre algo triste y lamentable para el planeta. ¿Sí o no, y por qué?
2. Hay que prohibir cualquier turismo que dependa de la proximidad entre animales salvajes y seres humanos. ¿Sí o no, y por qué?
3. La predicción de que Europa se va a convertir en un desierto para el año 2050 es una gran exageración. ¿Sí o no, y por qué?
4. Los urbanistas árabes no tienen razón cuando dicen que el silencio y el agua son los sonidos más bellos porque hay sonidos más hermosos, como la música, por ejemplo. (A propósito, ¿por qué crees que hay referencias a la cultura árabe en revistas españolas?)

¡Conectémonos!

La ecología y nosotros

Trabajando solo(a) o con otros, escoja un tema de la siguiente lista. Use Internet o la biblioteca para buscar datos *(facts)* interesantes sobre el tema y prepare un breve informe *(report)* de una o dos páginas para compartir con la clase o entregarle a su profesor(a). ¡Ojo! *(Watch out!)* No se olvide de mencionar las fuentes *(sources)* de su información. Recuerde que después de cada dato o cita *(quote),* debe escribir claramente entre paréntesis la dirección del sitio web o el título, autor(a) y página del libro o de la revista en donde Ud. encontró la información.

1. **Un desastre natural que ocurrió recientemente en España o América Latina** Un terremoto, una erupción de volcán, un huracán, un tornado, un maremoto, una tormenta de nieve, un tornado, unas inundaciones…
2. **Lo que pasa ahora en las Galápagos o en la Riviera maya** ¿Es un buen lugar para los turistas? ¿Están protegiendo el medio ambiente? ¿O ha empezado a deteriorarse?
3. **La situación actual de los lugares «Nadar con delfines»** ¿Dónde están estos lugares? ¿Cuántas personas participan? ¿Hay protestas o problemas? ¿Cómo están los delfines? ¿Y los clientes?
4. **Unos animales (además del gorila) en peligro de extinción** ¿Dónde viven estos animales? ¿Cómo son? ¿Cómo están? ¿Cuántos quedan en el mundo? ¿Con qué amenazas se enfrentan? ¿Merecen protección o no?

Selección 4 Tiras «eco-cómicas» *(eco-comics)* de Costa Rica

Antes de leer

Para abrir el tema Las tiras cómicas *(comic strips)* son más que una simple diversión. A veces presentan temas sociales y filosóficos, o nos invitan a la aventura por medio de fantasías llenas de acción. También representan aspectos culturales de la sociedad de donde provienen. Nos hacen reír, pero al mismo tiempo nos hacen pensar y sentir. Dos dibujantes que crean tiras cómicas sobre la ecología son Oscar Sierra Quintero y Ronald Díaz Cabrera de Costa Rica (mejor conocidos por los seudónimos *[pen names] OKI* y *RODICAB).* No es sorprendente que estos dos *ticos* (nombre familiar para *costarricenses)* produzcan «tiras eco-cómicas», pues su pequeño país es una de las regiones con mayor biodiversidad del mundo. Por lo tanto, hay una preocupación nacional por conservar su gran tesoro natural de especies y ecosistemas.

No estoy sorprende porque
la ecología es un tema **Opiniones** *y la tiras comicos son buenas para explicar a muchas personas*
muy importante   *porque es importante*

1. ¿Por qué no es sorprendente que Oki y Rodicab produzcan tiras cómicas sobre la ecología?
2. ¿Conoces tiras cómicas dedicadas a otros temas, por ejemplo al mundo de los negocios, a la política, a los adolescentes, a la vida de una familia típica o a los jubilados? ¿Qué tiras le parecen divertidas a Ud.? ¿Cuáles presentan la vida tal y cómo es en realidad? ¿Cuáles son pura fantasía?

Observaciones sobre los personajes

Mire Ud. a los personajes de la tira *GALOXI* de Oki, y lea las descripciones de cada uno. Luego, termine estas oraciones.

1. Sólo uno de los personajes es un ser humano común y normal. Éste se llama _Disprosio_ y su profesión es _científico_.
2. Los otros personajes son diferentes y un poco raros *(unusual)* porque _dos fue de otras planetas y el último fue creado para el humano Disprosio_.

GALOXI
Entidad biológica de origen indeterminado. Se desarrolló y nació de un caldo de cultivo a partir de una célula extraterrestre contenida en un meteorito que le cayó en la cabeza al científico Disprosio

CIBERNE
Robot creado por el científico Disprosio con el fin de que le hiciera compañía a Galoxi. Ciberne tiene emociones en su *software* y sus estados de ánimo se visualizan el la pantalla que tiene en el pecho

DISPROSIO
Científico latinoamericano preocupado en desarrollar tecnologías limpias y en la defensa de la preservación de la vida sobre el planeta

MELANTIA
Viajera espacial proveniente de un planeta satélite de la estrella Aldebarán. Visita regularmente la Tierra por la preocupación que comparte con Disprosio de la conservación de la vida en nuestro planeta.

Personajes originales de Oscar Sierra Quintero "OKI"© - Derechos Reservados

Leer

hermosa → beautiful

Tira 1

Galoxi en la Isla del Coco, *Oki*

Introducción Según Jacques Cousteau, la Isla del Coco es «la isla más hermosa del mundo». Ubicada en el océano Pacífico a 532 kilómetros de la costa de Costa Rica, nación a la cual pertenece, esta isla pequeñita se ha declarado «patrimonio de la humanidad». Tiene una singular diversidad de animales y plantas, con un gran número de especies endémicas (que no se encuentran en ninguna otra parte). La Isla del Coco no está abierta al gran turismo. Las visitas están limitadas a grupos con permisos especiales, generalmente con propósitos scientíficos, o a un tipo de turismo enfocado solo a buceo submarino fotográfico. Pero, ¡vamos a visitarla ahora mismo con nuestros amigos Disprosio, Galoxi y Ciberne!

traer: to bring
venados: deer
cerdos: pig, pork

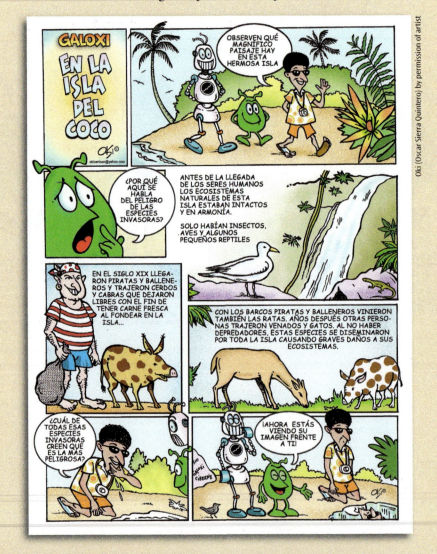

Oki (Oscar Sierra Quintero) by permission of artist

4-1. Vocabulario: Buscar palabras en su contexto Busque en la tira «En la Isla del Coco» las palabras que correspondan a cada definición o grupo de sinónimos. Escríbalas en el espacio en blanco apropiado. La primera está hecha como modelo.

1. ciervos, mamíferos rumiantes que viven en el bosque _venados_
2. vista de una escena natural, panorama rural _paisaje_
3. (ecosistemas) completos, sin daño _intactos y en armonia_
4. (especies) no nativas, que vienen de otras partes _invasores_
5. hombres que cazan *(hunt)* ballenas _balleneros_
6. pájaros, animales con plumas que vuelan _aves_
7. puercos, cochinos, chanchos _cerdos_
8. hombres y mujeres, personas _humanos_

4-2. Resumen, opinión y problema Trabajando con otra persona, llenen los espacios en blanco para completar la historia de la tira de Galoxi y contesten las secciones de Opinión y de Problema. (A veces se necesita una sola palabra; otras veces hay que poner varias palabras o frases.) Luego, comparen sus respuestas con las de otros estudiantes.

Resumen
1. Mientras los tres amigos caminan en la isla, ven _paisajes_. 2. Luego, Galoxi le pregunta algo a Disprosio sobre el peligro de _las especies indigenas_. 3. Según Disprosio, antes de la llegada de los seres humanos a la isla, los ecosistemas eran _intactos_ y sólo había _insectos, aves, y pequeños reptiles_. 4. En el siglo XIX llegaron _piratas_ y _balleneros_. 5. Trajeron _cerdos y cabras_ porque querían _carne fresca_. 6. Después llegaron otros animales como las _ratas_, los _venados_ y los _gatos_. 7. Estas especies eran inavásoras e hicieron graves _daños_. 8. Disprosio pregunta cuál de todas las especies puede ser la más _peligrosa_, y Galoxi le contesta.

Opinión Hable con un(a) compañero(a) sobre las siguientes preguntas. ¿Por qué se ríen Galoxi y Ciberne al final? ¿Estás de acuerdo con lo que dice Galoxi o no? Explica.

Problema De vez en cuando hay grupos que quieren implementar un programa de erradicación en la Isla del Coco para eliminar las especies invasoras. Dicen que si no se hace, es posible que la isla pierda la mayoría de sus especies endémicas para siempre porque las invasoras son más fuertes. Mantienen que la situación es urgente. Hay otros grupos que están en contra de esta idea porque creen que nunca es bueno matar animales, aun cuando sean de especies invasoras. ¿Qué piensas tú? ¿Es necesario exterminar algunos animales para salvar otros y conservar un ecosistema único y frágil? ¿Sí o no? Explica tu posición.

Tira 2 | Galoxi, Nuevas fuentes de energía, *Oki*

Introducción Cuando se encuentran frente a un problema muy difícil, los hispanohablantes dicen que van a «consultarlo con la almohada» (o, como decimos en inglés, *"to sleep on it"*). Pues, sí, porque las mejores ideas nos pueden llegar en un sueño. En la siguiente tira vemos que nuestro valiente héroe Disprosio tiene un sueño en el que aparece no sólo una nueva idea, sino ¡todo un nuevo personaje!

almohado: pillow

Oki (Oscar Sierra Quintero) by permission of artist

4-3. Vocabulario: Buscar palabras en su contexto Lea la tira «Galoxi, Nuevas fuentes de energía» y busque las palabras que correspondan a los sinónimos o definiciones en negrilla. Escríbalas en el espacio en blanco apropiado.

1. Melantia le dice a Disprosio que lo nota **afligido** _preocupado_.
2. El problema es que **desaparecen** _se agotan_ los combustibles fósiles.
3. Ella le promete que le va a **mostrar** _enseñar_ soluciones naturales.
4. Los volcanes en Costa Rica **producen** _generan_ mucha energía.
5. Luego Melantia y Disprosio van a Miravalles, donde soplan fuertes **corrientes de aire** _vientos_.
6. También saben que cuentan con los **saltos de agua** _las cataratas_ y las olas del **océano** _mar_.
7. Los dos amigos ven que en los techos de las casas hay paneles que atrapan la energía que **sale** _emana_ del sol.

 4-4. Charlemos Hable de las siguientes preguntas con un(a) compañero(a). Tomen apuntes breves de sus opiniones. Luego, comparen sus respuestas con las de otros estudiantes de la clase.

1. ¿Quién se le aparece a Disprosio en un sueño? ¿Cómo es ella? _disprono_
2. Según ella, ¿de dónde ha venido? Para ti, ¿qué representa Melantia en la mente de Disprosio? _La persona de la naturaleza en un otro mundo_
3. ¿Cuántas fuentes diferentes de energía natural ven los dos amigos? ¿Puedes nombrarlas? _4 del sonido, térmica, eólica, cinética (el agua)_
4. ¿Cuáles de estas fuentes de energía se usan en el lugar donde tú vives? ¿Cuáles no se usan? ¿Por qué? En tu opinión, ¿qué fuente de energía es la mejor?
5. ¿Crees que todas realmente son limpias? ¿Pueden causar problemas a veces? Explica.
6. ¿Por qué crees que no le gustan a Disprosio las plantas nucleares? ¿Qué piensas tú del uso de la energía nuclear para producir electricidad? ¿La prefieres al uso de los combustibles fósiles, o no? ¿Por qué?

Tira 3   El Dueño del Monte, *Rodicab*

Introducción   Esta tira, hecha por Rodicab, está basada en una antigua leyenda de Costa Rica, pero el dibujante la actualiza con una nueva interpretación para nuestros tiempos. Mire Ud. a los personajes principales. Para Ud., ¿qué simboliza o representa cada uno?

Lista de los personajes

DUEÑO DEL MONTE
Representación de un mítico personaje de las leyendas campesinas centroamericana de origen indigena, dedicado a proteger la fauna y flora de los bosques de la acción destructora de los cazadores irresponsables.

INCONSCIENCIA
La rival principal del Dueño del Monte. Simbolización femenina de la actitud fria en inconsiente del hombre contemporáneo que ha perdido todo vínculo con la Tierra y todas sus formas de vida

CAZADOR MODERNO
Fiel "alumno" de la Inconsciencia. Dedicado a la cacería por placer o por deporte. Incapaz de medir la consecuencia de sus acciones en la supervivencia de las especies

Personajes originales de Ronald Diaz Cabrera "RODICAB"© - Derechos Reservados

4-5. Vocabulario: Buscar palabras en su contexto Lea la tira *El Dueño del Monte* rápidamente. Busque en la tira las palabras en negrilla, prestándole atención a su contexto. Luego, escriba la letra de la definición (o grupo de sinónimos) apropiada delante de cada palabra en negrilla.

1. _d_ **acaso**
2. _g_ **cazador**
3. _h_ **condena**
4. _f_ **embrutecer**
5. _b_ **forjar**
6. _c_ **insensato**
7. _a_ **morar**
8. _e_ **poder**

a. vivir, existir
b. inventar, crear
c. imbécil, demente, loco
d. quizás, tal vez, posiblemente
e. fuerza, dominio, autoridad
f. hacer (a alguien) bruto, idiota
g. hombre que caza (animales)
h. sentencia, castigo, pena

4-6. Charlemos Conteste las siguientes preguntas con un(a) compañero(a). Tomen notas breves de las respuestas. Luego, comparen sus respuestas con las de otros estudiantes de la clase.

1. ¿Por qué se enojó el Dueño del Monte con el cazador? ¿Cómo lo castigó? ¿Qué te parece el castigo?
2. ¿Qué pregunta hace el Dueño? ¿Quién la contesta? ¿Cómo es el personaje que la constesta y dónde vive? ¿De qué la acusa el Dueño?
3. ¿Cómo es la visión del futuro que le muestra la mujer nombrada «la Inconsciencia»? ¿Cómo reacciona el Dueño? ¿En qué prefiere creer?
4. Muchas veces las leyendas tienen una moraleja o lección. Para ti, ¿hay una moraleja aquí? ¿Puedes expresarla en una sola oración?

Después de leer

4-7. Los dibujos cómicos o animados en nuestra vida Trabajando con dos o más estudiantes, contesten a las siguientes preguntas. Tomen notas breves de sus opiniones. Luego, comparen sus respuestas con las de otros estudiantes de la clase.

1. Hay diferentes tipos de tiras cómicas: las de aventura, las informativas (que nos enseñan hechos o ideas), las filosóficas, las que describen la sociedad, las de grandes carcajadas *(belly laughs)*... ¿Cómo describirías las tres tiras cómicas de esta sección? ¿A qué categoría pertenece cada una?
2. ¿Qué piensas de las películas animadas de largo metraje *(full-length animated movies)*? ¿Te gustan, o no? ¿Crees que solamente les interesan a los niños? ¿Cuáles pueden ser de interés también para los adultos? ¿Hay algunas informativas, o filosóficas? Explica.
3. ¿Has visto u oído hablar de las novelas gráficas o las «mangas»? ¿Qué te parecen? También hay juegos virtuales como "Segunda vida" en los que participan miles de personas, haciendo papeles con figuras o «avatares» en la computadora. ¿Te gustaría jugar así? ¿Por qué sí o por qué no? ¿Qué juegos conoces tú en Internet? ¿Qué opinas de la gente que dedica mucho tiempo a los juegos? ¿Es una buena forma de relajarse, o es una obsesión?

¡Conectémonos!

Busque en Internet o en la biblioteca información sobre uno de los siguientes temas y prepare un breve informe (con fotos o imágenes si es posible) para leérselo a la clase o para entregárselo en forma escrita a su profesor(a). No se olvide de escribir los sitios Web, los títulos de libros y los nombres de las personas que son las fuentes de la información que Ud. presenta.

1. La Isla del Coco ahora: ¿qué plantas o animales hay allí, qué grupos o expediciones la visitan, qué pasa actualmente?
2. Las diferentes fuentes de energía que se usan en Costa Rica y en el lugar donde Ud. vive. Haga un contraste o una comparación.
3. El grupo La Pluma Sonriente (al cual pertenecen Oki y Rodecab), La Pluma Cómica o algún otro grupo de dibujantes de tiras cómicas
4. Otra leyenda de Costa Rica, además de la leyenda del Dueño del Monte, (especialmente una que esté relacionada con uno de los volcanes o con otro elemento natural)
5. La costumbre tica de lanzar «bombas» (pequeños versos humorísticos, románticos o sarcásticos)

Selección 5 El indio y los animales[1]

Antes de leer

Para abrir el tema La historia la aprendemos de los libros. Pero, ¿qué sabemos de la prehistoria? ¿Cómo eran los seres humanos que vivían hace miles de años? ¿Qué relación tenían con el mundo natural? Una manera de acercarnos a las culturas milenarias es a través de las leyendas que se transmitieron oralmente. La siguiente leyenda es de la antigua cultura de los mayas y fue escrita en español en el siglo pasado por el escritor mexicano Luis Rosado Vega.

Antes de leer la leyenda, piense un momento en lo que Ud. ya sabe de los mayas y de los indígenas en general. Mire las fotos de sus monumentos en el Capítulo 4. Luego, conteste estas preguntas.

1. En las culturas indígenas, ¿qué representan la tierra, las montañas, los ríos y los árboles?
2. ¿Qué simbolizan para ellos los animales?
3. En su opinión, ¿cómo serán las relaciones entre el hombre y los animales presentadas en esta leyenda maya?

[1] De *El alma misteriosa del Mayab*, colección de leyendas de los mayas, antigua civilización de México y Centroamérica. El período clásico de los mayas se extendió desde el año 300 al 900 d. C.

5-1. Vocabulario: Adivinar el significado de nuevas palabras Practique Ud. el arte de adivinar el significado de nuevas palabras. Después de cada número, mire las opciones y subraye el sinónimo de la palabra que está en negrilla. Si no sabe el significado, mire el contexto de la palabra en la leyenda.

1. **choza** [líneas 26, 52] animal / <u>cabaña</u> / miedo / planta
2. **malestar** [línea 50] (Indicación: La palabra está compuesta de dos palabras cortas.) determinación / felicidad / <u>intranquilidad</u> / manipulación
3. **espanto** [líneas 61, 75] espacio / fascinación / <u>indignación</u> / terror
4. **provecho** [línea 82] beneficio / comida / mente / piedra
5. **consejos** [línea 85] conejos / distracciones / promesas / recomendaciones

5-2. Estrategia para leer: Identificar los elementos narrativos Es más fácil leer un cuento cuando tenemos una idea previa de los tres elementos esenciales de una narración:

- la situación (¿cuándo y dónde?)
- los personajes (las personas que actúan en la historia)
- la trama (la serie de acciones e incidentes)

Eche una ojeada (mirada rápida) a las líneas 1–56 de la historia y conteste estas preguntas.

La situación El narrador empieza hablando de la creación de los seres humanos en la tradición maya. Sabemos, entonces, que la acción pasa en lo que es hoy México o Centroamérica. Pero, ¿cuándo?

- ¿Es vieja o reciente esta tradición?
- ¿Qué usó Dios para formar el cuerpo humano?
- ¿Adónde lo llevó después para recibir el alma y la habilidad de respirar?

Los personajes El personaje principal aparece en la línea 22 y el narrador lo llama simplemente «el indio». Parece representar a todos los seres humanos. Los otros personajes son animales. Hay seis que se identifican como individuos, y cada uno representa toda su especie. ¿Cuáles son? ¿Cómo ayudaban a la comunidad?

modelo: <u>el conejo</u>   <u>Abría los granos de maíz.</u>

1. los _____   _____
2. el _____   _____
3. el _____   _____
4. la _____   _____
5. el _____   _____

La trama Todo parece armonía y cooperación en la tierra de los mayas. Pero, ¡un momento! Un cuento siempre necesita un conflicto o problema. (Después, el conflicto se complica y llega a una crisis y finalmente a una solución.) ¿Dónde está el conflicto? Al final de esta sección hay un presagio (*foreshadowing*) en forma de un nuevo personaje. ¿Quién es?

Leer

Ahora, lea la leyenda para ver el punto de vista de un autor mexicano sobre la cultura precolombina de su país.

El indio y los animales: Una leyenda maya

Luis Rosado Vega

 Listen to the reading on the CD, Tracks 3–4.

Tal vez, Quizás
remotos

civilización maya

clay; skin

carecía... no podía respirar

caverna

viento fuerte

fuerte; modesto

twilight

trabajo

labores

abría

cortaba

fences; deer

insecto que emite una luz

Antigua es esta tradición, tanto como la más antigua en esta tierra de indios. Acaso° sea la más antigua. Fue allá en los más lejanos° tiempos, en los más lejanos. Fue en el principio de los principios, cuando apenas la vida comenzaba en estas tierras.

El Dios del Mayab°, que es como decir el más grande de los dioses, había creado al indio. Formó su cuerpo del barro° rojo de la tierra, y por eso su piel° es del color de la tierra. Formado estaba el hombre, pero aún carecía de aliento°.

Tomó entonces Dios aquel cuerpo y lo condujo a la boca de una cueva°, allí donde se siente salir de vez en vez una ráfaga° refrescante y pura. Esa ráfaga penetró en el cuerpo del hombre y así se le formó el alma. Por eso el indio ama las cavernas de sus bosques, porque sabe que en ellas está el Buen Espíritu.

Entonces vivía el indio maya familiarmente con todos los animales, con todos, desde la más recia° de las bestias hasta el insecto más humilde°. Desde entonces también sabe el lenguaje de los animales de sus selvas y éstos saben igualmente el lenguaje del indio. Fue en aquel tiempo en que a las puertas de su choza, cuando el sol no sale aún, o a la hora del crepúsculo°, para charlar sobre las cosas de la jornada° diaria, el indio se rodeaba de todos los animales como si formaran una familia sola. Entonces todos los animales lo ayudaban en sus faenas°, y él los atendía a todos y cuidaba de todos.

El conejo con sus pequeños dientes desgarraba° los granos de maíz. Los pájaros bajaban los frutos que habrían de alimentar a todos. El pájaro carpintero trozaba° las ramas de los árboles para hacer las cercas°. El venado° era el mensajero que corría rápido de un lugar a otro para comunicar a los indios entre sí. La luciérnaga°

Macduff Everton/The Image Bank/Getty Images

El pueblo maya ama sus *cenotes*, pozos naturales que se encuentran en la boca de una cueva y que son la única fuente de agua dulce en el Yucatán. En la hermosura de estos sitios tranquilos, los mayas sienten la presencia de sus dioses.

5

10

15

20

25

30

responsable   era la encargada° de iluminar de noche los caminos. El ave *Xkokolché* que es la más   35

musical; pajaritos   canora° cantaba para adormecer a los polluelos° de las demás aves y el indio también se adormecía escuchándola.

Así todos y cada uno de los animales, en compañía del hombre que era el Señor

ocupación   de todos ellos, se dedicaban al oficio° que su Dios les había dado para hacerlos felices y para hacer feliz al hombre.   40

se... comía; *pinto bean*   Entonces el indio se alimentaba de° granos y frutos solamente. El maíz, el frijol°,

squash; espléndidamente   la calabaza° y el chile lo llenaban regiamente° y no sentía necesidad de otras cosas para satisfacerse.

Por eso los animales tenían confianza en él, conversaban con él y dormían cerca de su choza y en los árboles más próximos. Porque el Gran Dios hizo a los hombres y   45

Genio... Espíritu malo   a los animales para vivir juntos y ayudarse mutuamente, pero el Genio del Mal° hizo la separación que hasta hoy subsiste.

mala   Y fue así como llegó la hora inicua° según recuerda la vieja Tradición. Una noche

intranquilo   el indio no dormía. Sin explicarse la razón se sentía inquieto°. Por primera vez en su vida sentía aquel malestar inexplicable. Se levantó de la cama, salió a la puerta de   50

olvidar; agitación   su cabaña para distraer° su inquietud y su ansia°. Todo estaba bañado en aquellos momentos por la claridad lunar. Vio a los animales que dormían cerca de su choza,

delicado   oyó el leve° palpitar de sus corazones, vio las ramas de los árboles inclinadas sobre

viento ligero   la tierra como si también durmieran. Sintió el airecillo° fresco de la noche, se creyó

entrar   más tranquilo y entonces trató de penetrar° nuevamente a la cabaña. Pero en ese   55 momento sintió que algo como una fuerza extraña le detenía los pies.

5-3. Comprensión   De acuerdo con el texto, subraye las palabras que correspondan.

1. El indio se alimentaba de (granos y frutos / maíz y frijoles / calabaza y chiles / todos estos alimentos).
2. Los animales mostraban que tenían confianza en el indio porque (conversaban con él / dormían cerca de su choza / las dos acciones).
3. El Gran Dios hizo a los hombres y a los animales para (andar por caminos distintos / entrar en conflictos permanentes / ayudarse mutuamente).
4. Una noche el indio no podía dormir y sentía por primera vez en su vida (una gran tranquilidad / un malestar inexplicable / un resentimiento contra los animales).

bosque denso   Miró hacia el bosque lívido de luna y vio como saliendo de la espesura° una som-

shadow   bra° que se adelantaba hacia él. Una sombra extraña y horrible, deforme de cuerpo y llena de pelos. Tenía órganos de distintos animales y distribuidos en forma tal que

salidos de sus órbitas   le hacían incomprensible. Sus ojos enormes y desorbitados° brillaban tan siniestra-   60

paralizaban   mente que helaban° de espanto. Sintió miedo el indio y llamó a los animales que

mala influencia mágica   dormían más cerca, pero ninguno despertó como si por un maleficio° hubiesen quedado paralizados.

hoarse

La sombra llegó hasta él y entonces le habló con una voz horrible y ronca°. Y fue para decirle: 65

—Es en vano que trates de despertar a tus compañeros. Esos animales no volve-

inocente rán a la vida hasta que yo me vaya. Tú eres un hombre cándido° y puro porque estás

necesario lleno del espíritu de aquél que es mi Enemigo. Pero es fuerza° que también conozcas al Espíritu del Mal porque has de saber que de Bien y de Mal ha de vivir el hombre. Yo

predomina soy el *Kakazbal* o sea la Cosa Mala que Reina° en la noche. Yo soy el que se alimenta 70 de la carne del hombre igualmente que de la de los animales. Yo soy el que bebe la

matan con veneno sangre de los niños. Yo soy el que da mala savia a las plantas que envenenan°. Yo soy

deforma el que tuerce° las cosas y las rompe o las destruye. Yo soy el que detiene a las nubes

plantas cultivadas para que no llueva y se pierdan las cosechas°. Yo soy el que da las enfermedades y da la muerte. 75

—¿Y por qué haces tanto daño? —le dijo el indio tembloroso y con el espanto en el alma.

—Ya te lo he dicho porque es necesario que no sólo el Bien sino también el Mal reinen sobre la Tierra. Además quiero enseñarte a ser menos cándido. Esos animales

a... en tu poder que ves y que están a tu alcance° pueden satisfacer tus gustos. Mátalos para devorar 80

deliciosas sus carnes y sentirás lo sabrosas° que son. Tú no sabías esto y vine a decírtelo en

Hazlo una vez provecho tuyo. Prueba° y verás...

5-4. Comprensión Conteste rápidamente estas preguntas.

1. A la luz de la luna el indio vio una sombra que no era muy bonita. ¿Cómo era?
2. ¿Quién era la sombra? ¿Qué cosas malas hacía?
3. ¿Qué consejo le dio la sombra al indio? ¿Cree Ud. que el indio va a seguir este consejo o no? Explique. *Que reconst el Ben y el Mal*

llegar la luz del día

Comenzaba a amanecer° y el *Kakazbal* se fue como había venido, por miedo al día

se... llegaba que se avecinaba°. De pronto el indio maya quedó perplejo. No sabía cómo explicarse aquella visita inesperada y menos entender los consejos que había oído. ¿Matar a los 85 animales para devorarlos? ¿Y por qué si ellos no le hacían daño alguno, sino antes, al

estimuló contrario lo ayudaban en su vida? Sin embargo una como maligna curiosidad picó°

alba... el comienzo del día se mostraba

se... llegaron

indicaciones

apartando

comunicado; exceso en la comida

refugio de animales

mala

en... cerca de otros cuerpos celestes *(heavenly bodies)*; lamento

dolorosos

su alma... ¿Por qué no probar? A punto de que el alba asomaba° se oyó el primer canto de algunas aves. Fue entonces cuando los animales despertaron volviendo a la vida, se aproximaron° al hombre para hablarle como era su costumbre, pero lo 90 hallaron tan cambiado, vieron en su cara señales° de violencia y tuvieron miedo e instintivamente se fueron alejando° de él.

El hombre había perdido su pureza primitiva, había cambiado. El *Kakazbal* había infundido° en él el espíritu del Mal. Y se dice entonces aprendió el indio la gula° y comenzó a comer carne, aunque siguió y sigue haciendo de los granos su alimento 95 básico. Aprendió la crueldad y comenzó a matar a los animales. Aprendió la astucia y comenzó a ponerles trampas para atraparlos. Los animales le tuvieron miedo y comenzaron a retirarse de su lado y a ocultarse cada uno en su guarida°.

Fue en aquella noche nefasta° cuando por primera vez apareció el *Kakazbal* en la tierra maya, y desde entonces la sigue recorriendo, especialmente en las noches de 100 luna en conjunción°.

Fue desde entonces cuando algunos pájaros comenzaron a imitar el gemido° en sus cantos, porque en efecto lloran.

Fue desde entonces cuando algunos animales gritan como con gritos lastimeros°. 105

Lloran y se lastiman de la separación del hombre para cuya compañía habían nacido todos.

Pero no importa. La Tradición concluye diciendo que todo esto es transitorio, porque el Espíritu maligno habrá de ser vencido en forma absoluta por el Espíritu del Bien, y que día vendrá en que todo vuelva a ser como fue en los principios. 110

Después de leer

5-5. ¿Cierto o falso? Escriba **C** (cierto) o **F** (falso) delante de cada oración, de acuerdo con la leyenda maya. Si la información es falsa, corríjala.

_C_ 1. El *Kakazbal* tenía ojos enormes pero no tenía nada de pelo.

_F_ 2. El *Kakazbal* causaba las sequías y le daba enfermedades a la gente.

_____ 3. El *Kakazbal* dijo que había venido *(had come)* para ayudar al indio.

_____ 4. Su mensaje fue que los animales querían matar a los seres humanos.

_____ 5. Al otro día, los animales vieron el cambio en el indio y lo atacaron.

_____ 6. Desde entonces, algunos animales gritan con pena porque extrañan la compañía del *Kakazbal*.

_F_ 7. Algún día el Espíritu del Bien triunfará y el mundo volverá a la armonía de los antiguos tiempos.

5-6. Interpretación y comentario Con otra persona, comenten estas preguntas y tomen notas de su conversación. Luego compartan sus ideas con otros estudiantes de la clase.

1. ¿Qué comparación podemos hacer entre la leyenda maya y la historia de la Creación en la Biblia (o en otro libro sagrado)? Piensa en estos elementos: la manera de crear al primer ser humano, la descripción del Paraíso, la figura que representa el mal, el momento de la tentación, las consecuencias. ¿Qué semejanzas (puntos similares) hay? ¿Y qué diferencias hay?
2. Algunas personas insisten en que la única manera de salvar los elefantes africanos de la extinción es establecer un negocio legal del marfil (obtenido de los colmillos del elefante). Así, la gente tendría interés y dinero para conservar el ambiente necesario para sostener el animal. Según este argumento, para salvar un animal hay que convertirlo en un «recurso sostenible». ¿Qué opinas tú?
3. ¿Crees tú que el Espíritu del Bien reina ahora en nuestro mundo? ¿O reina el de *Kakazbal*? ¿Por qué?

 5-7. Minidebates Trabaje con un grupo para ver quiénes están de acuerdo con las siguientes opiniones y quiénes no. Traten de llegar a una opinión unánime (de todos). Luego, comparen sus decisiones con las de los otros grupos.

1. Para salvar el medio ambiente es necesario ser vegetariano(a).
2. En general nuestra sociedad trata mejor a los animales que a las personas.
3. Es ridículo tratar de salvar las especies de plantas y animales que están en peligro porque la extinción es una parte natural de la evolución.
4. La caza *(hunting)* de animales siempre es mala.

Composición del final del capítulo

Piense un momento en todo lo que Ud. ha leído en este capítulo. Luego, escriba una composición de una o dos páginas sobre uno de los siguientes temas. No se olvide de mencionar la fuente de la información o citas que Ud. incluya en su composición, escribiendo entre paréntesis el sitio web o el nombre y la fecha de la revista o del periódico.

1. **El misterio de los elefantes (o de los leones, los perros, las serpientes...)** Escoja un animal (que no sea un delfín) y descríbalo, siguiendo la estructura y el estilo de la Selección 1, «El misterio de los delfines».

2. **Así será el mundo en el 2040** Imite el estilo y la estructura de la Selección 3, «Así será el mundo», y describa una posible noticia sobre la ecología del año 2040 y la portada que Ud. usaría para acompañarla.

3. **Un cambio de perspectiva** Cuente la leyenda maya «El indio y los animales» en primera persona, desde el punto de vista del *Kakazbal* o del venado, de la luciérnaga o de otro animal.

4. **Una cuestión importante** ¿Podemos seguir los seres humanos por el camino del desarrollo tecnológico, y al mismo tiempo convivir con la naturaleza? Conteste esta pregunta, usando vocabulario, ejemplos, argumentos y opiniones de este capítulo.

5. **Las estaciones y la vida** El calentamiento global está cambiando el clima, y con el cambio de clima, se van cambiando las estaciones. ¿Ha notado Ud. algún cambio en su estación favorita? ¿Es posible saber quién tiene la culpa de haber causado estos cambios? Incorpore información de Internet u otras fuentes que apoyen lo que Ud. ya ha notado y que contesten las preguntas anteriores.

ATAJO

Phrases: comparing and contrasting; comparing and distinguishing; describing objects; describing people; describing weather; disapproving; expressing a need; expressing an opinion; linking ideas; stating a preference; warning, weighing the evidence; weighing alternatives; writing a news item

Vocabulary: animals: birds, domestic, fish, insects, wild; beach; camping; dreams and aspirations; emotions: negative; emotions: positive; food: beans and vegetables, fish and seafood, fruits, general, meat; means of transportation; plants: flowers, trees

Grammar: verbs: present, conditional, past, subjunctive, imperative, subjunctive with **Ojalá** (other tenses as needed)

Capítulo 2
Cambios sociales

Picasso, Pablo (1881–1973) / *Guernica*. Paris, June 4, 1937. Oil on canvas, 349.3 x 776.6 cm / © 2008 Estate of Pablo Picasso / ARS, NY / Museo Nacional Centro de Arte Reina Sofía, Madrid, Spain / Erich Lessing / Art Resource, NY

Un grito de protesta contra la guerra 1937

Franck Camhi/Alamy Limited

Una estatua con alas de Ek Balám 600–900 d. C.

Jorge Saenz/AP Photo

Cristina Fernández de Kirchner, presidenta de Argentina 2007

Vocabulario preliminar

Estudie estas palabras y haga los ejercicios antes de empezar el artículo sobre los misterios de civilizaciones pasadas. Luego, utilice este vocabulario durante su estudio de todo el capítulo.

antiguo(a)	existente o construido hace mucho tiempo; «una civilización antigua»
apoyar	ayudar, favorecer, influir para que alguien (o algo) tenga éxito
apoyo, el	ayuda, auxilio, defensa, protección; «Necesitamos el apoyo de nuestros amigos».
dictadura, la	gobierno con un jefe supremo que tiene la autoridad absoluta
fuerza, la	vigor, intensidad, energía que produce un efecto; «la fuerza del destino»
guerra, la	lucha o combate armado entre dos grupos o dos países
lograr	llegar a obtener lo que uno deseaba o intentaba; «Logró el premio».
logro, el	éxito, acción de obtener lo deseado
mito, el	historia fabulosa o exagerada, no completamente real; «mitos de los dioses griegos»
partido, el	grupo de personas unidas por los mismos ideales, opiniones o intereses; «un partido político»
pertenecer (a)	formar parte (de) algún grupo; «Pertenezco a cuatro asociaciones».
poder, el	autoridad, dominio
poderoso(a)	muy fuerte, dominante, con mucho poder
pueblo, el	conjunto de habitantes de un lugar o país, «el pueblo peruano»; población, villa o lugar pequeño, «un pueblo de 500 habitantes»
tecnológico(a)	relativo a la tecnología; «los avances tecnológicos»

A. Antónimos

Dé un antónimo de la lista para cada palabra o frase.

1. individuo   *el pueblo*
2. democracia   *la dictadura*
3. paz   *la guerra*
4. reciente   *antiguo*
5. débil   *fuerza*
6. atacar   *lograr*
7. estar solo(a)   *pertenecer*
8. realidad   *el mito*

B. Estudio de cognados

st-, sp-, sc- (inglés) = est-, esp-, esc- (español)

Las palabras en inglés que empiezan con la letra **s** seguida de una consonante generalmente son equivalentes a palabras en español que empiezan con las letras **es** seguidas de la misma consonante (Ejemplos: *study* = **estudio**, *special* = **especial**, *school* = **escuela**).

¿Puede Ud. adivinar *(guess)* los cognados en español para las siguientes palabras en inglés? Todos se pueden encontrar en la siguiente lectura, *Misterios de civilizaciones pasadas*.

1. *steles (upright stone slabs)* _____ *estelas* _____
2. *sculptures* _____ esculturas _____
3. *strange* _____ eatraño _____
4. *spirals* _____ espiral _____
5. *space (ships)* (naves) _____ espacio _____
6. *statues* _____ estatuas _____

Introducción | Misterios de civilizaciones pasadas: Un reto a la imaginación

Antes de leer

Para abrir el tema Todos sabemos que la tecnología moderna es una fuerza poderosa que determina muchos de los cambios recientes en nuestro mundo. Pero no debemos sentirnos superiores porque este fenómeno no es tan nuevo. Varias civilizaciones del pasado desarrollaron tecnologías avanzadas que les permitieron lograr obras importantes y asombrosas. ¡En muchos casos, aún hoy no comprendemos ni cómo, ni para qué, construyeron estas maravillas! Son misteriosos secretos perdidos en el pasado. Sólo podemos contemplarlas con un sentimiento de profunda reverencia e inventar posibles explicaciones e hipótesis. A continuación hay tres ejemplos de antiguas obras misteriosas de Latinoamérica.

1. El texto: Búsqueda de datos Mire rápidamente el pasaje y busque las respuestas a estas preguntas.

1. ¿En qué países se encuentran las ruinas de estas tres civilizaciones misteriosas?
2. ¿Cómo se llaman las tres culturas que las construyeron?

Luego, lea las descripciones y conteste las preguntas que siguen.

Parte 1   La escalera de inscripciones de Copán

bank

Las ruinas de la antigua ciudad maya de Copán se hallan sobre la orilla° del río Amarillo, casi perdidas en la densa selva de Honduras. Los arqueólogos han descubierto más de sesenta sitios de la cultura maya en México, Guatemala, Belice y Honduras, y sin duda existen muchos más, como el recientemente excavado sitio de Ek Balám en Yucatán. (Véase la foto al comienzo de este capítulo que muestra una inmensa estatua de un hombre con alas.) Pero Copán es una de las más bellas y tiene lindas esculturas y la inscripción más extensa. La famosa escalera° de inscripciones está en la parte sur de la gran plaza y consiste en 2.500 bloques de piedra, cada uno tallado° con signos de la antigua lengua maya. Éstos cuentan la historia de la ciudad hasta el año 763 d. C., fecha en que se dedicó la escalera. Una docena de «este- 10 las» (piedras paradas°) con

staircase

carved

verticales

inscripciones, situadas en la plaza y en las colinas, representan a los reyes de Copán y tienen información sobre su genealogía, fechas de nacimiento, matrimonio y muerte y sus logros más importantes.

Los mayas son la única civilización de las Américas que desarrolló un verdadero sistema de escritura°. Está compuesto de hermosos símbolos que representan cosas, ideas o sonidos°. Éstos aparecen tallados en madera, en piedra y en alfarería°. También fueron pintados en libros doblados°, llamados códices, hechos de papel o piel de venado°. La mayoría de los códices fueron destruidos por los colonizadores, pero afortunadamente cuatro sobrevivieron. Gracias a la computadora y a las pacientes investigaciones

writing

sounds

cerámica

folded

piel... *deer hide*

llevadas... comple-
tadas
interpretado

llevadas a cabo° durante más de un siglo, la mayor parte de los textos mayas se ha descifrado°. Los códices tratan varios temas: religión, astronomía, almanaques, 40 calendarios y profecías.

Gianni Dagli Orti/Palenque Site Museum Chiapas/The Art Archive/Picture Desk

Signos de la antigua lengua de los mayas, la única cultura prehispánica de las Américas que desarrolló un sitema de escritura

2. Comprensión

Escriba **C** (cierto) o **F** (falso) para cada oración. Corrija las oraciones falsas.

_F_ 1. Las ruinas de Copán están en Guatemala, el único país que tiene sitios arqueológicos de los mayas.

_F_ 2. Las inscripciones en la escalera cuentan la historia de la ciudad hasta ~~nuestros tiempos~~. el año 763 d. C

_F_ 3. Sabemos poco de los antiguos reyes de Copán, sólo sus nombres.

_C_ 4. Los mayas son la única civilización de las Américas que desarrolló un verdadero sistema de escritura.

_C_ 5. Durante la colonización, se destruyeron todos los libros mayas menos cuatro que sobrevivieron.

3. Interpretación

1. ¿Cuál de los temas tratados en los códices mayas le parece más interesante para nuestros tiempos? ¿Por qué? La astronomia porque es muy interes...

2. ¿Cómo podemos explicar las enormes estatuas de Ek Balám que parecen hombres con alas? ¿Es posible que representen ángeles? (Véase la página 45.)

Parte 2   ## Las líneas de Nazca: Gigantescos dibujos en el desierto

spider

Un mono de 90 metros con una larga cola, una araña° enorme, un cóndor con alas de 130 metros, triángulos, rectángulos, espirales... éstas son las famosas «líneas de Nazca» de Perú: inmensas figuras dibujadas en el desierto y visibles sólo desde muy arriba. Se encuentran cerca de Nazca[1], un pequeño pueblo que se ha convertido en un centro turístico. Atraídos por este extraño enigma arqueológico, muchos turistas llegan allí y hacen vuelos° de observación en pequeños aviones.

paseos

Un mono enorme dibujado en el desierto de Nazca, Perú

5

10

15

[1] En 1996, la mayor parte del pueblo de Nazca fue destruido por un terremoto. Dos años después, se murió a la edad de 95 años María Reiche, la renombrada matemática alemana que dedicó su vida a investigar las líneas y a tratar de protegerlas del grave deterioro causado por el tráfico. La casa donde ella vivió es ahora un museo que les provee a los visitantes libros, mapas y fotos de las líneas.

En un pasado remoto, muchas manos crearon las líneas, cortando la tierra oscura de arriba para revelar la arena más clara que estaba por debajo°, y luego insertaron piedras para enmarcarlas°. Pero, ¿quiénes las hicieron y por qué? ¿Por qué hacer un esfuerzo tan grande para construir dibujos que sólo se pueden ver desde un avión 20 cuando los aviones aún no se habían inventado?

por... underneath (it)
to frame them

La opinión general parece ser que las líneas fueron hechas por los pueblos paracas y nazca durante los años 900 a. C.–600 d. C. Pero nadie sabe por qué. Sin embargo, abundan las teorías:

- que eran caminos rituales con un significado religioso 25
- que representan un calendario astronómico hecho con fines° agrícolas
- que servían como caminos para competiciones de carreras°
- que eran pistas de aterrizaje° para las naves espaciales de extraterrestres°
- que se crearon como ofrendas para los dioses que, según suponían, vivían en el cielo 30

motivos

competiciones... track and field contests; pistas... runways; seres de otros planetas

[handwritten: Para explicar las líneas]

4. Comprensión

Escriba **C** (cierto) o **F** (falso) para cada oración. Corrija las oraciones falsas.

___C___ 1. Los dibujos representados por las líneas de Nazca son de animales y formas geométricas.

___F___ 2. Para ver los dibujos, los turistas dan paseos en auto por el desierto.

___C___ 3. Nadie sabe cómo se hicieron las líneas de Nazca.

___C___ 4. Se cree que los paracas y nazcas hicieron esos dibujos durante los años 900 a. C. a 600 d. C.

5. Interpretación

¿Qué piensa Ud. de las «teorías» para explicar por qué se hicieron las líneas de Nazca? ¿Cuál prefiere Ud.? ¿Por qué?

Parte 3 | Las piedras mágicas y las cosechas abundantes de Tiwanaku

altura

Situadas a 3.810 metros sobre el nivel° del mar al sureste del lago Titicaca en Bolivia, se encuentran las ruinas de Tiwanaku[1]. Pertenecen a la civilización de los Aymará, una de las primeras civilizaciones de Sudamérica, qué se desarrolló entre los años 1600 a. C. y 1200 d. C. En su apogeo° cubría casi la mitad° de Bolivia, el sur de Perú, el norte de Chile y el noroeste de Argentina, y se supone que Tiwanaku funcionó como su centro religioso y ceremonial entre los años 600 y 900 d. C. 5

momento de más esplendor; 50%

a... in spite of

[1] Este nombre también aparece a veces como Tihuanaco.

La antigua Puerta del Sol, Tiwanaku, Bolivia

Una característica misteriosa de la cultura de Tiwanaku es la presencia de piedras colosales de hasta 175.000 kilos, a pesar de° estar muy lejos de cualquier sitio de producción. ¿Cómo habrán llegado allí estas piedras? Se sabe que en el siglo XVI los españoles les hicieron la misma pregunta a los indígenas y éstos les respondieron que «con el apoyo de Viracocha», dios de la creación. Obviamente, los tiwanakus eran excelentes ingenieros que sabían cortar, transportar y ajustar enormes bloques de piedra sin necesidad de emplear mortero° y con la misma exactitud que mucho más tarde iba a dar fama a las construcciones de los incas. Un ejemplo de esta extraordinaria tecnología es la Puerta del Sol, un inmenso portal tallado de un solo bloque de piedra, con las figuras de Viracocha y sus 48 ayudantes en bajorrelieve°. También hay una plataforma rectangular rodeada de murallas°, un templo subterráneo, estatuas y estelas.

A fines del siglo XX, se descubrió otro logro tecnológico de esta asombrosa civilización: los restos° de un elaborado sistema de riegos° que empleaba canales, terrazas y campos elevados para producir cosechas de gran abundancia en este lugar frío y seco del altiplano°. Según los expertos[2], esta antigua civilización proveía a una población muy grande con cosechas superiores a las que hoy se producen con tecnología moderna.

10

15

20

25

mortar

bas relief; paredes

remains; transporte de agua

mountain plateau

[2] Uno de los científicos que ha trabajado con distinción en Tiwanaku es el profesor Kolata de la Universidad de Illinois en EE.UU. Kolata ha sugerido que esta antigua tecnología puede ser la clave para aumentar la producción actual de la agricultura en la región.

6. Comprensión

Escriba **C** (cierto) o **F** (falso) para cada oración. Corrija las oraciones falsas.

___C___ 1. Se cree que Tiwanaku era un centro religioso y ceremonial de una de las primeras civilizaciones importantes de Sudamérica.

___F___ 2. Los tiwanakus sabían cortar y ajustar enormes bloques de piedra, una tecnología que aprendieron de los incas.

___F___ 3. La Puerta del Sol es un inmenso portal que lleva una representación de la Pachamama.

___C___ 4. Los antiguos tiwanakus usaban un elaborado sistema de riegos para producir cosechas abundantes.

7. Interpretación

¿Por qué cree Ud. que hay mucho interés ahora en Tiwanaku?

Después de leer

8. Romper mitos y estereotipos falsos Rompa Ud. los siguientes «mitos» y estereotipos falsos. Explique con ejemplos de la lectura por qué cada oración es falsa. Si, por el contrario, Ud. cree que alguna de las oraciones es cierta, explique por qué.

1. Los indígenas de la América precolombina eran primitivos y no tenían conocimientos abstractos.
2. La tecnología actual es superior en todo aspecto a las tecnologías de civilizaciones antiguas.
3. Hoy, con el gran desarrollo de la ingeniería, comprendemos exactamente cómo las culturas del pasado construyeron sus ciudades y monumentos.
4. La computadora es una máquina estúpida que sólo sabe calcular y no puede ayudarnos a entender las culturas del pasado.

9. Explícame los números ¿Qué importancia tienen los siguientes números para las civilizaciones descritas en la lectura?

1. 1600 a. C.
2. 2.500
3. 130 metros
4. 48 ayudantes
5. 175.000 kilos
6. más de 60 sitios
7. el siglo XVI
8. 763 d. C.

10. Juego imaginativo: Especulando sobre los misterios del pasado Trabajando con un(a) compañero(a), denle rienda suelta *(give free rein)* a la imaginación e inventen explicaciones para los siguientes misterios del pasado. Luego, comparen sus explicaciones con las de otros estudiantes.

1. la presencia de las gigantescas líneas de Nazca en el desierto de Perú
2. la representación de figuras que se parecen a ángeles en las ruinas de Ek Balam, México
3. el transporte de las inmensas piedras al sitio de Tiwanaku, Bolivia

Selección 1 *Guernica* de Pablo Picasso: Una pintura de protesta

Antes de leer

Para abrir el tema La tecnología ayudó a civilizaciones del pasado a construir maravillas como las de Copán, las de Nazca y las de Tiwanaku (véase la Introducción de este capítulo), pero también los avances tecnológicos han traído destrucción y horror en ciertos momentos de la historia. Tal momento fue inmortalizado por el pintor español Pablo Picasso en su dramática pintura *Guernica*, que representa el horroroso bombardeo de un pueblo español por los nazis en 1937. Utilizando nuevas tecnologías, los aviones alemanes lograron devastar el pueblo de Guernica y matar en poco tiempo a entre 250 y 1.000 de sus habitantes, dejando heridos a muchos otros. ¡Esto sí que era algo nuevo en las crónicas militares! Con la exhibición de su cuadro en París en 1937, Picasso logró enfocar la atención internacional en la realidad de la Guerra Civil Española. Además, *Guernica* pronto se convirtió en uno de los cuadros más famosos del arte moderno, porque muchos hallan en él un mensaje universal. (Mírelo en la página 59.) Miles de personas llegan todos los años a Madrid para verlo. Casi todas se llevan un choque fuerte, pues el cuadro es violento y perturbador, aun para la sensibilidad de hoy. Para comprenderlo, hay que saber un poco sobre la historia.

1-1. El texto: Localización de datos importantes ¿Cuánto sabe Ud. de la historia militar del siglo pasado? Llene los espacios en blanco con los datos apropiados. Busque en el artículo los datos que no sepa.

1. Las fechas de la Guerra Civil Española: de 19 _36_ hasta 19 _39_
2. Los dos bandos que se oponían en la guerra: los _nacionales_ y los _republicanos_
3. Dos países extranjeros que intervinieron de manera decisiva en la Guerra Civil Española: _Alemania_ y _Rusia_
4. El nombre del dictador que gobernó España por muchos años después de la guerra: _Franco_
5. El tipo de gobierno que tiene España hoy: _monarquía constitucional_

Leer

Guernica de Pablo Picasso: Una pintura de protesta

La España actual

Partidarios del candidato conservador Mariano Rajoy lo escuchan después de su derrota en las elecciones, Madrid, marzo 2008

La España actual es una nación democrática y moderna que, desde 1986, pertenece a la UE (Unión Europea). Su gobierno es una monarquía constitucional con un rey popular y un primer ministro elegido por el pueblo español, que en tiempos recientes ha sido de varios partidos diferentes. Todo esto representa un enorme progreso, pues durante los años 40 y 50 del siglo XX España era un país 5 pobre y atrasado. Mucha gente no se da cuenta de la pobreza y represión en que vivieron los españoles por muchos años, una situación que tuvo sus raíces en tres horrorosos años de guerra civil.

La Guerra Civil Española

La Guerra Civil Española fue un preludio militar y político a la Segunda Guerra Mundial. También fue un conflicto cruel que dividió a familias cuando hermano luchaba 10 contra hermano y padre contra hijo. Irónicamente la guerra tuvo sus orígenes inmediatos en la fundación en 1931 de un gobierno liberal: la Segunda República. Este gobierno reformista pronto fue atacado por conservadores y radicales, y durante cinco años España pasó por una época de terrorismo y caos. En 1936 se levantó un grupo de militares que querían restablecer el orden, la seguridad y las tradiciones. Su bando se llamaba «los nacionales», e incluía los militares profesionales, la Iglesia Católica, los monárquicos (personas dedicadas a la restauración de la Monarquía) y un número pequeño de seguidores de la Falange, el partido fascista español. El otro grupo, «los republicanos», estaba compuesto de personas que, por diversas razones, deseaban mantener una república: liberales, socialistas, anarquistas y un número pequeño de comunistas. Muchos vascos (un grupo étnico del norte) lucharon al lado republicano, a pesar de ser muy católicos, porque la República les había prometido la independencia de su región.

Las nefastas intervenciones de dos otras naciones

Trágicamente, la intervención de Alemania bajo Hitler y de Rusia bajo Stalin produjo una gran polarización e hizo que el conflicto se convirtiera en una lucha entre el fascismo y el comunismo, a pesar de que muy pocos españoles profesaban esas ideologías. El resultado fue un aumento astronómico en la potencia destructiva, pues los nacionales obtuvieron armas y ayuda técnica de Alemania, y los republicanos recibieron lo mismo de Rusia. Voluntarios de todas partes del mundo acudieron a combatir, sumándose al número de las víctimas.

Durante la guerra, los dos bandos cometieron atrocidades. Una de las más horrorosas fue el bombardeo por los nacionales en 1937 de Guernica, un pequeño pueblo sin ninguna importancia militar en el norte de España. Por tres horas los aviones alemanes de la *Luftwaffe* bombardearon Guernica, destruyendo gran parte del pueblo más antiguo de los vascos y el centro de su tradición cultural. Este bombardeo, el primero contra una población civil indefensa que utilizara tecnologías de guerra moderna, produjo gran consternación en el

Library of Congress Prints and Photographs Division / LC-USZC4-7473

¡NO PASARÁN!
JULIO 1936

JULIO 1937
¡PASAREMOS!

Una de las armas más poderosas de la Guerra Civil Española era la palabra, usada por los dos lados. Este cartel de 1937 intentaba inspirar a los madrileños a impedir el avance de los nacionales.

mundo entero. Ese mismo año Picasso pintó en París su cuadro *Guernica*, que se
convirtió en un símbolo de protesta contra los métodos mecanizados de la guerra 50
moderna y un homenaje a las víctimas inocentes.

Del franquismo a la democracia

En 1939, la guerra terminó con el triunfo de los nacionales y se estableció en España
una dictadura militar bajo el general Francisco Franco que iba a durar casi cuarenta
años. Había un solo partido, la Falange, y una sola religión oficial: el catolicismo.
Durante y después de la Segunda Guerra Mundial, el «generalísimo» controló una 55
sociedad profundamente herida por la guerra civil, con represión y censura. Sin
embargo, a partir de los 60, se logró cierto nivel de industrialización y un notable
progreso económico.

Después de la muerte de Franco en 1975, empezó la transición a la democracia
y monarquía parlamentaria que existe hoy. Se promulgó una nueva constitución 60
que concedió la autonomía a la región vasca y a cualquier otra región que la qui-
siera. Esto alivió la mayoría de los problemas regionalistas, pero el grupo vasco ETA[1]
siguió pidiendo la independencia completa, y cometió actos de violencia con el fin de
obtenerla durante muchos años. Con el tiempo esta violencia se ha disminuido pero
todavía existe a escala menor. Muchos otros cambios han ocurrido, y la España de 65
hoy es una sociedad liberal que permite el divorcio, el aborto, la existencia de partidos políticos de diversas tendencias y la libertad de palabra y de prensa.

El cuadro y su mensaje universal

Durante los años de Franco, *Guernica* estuvo en Nueva York en el Museo de Arte
Moderno. Luego, en septiembre de 1981, se la envió a España, donde ahora se exhibe
en el Museo Reina Sofía de Arte Moderno. Así, EE.UU. cumplió con los deseos del 70
gran pintor ya difunto, quien había pedido que se enviara la pintura a su patria en
cuanto se volviera a establecer allí la democracia.

Hay muchas interpretaciones posibles del cuadro, sobre todo con respecto al
simbolismo que tienen las varias figuras, pero no cabe duda de que Picasso ha cap-
tado para siempre la agonía y el terror de una familia rural y de todo pueblo que 75
haya sufrido la guerra.

[1] ETA es un grupo nacionalista que muchos califican como terrorista. El nombre consiste en las iniciales de tres
palabras en euskara, el idioma de los vascos: *Euskadi Ta Askatasuna* (País Vasco y libertad).

Después de leer

1-2. Identificación: Los dos bandos Mire las dos columnas a continuación. Representan los dos bandos que pelearon en la Guerra Civil Española (1936–1939): los republicanos y los nacionales. Escriba las siguientes palabras en la columna apropiada para identificar qué grupos pertenecían a cada bando.

anarquistas   la Falange   marxistas   socialistas
comunistas   la Iglesia   militares profesionales   vascos
fascistas   liberales   monárquicos

Republicanos (a la izquierda)   **Nacionales (a la derecha)**

socialistas   militares profesionales
los anarquistas   monárquicas
liberales   la Iglesia
comunistas   fascistas
vascos   la Falange

1-3. Entrevista: ¿Qué opinas? Trabaje con otro(a) compañero(a), entrevistándose sobre los siguientes temas. Tome notas de las opiniones de su compañero(a). Luego, compare sus opiniones con las de otros compañeros.

1. *Las guerras civiles* ¿Por qué son especialmente horribles, en comparación con otras clases de guerra? En general, ¿qué factores causan una guerra civil? ¿Puedes dar ejemplos? ¿Conoces algunos países que nunca hayan sufrido una guerra civil?

2. *La intervención de una nación en los conflictos de otra nación* ¿Cómo intervinieron Hitler y Stalin en la Guerra Civil Española? ¿Qué horribles consecuencias tuvieron estas intervenciones? ¿Es siempre malo intervenir en la guerra de otra nación, o crees que a veces la intervención es necesaria? Explica. Y ahora, ¿hay países en guerra donde otros países están interviniendo? ¿Qué opinas tú de estas intervenciones?

3. *El triunfo de Franco* ¿Fue buena o mala para España la victoria militar de los nacionales en 1939? ¿Por qué? ¿Crees que a veces una dictadura puede beneficiar un país de alguna forma, o es siempre completamente mala? Explica.

4. *Los derechistas y los izquierdistas* ¿Qué diferencia hay entre los partidos y los políticos de la derecha y los de la izquierda? ¿Crees que un grupo es mejor que el otro, o depende de las circunstancias? Explica.

1-4. Interpretación de un cuadro Mire Ud. el cuadro en la página 59 y trate de interpretarlo. Recuerde que no hay una sola interpretación definitiva.

1. ¿Cuáles son sus primeras impresiones del cuadro? ¿Qué emociones le comunica a Ud.?
2. ¿Por qué cree Ud. que Picasso pintó el cuadro en colores oscuros? ¿Sería más dramática la pintura si tuviera rojo para la sangre, amarillo para la luz, etcétera? ¿Por qué sí o por qué no?
3. ¿Qué evidencias de guerra hay?
4. ¿Dónde ocurre la escena, dentro o fuera de una casa? ¿Cómo sabemos que es un ambiente rural?
5. Para Ud., ¿qué representa la figura que entra desde afuera? ¿La mujer con el niño? ¿La figura en pedazos *(pieces)* sobre el suelo?
6. La figura más enigmática y la única no herida es la del toro. Picasso mismo ha dicho: «El toro es un toro... El público puede ver [en el toro] lo que quiera ver». ¿Qué ve Ud.?
7. Brevemente, ¿qué cree Ud. que es el mensaje del cuadro?
8. Ahora, escriba su propia interpretación, utilizando el Vocabulario auxiliar que viene a continuación. Luego, póngale un título original.

Vocabulario auxiliar

las armas *weapons*
el bien y el mal *good and evil*
el caos
los civiles *civilians*
los colores oscuros y sombríos *dark and somber colors*
destruir; la destrucción
la espada *sword*
el fascismo
la fuerza *strength*
la gallina *hen*
gritar; los gritos *to scream; screams*
la guerra mecanizada
indefenso *defenseless*

la inutilidad (*adj.* **inútil**) *futility (futile)*
la invencibilidad
las llamas *flames*
la luz *light*
la maternidad
el miedo, el terror
el mundo externo *the outside world*
el soldado
sufrir; el sufrimiento
el susto *scare, shock*
la tragedia (*adj.* **trágico[a]**)
la tristeza (*adj.* **triste**)
la vida familiar, doméstica
la vulnerabilidad (*adj.* **vulnerable**)

Guernica por Pablo Picasso (mayo–junio de 1937). Se encuentra en Madrid, España, en el Museo Nacional Centro de Arte Reina Sofía, donde miles de turistas pasan a verlo todos los días. En mayo del 2008, el museo creó un nuevo espacio sólo para este cuadro con luces especiales que han restaurado su apariencia original.

1-5. Otra perspectiva más: Un poema de Miguel Hernández (1910–1942) Un pintor protesta con imágenes, un poeta con palabras. A continuación está un poema de protesta por Miguel Hernández, un poeta español que luchó ardientemente durante la Guerra Civil Española del lado republicano. Murió después en la prisión a la edad de treinta y dos años. Muchos de sus poemas fueron escritos en el campo de la batalla.

Trabaje Ud. con dos o tres compañeros(as). Una persona lee el breve poema en voz alta y luego hace una de las preguntas a alguien del grupo. Después de contestar la pregunta (correctamente), éste(a) escoge a otra persona para leer y preguntar, y así se continúa.

Guerra

Miguel Hernández

Listen to the reading on the CD, Track 5.

Goya y Lucientes, Francisco de (1746–1828) / British Museum / Art Resource, NY

«Y no hay remedio», *Los desastres de la guerra,* Francisco de Goya 1810–1812

La vejez de los pueblos.
owner — El corazón sin dueño°.
El amor sin objeto.
dust; pájaro negro — La hierba, el polvo°, el cuervo°.
¿Y la juventud?

coffin — En el ataúd°.

El árbol solo y seco.
log — La mujer como un leño°
cama — de viudez sobre el lecho°.
El odio sin remedio.
¿Y la juventud?

En el ataúd.

Preguntas

1. ¿Qué elementos de la naturaleza se mencionan en el poema?
2. ¿Cómo nos muestran estos elementos los malos efectos de la guerra?
3. El verso tres, «El amor sin objeto», se ha interpretado de distintas maneras. ¿Cómo interpretas tú?
4. ¿Por qué está la mujer «como un leño»?
5. ¿Por qué no hay remedio para el odio en tiempos de guerra?
6. Según el poema, ¿dónde está la juventud?
7. ¿Crees que el poema de Hernández es pertinente para nuestros tiempos, o no? Explica.

¡Conectémonos!

Análisis cultural

Trabaje Ud. solo(a) o con otro(s) y escoja un tema de la siguiente lista. Use Internet o la biblioteca para buscar datos *(facts)* interesantes sobre el tema y prepare un breve informe para compartir con la clase o para entregárselo a su profesor(a). ¡Ojo! *(Watch out!)* No se olvide de mencionar las fuentes *(sources)* de su información: los títulos de revistas o de periódicos, la dirección de sitios web, el (la) autor(a) de un libro o de un artículo, etcétera.

1. **Chichén Itzá elegida como una «Maravilla del mundo»** En el 2007, el sitio maya de Chichén Itzá en el Yucatán de México ganó un lugar en una competición internacional como una de *Las nuevas siete maravillas del mundo*. ¿Por qué ganó este sitio en vez de los otros que competían? ¿Qué otros sitios del mundo ganaron, y por qué?

2. **Misterios o secretos de otras civilizaciones del pasado** ¿Qué otras civilizaciones han dejado misteriosas muestras de tecnologías avanzadas o construcciones incomprensibles para el cerebro moderno? (Algunas posibilidades: El Gran Zimbabwe, El Palacio de Knossos, Isla de Pascua, Machu Picchu, Stonehenge, Teotihuacán)

3. **Comparación entre dos cuadros** Picasso no fue el único artista español que proyectó los horrores de la Guerra Civil en una pintura inolvidable. Salvador Dalí representó lo que pasaba en su patria en un cuadro muy raro y también famoso, *Premonición de la Guerra Civil, 1936*.

   Busque información sobre esta pintura y haga una breve comparación entre ella y *Guernica,* explicando cuál de los dos cuadros prefiere Ud. y por qué. O busque información sobre los cuadros de protesta contra la guerra en Irak que hizo el pintor colombiano Fernando Botero y compare una de sus pinturas con *Guernica*.

4. **La cultura de los vascos** ¿Quiénes son los vascos y qué importancia cultural tiene el pueblo de Guernica con su celebrado árbol sagrado? Investigue Ud. sobre este antiguo pueblo que habita el norte de España y el sur de Francia y tiene un idioma distinto, una gastronomía sabrosa y tradiciones singulares.

5. **Secretos y símbolos de la pintura *Guernica*** Busque otras interpretaciones del cuadro *Guernica* y describa los símbolos y secretos que algunos críticos creen ver en la pintura. Diga si Ud. está de acuerdo o no, y por qué.

6. **Películas sobre la Guerra Civil Española** Hay muchas películas sobre la Guerra Civil Española. Mire una de ellas y escriba una reseña *(review)* de ella, dando el título, una lista de los actores, el nombre del (de la) director(a), un resumen del argumento *(plot)* y su opinión.

Selección 2   Lamento Borincano

Antes de escuchar

Para abrir el tema A lo largo de la historia, la humanidad y su civilización han experimentado muchos cambios. Sin embargo, no todos han servido para mejorar la sociedad y sus diversos habitantes. Los cambios sociales por los cuales los boricuas[1] han pasado durante los últimos 100 años se deben al hecho de que el poder sobre esta pequeña isla caribeña se transfirió de España a Estados Unidos en 1898 después de la guerra entre los dos países mencionados. Fue un gran choque cultural para los habitantes, especialmente para los pobres campesinos de poca educación.

Piense unos minutos sobre cómo sería afectada la manera en que usted vive su vida: el idioma que habla, la comida que disfruta, las actividades en que participa, su vida familiar, las oportunidades que tiene a su disposición, ecétera, si otro país le impusiera su cultura.

 2-1. ¿Cómo es mi vida? ¿Cuál es mi realidad? ¿Cuánto cambiaría la vida si otra nación con costumbres e idioma diferentes de repente controlara el país donde había pasado toda su vida? Escoja un(a) compañero(a) a quien no conoce muy bien para compartir sus pensamientos y reacciones ante la situación descrita. Use las siguientes preguntas para organizar su charla.

1. ¿Cómo te sentirías al tener que aprender otra lengua para asistir a la escuela?
2. ¿Qué pensarías al tener que obedecer las leyes de un gobierno nuevo con el cual nunca habías tenido experiencia?
3. En general, ¿cómo crees que cambiaría la manera en que tu familia se ganaría la vida? ¿Sería más difícil, o no?
4. ¿A quiénes les causaría más problemas, a los pobres sin educación o a los adinerados *(those with money)* con título universitario? ¿A los jóvenes o a los ancianos? ¿A la gente de las ciudades o a los campesinos?

¿En qué puntos están de acuerdo? ¿Dónde hay diferencias de opinión? ¿Cuántos alumnos más están de acuerdo con usted?

---

[1] «Boricua» es un término para referirse a individuos puertorriqueños porque Borinquen es el nombre original de la isla de Puerto Rico.

2-2. Vocabulario: ¡En busca del significado! Lea la letra de la canción rápidamente. Adivine *(Guess)* los significados de las palabras o frases en la lista, según el contexto en que se encuentren en la letra de la canción, y escríbalos en el espacio en blanco.

1. loco de contento   *muy contento*
2. la felicidad   *el facto de estar contento*
3. remediar   *una cosa necesita para estar bueno*
4. el hogar   _____
5. el camino   _____
6. la carga   _____
7. presentir   *el sentimiento cinta que la cosa pasadsa*
8. la mañana entera   *todo la mañana*
9. estar desierto   *sin persona*
10. la perla   *la cosa muy preciosa*

Ahora compare sus definiciones con las definiciones que siguen.

a. la alegría
b. no tener personas presentes
c. hacer mejor; mejorar
d. la hace una ostra; se usa para hacer joyas
e. una calle en el campo
f. el lugar donde viven personas relacionadas
g. muy feliz
h. toda la mañana
i. una cosa transportada
k. sentir algo antes de que ocurra

Escuchar

2-3. Estrategia para escuchar: Identificar las emociones Prestar atención a las emociones que evocan la música y la letra de la canción. Piense en el significado de la palabra *lamento.* ¿Qué significa para Ud. cuando piensa en su cultura y su etnicidad? Escuche «Lamento Borincano» y préstele atención al estilo de la música misma. ¿Qué informacíon le proveen el ritmo de la música y las emociones que la letra expresa? ¿Qué información le proveen el ritmo de la canción y las emociones que expresa la letra?

¿Qué es cultura?
Los sentimientos de un boricua: Lamento Borincano

Letra y música por Rafael Hernández-Marín; interpretado por Marc Anthony

Perspectivas iTunes playlist

Jason DeCrow/AP Photo

lleno de felicidad	Sale loco de contento°
carga, lo que lleva para vender	con su cargamento° para la ciudad,
	Sí, para la ciudad,
	lleva en su pensamiento
	todo un mundo lleno de felicidad 5
	¡Sí! de felicidad,
hacer mejor, mejorar; la casa donde una persona vive con su familia	piensa remediar° la situación del hogar°
	que es toda su ilusión, ¡Sí!
diminutivo para un campesino en la isla de Puerto Rico	Y alegre el jibarito° va pensando
	así, diciendo así, 10
	cantando así por el camino;
	si yo vendo la carga, mi Dios querido,
manera cariñosa para referirse a su esposa; la hembra del caballo; experimentar algo antes de que ocurra	un traje a mi viejita° voy a comprar,
	y alegre también su yegua° va,
	al presentir° que su cantar 15
	es todo un himno de alegría;
	en esto les sorprende la luz del día,
	y llegan al mercado de la Ciudad.

alegre: happy

toda	Pasa la mañana entera°
	sin que nadie pueda su carga comprar, 20
	¡Ay!, su carga comprar;
sin personas, sin vida	Todo, todo está desierto°,
está... le faltan muchas cosas a la gente para poder vivir dondequiera	el pueblo está muerto de necesidad°
	¡Ay! de necesidad;
	se oye este lamento por doquier° ← *everywhere* 25
desafortunada; el nombre antiguo de Puerto Rico que sus habitantes todavía usan	En mi desdichada° Borinquen°, ¡Sí!
	Y triste el jibarito va,
	pensando así, diciendo así,
	llorando así por el camino;
	qué será de Borinquen, mi Dios querido, 30
	qué será de mis hijos y de mi hogar;

Borinquen la tierra del Edén,
la que al cantar el gran Gauthier°
llamó la perla de los mares;
ahora que tú te mueres con tus pesares°,   35
déjame que te cante yo también,
yo también.

José Gauthier Benítez (1848–1880) se considera el mejor poeta puertorriqueño de la era del romanticismo; dolores, sufrimientos, penas

Después de escuchar

2-4. ¿Qué comprendió? Escriba una **C** (cierto) o **F** (falso) para cada frase. Corrija las oraciones falsas, según el contenido de la canción.

1. Cuando el jibarito sale para el mercado está feliz.
2. Quiere comprarle un nuevo vestido a su madre.
3. El jibarito va al pueblo montado en bicicleta.
4. Nadie compra lo que el jibarito tiene para vender.
5. Hay muchas personas en el mercado.
6. La situación económica en Puerto Rico es muy mala.
7. Camino a su casa, el jibarito está tan contento como cuando salió para el mercado.
8. El jibarito compara su isla con el Edén.

2-5. Comentario Con un(a) compañero(a), hablen de las imágenes que pinta el autor de la canción. ¿Tiene validez el título que le dio a ella? Hablen sobre cómo la serie de cuadros presentados en las diferentes estrofas de la canción cuentan la historia de los pobres campesinos, no sólo de Puerto Rico, sino en muchos países del mundo, aun hoy día. Estén listos(as) para presentar lo que han descubierto en esta composición, que es un poema musical.

2-6. Escribir: Una crítica Imagínese que lo (la) acaban de contratar para escribir una crítica de la interpretación de «Lamento Borincano» por Marc Anthony. Vuelva a escuchar la selección (si quiere o necesita hacerlo) para luego escribir el artículo que va a entregar a la revista que lo publicará. Use la siguiente lista como guía para su artículo.

1. si la voz del cantante y la música se complementan o no
2. la manera en que la música y la letra se combinan para contar la historia del jibarito
3. cómo la canción muestra las emociones del jibarito
4. explicar el propósito de la selección musical
5. si la combinación de Marc Anthony y Rafael Hernández Marín logra su meta eficazmente
6. si Ud. cree que otro cantante podría interpretar la canción mejor (Mencione quién sería.)

2-7. Comentario sobre el dibujo Mire el cuadro del pintor puertorriqueño
Luis Cajiga que está sin título. Trabajando en grupos de tres o cuatro, observen
cuidadosamente el cuadro y traten sobre estos temas. Estén listos a presentarles
sus ideas a los compañeros de clase.

Luis German Cajiga

Una representacíon visual de la cultura del jíbaro

1. **La pintura** ¿Qué creen que representa esta pintura? ¿Por qué creen que decidió
   pintarla el artista?
2. **Un título apropiado** ¿Qué título le pondrían Uds.? Expliquen sus razones.
3. **Relación entre el cuadro y la canción** ¿Qué relación piensan que tiene este
   cuadro con la canción que escucharon en esta sección?
4. **El significado** ¿Qué emociones creen Uds. que evoca el cuadro dentro del
   pueblo de la isla puertorriqueña?[1] ¿Creen Uds. que es posible echar de menos un
   pasado más sencillo? ¿Cómo ha cambiado la vida de los puertorriqueños durante
   el último siglo?

[1] No todos los habitantes que viven en la isla son de ascendencia puertorriqueña; hay muchos individuos de otras
   nacionalidades que hoy día viven allí y que no se consideran a sí mismos ser boricuas.

Selección 3   Parte A: La vida contradictoria de Eva Perón

Antes de leer

Para abrir el tema En octubre del 2007, Cristina Kirchner llegó a ser presidenta de Argentina, la primera mujer en la historia que ha asumido este oficio por elección popular. (Véase su foto en la página 45.) En los periódicos la llamaban «la nueva Evita», porque evocaba la imagen de Eva Perón con la cálida recepción de las multitudes que gritaban su nombre, pensando que ella iba a efectuar lo que ha sido el gran sueño de las masas por décadas: la redistribución de las riquezas. También como Eva Perón, Cristina es una mujer hermosa, bien vestida y esposa de un presidente.

¿Pero, por qué se habla tanto de Eva Perón medio siglo después de su muerte, y por qué sigue tan «viva» en la conciencia colectiva de su país? A veces un solo individuo deja un gran impacto en la historia. Por el poder de su personalidad, su apariencia, sus ideas y acciones o simplemente por la suerte de encontrarse en cierta posición en un momento crítico, estos individuos se convierten en símbolos o mitos. Su imagen suele ser una paradoja: una mezcla de contradicciones. Así es el caso de Eva Perón.

Siempre es difícil separar el mito de la verdad. La vida de Eva Perón ha inspirado películas, programas de televisión, una obra musical y muchos libros. A veces la presentan como ángel y otras veces como demonio. ¿Quién fue, realmente, Eva Perón? A continuación veamos un breve resumen de su vida, para tratar de comprender por qué inspira emociones tan contradictorias.

Leer

La vida contradictoria de Eva Perón

Niñez

owner or manager of a cattle ranch (Arg.)

arrangement

seamstress

hija... niña nacida fuera del matrimonio

Eva Perón nació en 1919 en un pequeño pueblo de las pampas de Argentina. Su madre Juana era amante de un estanciero°, Juan Duarte, padre de Eva y de sus cuatro hermanos. Juan tenía su familia legítima en otro lugar pero visitaba y ayudaba a su «segunda familia» con dinero y cariño, un tipo de arreglo° que era común en aquellos tiempos. Juan murió y la familia se mudó a un pueblo más grande, donde 5 doña Juana trabajó como costurera°. La familia era pobre y en la escuela Eva, por ser hija natural°, sufrió los insultos de sus compañeros. A los quince años, salió de su casa y se fue a Buenos Aires para realizar su sueño de ser actriz.

Los primeros años en Buenos Aires

boarding houses

aventuras amorosas

La joven provinciana llegó a la gran ciudad. Al principio vivió en pensiones° pobres y trabajó en el cine y en la radio en papeles menores. Tuvo amoríos° con actores y pro- 10 ductores. Empezó a tener éxito en las radionovelas y su situación económica mejoró.

le... *shook her hand*

love at first sight (lit., Cupid's arrow wound)

En 1944, llegó el día que cambiaría su vida: conoció al coronel Juan Domingo Perón. Según la leyenda, alguien los presentó, Perón le estrechó la mano° y Eva le dijo: «Coronel, gracias por existir». Fue el flechazo°. La linda actriz (de 26 primaveras) y el poderoso militar (de 48 otoños) se casaron al año siguiente. 15

Juan y Eva Perón, el 10 de octubre de 1950

La nueva política de Juan y Eva Perón

sources

grupo de gente muy rica; ranchos grandes (en Argentina)

pobreza extrema

combinación

labor unions; trabajadores pobres (*lit.*, hombres sin camisa)

En 1946, Juan Perón llegó a ser presidente de Argentina, un país rico pero muy dividido. Según algunas fuentes°, toda la tierra pertenecía a menos de 2.000 personas. La oligarquía° vivía en gran lujo de las rentas de sus estancias°, pasando seis meses en Buenos Aires y seis meses en París. En contraste, la mayoría de la gente vivía en la miseria°. Antes, el gobierno había estado en manos de la clase alta, pero 20 Perón triunfó con el apoyo de la clase baja. Eva colaboró con su marido y se hizo muy popular. El programa peronista era una mezcla° de ideas fascistas (su gran héroe era Mussolini) y socialistas. Perón creía en el poder absoluto del gobierno y tenía poco respeto por la libertad de palabra o de prensa. Por otra parte, nacionalizó los bancos y los ferrocarriles y apoyó los sindicatos° y los derechos de los «descamisados°», 25 logrando así cierta redistribución de la riqueza. También, concedió por primera vez el voto a las mujeres argentinas[1].

[1] Perón no tenía gran interés en darles el voto a las mujeres, pero Eva lo convenció, señalando que así el partido peronista ganaría la mitad de todos los votos en las próximas elecciones y su triunfo estaría asegurado.

El trabajo con los pobres

Eva creó la Fundación Eva Perón para apoyar a los pobres. Durante los seis primeros meses de 1951, su Fundación donó a los más necesitados 25.000 casas y tres millones de paquetes que contenían ropa, muebles, medicamentos, bicicletas y juguetes. Gente 30 que nunca había tenido nada de repente se encontró con una casa. Se construyeron asilos para huérfanos°, escuelas, hospitales, estadios de fútbol. Los pobres la adoraban y todos los días llegaban a su oficina. Eva trabajó largas horas y practicó la ayuda social directa, regalando zapatos, máquinas de coser y muchas otras cosas. Abrazó y besó a la gente, aun a los leprosos y sifilíticos° y por eso se empezaba a correr la voz° 35 de que Eva era santa.

Por otra parte, como primera dama, Eva se vistió con gran lujo, usando pieles°, joyas carísimas y ropa de Christián Dior. A menudo, usaba la policía para asustar o castigar a sus críticos y exigía donaciones «voluntarias» para su Fundación. No llevaba cuentas°, ni de sus gastos°, ni de sus obras de caridad. En pocos años el gobierno 40 argentino iba a pasar del estado económico de superávit° a la bancarrota°.

Enfermedad y muerte

Eva no estaría allí para ver la bancarrota ni la rebelión militar que vendría en 1955, mandando a Perón al exilio. En 1951, Eva se enfermó de cáncer. Al principio, se negó a descansar y siguió trabajando. Enflaqueció° y sufrió mucho en los últimos meses. Se murió el 26 de julio de 1952. En Uruguay, miles de refugiados argentinos baila- 45 ron de alegría en las calles. En Buenos Aires, a puertas cerradas, mucha gente de la clase media y alta sintió alivio°. Pero en millones de hogares humildes, lloraban en un duelo° profundo las multitudes argentinas que tanto querían a «Evita», su santa y protectora.

asilos... casas para niños sin padres

lepers and people with syphilis; **correr...** *to spread the word furs*

no... *she didn't keep records; expenditures; surplus; bankruptcy*

se puso flaca

relief

tristeza extrema

El funeral de Eva Perón, el 13 de agosto de 1952, Buenos Aires

Archivo Clarín/AP Photo

Después de leer

3-1. Comprensión Escriba **C** (cierto) o **F** (falso) para cada frase. Corrija las frases falsas.

___F___ 1. Eva Perón nació en 1919 en Buenos Aires.
___F___ 2. Su madre era la esposa de un estanciero rico.
___F___ 3. En la capital Eva trabajó como costurera.
___F___ 4. En 1974 conoció al coronel Juan Perón.
___C___ 5. Perón llegó a ser presidente con el apoyo de la oligarquía.
___C___ 6. Las argentinas ganaron el voto por primera vez bajo el gobierno peronista.
___C___ 7. La Fundación Eva Perón donó muchas cosas a los pobres.
___F___ 8. Eva gastó mucho dinero en ropa y joyas.
___C___ 9. Se puso enferma en 1951 y dejó de trabajar en seguida.
___C___ 10. Se murió a los treinta y tres años, y todos los argentinos entraron en duelo.

 3-2. Opiniones Trabajando con un(a) compañero(a), contesten las siguientes preguntas. Luego, comparen Uds. sus respuestas con las de otros estudiantes.

1. ¿Por qué fue Eva Perón tan querida por los pobres? ¿Qué piensas de su programa de darles casas, ropa y otras cosas a los pobres? ¿Fue buena o mala esta idea? Explica.
2. ¿Por qué fue tan odiada por la clase alta y la clase media? ¿Te parece justo este odio, o no? ¿Por qué?
3. ¿Qué contradicciones había en la personalidad y en las acciones de Eva?
4. ¿Crees tú que necesitamos crear mitos sobre las personas famosas? ¿Por qué sí o por qué no?

 3-3. Mitos y realidades Trabajando con otro(s), piensen en algunas figuras históricas alrededor de las cuales se han desarrollado mitos (como Abraham Lincoln, Che Guevara, Jacqueline Kennedy, Elvis Presley, Mae West, Mao Tse Tung, la princesa Diana, Alejandro Putin de Rusia, etc.). Llenen el cuadro de evaluación sobre dos o tres de estas personas. Después, compartan sus opiniones con la clase.

CUADRO DE EVALUACIÓN

NOMBRE	MITOS	¿POR QUÉ FUE IMPORTANTE?
George Washington	Taló un árbol de su papá pero era tan honesto que lo confesó después. Nunca mintió.	Fue el primer presidente de EE.UU. Sirve como modelo de la persona honesta.
1.		
2.		
3.		

Selección 3 Parte B: *La razón de mi vida* (selecciones)

Antes de leer

Para abrir el tema Estas tres selecciones son de *La razón de mi vida*, la «autobiografía» de Eva Perón, publicada en Argentina en 1951. En realidad, Eva Perón no la escribió, aunque lleva su nombre. Como muchas autobiografías de personas famosas, el libro fue escrito por autores anónimos *(ghost writers)*[1]. Sin embargo, *La razón de mi vida* tiene un papel importante en la imagen y leyenda de Evita. Durante años, era lectura obligatoria en las escuelas de Argentina. Busque en Internet sitios sobre Eva Perón, para ver cómo todavía la gente se interesa en ella.

Trabaje solo(a) o con otro(s). Mire la foto de la página 68, y conteste las siguientes preguntas, antes de leer las selecciones.

1. ¿Cree Ud. que Eva dejó un impacto en la historia por sus ideas y acciones, o quizás fue por su aspecto físico? ¿Habría tenido el mismo impacto una mujer vieja, fea o mal vestida? Explique.
2. ¿Qué piensa Ud. en general de las «autobiografías» de personas famosas? ¿Ha leído alguna? ¿Qué podemos aprender de ellas?

3-4. El vocabulario: Detective de palabras Busque las palabras en cada sección de la lectura, según los indicios (*clues*), y escríbalas en los espacios en blanco.

modelo: («Evita») un verbo que empieza con la letra **s** y quiere decir **están acostumbrados a** _____*suelen*_____

1. («Evita») una palabra que empieza con la letra **p** y se usa en Argentina para hablar de un niño o una niña ___pibe___
2. (Además de la justicia) una palabra que se refiere a los hombres pobres que no tienen ni una camisa (los) ___descamisados___
3. (Además de la justicia) una palabra que empieza con *m* y quiere decir **hecho sobrenatural, cosa extraordinaria que la razón no puede explicar**
   ___milagros___
4. (El dolor de los humildes) otra manera de decir **(no se) preocupe**, usando un verbo que empieza con **a (no se)** ___aflija___

---

[1] La primera versión de *La razón de mi vida* fue escrita en 1950 por el periodista español Manuel Penella da Silva, quien recibió 50.000 pesos por ella. Dicen que una parte conmovió tanto a Evita que se echó a llorar de emoción. Pero a Juan Perón no le gustó el manuscrito y se lo pasó a su amigo Raúl Méndez quien lo cambió mucho.

3-5. El texto: Vista previa de la organización *La razón de mi vida* está escrita en forma de monólogo, como si Eva estuviera hablando. El estilo es personal porque la narradora revela sus sentimientos y emociones. Mire rápidamente las tres secciones y encierre *(circle)* el número de la sección que incluya el detalle indicado de la vida íntima de Eva.

modelo: una referencia a las cartas que recibía del pueblo   1   ②   3

1. una descripción de cómo lloran los pobres   1   2   ③
2. la descripción de la «corazonada» *(impulse)* que empezó su obra social   1   ②   3
3. una lista de títulos honoríficos y pretenciosos que no le gustaban a Eva   ①   2   3

Ahora, lea Ud. el texto con mayor atención y conteste las preguntas que siguen después de cada sección.

Leer

La razón de mi vida (selecciones)

Eva Perón

(1)[1] «Evita»

Cuando elegí ser «Evita» sé que elegí el camino de mi pueblo.

excepto   Nadie sino° el pueblo me llama «Evita». Solamente aprendieron a llamarme así
líderes   los «descamisados». Los hombres de gobierno, los dirigentes° políticos, los embaja-
ambassadors; negocios   dores°, los hombres de empresa°, profesionales, intelectuales, etc., que me visitan,
     suelen llamarme «Señora»; y algunos incluso me dicen públicamente «Excelentí- 5
Muy Honrada   sima o Dignísima° Señora» y aun, a veces, «Señora Presidenta».
contraste   Los descamisados, en cambio°, no me conocen sino como «Evita».
     Cuando un pibe me nombra «Evita» me siento madre de todos los pibes y de todos
humble people   los débiles y humildes° de mi tierra.
trabajador   Cuando un obrero° me llama «Evita» me siento con gusto «compañera» de todos 10
     los hombres que trabajan en mi país y en el mundo entero.
Fatherland   Cuando una mujer de mi Patria° me dice «Evita» yo me imagino ser hermana de
     ella y de todas las mujeres de la humanidad.

---

[1] Los números han sido agregados para facilitar la referencia. Estas secciones están presentadas aquí en forma ligeramente abreviada.

3-6. Comprensión

1. ¿Quiénes usaban el nombre «Evita»?
   a. los intelectuales
   b. los hombres de empresa
   c. los embajadores
   d. los descamisados (working class)

2. A Eva Perón le gustaba que la gente la llamara «Evita» porque se sentía...
   a. muy joven, como todos los pibes.
   b. como una «Dignísima Señora».
   c. conectada con la gente por lazos de familia y amistad.
   d. superior a todas las mujeres de la humanidad.

3-7. Interpretación
¿Qué le parece a Ud. el uso de los apodos (*nicknames*) para las personas importantes? ¿Cuándo los usamos? ¿Por qué? ¿Tiene Ud. apodo?

(2) Además de la justicia

La actriz Madonna juega el papel principal en la película *Evita*, 1996

me... llegué cerca; noté

Desde el día que me acerqué° a Perón advertí° que su lucha por la justicia social sería larga y difícil...

Yo sabía por el mismo Perón que la justicia no se realizaría en todo el país de un día para otro°. Y los argentinos, sin embargo, los «descamisados», los humildes, creían tanto y tan ciegamente en su Líder que todo lo esperaban de él°, y todo «rápidamente», incluso aquellas cosas que sólo pueden arreglarse con milagros.

de... overnight

que... *that they were expecting everything from him*

Era indudable que mientras Perón se disponía a trabajar con alma y vida en su empresa justicialista° había que hacer algo más.

empresa... programa de justicia; me... era mi responsabilidad

Yo sentía que ese algo más me tocaba a mí°, pero francamente no sabía cómo hacerlo. 10

acto impulsivo

Por fin un día me animé... me animé a hacer... ¡una corazonada°!

Me... Salí

Me asomé° a la calle y empecé a decir más o menos esto:

—Aquí estoy. Soy la mujer del Presidente. Quiero servir a mi pueblo para algo.

fueron... went around spreading the news

Los descamisados que me oyeron fueron pasándose la noticia° unos a otros.

Empezaron a llegar hasta mí; unos, personalmente y otros, por carta. 15

En aquellas cartas ya empezaron a llamarme «Evita».

Así empezó mi obra de ayuda social.

que... that it was born inside of me

No puedo decir que nació en mí°.

En cambio me parece más exacto decir que nació de un entendimiento mutuo y simultáneo entre mi corazón, el de Perón y el alma grande de nuestro pueblo. 20

Es una obra común.

Y así la sentimos: obra de todos y para todos.

3-8. Comprensión

1. Según el texto, Eva decidió hacer «algo más» porque...
   a. la minoría rica y la clase media no creían en su Líder.
   b. la gente pobre esperaba todo y rápidamente.
   c. la justicia iba a realizarse muy pronto.
   d. necesitaba ganar dinero.
2. Un día ella se animó a...
   a. escribir una carta al Servicio Social.
   b. abrir una oficina.
   c. dar un discurso en el Teatro Colón.
   d. salir a la calle y hablar con la gente.

3-9. Interpretación
Imagínese Ud. a la esposa del presidente de EE.UU., o del primer ministro de Canadá, en las circunstancias descritas por Eva. ¿Qué pasaría si ella anduviera por las calles, hablando con la gente de lo que necesitaban? ¿Cree Ud. que el papel de la esposa de un político (o del esposo de una mujer política) debe limitarse a las ceremonias? Explique.

(3) El dolor de los humildes

Pero una cosa quiero repetir aquí antes de seguir adelante.

Es mentira de los ricos eso de que los pobres no tienen sensibilidad°.

Yo he oído muchas veces en boca de «gente bien», como ellos suelen llamarse a sí mismos, cosas como éstas:

—No se aflija tanto por sus «descamisados». Esa «clase de gente» no tiene nuestra sensibilidad. No se dan cuenta de lo que les pasa. ¡Y tal vez no convenga del todo que se den cuenta°!

Yo no encuentro ningún argumento razonable para refutar esa mentira injusta.

No puedo hacer otra cosa que decirles:

—Es mentira. Mentira que inventaron ustedes los ricos para quedarse tranquilos. ¡Pero es mentira!

Si me preguntasen por qué yo tendría solamente algo que decirles, muy poca cosa. Sería esto:

—Yo he visto llorar a los humildes° y no de dolor, ¡que de dolor lloran hasta los animales! ¡Yo los he visto llorar por agradecimiento°!

¡Y por agradecimiento, por agradecimiento sí que no saben llorar los ricos!

capacidad para sentir emociones

no... it wouldn't be advisable if they did become aware

Yo... I have seen humble people cry; gratitud

3-10. Comprensión

1. Según «la gente bien» (los ricos), los pobres no sufren mucho porque no tienen...
   a. dolor.
   b. sensibilidad.
   c. cuentas.
   d. argumentos.
2. Eva cree que los ricos inventaron esta mentira para...
   a. estar tranquilos.
   b. ayudar a los pobres.
   c. tener algo que decir.
   d. llorar de agradecimiento.

3-11. Interpretación ¿Cree Ud. que los pobres tienen las mismas expectativas de la vida que los ricos? ¿Deben tenerlas? Explique.

Después de leer

 3-12. Colaboraciones para el análisis Trabajando con tres o cuatro compañeros(as), analicen una de las tres secciones de *La razón de mi vida* y llenen el formulario. Después, alguien de cada grupo le leerá su análisis a la clase.

Formulario de análisis de *La razón de mi vida*

1. Nombres de las personas en nuestro grupo: _____

2. Título de la selección para analizar: _____

3. ¿Qué partes de esta sección les habría gustado a los «descamisados»? Escriban tres citas (*quotes*).
   a. _____
   b. _____
   c. _____

4. ¿Qué habrán pensado de estas partes los argentinos que pertenecían a la clase media o alta?
   _____

5. Piensen un momento en estas secciones como propaganda política. En su opinión, ¿qué tipo de imagen de Evita querían proyectar los autores anónimos del libro? ¿Qué cualidades querían mostrar en ella?
   _____
   _____

6. Juzgando por las secciones y el resumen de su vida, ¿qué piensan Uds. de Eva Perón? Pongan una **X** delante de las frases que la describan mejor.

   _____ la esperanza de los desafortunados
   _____ una idealista ignorante, pero con buenas intenciones
   _____ una inspiración para la humanidad
   _____ una mujer frívola y extravagante
   _____ una oportunista que manipuló al pueblo
   _____ una fuerza más positiva que negativa
   _____ otra descripción: _____

7. En fin, ¿qué opinan Uds. de Eva Perón? ¿Están de acuerdo todos, o hay diferencias de opinión?
   _____
   _____

3-13. Discusión: ¿Existen «ciclos» en la política? Algunos dicen que la política, como el clima, tiene una tendencia a pasar por ciclos repetidos, como el movimiento de un péndulo: primero a la derecha y luego a la izquierda, etcétera. Por un rato, predominan los partidos de la derecha, luego los de la izquierda. Trabajando con un(a) compañero(a), conversen sobre esta idea, contestando las siguientes preguntas. Luego comparen sus opiniones con las de otros estudiantes de la clase.

1. Para ti, ¿qué diferencias hay entre los derechistas y los izquierdistas en la política?
2. Según tu opinión, ¿cuál de estas dos tendencias predomina ahora en la política latinoamericana? ¿En la política norteamericana? ¿En la política mundial? ¿Crees en la idea del péndulo que pasa por ciclos?
3. Por lo general, ¿qué partidos apoyan a los bancos, a la gente rica y a la clase media? ¿Los de la derecha o los de la izquierda? ¿Cuáles apoyan a las masas, a los obreros y a los pobres?
4. ¿Qué partidos suelen hablar del orden, de la estabilidad y de la economía? ¿Qué partidos suelen hablar de la justicia para los pobres, de los derechos de los sindicatos y de la redistribución de las riquezas?
5. En fin, ¿crees que hoy algunos partidos combinan elementos derechistas e izquierdistas? ¿Cómo juzgas tú un partido? ¿Es bueno tener el movimiento del péndulo y cambiar de derecha a izquierda constantemente, o no? Explica.

¿Qué les parece?

La mujer en la política

Michelle Bachelet habla con Hillary Clinton

En el 2008, la revista *Time* clasificó a la chilena **Michelle Bachelet** como el número 15 en su lista de «Las 100 personas más influyentes del mundo». Elegida presidenta de Chile en el 2006, Bachelet es la primera mujer en la historia de su país en ocupar este cargo. Seis años antes ya había roto otra barrera, convirtiéndose en la primera mujer latinoamericana nombrada para la posición de ministra de defensa.

Algunos creen que Bachelet representa un nuevo fenómeno en la política americana, porque históricamente la mujer ha estado casi ausente de las posiciones de poder, tanto en América del Norte como en América del Sur. Aun los candidatos nominados por los grandes partidos han sido casi exclusivamente hombres. En EE.UU., las excepciones son pocas: **Geraldine Ferraro** nominada por los demócratas para la vicepresidencia en 1980, **Sarah Palin**, nominada por los republicanos para la vicepresidencia en el 2008. En 1993, **Kim Campbell** fue la primera mujer en llegar a ser primera ministra de Canadá, pero sólo estuvo en el cargo por unos pocos meses.

En cambio, en tiempos recientes, varias latinoamericanas han ocupado el sillón presidencial, aunque generalmente esto pasó debido a la muerte de su esposo o a una crisis institucional. Tal fue el caso de **María Estela Martínez**, la segunda mujer de Juan Domingo Perón, quien gobernó Argentina, tras del fallecimiento de su esposo, de 1974–1976. También, **Lidia Gueiler Tejada** fue presidenta de Bolivia por un período muy corto en 1979 durante una grave crisis y **Mireya Elisa Moscoso**, después de la muerte de su esposo, asumió la presidencia de Panamá desde 1999 hasta el 2004, aunque su temporada terminó mal con acusaciones de corrupción.

Por otra parte, algunas latinas llegaron al poder por elección popular y lograron manejar las riendas del gobierno. **Violeta Barrios de Chamorro**, la viuda de un periodista bien conocido, sorprendió a muchos cuando ganó la presidencia de Nicaragua en 1990, venciendo al candidato sandinista; su mandato duró siete años. En Puerto Rico en el 2001, **Sila María Calderón** se convirtió en la primera mujer gobernadora de su país y ocupó el cargo por cuatro años. Y luego, en el 2007, **Cristina Fernández de Kirchner** ganó el liderazgo de Argentina, pero obviamente recibió la ayuda de su esposo, el aclamado presidente anterior, Néstor Kirchner, quien le cedió el paso a su mujer. Así la primera dama se convirtió en presidenta y el ex presidente se convirtió en el «primer caballero».

¡Así parece que cada día más mujeres van apareciendo en el panorama político de las Américas!

Entrevista

Trabaje con un(a) compañero(a), entrevistándose usando las siguientes preguntas. Luego, comparen sus respuestas con otros estudiantes.

1. ¿Qué piensas de la mujer en la política? ¿Sería bueno tener más mujeres en cargos importantes, o no? ¿Por qué?

2. Según tu opinión, ¿por qué hay tan pocas mujeres como jefas de estado en EE.UU. y Canadá? ¿Por qué ha habido más en Latinoamérica?

3. ¿Qué presidentas llegaron al poder después de la muerte de su esposo? ¿Crees que gobernaron bien o mal? ¿Crees que esto es una buena manera de entrar en la política, o no? Explica.

4. En EE.UU. es muy importante que un candidato para la presidencia sea una persona religiosa y que tenga un buen matrimonio y una buena familia. En Latinoamérica, por lo general no les importa a los votantes la vida privada del presidente. Muchos presidentes han sido divorciados varias veces, o solteros con «hijos naturales» de distintas madres. ¿Qué crees tú? ¿Importa o no la vida privada de un presidente? Y, ¿si fuera **una presidenta**? ¿Sería aun más importante? ¿Por qué sí o por qué no?

5. Tradicionalmente, en muchos países, las «primeras damas» son muy criticadas (por sus gastos, su manera de vestir, sus pasatiempos, etcétera). ¿Te parece que será o sería lo mismo para los «primeros caballeros»?

¡Conectémonos!

Personajes destacados de la política latinoamericana

Busque información sobre una de las siguientes figuras (u otra de su propia selección) que se destacan actualmente en la política de América Latina. Escriba un breve informe sobre él o ella. Explique quién es y por qué es notable, cuándo llegó al poder, cómo y dónde. ¿Sigue siendo apoyado(a) por su pueblo? ¿Ha evocado el peronismo en algún momento? ¿Es controversial? ¿Singular o pintoresco(a)? ¿Es posible clasificarlo(a) como derechista o izquierdista, liberal o conservador(a), o de otra manera? Si es posible, traiga una foto de su personaje para mostrársela a la clase.

1. **Cristina Fernández de Kirchner**, activa en el partido peronista. En octubre del 2007 le sucedió a su marido en la presidencia de Argentina, y luego trató de implementar unos impuestos muy controversiales…
2. **Evo Morales** de Bolivia. Los programas de este presidente indígena, elegido en el 2006, tienen ardientes seguidores, pero también han provocado protestas violentas en el este de su país…
3. **Fernando Lugo**, un ex obispo católico que se convirtió en presidente de Paraguay en el 2008, y vive con su hermana Mercedes como «primera dama» a su lado…
4. **Hugo Chávez** de Venezuela, elegido presidente en 1998, gastó muchos petrodólares en programas sociales y ganó el apoyo del pueblo, pero fracasó en su intento de cambiar la constitución en el 2006…
5. **Ingrid Betancourt**, senadora colombiana-francesa y activista, fue secuestrada por la guerrilla en la selva colombiana y rescatada en el 2008 después de seis años de cautividad…
6. **Michelle Bachelet** de Chile, médica pediatra y la primera mujer elegida presidente de un país latinoamericano sin ninguna influencia de un marido en la política, sufrió tortura bajo la dictadura de Pinochet…
7. **Rafael Correa**, presidente de Ecuador en el 2008, apoya a los 30.000 indígenas que llevan un proceso legal contra la Chevron, pidiendo 6 billones de dólares en compensación por daños ambientales en la Amazonía…
8. **Raúl Castro** de Cuba, el hermano menor de Fidel, llegó al poder en febrero del 2008, cuando su hermano enfermo finalmente renunció. Entonces empezó a hacer algunas muy pequeñas reformas…

Selección 4 La historia de la pícara Mafalda

Antes de leer

Para abrir el tema En el pintoresco barrio de San Telmo en el corazón de Buenos Aires, hace más de cuarenta y cinco años nació una niña muy pícara (traviesa y astuta) con el nombre de Mafalda. Nadie sospechaba entonces que Mafalda iba a convertirse en uno de los personajes más queridos y aclamados de toda la historia de las tiras cómicas. Sus historietas (que así se llaman las tiras cómicas en Argentina) han sido traducidas a veintiséis idiomas y sus irónicas observaciones y agudas críticas de la sociedad han tenido un gran éxito internacional. (La excepción es EE.UU., donde por alguna razón no se han llegado a conocer mucho.)

El mercado de domingo en San Telmo, marzo 2008

Mafalda fue la inspirada creación del celebrado dibujante Joaquín Salvador Lavado, mejor conocido como «Quino», quien vivía en San Telmo y situó su historieta ahí. No hay nada más argentino que San Telmo y no hay nadie más argentino que Mafalda con su acento porteño (de Buenos Aires) y su humor ligeramente insinuante. En 1963 Mafalda tomó vida casi por accidente. Quino había dibujado ocho tiras de ella para un trabajo de publicidad que luego se canceló. Después, adaptó las tiras y las mandó a un amigo quien las publicó en la revista *Primera Plana*. Los lectores las recibieron con grandes aplausos y así Quino tuvo que seguir produciéndolas por casi diez años hasta que finalmente se cansó y dejó de dibujarlas. Mafalda no sólo le hacía reír a su público: también le hacía pensar. Llegó a ser como la voz de la conciencia nacional. El renombrado autor argentino Julio Cortázar (véase su cuento en el Capítulo 5) dijo: «No tiene importancia lo que yo pienso de Mafalda. Lo importante es lo que Mafalda piense de mí»[1].

Quino mismo describió la clave de su pequeña heroína así:

—*Mafalda surge de un conflicto, de una contradicción. A uno, de chico le enseñaron una cantidad de «cosas que no se deben hacerse» porque «están mal» y «hacen daño». Pero resulta que cuando uno abre los diarios se encuentra con que los adultos perpetran todas esas cosas prohibidas a través de masacres, guerras, etc. Ahí se produce el conflicto. ¿Por qué los grandes no hacen lo que enseñan?*[2]

 4-1. Opiniones Conteste las siguientes preguntas con un(a) compañero(a), entrevistándose uno al otro. Luego, comparen sus respuestas con las de otros estudiantes de la clase.

1. Mira la foto del barrio de San Telmo. ¿Qué te parece? ¿Te gustaría vivir ahí? ¿Por qué crees que los argentinos lo quieren tanto? ¿Qué barrio especial hay en el lugar donde tú vives? ¿Cómo es?
2. ¿Qué piensas tú de la decisión que tomó Quino de no continuar con Mafalda después de diez años? ¿Qué otros dibujantes han dejado de hacer sus historietas a pesar del éxito? ¿Es el éxito a veces una trampa? Si un(a) artista está cansado(a), ¿podría contratar a gente para ayudarlo(a) con el trabajo? Explica.
3. Mafalda es una niña que nos hace reír, pero también nos hace pensar. ¿Qué tiras cómicas conoces que te hagan reír? ¿Hay algunas que te hagan pensar? Explica. ¿Qué otras tiras presentan crítica social y política? ¿Hay historietas **liberales** y otras **conservadoras**? ¿Crees que existe la censura en algunos diarios que impide la publicación?
4. ¿Qué opinas de la «contradicción» mencionada por Quino como clave de Mafalda? ¿Es algo desactualizado (*out of date*) que era verdad hace cuarenta años y ahora no, o sigue como una contradicción importante y verídica hoy día? Explica.

[1] De *San Telmo, El barrio de Mafalda* por Patricio Escobar, publicado en *San Telmo y sus alrededores*.
[2] De una entrevista con Quino de Rodolfo Braceli, Buenos Aires, abril de 1987, citada en *10 años con Mafalda*, Quino, Autor de la antología: Esteban Busquets.

4-2. Observaciones sobre los personajes Lea las descripciones de los seis amigos con quienes Mafalda pasa la mayor parte de su tiempo. Representan distintos tipos de personas típicamente porteños (de Buenos Aires) y, al mismo tiempo, universales. Luego llene los espacios en blanco con el nombre del personaje apropiado.

Miguelito   Susana Libertad   Mafalda   Manolo   Güille   Felipe

Cartoon: Joaquín Salvador Lavado (QUINO) Toda Mafalda – Ediciones de La Flor, 1993

Miguelito el menor en edad de los amigos de Mafalda; tiene una gran imaginación y una tendencia a la filosofía

Susana la burguesa por excelencia; quiere casarse, tener hijos y ser de la clase alta; es maliciosa y tiene prejuicios, pero a veces muestra un buen corazón

Libertad muy bajita, hija de padres socialistas, inconforme y rebelde; vuelve locos a los maestros de la escuela con su actitud impertinente

Manolo un poco bruto y testarudo, materialista y dedicado a ganar dinero; trabaja mucho en el almacén de su padre, quien lo disciplina a mano dura

Güille el hermanito de Mafalda; pasa el tiempo con su chupete *(pacifier)* en la boca, siguiendo a su hermana; se enamora de Brigitte Bardot al ver su foto en el diario

Felipe inseguro e indeciso, moroso *(procrastinator)*, casi siempre en la luna, pasa su tiempo en fantasías del llanero solitario *(Lone Ranger)*, en vez de hacer los deberes para la escuela

1. ___*Felipe*___ se levanta y le declara a Mafalda que va a hacer los deberes en seguida, pero regresa en dos minutos y se sienta otra vez, diciendo: «Tanta decisión en mí es sospechosa. ¿Qué me traeré entre manos?»

2. Mafalda le dice que la mujer de hoy debe hacer cosas importantes, no sólo casarse y tener hijos, y __Susana__ reflexiona por un momento, y responde: «¡Tenés razón! ¡Desde mañana mismo aprenderé a jugar a bridge!»

3. En la escuela la maestra le pregunta cómo se llama el pico más alto de América y __Libertad__ le contesta: «Ah, no me acuerdo pero no importa». «¡¿CÓMO QUE NO IMPORTA?!» grita la maestra. Entonces, le explica que tiene fotos del pico en una revista y promete: «Traigo la revista mañana y la vemos juntas.»

4. Cuando Mafalda le pregunta si cree que el dinero es la única cosa importante en la vida, __Manolo__: «¡Por supuesto que no! El dinero no es la única cosa importante en la vida. ¡También están los cheques!»

5. Mafalda le muestra la foto de un árbol muy alto, opinando que es asombroso, y __Miguelito__ le responde: «Bueno, después de todo, ¿en qué otra cosa puede emplear su tiempo un árbol?»

6. __Güille__ está llorando porque le duelen los pies. Viene Mafalda y le explica que se ha puesto los zapatos al revés. Entonces, vuelve a llorar y grita: «¡ME DUELE EL ORGULLO!»

Ahora lea las siguientes tiras de Mafalda y haga los ejercicios que correspondan a cada una.

Leer

Tira 1   # Mafalda visita el quiosco

Joaquín Salvador Lavado (QUINO) Toda Mafalda – Ediciones de La Flor, 1993

4-3. Vocabulario: Conexiones   Conecte la letra de la definición correcta con cada palabra enumerada.

____c__ 1. cancha
____a__ 2. escándalo
____c__ 3. figuritas
____b_ 4. mentiroso

a. acción ofensiva a la moral
b. persona que dice falsedades
c. campo de deportes
d. imágenes

4-4. Comprensión

1. ¿Qué busca Mafalda?
2. ¿Qué ve en el quiosco?
3. ¿Por qué la niña llama «mentiroso» al vendedor de revistas? ¿Tiene razón ella?

 4-5. Discusión   Trabaje con un(a) compañero(a), contestando las siguientes preguntas.

1. ¿Qué opinas de las imágenes de violencia y perversión que hay en muchas revistas y videos? ¿En la televisión y en el cine?
2. ¿Crees que hay una relación entre estas imágenes y el crimen?
3. ¿Sería posible o deseable limitar o regular esto? ¿O piensas que cualquier límite sería un acto de censura y una reducción de nuestra libertad? Explica.

Tira 2 | Mafalda y Susana ven al mendigo en la calle

Joaquín Salvador Lavado (QUINO) Toda Mafalda – Ediciones de La Flor, 1993

4-6. Vocabulario: Conexiones Conecte la letra de la definición correcta con cada palabra enumerada.

_e_ 1. bastaría   a. parte superior de una casa
_d_ 2. bienestar   b. poner donde no se puede ver
_b_ 3. esconder   c. me duele mucho
_c_ 4. me parte el alma   d. una situación económica adecuada
_a_ 5. techo   e. sería suficiente

4-7. Comprensión

1. ¿A quién ven Mafalda y Susana en la calle? *Una persona con no casa (sin hogar)*
2. ¿Por qué cree Ud. que esta persona está ahí?
3. ¿Hace calor o frío? ¿Cómo lo sabe Ud.?
4. ¿Cómo reaccionan las niñas a lo que ven?
5. ¿Qué solución ofrece Mafalda para el mendigo *(beggar)*? ¿Y Susana?

 4-8. Discusión Trabaje con un(a) compañero(a), contestando las siguientes preguntas.

1. ¿Cuál de las dos soluciones se implementa en la mayoría de las ciudades de hoy? ¿La de Mafalda o la de Susana? ¿Por qué?
2. ¿Qué haces tú cuando ves a un mendigo en la calle? ¿Le das dinero a veces, o no? Explica.
3. ¿Qué debemos hacer para solucionar el problema de los mendigos en las calles de nuestras ciudades?

Tira 3 | Mafalda escucha la conversación de dos hombres ricos

Joaquín Salvador Lavado (QUINO) Toda Mafalda – Ediciones de La Flor, 1993

4-9. Vocabulario: Opciones Escoja la opción correcta para definir cada palabra, según el contexto.

1. ¡Sonamos… ! *(slang)*
   a. ¡Vamos a celebrar!
   b. ¡Debemos cantar!
   c. ¡Mala suerte!
2. si uno no se apura
   a. si uno no actúa rápidamente
   b. si uno no tiene miedo
   c. si uno no hace sacrificios

4-10. Comprensión

1. ¿Cómo son los dos hombres que Mafalda ve en la calle? ¿Cuántos años tienen más o menos? ¿Parecen ricos, pobres o de la clase media? ¿Cómo lo sabe Ud.? ¿Parecen felices o tristes?
2. ¿De qué hablan?
3. ¿A quiénes les habla Mafalda después? ¿Por qué parece un poco perturbada?

 4-11. Discusión Trabaje con un(a) compañero(a), contestando las siguientes preguntas.

1. ¿Qué mensaje les da Mafalda a sus amigotes? ¿Cómo crees que cada uno de los tres va a reaccionar?
2. Para ti, ¿es importante cambiar el mundo? ¿Es posible?

¡Conectémonos!

Busque información sobre Mafalda en Internet o en una biblioteca. Trate de leer más tiras de ella y tráigalas a la clase para compartirlas con sus compañeros. También busque algunos de los asombrosos dibujos del humor imposible o absurdo que Quino ha hecho después de *Mafalda*.

Selección 5 Apocalipsis

Antes de leer

Para abrir el tema La siguiente selección es un «microcuento», una historia muy breve, escrita por Marco Denevi, un autor argentino famoso por su estilo transparente y su habilidad de sugerir mucho con pocas palabras. En este caso Denevi ha escrito un cuento de ciencia ficción con un título terrorífico. **Apocalipsis** es el nombre del último libro que aparece en el Nuevo Testamento de la Biblia cristiana. También conocido por el nombre **Revelación,** el libro es profético y usa símbolos (como dragones y bestias) para predecir un horroroso desastre en el futuro que muchos interpretan como el fin del mundo. Se usa la palabra **apocalipsis** en el habla común para significar una predicción o advertencia *(warning)*, especialmente de algo catastrófico.

¿Cómo se imagina Ud. la causa del fin de la humanidad?

- ¿Una guerra atómica?
- ¿La colisión cósmica de la Tierra con un asteroide?
- ¿O tal vez una epidemia universal causada por un microbio súper resistente?
- ¿Una invasión por extraterrestres que llegan de otro planeta con deseos de matarnos?
- ¿Habrá un enorme fuego en todo el globo causado por la desertificación?
- ¿O vendrán unas inundaciones que cubran toda la tierra de aguas?

Piense un momento. Luego, escriba en un papel cuál de estos fines (u otro que Ud. invente) le parece el más probable y por qué. Compare lo que Ud. escribió con las opiniones de sus compañeros de clase. ¿Qué fin escogió el mayor número de personas? En el cuento de Denevi, se presenta una versión muy diferente.

5-1. Vocabulario: Conectar palabras con imágenes En el primer párrafo del cuento se describe que en un momento del futuro muy lejano, muchas cosas valiosas e importantes empiezan a desaparecer. Busque en el texto las palabras correctas para nombrar algunas de estas cosas y conectarlas a sus ilustraciones.

1. las _catedrales_ góticas
2. las _máquinas_
3. el _ajedrez_
4. los _tapices_ flamencos
5. la _piedad_ de _Miguel Ángel_

Leer

Apocalipsis

Marco Denevi [1]

Matta-Echaurren, Roberto (1911–2002) / *Being With (Être Avec)*, 1946. Oil on canvas, 87 x 180 in. (221 x 457.2 cm). Purchase, Lila Acheson Wallace Gift, and Gift of The Glickstein Foundation, by exchange, 2003 / © ARS, NY / ADAGP, Paris / The Metropolitan Museum of Art / Art Resource, NY

Estando con, Roberto Matta, un pintor chileno que pintó esta extraña visión en 1946

logrado

Les... Era suficiente;
apretar... to push a button
objetos antiguos
Bordeaux

of Trajan's Forum (en Roma)

poco a poco

quedase... became reduced; se... had doubled
movimiento; tropezar- se... bumping into

continuamos

La extinción de la raza de los hombres se sitúa aproximadamente a fines del siglo XXXII. La cosa ocurrió así: las máquinas habían alcanzado° tal perfección que los hombres ya no necesitaban comer, ni dormir, ni hablar, ni leer, ni escribir, ni pensar, ni hacer nada. Les bastaba° apretar un botón° y las máquinas lo hacían todo por ellos. Gradualmente fueron desapareciendo las mesas, las sillas, las rosas, los 5 discos con las nueve sinfonías de Beethoven, las tiendas de antigüedades°, los vinos de Burdeos°, las golondrinas, los tapices flamencos, todo Verdi, el ajedrez, los telescopios, las catedrales góticas, los estadios de fútbol, la Piedad de Miguel Ángel, los mapas, las ruinas del Foro Trajano°, los automóviles, el arroz, las sequoias gigantes, el Partenón. Sólo había máquinas. 10

Después los hombres empezaron a notar que ellos mismos iban desapareciendo paulatinamente° y que en cambio las máquinas se multiplicaban. Bastó poco tiempo para que el número de los hombres quedase reducido° a la mitad y el de las máquinas se duplicase°. Las máquinas terminaron por ocupar todos los sitios disponibles. No se podía dar un paso ni hacer un ademán° sin tropezarse con° una de ellas. Final- 15 mente los hombres fueron eliminados. Como el último se olvidó de desconectar las máquinas, desde entonces seguimos° funcionando.

[1] Marco Denevi (1922–1998), novelista y cuentista argentino de gran originalidad.

Después de leer

5-2. Comprensión

1. ¿En qué siglo se extinguió la raza humana? ¿Dentro de cuántos años sería?
2. ¿Cómo eran los seres humanos entonces? ¿Qué acciones **no** hacían ellos que son normales para nosotros?
3. ¿Cómo eran las máquinas? ¿Qué hacían ellas?
4. ¿Qué tipo de objetos empezaron a desaparecer gradualmente? Dé ejemplos.
5. ¿Qué pasó con la población humana? ¿Qué pasó con el número de máquinas?
6. Al final, ¿qué descubrimos acerca de la identidad del «autor» del cuento?

5-3. Opiniones: ¿Hay un granito de verdad en esta ciencia ficción? Se puede decir que nosotros vivimos ahora en un futuro porque hoy es siempre el futuro de ayer. ¿Es posible que los comienzos de las tendencias mencionadas en el cuento ya existan? Trabajando con un(a) compañero(a), conversen sobre los siguientes puntos de la historia con referencia a nuestra vida de hoy. Luego comparen sus opiniones con las de otros estudiantes de la clase.

1. *Una reducción de las actividades humanas* ¿Qué actividades hacían nuestros bisabuelos (y bisabuelas) que nosotros no hacemos hoy, gracias a las máquinas? Además de las acciones físicas, ¿hay acciones mentales o emotivas que ya no hacemos? ¿Creen que este «progreso» es siempre beneficioso? ¿O hay desventajas también?
2. *La desaparición de objetos valiosos* ¿Hay objetos valiosos que empiezan a desaparecer? ¿Fotos, libros, cintas, los grandes almacenes *(department stores)*, películas, tranvías, cartas, árboles, animales…?
3. *Aumento en el número de máquinas* ¿No les parece que cada día hay más máquinas, nuevas máquinas, máquinas más rápidas, máquinas más poderosas, máquinas más «indispensables»? ¿Qué opinan de este crecimiento? ¿Está bien dejarlo avanzar así, sin ningún límite?
4. *Descrecimiento de la población humana* En realidad, la gran preocupación ahora es el rápido crecimiento (no el descrecimiento) de la población humana. ¿Pero si pensamos sólo en los países avanzados? ¿No hay bajas en la población ahí, y en el tamaño de las familias?
5. *Disminución del espacio* ¿Qué piensan de esta tendencia? ¿Qué ciudades conocen donde hay poco espacio para los habitantes? ¿Hay lugares en el mundo donde la gente vive muy apretujada *(crowded together)*?

5-4. La pregunta clave Trabaje con un(a) compañero(a) para contestar estas preguntas. Luego, léanle sus respuestas a la clase.

1. Según el cuento «Apocalipsis», ¿por qué se extinguió la raza humana en el siglo XXXII?
2. ¿Hay alguna moraleja o lección aquí para nuestra sociedad? Expliquen.

 5-5. Juego imaginativo: Súper soldados, ¿sí o no?
Según la revista española *Muy Interesante*, en las guerras del futuro, EE.UU. usará unos «súper soldados, seres humanos mejorados, rectificados y corregidos». La organización encargada de inventar este súper soldado es DARPA[1], una agencia que actualmente apoya económicamente docenas de proyectos de investigación. Si tiene éxito, este soldado «no tendrá casi necesidad de dormir, comer o beber... será inmune al dolor, al calor o al frío, hablará y entenderá docenas de idiomas y no tendrá problemas morales o éticos al cumplir su trabajo. En definitiva, será una especie de biorobot...».

SUPERSOLDADOS
Inmunes al dolor,
al sueño, a la sed...

Carlos Aguilera Bazán/Cortesía de Muy interesante

Trabaje con dos o más compañeros. Imagínense que DARPA ha logrado crear estos súper soldados y ustedes son el comité de políticos quienes tomarán la decisión: ¿usar estos súper soldados o descontinuar el programa? ¡De ustedes depende! Tienen cinco minutos para discutir las opciones. Luego, digan que sí o que no. Comparen su decisión con las de otros grupos y cuenten los votos. ¿Qué pasará?

---

[1] Agencia para Investigaciones de Proyectos Avanzados en Defensa *(Defense Advanced Research Projects Agency)*. La información sobre este proyecto es de un artículo en la revista española *Muy Interesante*, enero 2008, #320.

Composición
del final del capítulo

Piense Ud. un momento sobre lo que ha leído y discutido en este capítulo. Luego, escoja uno de los siguientes temas y escriba una breve composición, tratando de usar ideas y palabras del capítulo para expresar sus propias opiniones. No es necesario usar nada de Internet ni de otra parte, pero si Ud. usa información o frases de otras fuentes, no se olvide de anotar la fuente con la referencia al sitio web o al libro.

1. **En la máquina que viaja por el tiempo** Imagínese que Ud. ha llegado al pasado en una nave espacial que viaja por el tiempo y ahora está en uno de los tres sitios descritos en la Introducción en el momento de su máximo esplendor. Primero, escoja el lugar: Copán, Nazca o Tiwanaku. Luego, escriba un breve informe en primera persona sobre lo que Ud. observa allí. No se olvide de explicar con cuidado lo que ha parecido misterioso para los arqueólogos de hoy. (Si logra regresar a nuestra época actual, ¡es posible que Ud. gane el Premio Nobel por esa explicación!)

2. **Una obra que me ha conmovido** Escriba sobre una obra de arte que ha estudiado en este capítulo por la cual Ud. ha sentido una reacción emotiva: la pintura *Guernica*, la canción «Lamento borincano», el poema «Guerra» o el cuento «Apocalipsis». Su composición debe tener cuatro párrafos: 1) una descripción general de la obra, 2) la importancia que tiene en el mundo en general, 3) el mensaje que Ud. cree que el artista (autor, compositor, poeta) quería comunicarnos y 4) los detalles que le impresionan más a Ud. y por qué.

Phrases: comparing and contrasting; comparing and distinguishing; describing objects, describing people, describing places, describing the past, describing weather, expressing a need, hypothesizing, expressing an opinion; sequencing events; talking about daily routines, talking about past events, writing about a narrator; writing about characters, writing an essay

Vocabulary: animals, arts, clothing; dreams and aspirations; emotions: negative; emotions: positive; health: disease and illness; monuments; musical instruments; office; people; personality; planets and celestial objects; professions; school; time: calendar; tools; violence; working conditions

Grammar: verbs: present, conditional, past, subjunctive, imperative; verbs: use of **conocer** and **saber;** use of **dar;** use of **dejar** and **salir; faltar; gastar** and **pasar; gustar; jugar** and **tocar;** use of **llegar a ser,** use of **seguir;** Verb conjugator

3. **Dos vidas y dos mitos** Escriba una comparación entre la vida y el mito de Eva Perón, con la vida y el mito de alguna otra mujer en la política. Ud. puede escoger a Cristina Fernández de Kirchner, Michelle Bachelet, la princesa Diana de Inglaterra, la reina Isabel de España, Hillary Clinton de EE.UU., etcétera. Escriba dos párrafos sobre cada mujer, uno sobre su vida y otro sobre su mito. Luego, explique qué hechos y detalles son similares y cuáles son diferentes entre las dos mujeres.

4. **Mafalda en el mundo de hoy** ¿Puede Ud. dibujar? Haga tres tiras cómicas en el estilo de Mafalda, que muestren qué pasa cuando Mafalda y sus amigos llegan a la ciudad cerca de donde Ud. vive. ¿Qué problemas ven? ¿Qué críticas hacen? Si no puede dibujar, describa en palabras lo que pasa, usando un párrafo para cada uno de los tres incidentes. Incluya por lo menos cuatro personajes: Mafalda y otros tres. Esté seguro(a) de mostrar las personalidades apropiadas a éstos.

Mire el dibujo humorístico. ¿Dónde están estos robots y por qué parecen irritados? ¿Es pura fantasía, o podría ser una visión del futuro? Explique.

El hombre y la mujer

La famosa cantante
Shakira y el «amor de su
vida», Antonio de la Rúa

Flores frescas en honor de Gustavo Adolfo Bécquer, Parque
de María Luisa, Sevilla España

TERAPIA DE PAREJA

PUEDO INTUIR QUE LO QUE
LES HACE FALTA ES
TENER ESPACIO
PROPIO

Magola y Alberto
hablan con la
psicóloga

Vocabulario preliminar

Estudie estas palabras y haga los ejercicios antes de empezar la selección sobre las semejanzas y diferencias entre los hombres y las mujeres. Luego utilice este vocabulario durante su estudio del capítulo.

capacidad, la	habilidad, aptitud de una persona para hacer algo; *adj.* **capaz**, *pl.* **capaces**
cerebro, el	parte superior de la cabeza que sirve para controlar y coordinar las acciones mentales y físicas
competencia, la	rivalidad entre varias personas que aspiran a obtener la misma cosa; *adj.* **competitivo(a)**
compromiso, el	obligación o acuerdo aceptado por alguien con una promesa; por ejemplo, el compromiso de novios que piensan casarse
distinto(a)	diferente, no semejante
escoger	elegir, optar por
hembra, la	persona o animal del sexo femenino; mujer
jerarquía, la	organización en categorías de personas o cosas; orden
machista, el, la	sexista, persona que practica o defiende el machismo, es decir la creencia en la superioridad del hombre
macho, el	animal del sexo masculino; *adj.* fuerte, viril
papel, el	*fig.* función, empleo, rol; **hacer el papel**: ¿Qué papel hace la mujer en la sociedad moderna?
pareja, la	conjunto de dos personas; especialmente un hombre y una mujer que viven o salen juntos; una de estas personas, por ejemplo: Ana va a todas partes con su **pareja**, Juan.
semejanza, la	similitud, analogía, afinidad; *adj.* **semejante**
tarea, la	obra, trabajo; deber
varón, el	persona del sexo masculino, hombre
vivir en pareja	vivir juntos un hombre y una mujer, o dos personas enamoradas

A. Sinónimos

Busque sinónimos para las palabras en negrilla.

Los científicos han encontrado muchas 1. _La Semejanza_ **similitudes** entre el hombre y la mujer, pero al mismo tiempo han observado que somos 2. _Distintos_ **diferentes** desde muy jóvenes. Por ejemplo, en algunos estudios se ha confirmado que muchas niñas prefieren jugar con muñecas o charlar, mientras que los niños 3. _Escogen_ **optan por** juegos o actividades en que hay más 4. _competencia_ **rivalidad** o en que se puede establecer 5. _Distinto_ **un orden de categorías**. En otros estudios, se ha notado que los dos sexos demuestran distintas 6. _la capacidad_ **habilidades** basadas en su utilización de los hemisferios del 7. _El cerebro_ **la parte superior de la cabeza**.

B. Antónimos

Escriba la letra del antónimo correcto para las palabras de la columna izquierda.

1. __c__ compromiso
2. __e__ machista
3. __f__ semejante
4. __a__ tarea
5. __d__ varón
6. __b__ vivir en pareja

a. rato libre
b. vivir como soltero(a)
c. libertad completa
d. hembra
e. feminista
f. diferente

Introducción | El hombre y la mujer: ¿Semejantes o diferentes?

Antes de leer

Para abrir el tema Mire la foto de la cantante colombiana Shakira y su novio, en la página 95. En el 2008, según la revista *Forbes*, Shakira era la artista de habla hispana que más dinero ganaba. Podría tener todos los hombres que quisiera; pero ella ha escogido a uno, y lleva muchos años con él como su pareja. Así es como se describe el momento mágico cuando lo conoció:

> Fue en un restaurante de Buenos Aires, en enero del 2001. Shakira estuvo a punto de perder la respiración. En el extremo opuesto del salón su mirada se detuvo en un joven. «¡Wow! Éste podría ser el hombre de mi vida», pensó. (de la revista *People en español*)

Shakira no esperó. Terminó su cena, se levantó y fue a la mesa de aquel desconocido. Usó «todas sus armas de seducción» y lo conquistó. Cuatro meses más tarde empezó a planear su boda con ese hombre, Antonio de la Rúa, hijo del ex presidente de Argentina. Sin embargo, no se han casado, a pesar de que la cantante ha declarado que siente «el **tic tac** del reloj biológico» y describe su relación con Antonio como «un compromiso mutuo muy fuerte, un amor muy grande, un compañerismo absoluto».

Entonces, ¿por qué no se casan? ¿Habrá un problema por la desigualdad de sus riquezas y propiedades? Para un buen matrimonio, ¿es importante que el hombre gane más que la mujer para no sentirse humillado? ¿O es posible que uno de ellos todavía tenga dudas? ¿Qué opina Ud.?

1. Dos ideales Como Shakira, todos tenemos por dentro una imagen de lo que es el hombre perfecto o la mujer perfecta. ¿Cómo es él? ¿Cómo es ella? ¿Son idénticos estos dos ideales, o son diferentes? Trabaje con un(a) compañero(a). Miren juntos(as) la siguiente lista y escojan las tres cualidades más importantes para cada ideal.

Algunas cualidades:

activo(a)	estable	lógico(a)
atractivo(a)	fuerte	profesional
altruista	generoso(a)	rico(a)
bien vestido(a)	inteligente	simpático(a)
bondadoso(a)	interesante	sociable
comprensivo(a)	musical	trabajador(a)
con sentido de humor	ordenado(a)	tranquilo(a)
deportista		

El hombre ideal: ¿cómo es?

1. _activo_
2. _comprensivo_
3. _ordenado_

La mujer ideal: ¿cómo es?

1. _generosa_
2. _inteligente_
3. _deportista_

Comparen sus ideales con los de otras personas de la clase. ¿Son semejantes o diferentes el hombre ideal y la mujer ideal?

Lea la siguiente selección para saber más sobre este tema.

Leer

El hombre y la mujer: ¿Semejantes o diferentes?

El hombre y la mujer. ¿Cuáles son las semejanzas entre nosotros y cuáles son las diferencias? Estas preguntas son —y han sido— temas de investigación y discusión entre psicólogos, biólogos, feministas, lingüistas y poetas. ¿Se pueden atribuir las diferencias más a factores biológicos o al ambiente (a los factores socioculturales)? No hay ninguna respuesta cierta, pero sí hay muchas opiniones al respecto.   5

Parte 1: La teoría sociocultural

Hasta hace muy poco, mucha gente creía en la teoría sociocultural como la única explicación de las diferentes características entre los sexos. Según esta teoría, las diferencias son el resultado del papel que se le enseña al niño o a la niña desde que nace. Los padres educan a sus hijos, esperando cosas distintas de cada sexo. Luego la sociedad refuerza los papeles. Mire Ud. el arte sobre este tema hecho por el dibujante   10 mexicano Rius.

Toros si, toreros no © Eduardo del Río, 1990/La revolución femenina de las mujeres © Eduardo del Río, 1978/Editorial Grijalbo, S.A.

2. Comprensión

1. Según la teoría sociocultural, ¿por qué son distintos los niños y las niñas? *La novedad*
2. ¿Qué ejemplos de esto ofrece el dibujo de Rius?

3. Opinión

¿Qué piensa Ud. de lo que dicen los personajes del dibujo?

Parte 2: Dos sexos, dos cerebros diferentes

Durante muchos años, estuvo de moda el concepto del cerebro unisex. Se consideraba que el cerebro de un hombre y el de una mujer eran idénticos. Hoy, después de numerosos estudios científicos, nadie niega que el cerebro del hombre y el de la mujer son diferentes. En el 2005 se publicaron los resultados de una investigación que utilizaba imágenes por resonancia magnética (IRM). Los investigadores descubrieron que los hombres tenían aproximadamente 6,5 veces más materia gris en las áreas del cerebro relacionadas con la inteligencia, mientras que las mujeres tenían aproximadamente 9 veces más materia blanca. La materia gris representa centros para tratar datos en el cerebro, y la materia blanca representa las conexiones entre los centros. Según el neuropsicólogo Rex Jung, co-autor del estudio, estos resultados quizás puedan explicar por qué los hombres parecen tener más capacidad para las

Ya no está de moda el cerebro unisex.

tareas que requieren más tratamiento local, tales *(such as)* como las matemáticas, y las mujeres para tareas que requieren más integración de información, como la facilidad lingüística[1]. 25

Además, el estudio mostró que la distribución de las materias era muy distinta: 85% de la materia gris de las mujeres estaba en los lóbulos frontales, pero tan sólo 45% en los hombres. Una diferencia aun más dramática apareció respecto a la materia blanca presente en esa región: ¡86% en las mujeres y 0% en los hombres! A pesar de estas diferencias, los 48 hombres y mujeres que participaron en el estudio gana- 30 ron las mismas notas en los tests de C.I. (cociente intelectual).[2]

[1] Universidad de California, Irvine, EE.UU., publicado en *Science Daily*, 22 de enero del 2005.
[2] C.I. significa I.Q. en inglés.

4. Comprensión Escoja la mejor manera de completar cada oración.

1. La gente que creía en el concepto del cerebro unisex pensaba que el cerebro del hombre y el cerebro de la mujer eran (perfectos / idénticos / diferentes).

2. En el 2005 un estudio científico mostró que los hombres tienen más materia (blanca / negra / gris) en el cerebro en las áreas relacionadas con la inteligencia y las mujeres tienen más materia (blanca / negra / gris).

3. En general, la materia (blanca / negra / gris) representa centros para tratar datos en el cerebro, y la materia (blanca / negra / gris) representa las conexiones entre los centros.

4. Según un co-autor del estudio, estas diferencias quizás puedan explicar por qué (los hombres / las mujeres) parecen ser más capaces en matemáticas y (los hombres / las mujeres) en facilidad lingüística.

5. Además, el estudio mostró que, en comparación con las mujeres, los hombres tenían mucho (más / menos) de su materia gris y de su materia blanca en los lóbulos frontales.

6. De los 48 participantes, los hombres eran (más inteligentes que / menos inteligentes que / iguales en inteligencia con) las mujeres.

5. Opinión

1. ¿Qué opina Ud. del estudio sobre los cerebros de hombres y mujeres que se hizo en el 2005? ¿Cree que es bueno hacer estudios de este tipo o no? ¿Por qué?
2. Para Ud., ¿qué demuestra el estudio sobre la inteligencia de hombres y mujeres? ¿Quiénes son inferiores en este aspecto, los hombres o las mujeres? Explique. ¿Es posible que dos grupos sean diferentes sin que uno sea superior al otro?

Parte 3: Todos empezamos con cerebro femenino

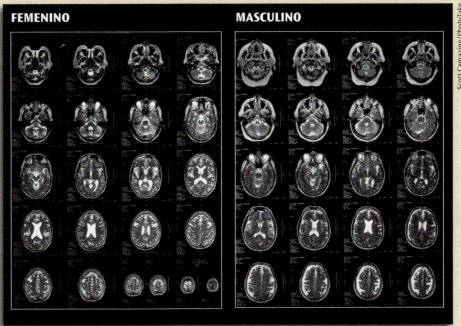

Los cerebros de las mujeres y los cerebros de los hombres tienen diferencias notables.

En el 2007 la doctora y neuropsiquiatra norteamericana Louann Brizendine causó sensación con la publicación de *El cerebro femenino.* En la presentación de su libro en España, la autora afirmó que todo el mundo empieza con cerebro femenino. Luego, ocho semanas después de la concepción, el cerebro se vuelve masculino en los fetos 35 de los niños al ser bañado por la hormona testosterona. Como resultado, los hombres desarrollan mucho más espacio cerebral dedicado al sexo y a la agresividad, y las mujeres más espacio cerebral dedicado a las emociones, a la comunicación y a la memoria. La doctora Brizendine dice que ella sabe que sus ideas no son «políticamente correctas», pero según su opinión, hay dos realidades humanas: una realidad 40 femenina y otra masculina.

6. Comprensión

1. ¿Por qué causó sensación la Dra. Brizendine con su libro *El cerebro femenino?*
2. Según este libro, ¿cuándo y cómo se transforma un cerebro humano en un cerebro masculino?
3. ¿Cómo se diferencian los cerebros masculino y femenino?

7. Opinión

¿Qué diferencias ha visto Ud. en la manera de pensar entre hombres y mujeres? Dé algunos ejemplos de su experiencia personal.

Después de leer

 8. Comentario sobre el dibujo: Del otro lado de la mesa ¡Atención, hombres de la clase! ¿Se identifican con el hombre del dibujo? ¿Por qué? Y las mujeres de la clase, ¿están Uds. de acuerdo con la mujer del dibujo? Expliquen.

Trabajen en grupos de tres a cinco personas. Un(a) «voluntario(a)» artístico(a) hará un nuevo dibujo, con una mujer muda *(speechless)* y un hombre que dice: «En verdad, no exijo mucho de una mujer, sólo que sea...». Las otras personas del grupo deben completar el comentario del hombre.

Ana María von Rebeur Paschwitz

9. ¿Semejantes o diferentes? Trabaje con un(a) compañero(a) para contestar estas preguntas. ¿Es más probable que el hombre o la mujer haga las siguientes cosas? ¿Son factores biológicos los responsables de estas diferencias o semejanzas? ¿O es el ambiente? Luego compare sus respuestas con las de otras personas de la clase.

	Hombre	Mujer	Los dos igualmente
1. hablar (participar) en clase	_____	_____	_____
2. escuchar en una conversación	_____	_____	_____
3. cometer actos agresivos y antisociales	_____	_____	_____
4. participar en deportes extremos	_____	_____	_____
5. hacerse adicto(a) a los videojuegos	_____	_____	_____
6. trabajar o jugar con matemáticas	_____	_____	_____
7. tener celos (be jealous) de su pareja	_____	_____	_____
8. cumplir con obligaciones o tareas	_____	_____	_____
9. defender su patria (nación)	_____	_____	_____
10. someterse a una cirugía cosmética	_____	_____	_____

 10. Juego imaginativo: El desempleo en dos barrios Trabajando con otro(s) estudiante(s), preparen dos descripciones o dibujos distintos, uno del Barrio A, otro del Barrio B, según las instrucciones.

Barrio A Imagínense que Uds. están en un barrio en que la mayoría de las mujeres no trabaja fuera de casa.

1. ¿Qué ven Uds. en las calles y las casas/los apartamentos?
2. ¿Qué hacen las mujeres?

Barrio B Ahora, imagínense que están en un barrio en que la mayoría de los hombres no trabaja fuera de casa.

1. ¿Qué ven Uds. en las calles y las casas/los apartamentos?
2. ¿Qué hacen los hombres?

¿Qué diferencias existen entre las dos escenas? ¿Por qué?

 11. *Tele-terrible* y el teatro espontáneo ¡Felicitaciones! Uds. han sido escogidos para participar en *Tele-terrible,* uno de los programas más divertidos de la televisión actual. Trabajando en grupos de tres a cinco personas, Uds. tienen quince minutos para inventar una breve escena muy melodramática de uno de los temas de la lista. Luego, le presentarán su escena a la clase y los actores más «tele-terribles» recibirán grandes aplausos.

1. **Un día en la vida de la familia perfecta.** En esta familia excelente, el padre, la madre y los hijos siempre se portan bien, con gran cortesía, y viven completamente sin problemas, discusiones ni gritos hasta un buen día cuando...

2. **La escuela feminista.** Dos o tres hombres vienen a esta escuela porque since-ramente quieren aprender a desarrollar sus cualidades femeninas y a perder sus actitudes machistas. Las profesoras tratan de enseñarles cómo hablar y actuar de una manera que les agrade a las chicas, pero no es fácil...

3. **El club de súper machos.** Este club siempre ha sido exclusivo para los hom-bres, pero algunas mujeres tratan de desarrollar sus cualidades masculinas, a fin de entrar. Los hombres súper machos están sorprendidos y no saben qué hacer...

4. **Otro tema que Uds. inventen.**

Selección 1   La ventaja de ser mujer

Antes de leer

Para abrir el tema Uno de los cambios más significativos en las últimas décadas es la creciente participación de la mujer en la fuerza laboral. Sin embargo, las mujeres generalmente trabajan en posiciones subalternas (subordinadas); muy pocas mujeres ocupan puestos de alto mando. ¿Por qué? El artículo que sigue explica dos estilos de dirección ejecutiva *(management)* muy diferentes: el masculino y el femenino. En el pasado, el estilo masculino había predominado. Pero, como el título implica, los tiem-pos están cambiando y hoy día es cada vez mejor ser mujer. Vamos a ver las razones.

Mire Ud. la foto. ¿Cuál de las personas es jefe? ¿Cree Ud. que haya hombres que no se sientan cómodos trabajando para una mujer? ¿Hay mujeres así también? ¿Ha trabajado Ud. en negocios o le gustaría hacerlo? ¿Para qué tipo de jefe (o jefa) qui-siera trabajar?

Hoy día las mujeres forman parte de la dirección ejecutiva de muchas empresas.

1-1. Vocabulario: Sinónimos en contexto Complete las oraciones, escogiendo el término entre paréntesis que sea un sinónimo de la palabra en negrilla. En el mundo de los negocios es verdad que...

1. Las **empresas** (compañías, clubes) establecen **reglas** (historias, normas) para el funcionamiento de los distintos departamentos: mercadotecnia *(marketing)*, finanzas, producción, etcétera.
2. Los **ejecutivos** (subalternos, gerentes) eficientes saben motivar y **conducir** (liderar, obedecer) al **personal** (los miembros de la junta directiva, los demás empleados).
3. Si una empleada siempre **logra** (obtiene, pospone) sus objetivos, probablemente **ascenderá** (recibirá una promoción, bajará de categoría) a una posición de **liderazgo** (inferioridad, superioridad).

1-2. El texto: Buscar información Lea rápidamente, sin consultar el diccionario, el primero y segundo párrafos (líneas 1 a 18) del artículo. Busque la siguiente información.

Según la perspectiva de la autora:

1. Tres características de las organizaciones/compañías de hace treinta años son...
   a. _____
   b. _____
   c. _____

2. Tres características de las organizaciones/compañías más modernas son...
   a. _____
   b. _____
   c. _____

Ahora, lea el artículo para ver las diferencias entre dos estilos de dirigir una empresa.

Leer

La ventaja de ser mujer[1]

María Eugenia Estenssoro

Hace tan sólo treinta años, varios pensadores —hombres y mujeres— sostenían que el mundo público y más específicamente el de los negocios era un terreno «no apto para mujeres». Las organizaciones, explicaban, eran estructuras basadas en el modelo militar y respondían a las reglas de la competencia que los hombres habían aprendido desde la infancia, practicando deportes como el fútbol. Para las mujeres ésta era una [5] cultura extraña porque de niñas habían «perdido» el tiempo jugando con muñecas y leyendo novelitas rosa°, actividades inapropiadas para el mundo de la acción. Si una mujer quería triunfar en los negocios, había que familiarizarse con la estrategia militar y los deportes masculinos. Es decir, actuar de acuerdo a los códigos de los hombres.

Por suerte, eso ya es historia vieja. A medida que° más y más mujeres llegan a posi- [10] ciones de liderazgo en la sociedad, se comprueba que no es necesario travestirse° para triunfar en la vida pública. Y en la medida en que la era postindustrial descarta° las organizaciones piramidales, autoritarias y rígidas por modelos más flexibles y horizontales, valores femeninos como el cuidado de las relaciones humanas y el ambiente de trabajo, el diálogo, la participación, el espíritu de equipo° y hasta la intuición, son [15] conceptos muy frecuentes entre los expertos y expertas en *management*.

Hay un elemento clave° que permite comprender por qué si antes la mujer parecía tan inadecuada para la acción, hoy resulta muy apropiada. Es el hecho de que ella conduce de acuerdo a un arquetipo maternal o docente°, sumamente eficaz en la era de conocimiento, ya que el rol fundamental del líder o gerente° de hoy, es ser un transmisor de información y un motivador por excelencia. El modelo tradicional masculino, basado en el modelo militar, del jefe que da órdenes y subalternos que obedecen sin pensar, está perimido°.

Desde hace varios años, las empresas han reducido sus niveles jerárquicos dramáticamente, tratando de armar° estructuras más horizontales, donde la información fluya en todas las direcciones. En un estudio de casos de ejecutivas exitosas, se demuestra que las mujeres

súper románticas

A... *To the extent that*

vestirse con ropa del sexo opuesto

elimina

espíritu... *team spirit*

importantísimo

educativo

director

obsoleto

establecer

El sexo del management

El estilo tradicional o masculino [30]

Da órdenes
Arma pirámides
Se basa en el arquetipo militar
Manda y controla
Impone disciplina
Monopoliza la información
Es vertical y jerárquico
Es impersonal
Prioriza la cuenta de resultados

El estilo moderno o femenino

Da ejemplos
Arma circulos
Se basa en el arquetipo docente
Delega responsabilidad a otros
Valora la creatividad
Comparte la información
Es horizontal y abierto
Enfatiza el contacto personal
Prioriza todo el proceso

[35]

[20] [25]

---

[1] De *Mujeres & Compañía*, una revista para mujeres profesionales de Argentina.

flat and even lideran armando organizaciones planas° y circulares, en lugar de las viejas pirámides. La líder generalmente se instala en el centro del círculo y se ve a sí misma como el
encierra núcleo de esta estructura orbital, no como la cabeza. El círculo no encajona° a nadie. 40
Ni la jefa está aislada, ni el personal queda distanciado. Al contrario, la autoridad de la
estrecha... *close ties* líder deviene de su estrecha vinculación° y comunicación directa con todo el grupo.

Este enfoque no utilitario y más humanista en la relación con el personal es otro
contribuciones de los aportes° que las mujeres están introduciendo en el mundo de los negocios.
Conciliar la eficiencia con los valores humanos, es particularmente importante en 45
presente una economía competitiva como la actual°, en donde la inteligencia, el compromiso
y el entusiasmo del personal son más decisivos para el éxito de una empresa de lo
que fueron en el pasado. Uno de los casos más elocuentes en este aspecto es, sin
duda, «The Body Shop», una empresa inglesa de cosméticos naturales que utiliza sus
tiendas para hacer proselitismo en favor del medio ambiente, los derechos huma- 50
nos y los desprotegidos. Los empleados deben dedicar horas de trabajo semanales
AIDS a alguna causa humanitaria, como cuidar ancianos o enfermos de SIDA°, o visitar
prisioneros presos°. La compañía está reinventando el paradigma empresarial al servir como un
poderoso vehículo para el cambio social.

En el mundo de hoy se le presenta a la mujer una oportunidad única como líder 55
y conductora. Las mujeres tienen su propia forma de liderar y en esa identidad hay
enormes ventajas. ¡Señores, si quieren mantener sus empleos, presten atención!

Después de leer

1-3. Comprensión: Puntos de contraste El artículo presenta un contraste entre
dos estilos de dirección ejecutiva: el masculino y el femenino. Escriba una **M** al lado
de las características del estilo masculino y una **F** al lado de las características del
estilo femenino. Después, decida cuál de los dos estilos Ud. prefiere para un negocio.
¿O es que le gustan algunas características de los dos? Compare sus opiniones con
las de otros estudiantes.

1. ambiente autoritario y militar   *M*
2. arquetipo maternal y docente   *F*
3. competencia   ___
4. cuidado de las relaciones humanas   *F*
5. diálogo y participación   *F*
6. enfoque humanista   *F*
7. enfoque utilitario   *M*
8. espíritu de equipo   *F*
9. estructura basada en un modelo flexible   *F*
10. estructura basada en un modelo militar   *M*
11. niveles de jerarquías   *M*
12. organización horizontal en forma de círculo   *F*
13. organización vertical en forma de pirámide   *M*
14. reglas definidas como las de los deportes   *M*

1-4. Opiniones Trabajando con otro(a) estudiante, comenten los siguientes temas. Luego, comparen sus comentarios con los de otro grupo.

1. ¿Por qué se pensaba en el pasado que el mundo de los negocios no era apto para las mujeres? ¿Te parece que los papeles de madre y ama de casa pueden preparar a una mujer para ser buena gerente, o no? ¿O sería mejor que las niñas jugaran más a los deportes para desarrollar el espíritu de equipo? Explica.

2. Según el artículo, ¿cómo es distinta la empresa inglesa «The Body Shop» de la mayor parte de las empresas? ¿Crees que esta empresa sigue con sus buenas prácticas ahora? ¿Conoces otros negocios con programas especiales? ¿Qué piensas de estas prácticas?

3. ¿Qué es el «techo de cristal» *(glass ceiling)*? En tu opinión, ¿por qué existe? ¿O es que ya no existe?

4. Por otra parte, ¿crees que algunas compañías practican «discriminación al revés»? Es decir, ¿contratan a una mujer en vez de un hombre simplemente para aparecer «políticamente correctas»? ¿Sería justo esto? ¿Deben contratar a más mujeres para posiciones de alto mando ahora para compensar la injusticia del pasado, o no? Explica.

 1-5. Encuesta ¿Qué opina Ud. sobre el hombre y la mujer de hoy? Después de participar en la encuesta, explíqueles sus respuestas a otras personas en un grupo y trate de determinar si hay una diferencia entre las respuestas de los hombres y las de las mujeres de la clase.

	Estoy de acuerdo	No estoy de acuerdo	Depende de las circunstancias (Dé una breve explicación)
1. La mujer que tiene hijos pequeños no debe trabajar fuera de casa.	❑	❑	_____
2. El esposo debe compartir las tareas domésticas y el cuidado de los hijos aun cuando su esposa no trabaje fuera de casa.	❑	❑	_____
3. Una mujer no debe vestirse de una manera muy *sexy* si quiere que la tomen en serio en el mundo de los negocios.	❑	❑	_____
4. Actualmente, el acoso *(harassment)* sexual no es un gran problema en el mundo laboral.	❑	❑	_____
5. Cuando hay acoso sexual, muchas veces la víctima es un hombre, pero nadie lo toma en serio.	❑	❑	_____

¡Conectémonos!

Las diferencias y semejanzas entre los sexos

 Escoja una o más de las actividades para investigar las distintas maneras en las que se reflejan las diferencias o las semejanzas entre los sexos. No se olvide Ud. de anotar los sitios web y las otras fuentes *(sources)* de su información.

1. En Internet, busque un periódico en línea de un país de habla española que tenga anuncios de puestos profesionales. Escoja uno que parezca buscar un varón y otro que parezca buscar una mujer. ¿Qué información le indica el sexo de la persona que se busca? Explique las diferencias y semejanzas que se ven en los dos anuncios. ¿Qué significado social tienen estas diferencias o estas semejanzas? Compare lo que Ud. encontró con los anuncios de un(a) compañero(a).

2. Solo(a) o con un(a) compañero(a), busque(n) un sitio en Internet donde haya descripciones o dibujos de las modas actuales. Luego haga(n) una copia o imprima(n) algún dibujo o recorte de una revista o periódico en español si no logra(n) encontrar eso en la red electrónica. Después escriba(n) una pequeña narración que explique el rol del sexo de la persona perfecta para los productos representados.

3. En Internet, busque las noticias más recientes sobre las diferencias físicas, mentales o emocionales entre hombres y mujeres. ¿Qué nuevos experimentos o estudios puede Ud. encontrar? Escriba un pequeño informe sobre el tema.

4. Busque datos actuales sobre los salarios que ganan hombres y los que ganan mujeres en diferentes profesiones y países. Explique lo que descubra sobre las semejanzas y diferencias en salarios. ¿Qué opina de estos datos? ¿Le parecen justos o injustos? ¿Le sorprenden o ha encontrado lo que pensaba encontrar?

Selección 2 | Juntos

Antes de escuchar

Para abrir el tema Opiniones generales: ¿Cree Ud. en el amor eterno? ¿O quizás cree que el amor es efímero? ¿Cambia el amor cuando una persona pasa por diferentes etapas *(stages)* de la vida?

Características personales: ¿Se enamora Ud. fácilmente o le cuesta trabajo encontrar una persona compatible? En este momento, ¿tiene novio(a)? ¿Están enamorados Uds.?

Trabajando con un(a) compañero(a), piensen un poco más sobre los temas anteriores que se refieren a las diferentes relaciones amorosas y lo que significan para cada persona. Luego, compartan sus opiniones, profundizando respuestas que posiblemente ya dieron en alguna discusión previa.

1. ¿Definen Uds. el amor de la misma manera?
2. ¿Han cambiado sus definiciones al pasar de niños a jóvenes?
3. ¿Qué características buscan Uds. en la pareja ideal? ¿Creen que esa persona exista?
4. ¿Experimenta una persona que se enamora por primera vez el mejor amor o el más apasionado *(passionate)*?

2-1. Vocabulario: ¡Las palabras tienen familia! Muchas palabras están relacionadas con otras porque tienen forma(s) parecida(s). Estudie los siguientes ejemplos:

Verbos	Sustantivos	Adjetivos
sentir	el sentimiento	sentido
odiar	el odio	odioso/odiado
remediar	el remedio	remediado

Luego lea la letra de la canción rápidamente y llene los espacios en blanco con una palabra relacionada.

Verbos	Sustantivos	Adjetivos
amar	el amor	amado
juzgar	el juzgado/el juicio	juicioso/juzgado
vivir	la vida	vivo
morir	la muerte	muerto
felicitar	la felicidad	feliz
dañar	el daño	dañado
nacer	el nacimiento	nacido
profundizar	la profundidad	profundo

Escuchar

2-2. Estrategia para escuchar: Buscar sinónimos y palabras de significado semejante Cuando nos enamoramos, creemos que nuestro ser querido y nosotros estaremos **juntos** para siempre. En la canción que cantan Rocío Dúrcal y Juan Gabriel, esta idea se repite por toda la canción. Escuche cuidadosamente, sin leer la letra de la canción, y escriba las diferentes expresiones que son sinónimas o que tienen significado parecido a este concepto de estar juntos por la eternidad.

Juntos

Letra y música por Juan Gabriel;
interpretado por Juan Gabriel y Rocío Dúrcal

 Perspectivas **iTunes playlist**

Unidos, *Together*	Juntos° Haremos tantas cosas en la vida Tú y yo nacimos uno para el otro El mundo solamente es de los dos
	Juntos
	No importa que la gente nos critique
De cualquier manera; *Let them;* opinen, *judge* (v.)	De todos modos° hablan, toman, dicen Que° juzguen° como quieran este amor
	Juntos
Vas a ver; ganaremos, triunfaremos; **hace- mos...** lastimamos, dañamos, *cause harm;* Solamente	Verás° que con el tiempo venceremos° A nadie hacemos daño° con querernos Sólo° al que no le guste ser feliz
	Juntos
bajo... enterrados, *buried* debe	Hasta que alguno de los dos se muera Y aun cuando estemos los dos bajo tierra° Ni así este gran amor ha de° morir ¡Aja!
	Juntos
muy hondo, *very deep* **Claro...** Por supuesto	Sigamos siempre así hasta el fin del mundo Ya ves que el mar azul es tan profundo° Pues más profundo es nuestro gran amor, Claro que sí°, ¡ey! ¡ey!

Juan Gabriel

5

Rocío Dúrcal

10

15

20

Conotgrapher/CORBIS

Giberto Villasana/AFP/Getty Images

Juntos
Ya ves que el sol, la luna y las estrellas
La misma vida en sí° que es tan bella°
Pues todavía° es más bello nuestro amor   25

en... *itself;* hermoso
even

Juntos
Haremos tantas cosas en la vida
Tú y yo nacimos uno para el otro
El mundo solamente es de los dos

Juntos   30
No importa que la gente nos critique
De todos modos hablan, toman, dicen
Que juzguen como quieran este amor

Juntos
Verás que con el tiempo venceremos   35
A nadie hacemos daño con querernos
Sólo al que no le guste ser feliz

Juntos
Hasta que alguno de los dos se muera
Y aun cuando estemos los dos bajo tierra   40
Ni así este gran amor ha de morir ¡Aja!

Juntos
Sigamos siempre así hasta el fin del mundo
Ya ves que el mar azul es tan profundo
Pues más profundo es nuestro gran amor,   45
Claro que sí, ¡ey! ¡ey!

Juntos
Ya ves que el sol, la luna y las estrellas
La misma vida en sí que es tan bella
Pues todavía es más bello nuestro amor   50

Juntos
Sigamos siempre así hasta el fin del mundo
Ya ves que el mar azul es tan profundo
Pues más profundo es nuestro gran amor, ¡Aja! ¡ey! ¡ey!

Juntos   55
Ya ves que el sol, la luna y las estrellas
La misma vida en sí que es tan bella
Pues todavía es más bello nuestro amor

Juntos, juntos, juntos (repetido 2 veces)

Después de escuchar

2-3. ¿Comprendió los conceptos generales? Conteste las siguientes preguntas con oraciones cortas que expliquen lo que entendió al escuchar la canción.

1. Según los jóvenes, ¿quiénes son los dueños del mundo?
2. ¿Qué piensa la pareja de los otros habitantes del mundo?
3. ¿A quién(es) le(s) hacen daño los protagonistas de la canción?
4. ¿Qué palabras de la canción indican que el amor de la pareja es muy fuerte?
5. ¿Qué significa la imagen del mar cuando se compara con el amor de las dos personas?
6. ¿Con qué comparan los enamorados la hermosura de su amor?

 2-4. Comentario Se dice *(It is said)* que la letra de una canción es igual a un poema. Los autores de poemas utilizan comparaciones directas e indirectas (símiles y metáforas). Con un(a) compañero(a), sigan los siguientes pasos para luego convertir la información en una presentación visual.

Paso 1: Busquen la definición de los términos **símil** y **metáfora** para estar seguros de sus usos en el poema.

Paso 2: Revisen la letra de «Juntos» y anoten los ejemplos que encuentran de símiles y metáforas.

Paso 3: Hablen sobre la eficacia *(effectiveness)* de los ejemplos de símiles y metáforas en la técnica de Juan Gabriel.

2-5. Escribir: Una carta a Juan Gabriel Muchas personas opinan que la música y la letra de la canción «Juntos» se complementan muy bien; la música evoca las palabras y viceversa. El ritmo evoca sentimientos de un ejército triunfante, cuyas *(whose)* emociones son muy parecidas a las de las personas enamoradas que piensan que nada puede vencer su amor. No importa si Ud. está de acuerdo o no con lo dicho anteriormente; escríbale una carta a Juan Gabriel expresando el efecto de su canción y la interpretación que Rocío y él hicieron.

 2-6. Juego imaginativo: ¿Artista o poeta? ¡Ésa es la cuestión! Forme un grupo con su compañero(a) de la actividad 2-4 y con la otra pareja que trabajó con ustedes en esa actividad. Refiriéndose al Paso 2 de la actividad, escojan dos o tres ejemplos de los sentimientos expresados en la canción. Luego dibujen escenas que representen la gran alegría y otras emociones de los enamorados. Si no se sienten muy artísticos, busquen en revistas, periódicos o en Internet, imágenes que reflejen los pensamientos y opiniones del grupo.

¡Conectémonos!

La importancia de la tecnología en nuestras relaciones románticas

  Las relaciones amorosas son un tema muy importante para la mayoría de los seres humanos. Con la incorporación de la tecnología en nuestra vida, ésta ha tenido un impacto en la manera en que las personas manejan sus relaciones sociales o amorosas.

1. Busque la sección de anuncios personales en un periódico en la red o en una revista electrónica. Lea la sección hasta encontrar algún anuncio que le interese en el que alguien busque una relación amorosa de algún tipo. Después de estudiar la información en el anuncio, dibuje o describa al individuo que lo escribió.

2. Busque la sección de anuncios personales en un periódico en la red o en una revista electrónica. Lea la sección hasta encontrar algún anuncio que le interese en el que alguien busque una relación amorosa de algún tipo. Después de estudiar la información en el anuncio, respóndale a la persona que escribió el anuncio, explicándole por qué debe comenzar una relación con usted, usando correo electrónico.

3. Después de leer algunos anuncios personales de varios tipos en periódicos o revistas de unos cuantos países hispanoparlantes, escriba su propio anuncio. No se olvide de incluir la información necesaria para poder encontrar a la persona perfecta para su propósito.

4. Compare la información de los anuncios personales de un periódico o una revista estadounidense con uno(a) publicado(a) en el extranjero. Puede trabajar en un grupo pequeño, en pareja o individualmente. ¿Qué información se encuentra en ambos anuncios? ¿En qué aspecto(s) difieren?

¿Qué les parece?

Betty la fea:
¿Por qué tanto éxito?

Piense Ud. en los protagonistas de una típica telenovela. El héroe: alto, guapo, rico y bien vestido. Y la heroína… baja, fea, gordita, con cejas peludas, anteojos grandes y un trabajo de ortodoncia *(braces)* enorme y protuberante. ¿Cómo? ¡¿Es posible?! Hasta hace diez o doce años, tal idea nos habría parecido absurda. Pero hoy todo el mundo ha visto, o por lo menos ha oído hablar, de la famosísima *Betty la fea,* la que se ha transformado en un verdadero fenómeno internacional.

Todo empezó en Colombia en 1999 cuando apareció la telenovela *Yo soy Betty, la fea,* escrita por Fernando Gaitán y producida por la cadena colombiana RCN. Se trata de una chica poco atractiva, pero inteligente y buena persona, que empieza a trabajar para una compañía de modas. Betty sufre muchos insultos y desprecios de sus compañeros de trabajo que la miran mal *(look down on her)* por no ser bonita, pero ella no se da por vencida.

La telenovela fue tan exitosa que se ha presentado en España y en casi toda Latinoamérica, y también en versiones dobladas, y luego en adaptaciones (en distintas lenguas y modificadas según la cultura) en muchos otros países como Alemania, Bélgica, Bulgaria, China, Croacia, Filipinas, Grecia, Holanda, Hungría, India, Indonesia, Israel, Italia, Japón, Lituania, Malasia, Polonia, República Checa, Rumania, Rusia, Suiza, Turquía y Vietnam, para sólo mencionar algunos.

Una de las adaptaciones más conocidas es la teleserie *Ugly Betty,* que se ha presentado en inglés en Estados Unidos, con América Ferrera como Betty. Aunque sus padres son hondureños, Ferrera hace el papel de Betty Suárez, una chica mexicana que vive en Nueva York y quien, hasta cierta medida, representa los jóvenes latinos de Estados Unidos de hoy. Dice Ferrera: «Me siento muy orgullosa de la manera en que la familia es representada en el programa… Estamos rompiendo con el estereotipo de lo que se espera de una familia latina viviendo en Nueva York. Aquí no hay abuelitos y 25 primos compartiendo la misma casa. Además, se plantean temas que son muy relevantes para los latinos en los Estados Unidos como el seguro médico, lo caro de los remedios y el hecho de que el padre de Betty es un inmigrante ilegal».[1]

Aquí está América Ferrera en su papel como Betty la fea.

Robert Pitts/MAXA/Landov

Aquí está América Ferrera y no parece nada fea.

Soul Brother/Contributor/FilmMagic/Getty Images

[1] Las dos citas son de un artículo por Natalia Trzenko, de la Redacción de *La Nación,* publicado en *Diario de hoy.*

Con la teleserie, America Ferrera se ha hecho famosa y ahora algunos se preocupan porque ven que la joven actriz ha comenzado a adelgazar bastante; temen que ella se transforme en otra actriz anoréxica más. Pero Ferrera explica su punto de vista así: «…no le estamos diciendo a la gente que la belleza física es algo malo. Lo que decimos es que no puede ser ni lo único ni lo más importante… Lo que hace a *Betty* una historia tan exitosa alrededor del mundo es el corazón de esta mujer. Más allá de su aspecto, lo que importa, lo que atrapa a la audiencia es su bondad».

Trabaje Ud. con otra persona para contestar las siguientes preguntas. Luego, comparen sus opiniones con las de otras dos personas.

1. ¿Qué pruebas tenemos de que la telenovela *Yo soy Betty, la fea* ha tenido mucho éxito?
2. ¿Quiénes miran la telenovela *Ugly Betty* (o *La fea más bella* en Televisa, un canal mexicano) en Estados Unidos o las otras adaptaciones en otros idiomas? ¿Crees que los televidentes son principalmente mujeres? ¿Hombres? ¿Niñas? ¿Niños? ¿De qué edades? ¿Tú has visto uno de estos programas o no? ¿Por qué?
3. ¿Cómo podemos explicar la atracción de *Betty la fea* para tantos millones de personas? ¿Es una reacción en contra de la idea de la belleza presentada en las revistas de moda (la mujer súper flaca, rubia y con mucho maquillaje)? ¿Es simplemente el deseo de ver una historia diferente y original? ¿Es un rechazo de la idea de «ser fea»?
4. Para ti, ¿qué quiere decir «ser fea» o «ser bella»? ¿Crees que esto depende de la época histórica y de la cultura? Explica.
5. ¿Por qué está orgullosa America Ferrera de la manera en que la familia latina está representada en el programa? ¿Qué temas relevantes para los latinos menciona ella? Según Ferrera, ¿por qué ha tenido tanto éxito *Betty* alrededor del mundo?

Selección 3 Las diversas caras del amor

Antes de leer

Para abrir el tema Una de las preguntas más difíciles de contestar es: ¿Qué es el amor? ¿Es obsesión? ¿Pasión? ¿Posesión? ¿Armonía? ¿Celos *(jealousy)*? ¿Compromiso? ¿Miedo? ¿Desilusión? ¿Belleza? ¿Tristeza? ¿Adoración? ¿La unión de dos almas *(souls)*? ¿Alegría? En realidad, lo que es el amor sigue siendo uno de los grandes misterios de la vida. Sin duda la poesía es una de las máximas expresiones de las diversas caras de este sentimiento. A continuación encontramos algunas expresiones poéticas de este fascinante fenómeno.

¿Por qué nos enamoramos? ¿Algunas personas se enamoran una vez para siempre; otras se enamoran dos o tres veces o quizás cuatro veces por mes. Mire las palabras mencionadas en el párrafo anterior. Si Ud. tuviera que escoger una sola de estas palabras para definir el amor, ¿cuál sería? ¿Y cuál no asocia con el amor? Compare sus respuestas con las de otras personas de la clase.

3-1. El texto: Predicción Los poemas que siguen fueron escritos por tres hombres y dos mujeres. ¿Cree Ud. que hay diferencias esenciales entre lo que quieren del amor las mujeres y los hombres? Trabajando con otra persona, escriba sus opiniones.

Las mujeres quieren _el sentimiento de amor_

Los hombres quieren _la honradez_

Comparen sus respuestas con las de otros estudiantes. Ahora, mientras lean los poemas, verifiquen si el/la poeta ha expresado los deseos o esperanzas que Uds. han previsto. También, miren los dibujos y los títulos de los poemas antes de leerlos y traten de inferir o predecir los temas principales.

3-2. Vocabulario: La poesía Para hablar de la poesía, estudie bien los siguientes términos.

la estrofa *(stanza)*	la imagen	el poema	el/la poeta
la rima	simbolizar	el símbolo	el verso *(line)*

Con la ayuda de su profesor(a), prepare una lista de otras expresiones útiles para expresarse mejor sobre los poemas a continuación.

Leer

Rima XXIII

Gustavo Adolfo Bécquer[1]

 Listen to the reading on the CD, Track 7.

Por una mirada, un mundo;
por una sonrisa, un cielo;
por un beso. . . ¡yo no sé
qué te diera por un beso!

[1] Gustavo Adolfo Bécquer (1836–1870), el más famoso de los poetas románticos de España. En sus *Rimas* evoca con fina sensibilidad el mundo íntimo del hombre, sus amores, sus sueños y su búsqueda del amor ideal.

3-3. Comprensión

1. Trabajando solo(a) o con otro(s), busque Ud. referencias a lo finito (pequeño) y lo infinito (grande) en el poema. ¿Qué progresión ve?
2. ¿Son novios ya el poeta y la mujer? Explique. ¿Qué emociones expresa él hacia ella?
3. Mire la foto del monumento a Gustavo Adolfo Bécquer en el comienzo de este capítulo. ¿Por qué cree Ud. que hay mujeres representadas en el monumento? ¿Cree Ud. que su visión del amor era realista o idealista? Explique. Según su opinión, ¿Por qué sigue siendo famoso hoy Bécquer? ¿Por qué hay estatuas, estampillas y pinturas de él en España y en Internet casi un siglo y medio después de su muerte?

¡Conectémonos!

Considerado por muchos como el mejor poeta romántico de la lengua española, Gustavo Adolfo Bécquer ha tenido una gran influencia sobre muchas generaciones de amantes. Su libro *Rimas* contiene poemas cortos que describen las diversas etapas por las que pasa una relación amorosa, con los cambios de emociones y pensamientos. Busque uno de sus poemas en Internet, preséntelo a la clase y explique lo que Ud. cree que significa.

El amor y el deseo

Judith Guzmán Vea[1]

El amor y el deseo,
son sentimientos hermanos
que no van siempre de la mano,
y causan confusión al humano.
El deseo es una flama,   5
destruye — que arrasa° todo a su paso,
sin razón o lógica — obstinado y caprichoso°,
cree que muy dentro ama...
El amor, que nace dentro,
tranquilo — es apacible° y hermoso,   10
tiene paciencia y su gozo
es hacer feliz al amado...
Cuando estos dos se conjugan,
se oyen sonidos divinos,
y se amalgama el destino   15
de dos almas en una sola.

[1] Judith Guzmán Vea, escritora contemporánea que nació en Guadalajara, México. Su afición por la poesía empezó a una edad temprana, pues escribió su primer verso a la edad de diez años.

3-4. Comprensión

1. Trabajando solo(a) o con otro(s), explique(n) cómo se diferencian el amor y el deseo, según la poeta. ¿Está(n) Ud(s). de acuerdo?
2. ¿Por qué cree Ud. que estos dos sentimientos «causan confusión al humano»?
3. ¿Es posible una verdadera relación amorosa entre dos personas con sólo uno de estos sentimientos? Explique.

Viceversa

Mario Benedetti[1]

Listen to the reading on the CD, Track 8.

ansiedades

Tengo miedo de verte
necesidad de verte
esperanza de verte
desazones° de verte

encontrarte

tengo ganas de hallarte°
preocupación de hallarte
certidumbre° de hallarte
pobres dudas de hallarte

certainty

tengo urgencia de oírte
alegría de oírte
buena suerte de oírte
y temores de oírte

o sea
resumiendo
estoy jodido°

destruido (expresión vulgar en algunos países)

      y radiante
quizá más lo primero
que lo segundo
y también
      viceversa.

5

10

15

20

[1] Mario Benedetti, que nació en Uruguay en 1920, es uno de los más destacados escritores de nuestra época. No sólo es poeta, sino también novelista, dramaturgo, ensayista y cuentista. Aunque ya está muy entrado en años, Benedetti sigue activo como proponente de cambios políticos y sociales.

3-5. Comprensión

1. En cada estrofa el poeta usa palabras de contraste o contradicción. Trabajando solo(a) o con otro(s), identifique(n) estas palabras y explique(n) el contraste.
2. ¿Cómo explican estas palabras el título y el último verso?
3. ¿Cuáles son las diferentes emociones que el poeta siente? ¿Cuándo y por qué las siente?
4. En su opinión, ¿son palabras que describen el amor? ¿Por qué?

Qué más da

Luis Cernuda[1]

Qué...*What difference does it make*   Qué más da° el sol que se pone o el sol que se
          levanta
La luna que nace o la luna que muere.

Mucho tiempo, toda mi vida, esperé verte

aparecer; mists   surgir° entre las nieblas° monótonas,   5

maravilla   Luz inextinguible, prodigio° rubio como la

fuego   llama°;
Ahora que te he visto sufro, porque igual
      que aquéllos
No has sido para mí menos brillante   10

transitorio   Menos efímero° o menos inaccesible que el

que aparecen por turnos   sol y la luna alternados°.

Más yo sé lo que digo si a ellos te comparo,
Porque aun siendo brillante, efímero, inaccesible,

cuerpos celestes   Tu recuerdo, como el de ambos astros°,   15

Es suficiente; cubre, encierra   Basta° para iluminar, tú ausente, toda esta niebla que me envuelve°.

---

[1] Luis Cernuda (1902–1963), poeta y crítico español cuya obra expresa el abismo entre lo que uno desea y lo que uno puede conseguir o realizar. El poema «Qué más da» es de su colección *Los placeres prohibidos*, que describe sus encuentros amorosos con otros hombres.

3-6. Comprensión

1. ¿Qué objetos en el cielo menciona el poeta? ¿Qué cualidades tienen estos objetos? (Busque unos adjetivos que los describan.)
2. Según el poeta, ¿qué cualidades tiene su amado? (Busque unos adjetivos.) ¿Cuál es el único aspecto del amado que le queda al poeta al final del poema? ¿Por qué lo compara al sol y a la luna? ¿A Ud. le parece lindo el poema?
3. Mire la canción «Juntos» (Selección 2) de este capítulo. ¿Cómo usa el compositor de la canción el sol y la luna para describir su amor? ¿Es semejante la canción a este poema de Cernuda, o es diferente?
4. El poeta amó, pero luego perdió a su amor. Para Ud., ¿es mejor amar y perder que no amar nunca? ¿Por qué sí o no?
5. Este poema sobre el amor que Luis Cernuda sentía por otro hombre fue escrito hace muchos años y durante un largo período su publicación estuvo prohibido en España. ¿Cree Ud. que este poema sólo describe un amor homosexual, o que es universal y describe el amor en general, ya *(may it be)* sea homosexual o heterosexual? Explique.

Reglas del juego para los hombres que quieran amar a mujeres mujeres

Gioconda Belli[1]

Listen to the reading on the CD, Track 9.

abrir; **cortinas...** *curtains of my skin; makes its nest; swallow (bird);* afecto

producto para comprar; **trofeo...** *hunting trophy*

silk-cottonwood

constante

I
El hombre que me ame
deberá saber descorrer° las cortinas de la piel°
encontrar la profundidad de mis ojos
y conocer lo que anida° en mí,   5
la golondrina° transparente de la ternura°.

II
El hombre que me ame
no querrá poseerme como una mercancía°,
ni exhibirme como un trofeo de caza°,   10
sabrá estar a mi lado
con el mismo amor
conque yo estaré al lado suyo.

III
El amor del hombre que me ame   15
será fuerte como los árboles de ceibo°,
protector y seguro° como ellos,
limpio como una mañana de diciembre.

---

[1] Gioconda Belli (n. 1948), poeta nicaragüense que se destaca por sus lindas evocaciones del amor, del erotismo y de los valores sociales y humanos. Esta selección es la primera parte de un poema de su libro *De la costilla de Eva*.

3-7. Comprensión

1. Para Ud., ¿qué significa la repetición de la palabra **mujeres** en el título? En el poema una mujer da reglas para el hombre que quiera amarla. Según la regla que da en la primera estrofa, ¿qué tendrá que encontrar el hombre? ¿Qué tendrá que conocer?

2. Al principio de la segunda estrofa, la mujer describe el tipo de hombre que no quiere como amante. ¿Qué hace el hombre que ella no quiere? En contraste, ¿qué sabrá hacer el hombre que ella quiera?

3. En la tercera estrofa, la mujer describe el amor del hombre que ella desea. ¿Cómo será?

4. Realmente, ¿hay hombres que tratan a su mujer como mercancía o trofeo? ¿Hay mujeres que tratan así a su hombre? ¿Es una buena idea tener reglas para el amor? ¿Qué reglas tiene Ud. para el amor?

Después de leer

 3-8. Sus ideas sobre el amor Con otra persona, comenten las siguientes preguntas y luego compartan sus respuestas con la clase.

1. ¿Cuál de los poemas te gustó más? ¿Por qué?
2. ¿Crees que es posible el amor romántico hoy día? ¿Es algo positivo o no? ¿Qué películas recientes presentan una historia de amor romántico? ¿Te gustan estas películas o no? ¿Cuál te parece la más realista? Explica un poco.
3. ¿Qué tipo de amor quieres tú?

3-9. Ud. es poeta Escriba un poema sobre cualquier aspecto del amor o de la persona amada. Puede inventar su propia forma o seguir una de las formas a continuación.

1. **¿Por qué, oh, por qué?**
   Este tipo de poema se dirige a un individuo, una idea o un objeto y plantea muchas preguntas.

   Verso 1 la preposición *a* y un sustantivo
   Verso 2 **¿Por qué?** seguido de una pregunta
   Verso 3 **¿Por qué?** seguido de una pregunta
   Verso 4 **¿Por qué?** seguido de una pregunta
   Verso 5 **¿Por qué?** seguido de una pregunta
   Verso 6 **¿Por qué***?* repetido tres veces
   Verso 7 espacio en blanco
   Verso 8 una pregunta final (sin el **¿Por qué?**) que resuma los sentimientos o contenido de las otras preguntas

   modelo: Al amor
   ¿Por qué te escondes de mí por tanto tiempo?
   ¿Por qué no te reconozco a veces?
   ¿Por qué de repente llegas como un huracán?
   ¿Por qué luego desapareces?
   ¿Por qué? ¿Por qué? ¿Por qué?
   ¿No sabes que te necesito todos los días?

2. **Un poema concreto**
   Escoja cualquier objeto y escriba un poema, usando la forma concreta del objeto como bosquejo *(outline)*.

3. **Un poema con aliteración** (Cada palabra empieza con el mismo sonido.)

Verso 1 un nombre
Verso 2 el nombre extendido
Verso 3 el nombre extendido con un verbo
Verso 4 el nombre extendido, verbo y un adverbio

ejemplo: Betina
Betina Benítez
Betina Benítez besa
Betina Benítez besa bien.

Selección 4 Magola y los altibajos de la vida en pareja

Antes de leer

Para abrir el tema Aquí está Magola, una típica chica de nuestros tiempos que está tratando de balancear los papeles de esposa, profesional y mamá. Ella es el personaje central de *Sobreviviendo en pareja,* un libro de tiras cómicas que presenta los altibajos (momentos altos y bajos) de un matrimonio de hoy. La autora es la colombiana Nani[1] que reside en España y lleva más de quince años trabajando con éxito en una profesión esencialmente masculina. Nani sabe que el 99% de las tiras cómicas son hechas por hombres, pero no le importa. Dice al respecto: «Ellos se han dedicado a hablar del ámbito público, de la política o del trabajo desde su punto de vista. Yo me he propuesto hablar del ámbito privado, de lo que pensamos las mujeres...». Nani explica que en español los cuentos de hadas *(fairy tales)* siempre terminan en «Se casaron, fueron felices y comieron perdices *(partridges)*» —el equivalente de *And they got married and lived happily ever after* en inglés— como si el matrimonio fuera garantía de la felicidad. Pero la vida no es así. En sus tiras Nani presenta lo que viene después de la boda. ¿Será, entonces, feminista Magola? Algunos dicen que sí y otros que no. A ver qué opina Ud. después de leer estas tiras.

 4-1. Contesten las siguientes preguntas con un(a) compañero(a), y hablen sobre lo que contestaron. Luego, comparen sus respuestas con las de otros estudiantes de la clase.

1. ¿Qué tiras cómicas leen los jóvenes de hoy en EE.UU. y Canadá? ¿De qué tratan?
2. ¿Qué tiras presentan la vida en pareja? ¿Hay algún personaje que se parezca a Magola o a Alberto? ¿Por qué? ¿Cómo son las parejas en las tiras norteamericanas?
3. ¿Por qué crees que la gran mayoría de las tiras cómicas son hechas por hombres? ¿Es probable que en el futuro haya más mujeres dibujantes como Nani? ¿Por qué?

[1] El nombre verdadero de Nani es Adriana Mosquera Soto. Sus tiras han aparecido en muchos periódicos y ella ha publicado varios libros, siendo el más reciente *Hasta que la realidad nos separe,* el que salió en el 2008.

4. Según Nani, ¿cómo terminan los cuentos de hadas en español? ¿Y en inglés? ¿Te parece que esto crea falsas expectativas sobre el matrimonio para los jóvenes? Explica.

5. ¿Te gustan las tiras cómicas que presentan crítica social o política, o prefieres las tiras fantásticas o absurdas? ¿Cuál es tu tira cómica favorita? ¿Por qué?

4-2. Observaciones Mire rápidamente las cinco tiras que aparecen a continuación y escoja la mejor opción para contestar las preguntas.

1. En la primera tira, el cambio de los colores del fondo *(background)* indica los cambios emocionales de Magola cuando habla con su esposo, Alberto. ¿Cuál es la descripción correcta de estos cambios?
   a. esperanza / desilusión / cariño
   b. cariño / esperanza / desilusión
   c. desilusión / cariño / esperanza

2. En la tercera tira, ¿qué objeto revela que hay un niño en la casa?
   a. el pequeño oso en el suelo
   b. la taza sucia en la mesa
   c. la alfombra verde

3. En la misma tira, ¿qué aspecto de Magola sugiere que ella no está cuidando su apariencia?
   a. su blusa azul
   b. su falda roja
   c. las piernas peludas

4. En la cuarta tira, ¿qué parte de su cara nos muestra que Alberto se siente atraído por la rubia?
   a. los ojos
   b. la nariz
   c. la lengua

5. En la misma tira, ¿qué parte de su cara nos muestra los cambios emocionales de Magola?
   a. los ojos
   b. la nariz
   c. la lengua

6. En la quinta tira, ¿qué detalles sugieren el placer sublime que sienten Magola y su hijo al estar juntos?
   a. los ojos cerrados
   b. las sonrisas
   c. unos corazones en el aire
   d. todos estos detalles

Ahora lea con cuidado las tiras cómicas de *Magola* y haga los ejercicios que corresponden a cada una.

Leer

Tira 1 | El temor al compromiso

4-3. Vocabulario: Un cognado falso La palabra **compromiso** es un cognado falso porque se parece a la palabra inglesa *compromise* pero significa algo completamente diferente. Un compromiso es una obligación o acuerdo. Se debe traducir al inglés como *commitment*. El verbo es **comprometerse**; quiere decir «dar su palabra para hacer algo». ¿Qué palabra corta ve Ud. dentro de este verbo?

4-4. Comprensión
1. ¿Quién habla primero en la tira: Magola o Alberto? ¿Cómo se expresan su amor los dos?
2. ¿Cuál se compromete, o es que los dos se comprometen? Explique.

4-5. Charla ¿Por qué se siente desilusionada Magola? Para Ud., ¿quién es más fácil que se comprometa, una mujer o un hombre? ¿Por qué?

Tira 2 | La comunicación entre los sexos

4-6. Vocabulario: Sinónimos Escoja el sinónimo o frase equivalente de cada palabra en negrilla.

1. **tonterías**
   - a. palabras bonitas
   - b. ideas ridículas
   - c. instrucciones complicadas

2. **mentiras**
   - a. falsedades
   - b. explicaciones
   - c. insultos

4-7. Comprensión

1. ¿Qué le dijo Magola a su esposo?
2. ¿Fue una mentira o no? ¿O depende del punto de vista?

4-8. Charla ¿Cree Ud. que las mujeres mienten más que los hombres? ¿Por qué hay tantas dificultades en la comunicación entre los sexos?

Tira 3 Responsabilidad con las tareas de la casa

4-9. Vocabulario: Verbos domésticos Mire la tira. Aquí Nani ha usado la **personificación,** dándoles a varias partes de la casa la capacidad de hablar. Para entender lo que le están diciendo a Magola, estudie los siguientes verbos y escriba la letra de la definición correcta delante de cada infinitivo.

_c_ 1. aspirar	a. tomar (cosas) y poner(las) en orden
_d_ 2. lavar	b. poner como nuevo (los pisos y muros)
_f_ 3. limpiar	c. quitar lo sucio de alfombras con la aspiradora
_e_ 4. recoger	d. pasar por agua con jabón (platos, tazas)
_g_ 5. regar	e. quitar polvo (de muebles) con un trapo
_b_ 6. renovar	f. quitar manchas (de ventanas y vidrios)
_a_ 7. sacudir	g. darles agua a las plantas y flores

4-10. Comprensión

1. ¿Por qué Magola escucha las voces de las diferentes partes de la casa? ¿Qué le están pidiendo?
2. ¿En quién está pensando Magola? ¿Por qué?

4-11. Charla Y Ud., cuando está en su casa, ¿escucha voces como las que le están hablando a Magola? ¿Por qué sí o por qué no?

Tira 4 | La tentación a la infidelidad

4-12. Vocabulario: Palabras en contexto Mire cómo estas palabras aparecen en la tira. Luego, escoja el significado correcto según el contexto.

1. **disimular**
   a. expresar un sentimiento con palabras claras
   b. ocultar o encubrir algo que uno siente
   c. discutir temas importantes con otras personas

2. **langosta**
   a. crustáceo marino servido como plato gastronómico
   b. lancha de lujo que se usa para navegar en el mar
   c. banquete muy costoso para muchos invitados

3. **jugosa**
   a. divertida
   b. deliciosa
   c. doméstica

4-13. Comprensión

1. ¿Cómo se siente Magola cuando ve que la rubia le gusta a Alberto?
2. ¿Cómo trata de consolarla Alberto? ¿Por qué fracasa su intento?

4-14. Charla ¿Es normal que una persona (hombre o mujer) se sienta atraída a otro(a) que no sea su pareja? Si esto pasa, ¿qué debe hacer la persona: mostrarlo o disimularlo? Explique.

Tira 5   ¿El instinto maternal?

4-15. Comprensión

1. ¿Cómo se siente Magola cuando vuelve a casa después de trabajar? ¿Por qué?
2. ¿Cree Ud. que la jefa de Magola tiene hijos o no? ¿Por qué?

4-16. Discusión

1. Para Ud., ¿existe el instinto maternal? ¿Es universal o es algo que sólo algunas mujeres tienen?
2. ¿Existe también un instinto paternal? ¿Es más o menos fuerte que el instinto maternal, o depende del individuo?

Después de leer

4-17. Análisis de un cuadro: ¿Nos sentimos atraídos por otra persona que no es nuestra pareja? Trabajando con un(a) compañero(a), miren el cuadro que compara las respuestas a esta pregunta que dieron hombres españoles con las respuestas de las españolas. El cuadro se publicó en una revista española en el 2007. Contesten las preguntas y luego comparen sus opiniones con las de otros estudiantes.

¿Nos sentimos atraídos por otra persona que ne es nuestra pareja?

	Hombre	Mujer
Sí, alguna vez	43,8%	30,7%
Sí, con frecuencia	27,3%	7,5%
Casi nunca	8,8%	17,7%
Nunca	13,3%	40,1%

De la revista Quo, #143, agosto del 2007.

1. ¿Qué te parecen las diferencias entre las respuestas de los hombres y las de las mujeres? ¿Es más o menos lo que tú pensabas, o estás sorprendido(a)? Explica.
2. ¿Por qué crees que hay tanta diferencia?
3. ¿Crees que si alguien se siente muy atraído(a) por otro(a), él o ella debe hablar con su pareja sobre esto? ¿O es mejor no hablar de asuntos tan delicados? ¿Por qué?
4. Para ti, ¿es posible tener una buena relación o un buen matrimonio si uno de los dos es infiel?

4-18. Entrevista sobre la vida de pareja Trabaje con un(a) compañero(a), entrevistándose uno al otro con las siguientes preguntas. Tome notas sobre las opiniones de su compañero(a) y use la información para completar el formulario sobre la entrevista después.

1. ¿Qué piensas tú de la vida en pareja? ¿Es mejor que vivir solo(a)? ¿Por qué sí o por qué no?
2. Algunos dicen que las dos personas de una pareja no deben pasar todo su tiempo juntas porque es necesario que cada una tenga «espacio propio». ¿Qué te parece esta idea?
3. ¿Por qué crees que hay tantos divorcios? ¿Es siempre un fracaso divorciarse? ¿O hay circunstancias cuando es bueno? Explica.
4. Para ti, ¿qué es el feminismo? ¿Es bueno o malo? ¿Es feminista Magola? ¿Por qué crees que sí o por qué no? ¿Pueden ser feministas los hombres? ¿Cómo? Y tú, ¿eres feminista o no? ¿Por qué?

Formulario sobre la entrevista

Mi compañero(a) se llama _____. Él (Ella) cree que la vida en pareja es _____. Cree que para una pareja, el espacio propio es (no es) importante porque _____. Según él (ella), hay muchos divorcios hoy día porque _____. Mi compañero(a) es (no es) feminista porque piensa que _____.

4-19. Breves debates Trabaje en un grupo de tres a cinco personas. Todos leen las opiniones y marcan SÍ o NO para cada una. Un(a) «voluntario(a)» escribe el número de pros y de contras. Hay que escoger dos cuestiones sobre las cuales todos estén de acuerdo. Entonces, juntos hacen una lista de razones para apoyar la decisión del grupo. Después, toda la clase debe ponerse en un círculo para charlar sobre las cuestiones y tratar de llegar a un acuerdo unánime.

1. En el amor, los hombres son más deshonestos que las mujeres. ¿SÍ o NO?
2. Si un hombre gana más dinero que su esposa, no necesita hacer las tareas de la casa. ¿SÍ o NO?
3. Celebrar el cumpleaños o los días feriados con regalos debe ser sólo para los niños. ¿SÍ o NO?
4. Los padres educan mejor a los hijos que las madres. ¿SÍ o NO?
5. El machismo casi no existe en nuestra sociedad ahora. ¿SÍ o NO?
6. Las personas que nunca tienen hijos se convierten en personas egoístas o muy rígidas. ¿SÍ o NO?

Selección 5 | Underwood

Antes de leer

Para abrir el tema Se ha dicho que la salud, el dinero y el amor —en ese orden— son las tres cosas más importantes de la vida. ¿Está Ud. de acuerdo? Algunos dirían que el amor es lo más esencial y que sin él, uno no puede existir. La siguiente historia explora los extremos a los que un individuo llega para preservar una relación amorosa. La historia se cuenta desde la perspectiva del hombre, y nos ofrece una gran sorpresa —¡prepárese ahora!— al final.

¿Es muy importante para Ud. tener novio(a)? Explique por qué sí o por qué no. ¿Qué hace Ud. para conocer a nueva gente? Si rompe con alguien en una relación amorosa, ¿cuál de las siguientes reacciones es más típica en Ud. o en sus amigos(as) y por qué?

a. participar en muchas actividades para siempre estar ocupado(a)
b. tratar de restablecer la relación con la persona amada, y a veces hacer cosas un poco locas
c. deprimirse, no tener energía para nada, no salir de casa
d. jurar *(swear)* nunca más en esta vida volver a enamorarse de nadie

5-1. Vocabulario: Sinónimos en contexto   Estudie la lista y luego diga qué palabra o frase de la lista es un sinónimo para las palabras en negrilla en el párrafo.

amar(se) querer(se)
angustiado(a) nervioso o preocupado
esposos personas que están casadas, la una con la otra
la hoja una página, un papel para escribir
el (la) mentiroso(a) la persona que dice mentiras (falsedades)
la relación conexión entre dos personas; por ejemplo, relaciones amorosas
sonriente con una sonrisa
teclear escribir a máquina
la vergüenza humillación, deshonor
volver a + [*infinitivo*] hacer algo otra vez

María Luisa tiene un empleo fascinante. Escribe guiones para telenovelas, guiones de dramas emocionantes. Todos los días ella pone **un papel** en su máquina de escribir y **escribe a máquina** furiosamente sobre niños **con grandes sonrisas**, sobre mujeres **nerviosas y preocupadas**, sobre **personas casadas** y amantes que **se quieren**, sobre gente honrada y sobre **los que dicen mentiras**, sobre **conexiones entre personas** escandalosas y bondadosas. Las historias se repiten día tras día. Mañana María Luisa **escribirá otra vez** una pieza dramática con los mismos personajes.

5-2. El texto: Buscando pistas *(clues)*   Conteste estas preguntas.

1. Mire Ud. el dibujo en la página 133. ¿Qué es? ¿Qué usamos hoy? ¿Por qué cree Ud. que alguna gente prefiere usar tecnología antigua?
2. Mire la línea 1. ¿Cuál es el mensaje de la carta? ¿Cuántas personas cree Ud. que figuran en el cuento? ¿Cuál es su relación? (Mire Ud. la última palabra del primer párrafo.) ¿Están juntos ahora? ¿Cree Ud. que es una relación pacífica o conflictiva? ¿Por qué?
3. Lea rápidamente los dos primeros párrafos. ¿Quién lee la carta, el esposo o la esposa? ¿Quién escribió la carta, él o ella? ¿Quién llega el viernes?
4. ¿Adónde podría llegar ella? Busque los dos lugares mencionados en el tercer párrafo: la estación y _____.

Ahora, con sus propias palabras, haga un resumen de lo que sabe de la historia hasta ahora. ¿Qué cree Ud. que va a pasar?

Leer

Underwood

Enrique Jaramillo Levi [1]

Listen to the reading on the CD, Track 10.

tardado mucho; *unfolded;* **se...** *blurred;* uniéndose; *weeping; wrung out;* exacta

La carta había demorado° en llegar. La tenía ahora frente a los ojos, desdoblada°, convulsa entre sus dedos. No lograba iniciar la lectura. Las letras se desdibujaban° fundiéndose° unas con otras como si el llanto° las hubiese escurrido°. Pero no lloraba. Hacía mucho tiempo que no se daba esa satisfacción. En cambio vacilaba, temeroso de la respuesta que había guardado en secreto durante lo que ya parecía 5 una vida. Se concentró, haciendo un esfuerzo enorme, y las letras fueron recuperando sus pequeñas estaturas, la separación breve y nítida° que caracterizaba a la Underwood portátil que él mismo le había comprado poco después de la boda.

Todo el contenido podía resumirse en la última línea:

todavía

Te amo aún°. Llego el viernes.

He crumpled; smooth it out
outline

pedido con fervor; conciso

repentance
Rompía el día

Arrugó° la hoja. Casi en seguida volvió a estirarla°. Sus ojos recorrieron ávidos 10 las disculpas, los ruegos, el esbozo° de planes que habrían de realizar juntos. Ella había tenido la culpa de todo, aseguraba. Pero no volvería a ocurrir. Y luego venía la reafirmación de lo que él había rogado° todas las noches. Y el anuncio escueto° de su llegada. Al buscar la hora en su reloj, notó sorprendido que ya era viernes. Corrió hasta el auto anticipando el abrazo, sintiendo contra su cuerpo el arrepentimiento° 15 de ella, su vergüenza. Amanecía°.

[1] Enrique Jaramillo Levi (1944–), nacido en Panamá, es escritor y profesor. Escribe en sus cuentos de las posibilidades fantásticas que esconde la realidad y del desarraigo del hombre contemporáneo que lucha inútilmente por encontrarse.

confusas

nada... no sería

junto... al lado de

rápido

De... Era inútil

se... *was thickening;*
respiraciones
difíciles; llegada

se... *would manage;*
demostrar; hipócritas

faint; ribbon

fail

Esperó largas horas en la estación. Sus ideas se perdían en las más enmarañadas° conjeturas. Recordó de pronto que no sabía a qué hora llegaría. Ni cómo viajaría hasta él. Hasta podía llegar en avión, nada tendría de° raro. Entonces, ¿por qué estaba él en la estación, esperando quién sabe qué autobús? Sin darse cuenta manejó hasta allí, guiado quizá por la forma que había tomado tantas veces aquel sueño. Siempre la miraba bajar sonriente, buscándolo con la vista, hasta que lo veía de pie junto a° la columna que ahora sostenía su peso. Se dijo, angustiado, que era un imbécil.

Por suerte traía la carta. La desdobló presuroso°. No había ningún indicio de cómo se transportaría hasta la ciudad. Pasaron los minutos y la incertidumbre se iba espesando° en sus jadeos°. ¿Cómo no se le ocurrió explicar claramente la hora y el lugar de su arribo°? No había cambiado. Sigue siendo tan irresponsable como siempre. Tendrá que tomar un taxi hasta la casa porque él no puede hacer nada más. Allá la esperaría.

La noche se hizo densa y angustiosa. De nada le sirvió° leer durante el día las revistas que lo rodeaban. Tampoco se distrajo escuchando la radio ni saliendo al balcón a cada rato. Pronto serían las doce y entonces la llegada del sábado se encargaría° de probar° otra vez lo que él siempre sospechó: era una mentirosa, la más cruel de las farsantes°.

A la una de la mañana confirmó que ya nunca más le creería una sola palabra. Aunque llegaran mil cartas pidiéndole perdón o volviera a escuchar su voz suplicante por teléfono. Caminó hasta la pequeña Underwood, insertó un papel, tecleó a prisa. Las letras salían débiles, destintadas°. Cambió la cinta°. Escribió:

Querido Ramiro:
Tienes que perdonarme. Perdí el avión el viernes. Iré la próxima semana, sin falta°.
Ya te avisaré. Te amo. Debes creerme...

Después de leer

5-3. Comprensión: Recapitulación de la historia Para resumir la historia, complete las oraciones con sus propias palabras.

1. Ramiro había esperado ansiosamente la carta _____.
2. Él y su esposa habían tenido dificultades en su matrimonio y ella

   _____.
3. Según la carta, su esposa admite _____.
4. Al recibir la carta, Ramiro fue a la estación de autobús para _____.
5. Ramiro cree que ella no llegó porque _____.
6. Él vuelve a su casa y _____.
7. Pero ella _____.
8. Las dos cartas en el cuento fueron escritas por _____.

5-4. Discusión Trabajando con otro(s), conteste estas preguntas.

1. ¿Qué tipo de relación tienen Ramiro y su esposa, en tu opinión? Y tú, ¿qué piensas? ¿Por qué habrá escrito Ramiro las cartas? ¿Cuál es tu interpretación personal del cuento?
2. ¿Es posible que no exista la esposa? Explica.
3. Hay un viejo refrán que dice «Donde hay amor, hay dolor». ¿Por qué existe esta opinión? Según tu experiencia y tus observaciones, ¿es verdad? ¿No es posible amar a alguien de una manera tranquila y armoniosa? Explica.
4. ¿Existen hombres o mujeres como Ramiro? ¿Puedes dar algunos ejemplos de películas, libros o la vida real?

5-5. Juego imaginativo: ¡Somos autores! Por lo que no dice, este cuento le deja mucho a la imaginación. Entonces, Uds. también pueden ser autores, creando las partes del cuento que faltan. La clase se dividirá en tres grupos. Cada grupo escogerá uno de los siguientes temas y preparará algo para compartir con la clase.

1. Según Ramiro, su mujer tiene la culpa de todo y cuando ella vuelva, todavía lo amará y tendrá vergüenza por lo que ha hecho. Pero nunca tenemos la perspectiva de ella. ¿Qué diría ella de Ramiro?
2. Es obvio que la esposa de Ramiro lo dejó porque algo había ocurrido o porque había problemas en la relación. ¿Qué habría pasado antes de que comenzara la historia? Invente un párrafo para dar un fondo *(background)* a la historia.
3. Cuando termina la historia, Ramiro está escribiendo otra carta. ¿Pero qué le pasa a él después? ¿Escribe más cartas? Invente un párrafo para terminar el cuento.

5-6. Ud. es consejero(a) Trabaje con otra persona, haciendo dos papeles. Uno(a) de Uds. es consejero(a) para la agencia «Consultorio Zacatón». La otra persona es Humberto (u Hortensia), un(a) cliente que llama con un tremendo problema. Inventen una conversación telefónica entre Uds. dos, usando uno de los problemas de la lista (o inventando otro). Luego, quizás Uds. querrán usar la conversación como una presentación para la clase.

¿No tienes con quién platicar?
¡Esperamos tu llamada! 242.81.82

Los expertos en desarrollo
humano de **Consultorio Zacatón**
te pueden ayudar con:

• Dificultades emocionales
• Conflictos matrimoniales
• Problemas de depresión

No importa el problema. Hay resolución. ¡Mereces ser feliz!
Llama ahora 24 hrs.

1. ¿Qué puedo hacer? Mi novia(o) vino a vivir conmigo y tiene una fuerte alergia a mi gato Micifuz. No quiero perder a mi amor, pero no puedo abandonar a mi querido Micifuz.
2. No tengo amigos. Nadie quiere estar conmigo y no sé por qué. Algunas personas dicen que siempre repito las mismas palabras. Pero no sé. Es que no tengo amigos y no sé por qué.
3. ¡Qué barbaridad! Mi vida es insoportable. Mi esposo(a) y yo vivimos con mi suegra *(mother-in-law)*. Es muy mandona y siempre me grita. Además, pasa el día entero cantando canciones románticas y canta tan mal...

Composición
del final del capítulo

Piense Ud. un momento sobre lo que ha leído y estudiado en este capítulo. Luego, escoja uno de los siguientes temas y escriba una breve composición, tratando de usar ideas y palabras del capítulo para expresar sus propias opiniones. No es necesario usar nada de Internet ni de otra parte, pero si Ud. usa información o frases de otras fuentes, no se olvide de anotar la fuente con la referencia del sitio web o del libro.

1. **Las tres diferencias más importantes entre las mujeres y los hombres, según mi opinión** Escriba un ensayo de tres párrafos. En cada párrafo describa una de las tres diferencias que Ud. considere las más importantes entre los sexos. No es necesario presentar evidencia ni pruebas, pero Ud. debe dar por lo menos un ejemplo de cada diferencia. Puede ser una diferencia en la manera de pensar, de hablar, de vestirse, de actuar en situaciones sociales, etcétera. O puede escribir sobre las diferencias de actitud hacia el peligro, hacia los deportes, hacia el trabajo, hacia la familia, hacia las relaciones amorosas, etcétera. Lo importante es que Ud. exprese sus propias opiniones.

2. **Una comparación entre dos obras en español sobre el amor** Escriba un ensayo en el que se comparen y se contrasten dos de los poemas de este capítulo (Selección 3) o uno de estos poemas y la canción «Juntos» (Selección 2). Ud. puede mostrar semejanzas y diferencias de ideas, sentimientos, estilo (metáforas, símiles, rima, etcétera) o cualquier otro aspecto. En el primer párrafo, describa una de las obras, en el segundo párrafo, describa la segunda, en el tercer párrafo, explique las semejanzas y diferencias entre las dos y diga cuál es su favorita y por qué.

Phrases: comparing and contrasting; comparing and distinguishing; describing objects, describing people, describing places: expressing an opinion; linking ideas; stating a preference; talking about daily routines; weighing the evidence; weighing alternatives; writing about a narrator; writing about characters, writing an essay

Vocabulary: clothing; dreams and aspirations; emotions: negative; emotions: positive; musical instruments; office; people; personality; professions; school: university; sports; working conditions

Grammar: verbs: present, conditional, past, subjunctive, imperative; verbs: use of **conocer** and **saber; faltar; gastar** and **pasar; gustar; jugar** and **tocar;** verb conjugator

3. **La ventaja de ser mujer (o de ser hombre) en el mundo de hoy y algunas desventajas también** Piense un momento: ¿quién tiene mayor ventaja en el mundo de hoy, el hombre o la mujer? Escoja tres aspectos de la vida: el campo laboral, las relaciones amorosas, la familia, la universidad, las artes, la música, los viajes, la política, etcétera. Escriba un ensayo de tres párrafos sobre la ventaja que tiene la mujer (o el hombre) en esos tres aspectos de la vida actual. Use un párrafo para describir cada aspecto e incluya también algunas desventajas si le parece apropiado.

4. **Una comparación entre dos personajes cómicos** Escoja un personaje de una tira cómica conocida y haga una comparación de tres párrafos entre este personaje y Magola (de la Selección 4). En el primero, describa a Magola y en el segundo párrafo al otro personaje. Explique cómo son, quiénes son sus creadores, quiénes son los otros personajes importantes en las tiras, cómo pasan su tiempo y por qué son cómicas las situaciones. Luego, en el tercer párrafo, diga qué semejanzas y qué diferencias hay entre estos dos personajes y por qué les gustan a sus lectores.

Capítulo 4
Cuestiones éticas

Fotografía Digital Madrid

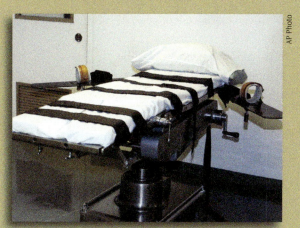
AP Photo

Este es el aparto que se usa cuando la pena de muerte se hace con inyección letal.

Uno de los episodios de la conquista de México se conoce como «la Noche Triste». Hernán Cortés se encontraba fuera de Tenochtitlán, dejando en su lugar a Pedro de Alvarado, quien es señalado como el culpable de la matanza que ocurrió.

Daniel Muzio/AP Photo

Las **Madres de la Plaza de Mayo,** una organización fundada por las madres de víctimas de la «guerra sucia», marcó su 30º aniversario la semana del 25 de abril de 2007.

Vocabulario preliminar

Antes de leer la Introducción, examine Ud. esta lista y haga los ejercicios de práctica. Luego, trate de usar el vocabulario de la lista durante su estudio del capítulo.

Personas, cosas y conceptos

angustia, la	desconsuelo, aflicción
monja, la	mujer religiosa dedicada al servicio de Dios y buenas obras
oncólogo(a), el (la)	doctor(a) que se especializa en el tratamiento del cáncer
padecimiento, el	enfermedad, sufrimiento
personal sanitario, el	personas asociadas con el cuidado médico y la salud
pulmón de acero, el	máquina que ayuda al individuo a respirar
soledad, la	estado de no tener compañía; tristeza y melancolía que se siente por la ausencia de alguna persona
voluntad, la	deseo, intención

Descripciones

clave	básico(a), fundamental
de supervivencia	para mantener la vida
estrechamente	fuertemente
irrenunciable	irrevocable
mellado(a)	dañado(a), estropeado(a)
propio(a)	que pertenece a una persona, que es su propiedad
rodeado(a)	que tiene personas o cosas a su alrededor
sometido(a)	subordinado(a) a la voluntad de otro individuo
vinculado(a)	unido(a), relacionado(a), atado(a)

Acciones

añadir	aumentar la cantidad o el volumen de algo
darse la vuelta	cambiar de dirección o de punto de vista
ensanchar	agrandar, extender
evitar	intentar evadir o escaparse de alguna situación
padecer	sufrir
postular	demandar, solicitar
procurar	tratar de, asegurar
reclamar	demandar, exigir
trazar	formular

A. Definiciones

Lea las definiciones que aparecen a continuación y busque una palabra o frase del vocabulario anterior que corresponda a cada definición.

1. estar bajo la influencia o dominio de otro _Sometido_
2. estado de mala salud _padecimiento_
3. la facultad de desear o no hacer una cosa _____
4. tratar de hacer algo _____
5. estar unido o relacionado con una persona o cosa _rodeado_
6. sin posibilidad de anularse o revocarse _____
7. hacer algo más grande o extenso _ensanchar_
8. temor o dolor opresivo que no tiene causa específica _____

B. Interpretaciones y selecciones

Use Ud. las pistas *(hints)* para escoger la palabra o frase más apropiada de las posibilidades presentadas. Ponga un círculo alrededor de su selección.

1. Soy un individuo que trata el cáncer. ¿Qué soy?
   a. personal sanitario   b. oncólogo(a)   c. pulmón de acero

2. Me siento triste y melancólica porque no tengo compañía. ¿Qué estoy experimentando?
   a. angustia   b. voluntad   c. soledad

3. Mi abuelo está muy anciano y enfermo. Su cerebro no funciona como debe. ¿En qué condición está su mente?
   a. mellada   b. rodeada   c. irrenunciable

4. Las Madres de la Plaza de Mayo _____ saber dónde están sus hijos.
   a. trazan   b. añaden   c. postulan

5. Muchos ancianos no desean morir. De hecho *(In fact)*, ¿qué quieren de la muerte?
   a. ensancharla   b. formularla   c. evitarla

6. Las personas que trabajan con los pacientes en un hospital se consideran _____.
   a. personal sanitario   b. personal diario   c. personal de supervivencia

7. La decisión sobre cuándo y dónde morir le pertenece a cada individuo. Por eso decimos que es una decisión _____.
   a. propia   b. clave   c. vinculada

8. Los científicos _____ vencer enfermedades como el cáncer.
   a. procuran   b. trazan   c. ensanchan

Introducción | La ética: Dos cuestiones difíciles pero relevantes

Antes de leer

Para abrir el tema ¿Qué es la ética? Con un(a) compañero(a), piensen en la pregunta anterior. ¿Tienen Uds. una definición que les satisfaga? ¿Creen Uds. que hay responsabilidad asociada con la ética? ¿Qué ha causado la polémica sobre el comportamiento ético?

Después de llegar a un acuerdo en cuanto a las preguntas presentadas, escriban las ideas que consideren importantes. Luego, entren a Internet y consulten el sitio mantenido por UNICEF (www.unicef.org), la organización de las Naciones Unidas que se encarga de la salud, educación, igualdad y protección para la infancia. ¿Han aprendido algo? ¿Han ensanchado sus conocimientos? ¿Han cambiado de opinión?

Leer

Cuestión Uno: La eutanasia

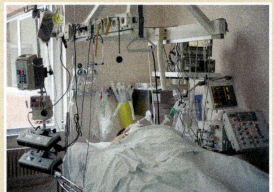

Louise Oligny/Photo Take

El derecho a morir con dignidad es una cuestión de suma importancia para muchos individuos.

Parte 1: ¿Derecho humano o decisión personal?

Dos de los derechos fundamentales que tiene todo ser humano son el de la vida y el de la liber-tad. Precisamente por este doble

¿Es vida o existencia? La necessidada de estar conestado a tantas aparatos para algunas personal es inconcebible.

derecho inalienable debemos preguntarnos si estamos procurando por la vida o prolongando innecesariamente la agonía, cuando el derecho a la vida está gravemente 10 afectado por unas condiciones de salud extremas e irreversibles, donde la existencia depende de medios extraordinarios como el de estar conectado a máquinas de supervivencia o sometido a estados vegetativos.

El término «eutanasia» fue empleado por primera vez por el filósofo y político Francis Bacon en el siglo XVII, refiriéndose al hecho de morir con dignidad. La prác- 15 tica de la eutanasia postula la dignidad que promueve morir rodeado de los seres que amamos, en la casa propia y no en la soledad de un hospital. El ejercicio de este derecho propone asumir y aceptar la muerte propia como un hecho natural. Una muerte digna es el derecho a finalizar voluntariamente, sin sufrimiento y evitando el de los demás, cuando la ciencia no nos puede ofrecer nada más. Alargar una vida 20 inútil prolonga la agonía del enfermo y la angustia de médicos, personal sanitario y familiares. La verdadera esencia de la cuestión, planteada desde el punto de vista moral, es si la reanimación o terapia de sostenimiento vital debe mantenerse por cuestiones éticas mal entendidas o por experimentos científicos, sean técnicos o farmacológicos. 25

El irrenunciable derecho a vivir lleva implícito el derecho a morir de las personas sometidas a enfermedades miserables o a estados inertes de actividad biológica. Tal vez la obligación moral de nuestra sociedad con los pacientes terminales no sólo debe consistir en retirar todo tipo de asistencia mecánica, sino también en ayudar a acelerar el proceso de la muerte a aquellos pacientes que así lo soliciten. Este es 30 el fin último de la eutanasia. El concepto de ayudar a morir dignamente debe ser entendido como el respeto a la persona en la elección de cuándo morir, en el caso de que la sentencia vital ya esté dictada. La eutanasia también incluye las acciones destinadas a minimizar los padecimientos finales. Que una sociedad sea avanzada en este aspecto dice mucho a favor de ella. 35

Debe asumirse sin reservas el derecho a no sufrir inútilmente y a ser informado de una situación extrema y terminal que nos permita renunciar a una no deseada prolongación de nuestra existencia, ambos derechos deben ser tenidos en cuenta por la sociedad a través del mundo. Resumamos con las palabras de Marco Aurelio[1] en su Libro III: «Una de las funciones más nobles de la razón consiste en saber si es o no, 40 tiempo de irse de este mundo».

[1] Marco Aurelio fue emperador del Imperio Romano desde 161 hasta 180, cuando murió. Fue el último de los llamados *Cinco Buenos Emperadores* y es considerado como una de las figuras más representativas de la filosofía estoica.

1. ¿Cierto o falso? Indique si las siguientes oraciones son ciertas o falsas, según el contenido de la lectura. Corrija las que sean falsas.

1. Dos de los derechos fundamentales del ser humano son el derecho a vivir y el derecho a morir con dignidad. *Falso*
2. La meta final de la eutanasia es retirar todo tipo de asistencia mecánica y ayudar a acelerarles el proceso de la muerte a los pacientes que lo soliciten. *Verdad*
3. Una muerte digna es el derecho a ponerle fin a la vida por voluntad propia para evitar el sufrimiento propio y el de los demás. *Verdad*
4. El primero en emplear el término *eutanasia* fue el emperador romano Marco Aurelio. *Falso*
5. El derecho a no sufrir inútilmente y a ser informado de una situación extrema y terminal le pertenece a cada individuo. *Verdad*

Parte 2: El debate sobre la eutanasia: ¿Tres caras de la misma cuestión?

Para muchos, cómo y cuándo morir es una decisión muy personal, en la cual ni el gobierno ni la sociedad deben tomar parte. Pero no es una decisión que se tome rápida o fácilmente o sin reflexión y consideración intensa y profunda. Hay muchos individuos para quienes la eutanasia es impensable. Para ellos, es una acción que se hace para ponerle fin a una mascota querida que está enferma, que sufre mucho   45
o cuya calidad de vida ha deteriorado a causa de una edad avanzada. Para otros, la eutanasia es una solución para terminar la vida de una persona incapaz ya de participar activamente en ella. Es una manera de darle descanso a un cuerpo que ya no siente y cuyo dueño ya no es la persona amada. Aquí se presentan a tres individuos cuyas historias muestran varios aspectos de este asunto tan difícil para la mayoría   50
de nosotros. Es posible que lo (la) convenzan a Ud. de cambiar de opinión o que, al contrario, apoyen y den validez a su punto de vista.

La **Dra. Sylvie Menard,** oncóloga, había sido partidaria de la eutanasia antes de descubrir que padecía de un tumor. Según ella, la mujer que ella había sido hasta ese momento murió cuando le informaron que el cáncer era incurable. ¡No podía ser verdad! Descubrió por sí misma que la gente reaccionaba a la palabra «cáncer» como si fuera una obscenidad inapropiada para mencionar en público. Además, se dio cuenta de que algunos temían tanto esa enfermedad que la trataban a ella como si tuviera algo contagioso. Al tomar la decisión de someterse a la quimioterapia estaba conciente que dejaba atrás su lugar entre

«los sanos». La especialista aprovechó esta oportunidad para vivir hasta el final. Anteriormente, la Dra. Menard había apoyado el concepto de "la dignidad de la vida". Al encontrarse al otro lado del asunto, se dio cuenta de que la sociedad piensa que depender por completo de otros es intolerable y una gran indignidad. Ya enferma, reconoció que no hay nada indigno en depender totalmente de los demás; ¡lo indigno es no ver en ello la dignidad!

Eluana Englaro, una italiana llevaba casi 16 años en coma vegetativo como resultado de un accidente automovílistico. El 13 de noviembre de 2008 el padre de ella recibió la autorización definitiva por parte de la Justicia italiana para desconectarla del sistema de alimentación artificial. Sin embargo, las monjas que la cuidaban en la clínica donde estaba internada ofrecieron cuidarla sin pedir ninguna remuneración porque las monjas consideraban que la paciente estaba viva. El caso de Eluana encendió un debate político en Italia entre los partidarios de dejar de alimentarla para así responder a los deseos del padre y los que se oponían, porque el acto abandonaría a Eluana a una muerte por debilidad. Aunque el Vaticano expresó su oposición a la interrupción de la alimentación, declarando que esa acción era un acto de homicidio, el padre de Eluana expresó que darle a alguien el poder de poner fin a un tratamiento (la alimentación forzada) es muy justo y no puede compararse de ninguna manera con un acto de homicidio.

La vida y muerte de **Ramón Sampedro** se trató en la película española, *Mar adentro,* la cual ganó el Oscar otorgado por la academia cinematográfica por la «Mejor película extranjera» del año 2004. Sampedro era un pescador que a los 25 años había sufrido un accidente debido al cual quedó paralizado para siempre de la cabeza para abajo. Fue el resultado de haberse tirado al mar desde una roca en un día de marea baja. Pasó 29 largos años postrado en cama. Su parálisis lo convirtió en un vigoroso defensor de la eutanasia. Su razonamiento se basaba en el hecho de que estaba seguro en su decisión de morir. Sin embargo, por su parálisis no podía suicidarse sin la ayuda de otros. Siete años después de la muerte de Sampedro, su amiga íntima, Ramona Maneiro, confesó que había sido ella quien lo había ayudado a morir. Sampedro tomó cianuro diluido en agua, y fue Maneiro la que le entregó el líquido en un vaso con una pajilla. Sampedro murió frente a una cámara video para que nadie quedara incriminado y para que el mundo supiera que había sido su propia decisión. En 1994 había declarado que el cerebro era la única parte de su cuerpo que todavía estaba viva; que era una cabeza viva atada a un cuerpo muerto. Durante su vida publicó *Cartas desde el infierno*, obra donde reflexionaba sobre la muerte, la existencia, el amor, el poder y la religión. También publicó una colección de poemas titulado *Cuando yo caiga*. Ramón Sampedro fue el primer español en reclamar el derecho a la eutanasia.

2. ¿Qué comprendió Ud.? Conteste las siguientes preguntas, basándose en la lectura anterior.

1. ¿Por qué cambió de opinión la Dra. Menard sobre la eutanasia?
2. ¿Cómo percibía la oncóloga las reacciones de otras personas cuando se encontraban frente a alguien que sufría de cáncer?
3. ¿A qué se debía el estado vegetativo de Eluana Englari?
4. ¿Qué debate surgió en Italia acerca de la situación de Eluana?
5. ¿Quién fue Ramón Sampedro?
6. ¿Por qué es este hombre tan conocido por el mundo?
7. ¿Qué relación hay entre los casos de Sampedro y Menard?

Después de leer

 3. ¿Qué opinan Uds.? Con un(a) compañero(a), hablen para ver si Uds. tienen la misma perspectiva respecto al derecho a morir. Luego, juntos(as) hagan una lista de las razones que la persona de cada caso da para justificar su perspectiva sobre la eutanasia. ¿Con quién(es) están Uds. de acuerdo? ¿Tienen Uds. las mismas razones que explican las personas involucradas? ¿Creen que cambiarían de opinión si Uds. mismos estuvieran en la situación de la Dra. Menard o Ramón Sampedro? ¿Qué harían Uds. si un familiar o ser querido estuviera en un estado semejante al de Eluana? Estén preparados(as) para presentarles sus opiniones a los demás.

 4. Mini-debates Ahora que todos han completado sus discusiones, es hora de debatir la validez de la eutanasia versus uno de los derechos humanos considerado inalienable: el derecho a la vida. Pónganse en grupos de tres o cuatro, según la perspectiva y las razones que tienen en común y preparen la información en forma lógica para debatir con los compañeros que no estén de acuerdo con Uds.

Cuestión Dos: La adopción por parejas del mismo sexo

a pesar de

Una lesbiana logra adoptar pese al° veto de un juez

juez; posponer; proce-dimiento, proceso

La mujer se querelló[1] contra el magistrado° Ferrín Calamita por retrasar° el trámite°.

persona con quien está casada

El Juzgado de Primera Instancia número 9 de Murcia[2] ha permitido a la mujer lesbiana que se querelló contra el juez Ferrín Calamita adoptar a la hija de su pareja°. Vanesa de las Heras solicitó en mayo de 2006 la adopción de la niña que su esposa, Susana Meseguer, había tenido tres meses antes. La ley de matrimonios entre perso-

protege, acepta

nas del mismo sexo[3] acoge° esta posibilidad, que se suele solucionar con un trámite   5
rutinario en el Registro Civil.

toparon... se encontraron con; retardado, demorado

    Pero Vanesa y Susana toparon con° el juez conservador Ferrín Calamita, gracias al cual el procedimiento se ha dilatado° hasta ahora. El retraso le ha valido a Calamita una querella por parte de Vanesa. Como consecuencia, el Consejo General del Poder

sancionado, censurado

Judicial decidió suspender al juez, a quien ya habían expedientado° en otra ocasión   10

documento, acta; desaprobó, rechazó

por haber hecho uso de «expresiones extravagantes» en un auto° en el que denegó° la custodia de dos hijas a una madre por la supuesta homosexualidad de ésta.

Madre apta para adoptar

El juez que ha sustituido a Calamita al frente del Juzgado de Primera Instancia número 9 de Murcia considera que Vanesa de las Heras, bióloga en un hospital de Murcia y casada con Susana Meseguer un año antes de que naciera la niña, reúne los   15
«requisitos de capacidad» que establece el Código Civil. Según el juez, «la documen-

presentada

tación aportada° y los informes efectuados han acreditado que la relación personal

adopter; adoptee; paterno... familiar, entre padre/madre e hijo/hija

existente entre adoptante° y adoptado° es la propia de la relación paterno filial°».

carried; womb

    La pareja contrajo matrimonio un año antes de que naciera la niña. Gracias a la aprobación de la ley del matrimonio homosexual, juntas decidieron que querían   20
tener un bebé, y aunque fue Susana quien la albergó° en su vientre°, desde el principio la niña fue hija de ambas, explica Susana Meseguer.

great-grandmother

    «Estamos muy contentas. Han sido dos años muy dolorosos para toda la familia, ésta no fue una batalla sólo nuestra. Mi abuela y mi bisabuela° estaban muy preocupadas. Nos sentimos totalmente desprotegidas, pero al fin hemos conseguido que se   25
reconozca nuestro derecho», explica Susana.

---

[1] Una querella es un acto formal y escrito que una persona directamente ofendida o su representante legítimo presenta ante el juez y que implica la petición o permiso expreso de investigar y perseguir al responsable del crimen o de la infracción.

[2] Murcia es una ciudad, capital de la municipalidad del mismo nombre y de la región de Murcia, España. Está situada en el sureste de la Península Ibérica, a orillas del río Segura. Murcia ocupa el 7° puesto en la lista de municipios de España por población.

[3] En España, la ley 13/2005 modificó el Código Civil en cuanto al derecho a contraer matrimonio. Ahora se permite que haya matrimonio entre personas del mismo o distinto sexo y que haya igualdad respecto a todos los derechos y obligaciones, sin que su composición tenga importancia. En consecuencia, todos los matrimonios serán iguales en todos los ámbitos, inclusive en el ámbito del registro civil.

Más de sesenta estudios e informes sostienen que la adopción de menores por parte de parejas homosexuales no perjudica a los adoptados. Por otro lado, hay muchas personas que creen que todo niño tiene el derecho de tener padre y madre para que pueda tomar al padre o la madre como modelo según desee.

La pareja pronto podrá normalizar la situación de su hija. Entre otras cosas, las tres chicas podrán tener un único libro de familia[4]. La imposibilidad de que Vanesa adoptara a la niña, hizo que el matrimonio tuviera un libro de familia y Susana tuviera que dar de alta° otro para ella y la niña tras dar a luz°. Susana explica que el 30 juez Calamita incluso aseguró que ella no era capaz de decidir qué era lo mejor para su hija. «No tengo rencor°», asegura.

Susana explica que cuando Vanesa adopte a su hija, ésta estará más protegida. «Imagínate, si me llega a pasar algo a mí, ¿qué hubiera sido de la niña?», razona Susana, que pone como ejemplo que Vanesa no pudo llevar a la bebé a hacerle unos 35 análisis porque legalmente no era familia de la menor. «A todo tengo que ir yo», explica.

Resuelto el escollo° para que la justicia reconozca la familia que son, Vanesa y Susana esperan sin prisas que se ponga fecha al juicio derivado de la querella que interpusieron contra el juez Ferrín Calamita por haber retrasado «de forma mali- 40 ciosa» su expediente° de adopción.

register; **dar...** *give birth*

odio, resentimiento

obstáculo

certificación, documento

---

[4] El libro de familia es un documento donde se inscriben el matrimonio, los nacimientos de los hijos comunes, las defunciones, las separaciones, los divorcios y, en este caso, el régimen económico pactado. Pueden solicitarlo las personas que están casadas o las que tienen hijos, sin que importe su estado civil *(marital status).*

5. ¿Qué comprendió Ud.? Conteste las siguientes preguntas sobre el caso de Vanesa y Susana.

1. ¿Por qué se presentó Vanesa frente al magistrado?
2. ¿Por qué se quejó Vanesa del juez?
3. ¿Qué otros actos había cometido Ferrín Calamita anteriormente que demuestran su prejuicio en contra de la homosexualidad?
4. ¿Cuál es la profesión de Vanesa? ¿Es importante cómo se gana la vida?
5. ¿Por qué considera Susana importante la decisión del juez que decidió a favor de Vanesa?

Después de leer

6. ¿Qué harían Uds.? Con un(a) compañero(a), pónganse en el lugar de Vanesa y Susana frente al juez Calamita, o de cualquier pareja homosexual en una situación semejante. Hablen de cómo resolverían su dilema. ¿Creen que algunas personas preferirían tener un padre y una madre en vez de dos padres del miso sexo? ¿Por qué sí o no?¿Algunos afirman que crecer en una casa con un modelo masculino y otro femenino prepara vivir en el mundo adulto. ¿Qué piensan de este argumento?

7. Mini-debates Pónganse en grupos de tres o cuatro y escojan [quizás con la ayuda de su profesor(a)] uno de los siguientes temas. Decidan si están a favor o en contra de la cuestión y preparen su(s) argumento(s). Consulten sitios en Internet o libros y artículos en la biblioteca para apoyar su punto de vista.

1. Los *gays* y las lesbianas tienen derecho a adoptar bebés en todo el mundo.
2. El juez Calamita tiene razón porque la nueva ley no es automáticamente vigente (válida) en su tribunal.
3. Vanesa no debería haber presentado una querella en contra del juez; es necesario respetar la decisión del juez.
4. El juez que ha sustituido a Calamita no tiene el derecho a revocar la decisión de su colega.

Selección 1   El diecinueve: ¿Justicia o violación de derechos humanos?

Antes de leer

Para abrir el tema El Estado contra el individuo. Represión. Muerte. Los años pasan, pero los conflictos humanos se repiten. En las décadas de los setenta y los ochenta del siglo XX, Argentina, Chile y Uruguay fueron gobernados por juntas militares muy represivas que emplearon la tortura y el asesinato para eliminar cualquier oposición. La represión llegó a influir en todo, hasta en el lenguaje, pues el verbo «desaparecer» se convirtió en un verbo transitivo[1]. El gobierno «desaparecía» a muchas personas, usando distintos métodos. Un método común fue llevarlas en avión y «desaparecerlas», empujándolas por la puerta sin paracaídas. Afortunadamente, estos actos terminaron y los países mencionados volvieron a la democracia.

Con un(a) compañero(a), contesten estas preguntas.

1. ¿Qué creen Uds. que debe pasar después de que las juntas militares pierden el poder?
2. ¿Es posible llevar a todos los culpables a la justicia en estas situaciones?
3. ¿Es necesario implementar la amnistía, olvidarse del pasado y buscar la paz?

Después de que cada uno explique su punto de vista y escuche la perspectiva del (de la) compañero(a), traten de ver la otra cara de la moneda. Es posible que su profesor(a) les pida debatir el tema.

En el patio del Museo Nacional de Guatemala se encuentra la escultura de dos manos que representan los dos partidos que firmaron el tratado de paz en 1996 que le puso fin a la guerra civil. Cada día, un(a) ciudadano(a) es escogido(a) para colocar entre las dos manos una rosa blanca fresca que representa la paz.

[1] Un verbo transitivo es uno que requiere un complemento directo; por ejemplo: «El gobierno desapareció **a los prisioneros**». Antes de esa época, se habría dicho, «El gobierno hizo desaparecer a muchas personas» o «Muchas personas desaparecieron».

Marzo 2000. El nuevo presidente de Uruguay, Jorge Batlle, saluda y da las gracias a unas mujeres que lo eligieron.

1-1. Vocabulario: Busque el sinónimo Use Ud. su conocimiento de español o su intuición para identificar el sinónimo (o breve definición) de cada una de las palabras del cuento.

Palabras del cuento		Lista de sinónimos
1. aflojarse	_____relajarse_____	prisionero
2. coraje	_____	volver a la vida
3. disparates	_____	relajarse
4. espectro	_____	entrar
5. fallecer	_____	valor
6. ingresar	_____	decir que no
7. mar	_____	morir
8. negarse	_____	fantasma
9. preso	_____	océano
10. resucitar	_____	ideas ridículas

1-2. Anticipar el contenido La mayor parte del cuento se desarrolla alrededor del diálogo. Es de notar que la manera más típica de mostrar diálogo en español es con el uso de guiones [—] en vez de comillas [« »]. Écheles un vistazo a las líneas 1–9 y busque la siguiente información.

1. La identidad de los dos hombres que conversan. ¿Sabemos cómo se llaman?
2. ¿Por qué cree Ud. que los presenta así el autor?
3. ¿Qué opina Ud.?¿Cuál es su predicción sobre el fin del cuento? ¿Cree Ud. que va a terminar en violencia, en perdón o en amistad?

Leer

El diecinueve

Mario Benedetti[1]

  —¿Capitán Farías?
  —Sí.
  —¿No se acuerda de mí?
  —Francamente no.
  —¿No le dice nada el número 19?   5
  —¿Diecinueve?
prisionero —El preso° 19.
  —Ah.
  —¿Recuerda ahora?

[1] Mario Benedetti es uno de los más conocidos poetas y cuentistas de Uruguay. Este cuento es de *El buzón del tiempo*, una colección de cuentos publicada en 1999.

—Eran tantos. 10

—No siempre. En el avión éramos pocos.

—Pero usted...

—¿Estoy oficialmente muerto?

—No dije eso.

—Pero lo piensa. Para su información le diré que no soy un espectro. Como 15
puede comprobarlo°, estoy vivo.

confirmarlo, verificarlo

—No entiendo nada.

—Sí, es difícil de entender. Y sepa que no le voy a contar cómo sobreviví. Parece
imposible ¿verdad? Ustedes trabajaban a conciencia°, y con todas las garantías. Pero
un vuelo es un vuelo y el mar es el mar. En el mundo hay varios mares, pero en el 20
mar hay varios mundos.

a... con dedicación

—No me venga con disparates°. Esto no puede ser.

locuras

—Sí que puede.

—¿A qué° vino? ¿Qué quiere?

A... Por qué

Farías estaba recostado° en el cerco° de su jardincito. El 19 estaba de pie, apenas 25
a un metro de distancia.

apoyado, inclinado; fence

—Nada en especial. Sólo quería que me viera. Pensé: de pronto le quito un peso
de la conciencia°. Un muerto menos, ¿qué le parece? Aunque deben quedarle algunos otros que aún no contrajeron el vicio de resucitar.

le... I'll take a weight off his conscience

—¿Es dinero lo que pretende°? 30

intenta, busca, quiere

—No, no es dinero.

—Entonces ¿qué?

—Conocer a su familia. Por ejemplo a su señora, que justamente es de Tucumán
como yo. Y también a los chicos.

—Eso nunca. 35

—¿Por qué no? No voy a contarles nada.

—Oiga, no me fuerce asumir una actitud violenta. Ni a usted ni a mí nos haría
bien.

—¿A mí por qué? Nada hay más violento que ingresar al mar como yo ingresé.

—Le digo que no me obligue. 40

1-3. Comprensión e interpretación Conteste las siguientes preguntas según el contenido del cuento y lo que Ud. puede inferir de su lectura.

1. ¿Por qué no recuerda el capitán Farías al 19?
2. ¿Cómo le explica el 19 su escape a Farías?
3. ¿Para qué vino el 19 a la casa de Farías? ¿Qué es lo que busca?
4. Según lo que Ud. ha leído, ¿quiénes son estos dos hombres? ¿Cómo se conocieron?

—Nadie le obliga. Eso que hizo antes, hace ya tantos años, ¿fue por obligación, por disciplina o adhesión° espontánea?

aprobación

—No tengo que dar explicaciones. Ni a usted ni a nadie.

—Personalmente no las necesito. Lo hizo por una razón no tan extraña: no tuvo cojones° para negarse. 45

balls (expresión vulgar que significa «valentía»)

—Qué fácil es decirlo cuando los cojones son de otro.

—Vaya, vaya. Una buena frase. Lo reconozco.

El otro se aflojó un poco. Se le notó sobre todo en la tensión del cuello.

hogar... home sweet home (ironía); *los...* su familia; *lo...* nuestro secreto

—¿No me va a hacer entrar en su hogar dulce hogar°? Ya le dije que a los suyos° no les contaré «lo nuestro°», y yo suelo cumplir lo que prometo. 50

Por primera vez, Farías lo miró con cierta alarma. Algo vio en los ojos del 19.

—Bueno, venga.

expresión, acción; valentía

—Así me gusta. No se me oculta que este gesto° suyo incluye algo de coraje°.

De pronto, el 19 se encontró en un living, sencillo, arreglado con modestia pero también con mal gusto°. 55

con... in bad taste

Farías llamó: «¡Elvira!» Y Elvira apareció. Una mujer con cierto atractivo, todavía joven.

turbado, desconcertado; persona de la misma región

—Este amigo— dijo Farías más o menos atragantado°—es coterráneo° tuyo.

—¿Ah sí?—la mirada de la mujer se alegró un poco.

—¿Es de Tucumán? 60

—Sí, señora.

—¿Y de dónde se conocen?

—Bueno—dijo Farías,—hace mucho que no nos veíamos.

—Sí, unos cuantos años—, dijo el 19.

bueyes... one thing and another; lit.: oxen lost and then found; repartió... besó a todos los niños (siguió la costumbre hispana para saludar)

Hablaron un rato de bueyes perdidos y encontrados°. Entraron los niños. El 19 65 repartió besos°, les hizo las preguntas rituales.

—¿Usted es casado?—preguntó ella.

hombre cuya esposa ha muerto y no ha vuelto a casarse
Se... *She drowned*

—Viudo°.

—Caramba, lo siento.

—Hace cinco años que falleció mi mujer. Se ahogó°. 70

—¡Qué terrible! ¿En la playa?

—Cerca de una playa.

1-4. Comprensión e interpretación

1. ¿Cómo explica el capitán Farías sus acciones de hace tantos años? ¿Qué explicación da el 19?

2. ¿Qué le promete el 19 a Farías para poder entrar y conocer a su familia?

3. ¿Cómo es la mujer de Farías? ¿Cómo trata ella al 19?

4. ¿Qué información comparte el 19 acerca de su familia? ¿Cree Ud. que el 19 dice la verdad de cómo murió su esposa?

frío, incómodo; manera de romper el silencio; tareas de la escuela

Siguió un silencio helado°. Farías encontró una salida°.

—¡Vamos chicos! A hacer los deberes°, que ya es tarde.

—Y usted ¿vive solo?—preguntó Elvira. 75

—Sí, claro.

No le preguntó si tenía hijos, temiendo que también se hubieran muerto.

Con un movimiento casi mecánico, sólo por hacer algo, el 19 se sacudió con la

se... *he dusted off the cuffs of his pants with his hand*

mano los bajos del pantalón°.

—Bueno, no quiero molestarlos. Además, tengo que estar en Plaza Italia a las 80 siete.

oprimir, coger fuertemente; *cheek*

Cuando el 19 apretó° la mano de Elvira, tuvo una sensación extraña. Entonces ella se acercó más y lo besó en la mejilla°.

lo... lo que le pasó a

—Siento mucho lo de° su esposa.

a... *ready to explode*

—¡Vamos!—dijo Farías, a punto de estallar°. 85

—Sí, vamos—apoyó con calma el 19.

reja, *gate*

El dueño de casa lo acompañó hasta la verja°. Allí miró fijamente al 19, y de

sin... *without any warning*; empezó; lágrimas

pronto, sin que nada lo hubiera anunciado°, rompió° a llorar. Era un llanto° incontenible, convulsivo. El 19 no sabía qué hacer. Ese diluvio no figuraba en su programa. 90

hablándole informalmente, pasando de «usted» a *vos*, otra forma de segunda persona singular informal, equivalente a «tú»; Eres

De pronto el llanto cesó bruscamente, y Farías dijo, casi a gritos, tuteándolo°:

—¡Sos° un fantasma! ¡Un fantasma! ¡Eso es lo que sos!

El 19 sonrió, comprensivo, dispuesto a hacer concesiones. Y también se incorporó al tuteo.

—Por supuesto, muchacho. Soy un fantasma. Al fin me has convencido. Ahora 95

límpiate... *wipe your nose*; ve *(go)*; *shoulder*

límpiate los mocos° y andá° a llorar en el hombro° de tu mujercita. Pero a ella no le digas que soy un fantasma, porque no te lo va a creer.

1-5. Comprensión e interpretación

1. ¿Cómo se despidió Elvira del 19? ¿Por qué?
2. ¿Qué hizo el capitán al acompañar afuera a su invitado? ¿Qué le gritó después?
3. Al final, ¿cómo le responde el 19 al capitán Farías, con compasión, con amistad o con un insulto?

Después de leer

1-6. Opiniones Con un(a) compañero(a), háganse las siguientes preguntas. ¿Han llegado a las mismas conclusiones?

1. ¿Cómo sabe el preso 19 que la esposa de Farías es, como él mismo, de la ciudad de Tucumán?
2. Para ti, ¿quién es realmente el preso 19? ¿Es un fantasma o es real? Explica.
3. ¿Por qué fue a visitar a Farías el 19? Al fin, ¿obtuvo él lo que quería?
4. En tu opinión, ¿por qué habrá escrito este cuento Benedetti?

1-7. En el teatro El cuento «El diecinueve» contiene mucho diálogo. Por eso es fácil imaginarlo como una presentación de teatro. Trabajando en grupos, preparen una de las siguientes partes del cuento como escena para presentarla a la clase. Una persona del grupo es el (la) director(a) y tiene la responsabilidad de repartir los papeles *(roles)*, servir como narrador(a) y arreglar el vestuario (ropa), los accesorios *(props)* y los efectos sonoros. Primero, hablen sobre qué emociones se expresan en la escena. Luego, ensayen *(rehearse)*. Aunque los actores pueden usar el libro, tienen que aprender el papel para poder pronunciar bien las palabras, usar los gestos correctos y expresar las emociones apropiadas. El (La) director(a) los ayudará.

Escena 1: El encuentro (líneas 1–24)
Tres personas: el (la) narrador(a) (que presenta a los actores, explica un poco la acción o el ambiente y lee todo lo que no es diálogo), el 19 y el capitán

Escena 2: La visita (líneas 25–79)
Cuatro a seis personas: el (la) narrador(a), el 19, el capitán, Elvira y posiblemente unos niños. (Éstos tendrán que inventar sus palabras y gestos.)

Escena 3: La despedida (líneas 80–97)
Cuatro personas: el (la) narrador(a), el 19, Elvira y el capitán

1-8. Uds. son el jurado: ¿Quiénes son los culpables? La clase se divide en tres grupos. Cada grupo hace el papel de jurado *(jury)* en uno de los siguientes juicios *(trials)*. Traten del caso hasta llegar a una decisión unánime. Luego, preparen una declaración que explique la decisión y léansela a la clase.

1. Los soldados que obedecieron órdenes de sus comandantes Durante diez años de un gobierno represivo, los soldados y policías «desaparecían» (y a veces torturaban) a miles de personas. Ahora las familias de las víctimas exigen justicia: ¡Que los culpables vayan a la cárcel y que el gobierno les diga la verdad! Sin embargo, algunos representantes del gobierno mantienen que es necesario declarar una amnistía. «Ahora es imposible probar qué pasó. Empezar investigaciones podría provocar problemas y hasta violencia. Además, muchos soldados y policías eran muy jóvenes y no tenían opciones.» Dice uno: «Era torturar o ser torturado. No me atrevía a negarme a las órdenes de mi comandante».

¿Quiénes son los culpables? ¿Debe castigarse a los soldados y policías que obedecieron las órdenes dadas, o a los oficiales más altos que dieron las órdenes, o es mejor la amnistía?

2. ¿Arte comprado o arte robado? En muchos museos del mundo se exhiben artefactos de diversas culturas que fueron conseguidos por exploradores, coleccionistas y antropólogos. Ahora, un grupo indígena pide que se le devuelvan todas las estatuas y alfarería *(pottery)* de su cultura que se encuentran en los museos. Dicen que son cosas sagradas y que ellos mismos pueden construir un museo para mostrarlas. La administración de los museos mantiene que se compraron esos artefactos de buena fe y que les pertenecen a los museos. Además, si no los hubiera comprado el museo, estarían perdidos o desconocidos.

¿Quién tiene razón? ¿Son estos artefactos cosas compradas o cosas robadas? ¿Qué se debe hacer con las obras ahora? ¿Se deben devolver o vender a los países donde se originaron? Y si ese país no tiene el dinero para conservar las obras de manera apropiada, ¿qué ocurrirá?

3. Un caso de abuso Un grupo de trescientos ex alumnos de una escuela han llevado un pleito *(lawsuit)* contra la organización caritativa *(charitable)* que administraba la escuela, pidiendo millones de dólares de indemnización. En cinco casos hay pruebas de que hace treinta años hubo abuso sexual y físico de los alumnos. En los otros casos es cuestión de la palabra del ex alumno contra la de los profesores, varios de los cuales ya han muerto. La organización caritativa mantiene que esos cinco casos eran la excepción, no la norma. Además, dicen que la organización no sabía que los abusos estuvieran ocurriendo. Si tienen que pagarles dinero a todos, ya no podrán seguir haciendo las numerosas obras buenas que hacen. Los ex alumnos indican que la organización sí sabía lo que ocurría pero no hizo caso y ocultó del público lo que pasaba.

¿A quiénes debe pagar la administración de la escuela? ¿Tienen los administradores de hoy la culpa de lo que hicieron otros hace treinta años?

1-9. Comentario sobre el dibujo Mire el mural que sigue, el cual representa los sentimientos de los familiares de los «desaparecidos» en Argentina. Sin embargo, podría haber sido pintado en Chile, Guatemala o Nicaragua durante el siglo XX. Escriba un ensayo de dos o tres párrafos sobre los sentimientos que despierta en Ud. este gráfico y cómo se relaciona a la lectura que acaba de terminar.

Murales de la Memoria, foto de Rubén Romani. Murales populares en paredes del ex Ferrocarril San Martín, Calle Perú, Mendoza, Argentina

Éste es uno de los murales destinados a recordar a los desaparecidos de la dictadura que dominó Argentina entre 1976 y 1983. Los murales dedicados a la vigencia de la memoria de los crímenes de la dictadura argentina son un potente e imaginativo acto para despertar al ciudadano que busca la reconstrucción de una memoria y de la historia colectiva.

Selección 2 El preso número nueve

Antes de escuchar

Para abrir el tema La cuestión del castigo *(punishment)* apropiado para el crimen de homicidio es uno de los temas más debatidos en Estados Unidos y alrededor del mundo «civilizado». Muchos se refieren al Código de Hammurabi[1], origen de la muy conocida frase «ojo por ojo, diente por diente», para expresar su apoyo a la pena de muerte *(death penalty)*. Los que favorecen el castigo de encarcelamiento en cadena perpetua *(life in prison without parole)* citan el hecho de que nadie, ni siquiera el gobierno, tiene el derecho de quitarle la vida a otra persona. ¿Cuál es su punto de vista en cuanto a este asunto *(matter)*?

Trabajando solo(a) o con compañero(s), considére(n)se miembro(s) del jurado *(jury)* que está deliberando el castigo de un individuo que ya ha encontrado culpable de haber matado a una mujer. Use(n) la siguiente lista como guía para llegar a una decisión apropiada *(proper)*.

1. ¿Qué circunstancias justifican la pena de muerte?
2. ¿Por qué sería mejor condenar al hombre a estar en la cárcel en cadena perpetua?
3. ¿Hay otras opciones? ¿Cuáles son?
4. Explique(n) el razonamiento usado para llegar a su decisión.

2-1. Vocabulario: ¿Cuál es mi sinónimo? Lea la letra de la canción «El preso número nueve», prestando atención a las palabras que no conozca. Luego lea la siguiente lista de sinónimos de las palabras o expresiones que aparecen en negrilla en el párrafo que está a continuación. Vuelva a escribir el párrafo, empleando el sinónimo apropiado. ¡Ojo! Hay más posibilidades que palabras y expresiones en negrilla. También es necesario poner el verbo en la forma apropiada, según el contexto.

asesinar	camino a	su choza
justo	orar	la pared alta
el prisionero	quemar	el sacerdote
a la salida del sol	sentirse mal por	soportar

(1) **El preso** está listo para confesar. Por eso (2) **está rezando** con (3) **el cura** en la cárcel. Las autoridades van a quitarle la vida (4) **al amanecer**. El hombre confiesa que no (5) **se arrepiente de** su crimen. Antes de cometer el crimen, el preso era un hombre (6) **cabal**. (7) **Rumbo a** (8) **su jacal**, vio a su mujer abrazando a otro hombre. Los (9) **mató** porque no pudo (10) **aguantar** el odio que sintió en ese momento.

---

[1] El Código de Hammurabi, creado en el año 1760 a. C. es uno de los primeros conjuntos de leyes que se han encontrado y uno de los ejemplos mejor conservados de este tipo de documento de la antigua Mesopotamia.

Escuchar

2-2. Estrategia para escuchar: Prestar atención a los cognados La canción que Joan Báez cantó hace más de cincuenta años, trata un tema muy serio en la sociedad de hoy. Para muchas personas, cualquiera que sea su punto de vista, es una cuestión ética que les causa gran problema. Al escuchar la canción, préstéles atención a las palabras cognadas para comprenderla más fácilmente.

La pena de muerte: ¿Castigo ético y apropiado?
El preso número nueve

Tradicional; Interpretado por Joan Báez[1]

prisionero

praying; cuarto en una cárcel o prisión; sacerdote, clérigo; prisión, cárcel; madrugada, el comienzo del día; **han...** deben; su esposa, su pareja; **vuelvo...** nazco otra vez Cura;**me...** me siento mal, me aflijo; **el...** Dios **al...** después de la muerte, en la eternidad

justo, honrado, recto

combate, reto, pelea; casa humilde, choza

quemó; seno; odio, resentimiento; tolerar, soportar; trompeta, corneta; escuadra, patrulla; **rumbo...** camino a; pared alta y gruesa, muro

Al preso° número nueve, ya lo van a confesar
está rezando° en la celda° con el cura° del penal°
porque ante este amanecer°, la vida le han de° quitar
porque mató a su mujer° y un amigo desleal
Dice, así, al confesar «los maté, sí señor   5
y si yo vuelvo a nacer°, yo los vuelvo a matar.

Padre° no me arrepiento°, ni me da miedo la eternidad
yo sé que allá en el cielo el ser supremo° nos juzgará
voy a seguir sus pasos, voy a buscarlos al más allá°.
ay. yayayayayyyyy   10

El preso número nueve era un hombre muy cabal°
iba él la noche del duelo°, muy contento a su jacal°
pero al mirar a su amor, en brazos de su rival,
ardió° en su pecho° el rencor° y no se pudo aguantar°.
Al sonar el clarín°, se formó el pelotón°   15
y rumbo al° paredón°, se oye al preso decir:

Padre no me arrepiento, ni me da miedo la eternidad
yo sé que allá en el cielo el ser supremo nos juzgará
voy a seguir sus pasos, voy a buscarlos al más allá.
ay. yayayayayyyyyy yaay   20

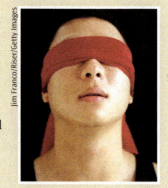

Jim Franco/Riser/Getty Images

---

[1] Joan Báez es una cantante de música folklórica estadounidense. Fue figura clave del movimiento de la canción de protesta en Estados Unidos durante la década de 1960. Su fama ha estado muy vinculada a su activismo político, el cual le ha valido algunas estancias en la cárcel. Aunque su figura ha ido perdiendo actualidad, ha sabido mantener su carácter y popularidad.

Después de escuchar

2-3. Comprensión: ¿Qué recuerda? Conteste las preguntas según la letra de la canción que ha escuchado.

1. ¿Qué está haciendo el preso al comenzar la canción?
2. ¿Dónde está el prisionero en ese momento?
3. ¿Quién lo acompaña?
4. ¿Qué crimen cometió el prisionero?
5. ¿Por qué cometió el crimen?
6. ¿Qué emoción siente en cuanto a su crimen?
7. ¿Cómo era el preso antes de cometer el crimen?
8. Según el preso, ¿quién va a juzgarlos a él y a las personas a quienes mató?
9. ¿Dónde va el hombre a encontrar a sus víctimas?
10. ¿Cuál es el castigo del hombre?

 2-4. Uds. son los jueces Con un(a) compañero(a), comenten la historia que cuenta la letra de la canción. Usen las preguntas siguientes para organizar sus ideas.

1. ¿Tenía el hombre una razón para justificar sus acciones? ¿Habrían hecho Uds. lo mismo en las mismas circunstancias? Expliquen.
2. ¿Merecían *(Did they deserve)* las víctimas el fin que sufrieron?
3. ¿Pueden Uds. justificar la actitud y los sentimientos del preso ante lo que hizo?
4. ¿Es el castigo del hombre apropiado al crimen que cometió? ¿Podrían Uds. llevarlo a cabo *(carry it out)*?
5. Si Uds. fueran los (las) jueces (juezas) en este caso, ¿qué castigo le impondrían al criminal? Expliquen sus razones.

2-5. Escríbale una carta al tribunal Ud. acaba de leer el caso de «El preso número nueve» en el periódico y también ha escuchado una entrevista con el preso durante el cual él pidió que el público escribiera cartas al tribunal pidiéndole clemencia. Según su propia conciencia, escríbale al tribunal una carta para sugerir otro castigo, si Ud. está en contra de la pena de muerte, o para apoyar la decisión tomada, si está a favor del castigo.

¿Qué les parece?

E l tratamiento de prisioneros ha recibido mucha atención recientemente, especialmente el que está relacionado con los presos en Irak y en la base en Guantánamo, Cuba. Mire con cuidado las dos fotografías que siguen y anote sus reacciones ante las imágenes del comportamiento con su prójimo *(fellow man)* del que el hombre es capaz. Luego comparta lo que sintió y pensó al verlas, con las reacciones de sus compañeros de clase. ¿Tienen reacciones semejantes? ¿Qué diferencias hay? ¿A qué cree Ud. que se deben éstas? ¿Hay alguna relación entre el contenido de la canción y las fotografías?

En la base naval de Guantánamo

Esta imagen muestra el la llegada de un prisioneros de Afganistán a la base naval de Guantánamo. Del 2002 al 2005 más de 700 prisioneros fueron llevados en vuelos secretos de la CIA estadounidense a la prisión establecida para ellos en la base. El Presidente Obama prometió cerrar la prisión como uno de sus primeros actos.

En la prisión de Abu Ghraib, Irak

Tomado en la cárcel de Abu Ghraib, la imagen documenta el trato denigrante dado a prisioneros iraquíes por los militares estadounidenses.

Selección 3   La clonación humana: ¿Realidad o ciencia ficción?

Antes de leer

Para abrir el tema Alberto Vázquez Figueroa, Aldous Huxley, Woody Allen, *Los niños del Brasil, Las copias, El tercer gemelo.* ¿Reconoce Ud. algún nombre de la lista? ¿Qué tienen en común? Con un(a) compañero(a), hablen sobre los autores y las obras de la lista que hayan leído o visto. Si no saben nada de ninguno(a) de ellos(as), entren a Internet y busquen información sobre los escritos de los autores nombrados y sobre los temas que tratan las películas mencionadas y decidan lo que todos tienen en común. Ahora que han descubierto el tema, ¿qué recuerdan de Dolly, la oveja *(sheep)* clonada?

¿Qué opinión tienen sobre la clonación en general? ¿Qué opinan sobre la clonación de humanos? ¿Es una cuestión tecnológica, médica, ética o quizás sea una combinación de ellas? Expliquen.

3-1. Vocabulario: ¡Ud. sabe más de lo que cree! Usando el contexto de la entrevista misma en la que se encuentran las palabras o expresiones en negrilla, seleccione su *antónimo* de las opciones que aparecen antes del ejercicio. Escriba la palabra o expresión apropiada en el espacio en blanco. Es necesario conjugar los verbos y poner los adjetivos en la forma apropiada.

aceptar	en broma	falso	imposible
inexacto	libre	malgastar	muy barato
separado	superficialmente		

1. Hoy en día hay muy pocos científicos en el campo de la biotecnología. En ese campo no hay científicos investigando **a fondo**. _superficialmente_
2. ... una gran manipulación por parte de los medios de comunicación, que muchas veces se encuentran **ligados** a estas empresas. _libre_
3. ... estamos muy lejos y no está planteada **en serio** la clonación humana, ya que hoy es casi imposible. _en broma_
4. Por un lado una patente **carísima** de purificación y otra patente fuertísima de clonación animal. _malgasta_
5. Con los datos **precisos** y al mismo tiempo veraces, uno puede tomar buenas decisiones, pero con datos rigurosos y no con engaños. _inexacto_
6. Hay que intentar brindar la información en forma **asequible** al no experto en este campo. _imposible_
7. La mayor parte de las personas **vinculadas** al tema trabajan en empresas multinacionales que sólo buscan... _libres_
8. Una de las formas de manipular la información, es generar una opinión pública en contra de quienes **rechazan** la clonación,... _aceptan_

3-2. Estrategia para leer: Lectura rápida (ojeada) para encontrar la idea principal del párrafo En la entrevista una profesora universitaria en el campo de bioquímica y biología molecular habla de su trabajo y opiniones. Con papel y lápiz a mano, échele una ojeada al artículo, tomando apuntes *(taking notes)* de la idea central en la que se enfoca el párrafo. Incluya los dos párrafos que forman la introducción de la entrevista. Mantenga su lista al leer el artículo una segunda vez, para asegurarse de que tuvo razón la primera vez que lo leyó. Guarde sus apuntes para consultarlos cuando complete el ejercicio **3-3**.

Leer

Entrevista a la Dra. Natalia López Moratalla[1]

Courtesy of Natalia López Moratalla

hoy... en la actualidad **«La clonación hoy en día° es ciencia ficción»**

En momentos en los que el mundo se encuentra cada vez más globalizado y las informaciones llegan «a un solo click», conviene° tomar conciencia de los intereses que revisten° los hallazgos° científicos y la consiguiente° manipulación que subyace° en la información de las investigaciones.

it's advisable

disguise; descubrimientos; consecuente, resultante; *underlies*

En los últimos tiempos la biología celular y molecular del proceso de desarro- 5 llo° embrionario° y maduración° del organismo han alcanzado nuevos conceptos, que están permitiendo un avance inesperado y rápido en las estrategias terapéuticas celulares. En el mundo científico existe un gran debate respecto a su aplicación. Como en toda discusión las posiciones son diversas, la Dra. Natalia López Moratalla, Catedrática° de Bioquímica y Biología Molecular de la Universidad de Navarra, 10 resalta° lo importante que resulta la Bioética como disciplina al momento de tratar este tipo de temas.

development; embryonic; maturation

profesora universitaria

enfatiza

---

[1] Natalia López Moratalla es licenciada *(college graduate)* en ciencias químicas por la Universidad de Granada, doctora en ciencias biológicas de la Universidad de Navarra y catedrática de bioquímica desde 1981 en la misma universidad. Investiga en el área de biomedicina. Ha realizado una amplia labor de investigación y divulgación *(publication)* científica en antropología y biología humana.

value

Universia (U): ¿Cómo se transmite el valor° ético en los investigadores? ¿Cómo se establecen los límites?

gradas, pasos

Dra. Natalia López Moratalla (L. M.): Los límites éticos tienen dos escalones°. El 15 primero es conocer con absoluto rigor lo científico. Los científicos tenemos el pro-

expresiones, palabras
to provide
fácil de comprender

blema de ser muy técnicos, a veces, y empleamos términos° que resultan difíciles para el público común. Hay que intentar brindar° la información en forma asequible° al no experto en este campo. Y el segundo escalón lo tiene que dar cada persona, preguntándose con sinceridad cómo afectará a la persona que se le haga algo simi- 20 lar, en su cuerpo. Hoy en día hay muy pocos científicos en el campo de la Biotecno-

a... in depth
negocios, compañías

logía. En ese campo no hay científicos investigando a fondo°: La mayor parte de las personas vinculadas al tema trabajan en empresas° multinacionales que sólo bus-can la aplicación directa de esas técnicas para obtener un beneficio económico. Y en estos temas existe una gran manipulación por parte de los medios de comunicación, 25

unidos, asociados
sugerida, propuesta;
en... *seriously*

que muchas veces se encuentran ligados° a estas empresas. La clonación hoy en día es ciencia ficción, estamos muy lejos y no está planteada° en serio° la clonación humana, ya que hoy es casi imposible.

U: ¿Pero entonces por qué se habla de clonación?

se incorporan; licencia de un invento; muy costosa; seria
sacarle... *aprovechar-se de*

L. M.: Existen varios factores que se suman°: Por un lado una patente° carísima° 30 de purificación y otra patente fuertísima° de clonación animal. Entonces hay que mantener viva la idea de clonación para sacarle partido a° la patente. Entonces se dan estos mensajes poco claros que lo único que hacen es confundir, y allí se empieza

lucha

la pelea°: «clonar sí», «clonar no». No es eso en realidad lo que se está debatiendo en el mundo científico. Lo que hoy se debate es que las células embrionarias no sirven 35 para curar y, además, si alguna vez alguna de ellas sirviera para curar hay muchas formas de conseguirlas y no necesariamente a través de estos mecanismos. Una de las formas de manipular la información es generando una opinión pública en contra

reject; wielding, putting forward

de quienes rechazan° la clonación, esgrimiendo° su crueldad porque no permiten qué se curen personas enfermas. Los consideran crueles por no utilizar un conjunto 40 de embriones que: «total no tienen nada, no tienen más dignidad». Esto es un tipo de manipulación de la información.

alusión

U.: ¿Usted habla mucho del eufemismo° científico de la clonación terapéutica, a que se refiere específicamente?

L. M.: La sociedad tiene que exigirle al científico que busque soluciones verda- 45 deras, a los verdaderos problemas que tenemos de enfermedades. Y las soluciones

caminos... shortcuts
liver
fetus

por caminos cortos°, no son soluciones. Nunca ha sido medicina matar a uno para sacarle un hígado° para dárselo a otro. Pues, es lo que estamos haciendo ahora sólo que en vez de hacerlo con el hígado de un adulto lo hacemos con el de un feto° o el de un embrión. Ésa no es una medida médica, eso no es ciencia. Hay que pedirles a los 50 médicos que investiguen y sigan luchando con las enfermedades sin destruir nada a cambio. En 1999 podíamos tener dudas si las células del embrión servían para curar a alguien o no. Hoy sabemos que no. Desde el 2002 se cerró el tema. Las células madres no sirven para curar.

U.: ¿Cómo hace usted para tratar este tema con sus alumnos?   55

crece

paso... *step-by-step*

effort

judges (verb); **de...**
according to; exactos;
auténticos, verdade-
ros; fraudes, mentiras

L. M.: Lo fundamental es tener claridad en lo científico. Yo doy dos materias: una es Evolución y la otra Desarrollo. Hace un año yo publiqué un texto, el que describe año a año lo que pasa con el ser humano, como éste se desarrolla° celularmente, molecularmente, paso a paso°, lo que sucede desde el día cero hasta los quince días. Es un trabajo hecho con mucho esfuerzo° y rigurosidad. Me llevó muchos años. Basta mostrar eso para saber de qué estamos hablando. Luego yo doy un paso más, que es enseñarles a ellos a dar el paso ético. Pero esto tiene que ver mucho con la persona, cada uno juzga° y toma las medidas de acuerdo a° su punto de vista. Eso mis alumnos lo tienen claro. Con los datos precisos° y al mismo tiempo veraces°, uno puede tomar buenas decisiones, pero con datos rigurosos y no con engaños°.

60

65

Después de leer

3-3. ¿Qué comprendió Ud.? Conteste las siguientes preguntas, basándose en sus apuntes de la lectura rápida y en la información deducida al volver a leer la entrevista.

1. ¿Quién es Natalia López Moratalla?
2. ¿Qué tipo de trabajo hace ella?
3. ¿Con qué procesos biológicos han ayudado recientemente los nuevos conceptos?
4. ¿En qué debate está la doctora involucrada *(involved)*?
5. ¿Qué problema(s) tienen los científicos, según la Dra. López Moratalla? ¿Cómo lo(s) explica ella?
6. ¿Cuál es su opinión sobre la clonación humana?
7. ¿Cuál es la razón de la doctora para hablar sobre el tema?
8. ¿Qué opina la científica sobre las células embrionarias?
9. ¿Cuál es la responsabilidad de la sociedad no científica? ¿Qué papel debe hacer la sociedad?
10. ¿Cómo trata esta catedrática el tema de la clonación con sus estudiantes?

3-4. ¡A emparejar! Consulte fuentes de Internet para obtener más datos sobre las tres películas siguientes. Lea cuidadosamente las cinco descripciones que aparecen a continuación y decida qué descripcíon le corresponde a cada uno de los títulos.

Las copias   **Los niños del Brasil**   **El tercer gemelo**

A. Esta escalofriante obra aborda el tema de la clonación: algo que puede transformar el futuro de la humanidad. Alain Remy-Duray, multimillonario francés es dueño de una importante cadena de periódicos. Pero también es un enfermo cardiaco desahuciado *(terminally ill)*. Un día recibe una extraña visita; es de un magnate del cine que le propone que se someta a un tratamiento médico secreto por parte de un misterioso equipo. ¿Quiénes eran aquellos misteriosos doctores? ¿Por qué le habían exigido silencio y no le habían revelado nada?

B. Se presenta una sociedad que utiliza la genética y la clonación para el condicionamiento y control de los individuos. En esa sociedad del futuro, se conciben todos los niños en probetas *(test tubes)*. Están genéticamente condicionados para pertenecer a una de las cinco categorías de la población, las cuales comprenden desde los más hasta los menos inteligentes de los humanos. También describe la dictadura perfecta, que tiene la apariencia de una democracia: una cárcel sin muros de la cual los prisioneros no tratan de escapar; un sistema de esclavitud en que los esclavos están encantados con su esclavitud.

C. Una joven científica está investigando la formación de la personalidad y las diferencias de comportamiento entre gemelos. Al poco tiempo de empezar el estudio, atacan y violan a una amiga. El hombre acusado de la violación es uno de los gemelos que forma parte de su investigación. Sin embargo, él dice que no ha cometido la violación aunque su ADN *(DNA)* coincide con el del violador y él es hijo único. Pero la científica descubre que él es uno de dos gemelos idénticos nacidos de madres distintas y que su gemelo tampoco ha podido ser el atacante porque está en la cárcel. ¿Es posible que se hayan hecho experimentos secretos de clonación en seres humanos sin que ellos lo supieran?

D. La clonación humana se usa como punto de partida para mostrar cómo el ser humano en la actualidad carece de identidad y cree que puede adaptar la realidad de otros para lograr un beneficio personal, desencadenando *(leading to, triggering)* incomunicación, desconfianza y deshonestidad en las relaciones humanas. Es un texto muy interesante del que se pueden desprender muchas reflexiones y cuestionamientos. Más allá de los prejuicios o del tema tabú de mayor controversia últimamente, la obra invita a la reflexión y a la búsqueda de una identidad propia, que parece estar perdida y que afecta la realidad humana.

E. La historia parte de un hecho real ocurrido al final de la Segunda Guerra Mundial, cuando Joseph Mengele, conocido como el «Ángel de la Muerte», escapó a Sudamérica. En la obra, Mengele tiene un plan para producir 94 clones de Hitler. Después de crear los embriones, cuando llega el momento del alumbramiento, los envía secretamente a familias adoptivas, tratando de reproducir la estructura familiar y el desarrollo del Hitler original. Puesto que el padre de Hitler murió cuando éste tenía 13 años, Mengele organiza un grupo de nazis asesinos para matar a los padres adoptivos. Pero un cazador de criminales de guerra se entera del plan y decide detenerlo.

3-5. Mini-debates Con dos o tres compañeros(as) y la ayuda de su profesor(a), escojan uno de los temas de la lista. Luego usen las lecturas de este capítulo, así como información de Internet o de la biblioteca, para preparar la defensa de su punto de vista en un debate con otro grupo. Los alumnos que no participen en el debate harán el papel *(role)* del público y evaluarán la eficacia *(effectiveness)* del debate para decidir quiénes fueron más convincentes.

1. La clonación de seres humanos no debe permitirse.
2. Se debe tratar a los prisioneros de manera humana, aunque hayan cometido atrocidades.
3. Sólo Dios tiene el derecho de terminar la vida de una persona.
4. La Biblia indica que ser homosexual no es «natural».
5. El establecimiento de la paz es la responsabilidad de todos, no solamente de los gobiernos.

¿Qué les parece?

Otro aspecto de la clonación

L ea la selección y piense si de una manera u otra, los casos mencionados se parecen a los de nuestra realidad. Después de leerla, conteste las preguntas que la siguen.

El género de la ciencia ficción cuenta con múltiples ejemplos de la creación de réplicas humanas y de una gran variedad de seres artificiales. Estas obras presentan premoniciones de lo que hoy podría estar a nuestro alcance°.

Un mundo feliz, de Aldous Huxley, publicada en 1932, es su obra más conocida y el referente por excelencia de este género°. La obra narra las peripecias° de un marginado en° una sociedad futura altamente tecnificada, donde los seres humanos se crean en serie y pertenecen a distintas castas, según su función.

Nuevos dioses, publicada en el año 1995, es una obra bastante reciente de Alberto Vázquez Figueroa. Ésta relata la historia de un personaje que vuelve a encontrarse con viejos compañeros, pero éstos no han envejecido°. Sus indagaciones° le llevan a descubrir un proyecto para alcanzar° la eterna juventud, mediante la clonación.

Los robots son los protagonistas de la obra *Ciberiada (Cyberiada)* de Stanislaw Lem, que salió en el año 1967. Aunque son máquinas, estos robots portan° un recuerdo genético del ser humano en un mundo en el que el hombre ha desaparecido. La obra es una colección de cuentos humorísticos de las hazañas de Trurl y Klapaucius, dos robots «constructores».

En el ámbito cinematográfico estadounidense, podemos encontrar una variedad de películas que tratan del tema. En *Sleeper (El Dormilón),* de Woody Allen, los clones son el tema central. La película nos enseña un mundo futurista en que el líder preserva su nariz, con el propósito de que lo clonen a él.

Y ¿quién puede olvidarse de los seres idénticos a los habitantes de una pequeña ciudad que surgían° de unas extrañas plantas? Ése es el argumento de *La invasión de los ladrones de cuerpos,* también conocida como *La invasión de los ultracuerpos,* de Don Siegel, que se estrenó° en 1978.

En 1996 salió *Mis dobles, mi mujer y yo,* donde las réplicas de Michael Keaton son clónicas creadas con el fin de aliviarle° las tareas del trabajo, aunque la cosa se le va de las manos°.

Es obvio que la clonación humana es un tema muy serio para la sociedad del siglo XXI. Sin embargo, no es un tema nuevo, como puede verse por las pocas selecciones cinematográficas y literarias que acaban de mencionarse.

1. ¿Cree Ud. que es irresponsable emplear un tema tan serio como la clonación humana para entretener *(entertain)* al público?
2. ¿Ha visto Ud. una de las películas o ha leído una de las obras literarias descritas? Si su respuesta es «sí», explique el efecto que experimentó Ud. Si contestó «no», vaya a Internet para leer sobre una de las obras descritas, o alquile una de las películas para explicar su reacción.
3. ¿Lo (La) hizo pensar en la importancia del tema o simplemente lo (la) entretuvo?

Glosas marginales:

reach

genre; incidentes inesperados; **marginado…** excluido de

puesto ancianos

investigaciones, búsquedas; lograr llevan

salían, aparecían

presentó por primera vez; disminuirle; **la cosa…** se descontrola la situación

Selección 4 · La ética en nuestra vida y sociedad

Antes de leer

Para abrir el tema Las tiras cómicas sirven para enseñarnos lecciones, además de divertirnos. Por eso, no hay ningún tema tan sacrosanto que las tiras cómicas no lo traten. La mayoría de nosotros piensa que la ética debe ocupar un papel importante en la sociedad si esperamos que nuestra comunidad tenga éxito. La gente aplica el tema a cuestiones que afectan la sociedad en general o asuntos graves. Sin embargo, cada individuo debe exhibir un comportamiento ético en su vida diaria. Con uno(a) o dos compañeros(as), comenten las cuestiones éticas que preocupan a la sociedad como conjunto y aquéllas que les afectan a Uds. personalmente. ¿Hay diferencia en los temas que surgen *(arise)*? ¿Por qué?

4-1. ¿Honestos o no? La honestidad, por ejemplo, es uno de los elementos básicos de conducta ética que cada uno debe practicar diariamente. Trabajando con un(a) compañero(a), hagan una lista de las situaciones en que Uds. se hayan encontrado, en las cuales tuvieron que decidir entre portarse éticamente o, quizás, de una forma menos honesta. Luego, lean la tira cómica y hagan el ejercicio que la sigue.

Leer

cacharro: *gadget*
mangar: *robar*
es la caña: *(slang) it's great, it's cool*
patitas: *small legs*
hace falta: *es necesario*
monté: *I set up*

Javier Malonda

4-2. Opiniones e interpretaciones Con un(a) companero(a), contesten las preguntas según la tira cómica anterior y sus propias experiencias.

1. ¿Han Uds. experimentado personalmente o conocen a alguien que haya estado en la situación anterior?
2. ¿Qué opinan Uds. del comportamiento de los dos personajes?
3. ¿Es uno más culpable que el otro de un comportamiento poco ético? Expliquen sus respuestas.
4. ¿Qué ocurriría si todos nos portáramos así?

¿Deshonestidad o pereza? ¿Hay diferencia entre un acto deshonesto y uno que se emprende por necesidad o por ser más fácil o práctico? Veamos la lógica de Calvin y Hobbes.

valía la pena: *it was worth the trouble;* hacer trampas: *cheat;* suspender: *fail;* aprobar: pasar (un examen, curso, etc.); fracaso: *failure;* merecido: *deserved;* pillar: *to catch;* mero: simple

4-3. ¿Qué comprendió?

1. ¿Cuál es el dilema en que se encontraba Calvin durante su clase?
2. ¿Qué ocurría que lo puso en ese estado de no saber qué hacer?
3. Al fin y al cabo, ¿qué hizo el jovencito?
4. ¿En qué clase ocurrió el incidente?
5. ¿En qué consiste la ironía de la tira?
6. ¿Es Calvin deshonesto o perezoso?

La ética: ¿Permanente o pasajera?

se atreve: *dares*

maltraté: *I mistreated*

violé: *I raped*

descargo: *I download*

Eso ya es pasarse.
That's going too far.

arderé: quemaré

4-4. Discusión del tema Con un(a) compañero(a), préstenle atención al mensaje de la tira cómica. ¿Qué nos dice sobre la sociedad? ¿Qué valor(es) ha(n) cambiado a través del tiempo? ¿Es válido o permisible que los valores éticos básicos de la sociedad cambien? Después de llegar a un acuerdo, explíquenles su punto de vista a los demás compañeros.

Yo me morí esperando una cura con las investigaciones con embriones, ¿y tú?

Yo era el embrión.

By permission of Gary Varvel and Creators Syndicate, Inc.

4-5. Comentario sobre el dibujo Escriba un breve comentario sobre el dibujo, usando las siguientes preguntas de guía.

1. ¿Dónde están los dos personajes?
2. ¿Por qué cree Ud. que están allí?
3. ¿A quién(es) están observando?
4. ¿A quiénes representan las dos figuras?
5. ¿Qué perspectiva del asunto *(matter)* representa cada una de ellas?
6. ¿Cuál es el propósito del autor al dibujar esta tira cómica?
7. ¿Tiene el autor una moraleja *(moral)* en mente? Explique.
6. ¿Está Ud. de acuerdo con el comentario del autor? Explique.

4-6. Escribir: Un anuncio informativo Imagínese que Ud. trabaja como voluntario(a) en una organización sin ánimo de lucro *(nonprofit organization)*, cuyo fin es informar al público sobre cuestiones asociadas con el derecho a la vida. Su jefe(a) le ha entregado la tira cómica que sigue y le ha dicho que la use como la pieza central de un anuncio informativo sobre el asunto del aborto, que Ud. debe redactar. Es necesario tratar de informar al mayor número de individuos posible sin ofender a nadie. Y aunque el caso de *Roe v. Wade* es la ley vigente *(in force)* en Estados Unidos, el propósito fundamental de la organización es presentar ambos lados de cualquier situación, sin tratar de convencer al (a la) lector(a) a favor de un punto de vista específico.

Muestre lo que escribiría Ud. en este caso. Recuerde que la tira cómica muestra tres perspectivas: la de la Iglesia, la del sistema jurídico en muchas partes del mundo y la de la mujer, cuyo cuerpo y vida son afectados por un embarazo *(pregnancy)*.

pecado: transgresión

delito: crimen

4-7. Juego imaginativo: Sea portavoz Ud. es el portavoz *(spokesperson)* de una compañía farmacéutica que produce una variedad de productos. Entre ellos se encuentran anticonceptivos y muchos químicos que previenen o alivian el dolor extremo. En el departamento de investigación y desarrollo, en donde los laboratorios ponen a prueba los productos, usan varios tipos de animales. Varias organizaciones le han seguido pleito *(brought a lawsuit)* a la compañía, y a Ud. le toca hablar con los reporteros y explicar por qué ni lo que la compañía produce, ni el uso de animales, rompe con las pautas *(standards, guidelines)* éticas. Prepare las explicaciones y razones que les presentará a los representantes de los medios de comunicación. ¡Recuerde que Ud. debe hacer una buena presentación sobre la compañía, para no perder clientes y convencer al público de que no tiene por qué preocuparse!

Selección 5 Walimai

¡Ojo! El tema de este cuento es fuerte y polémico. Puede que algunos profesores o estudiantes se sientan incómodos al leerlo y discutirlo.

Introducción

«Walimai» es una de las selecciones de *Los cuentos de Eva Luna* que Allende publicó en 1990. Relata la historia de un joven indígena, Walimai, que cae preso en manos de los caucheros blancos *(rubber plantation workers)*. En el campamento conoce a una prisionera que ha sufrido muchos abusos. Walimai entonces ayuda a la mujer a liberarse por un método cruel. Es una historia sencilla que provoca una cuestión ética difícil: ¿es aceptable hacer mal para conseguir un bien? «Walimai» es la lectura más larga de este libro. Para facilitar la lectura y discusión, se ha dividido el cuento en cuatro secciones, con unos ejercicios dedicados a cada sección. Se sugiere leer el cuento dos veces: la primera lectura es para seguir la trama *(plot)* y hacer los ejercicios asociados con cada sección, y la segunda, para participar en las actividades al final de la sección y debatir las distintas reacciones que el cuento seguramente provocará.

Antes de leer

Para abrir el tema Trabajando solo(a) o con un(a) compañero(a), describa(n) la vida actual de los indígenas de su país. ¿Dónde viven? ¿Cómo subsisten? ¿Qué cosas valoran? ¿Hay algunas noticias recientes sobre ellos? ¿Cree(n) Ud(s). que se han asimilado a la cultura dominante o que son sus víctimas? Explique(n). Si no sabe(n) lo suficiente para poder contestar las preguntas anteriores, conduzca(n) una breve investigación a través de Internet para reunir *(gather)* información útil.

Walimai

Isabel Allende[1]

Parte I

 Listen to the reading on the CD, Tracks 11–15.

5-1. ¿De qué se trata? Mire los dibujos y descríbalos. Luego, haga un resumen de la acción de este fragmento del cuento.

5-2. Palabras importantes En la columna B busque la definición de las palabras en la columna A y escriba la letra correspondiente en el espacio en blanco.

A

___c___ 1. arco y flechas
___a___ 2. selva
___d___ 3. extranjeros
___b___ 4. cazador

B

a. bosque denso
b. hombre que busca y mata animales para comer
c. instrumentos para matar animales
d. personas desconocidas, de otra región

El nombre que me dio mi padre es Walimai, que en la lengua de nuestros hermanos del norte quiere decir *viento*. Puedo contártelo, porque ahora eres como mi propia hija[2] y tienes mi permiso para nombrarme, aunque sólo cuando estamos en familia. Se debe tener mucho cuidado con los nombres de las personas y de los seres vivos, porque al pronunciarlos se toca su corazón y entramos dentro de su fuerza vital. Así nos saludamos como parientes de sangre. No entiendo la facilidad de los extranjeros para llamarse unos a otros sin asomo° de temor, lo cual no sólo es una falta de respeto, también puede ocasionar graves peligros. He notado que esas personas hablan con la mayor liviandad°, sin tener en cuenta que hablar es también ser. El gesto y la palabra son el pensamiento del hombre. No se debe hablar en vano, eso le he enseñado a mis hijos, pero mis consejos no siempre se escuchan. Anti-

(marginal glosses:)
indicio, indicación
frivolidad

(line numbers:) 5, 10

---

[1] Isabel Allende es una de las novelistas latinoamericanas más leídas del mundo. Sus obras combinan elementos reales y mágicos que producen una mezcla de crítica social, autobiografía y fantasía.
[2] Walimai le cuenta su historia a una mujer joven que se llama Eva Luna.

guamente los tabúes y las tradiciones eran respetados. Mis abuelos y los abuelos de mis abuelos recibieron de sus abuelos los conocimientos necesarios. Nada cambiaba para ellos. Un hombre con buena memoria podía recordar cada una de las enseñanzas recibidas y así sabía cómo actuar en todo momento. Pero luego vinieron los extranjeros hablando contra la sabiduría° de los ancianos y empujándonos° fuera de nuestra tierra. Nos internamos cada vez más adentro de la selva, pero ellos siempre nos alcanzan°, a veces tardan años, pero finalmente llegan de nuevo y entonces nosotros debemos destruir los sembrados°, echarnos a la espalda° a los niños, atar° los animales y partir. Así ha sido desde que me acuerdo: dejar todo y echar a correr como ratones y no como los grandes guerreros° y los dioses que poblaron este territorio en la antigüedad°. Algunos jóvenes tienen curiosidad por los blancos y mientras nosotros viajamos hacia lo profundo del bosque para seguir viviendo como nuestros antepasados°, otros emprenden° el camino contrario. Consideramos a los que se van como si estuvieran muertos, porque muy pocos regresan y quienes lo hacen han cambiado tanto que no podemos reconocerlos como parientes.

Dicen que en los años anteriores a mi venida al mundo no nacieron suficientes hembras° en nuestro pueblo y por eso mi padre tuvo que recorrer largos caminos para buscar esposa en otra tribu. Viajó por los bosques, siguiendo las indicaciones de otros que recorrieron esa ruta con anterioridad° por la misma razón, y que volvieron con mujeres forasteras°. Después de mucho tiempo, cuando mi padre ya comenzaba a perder la esperanza de encontrar compañera, vio a una muchacha al pie de una alta cascada°, un río que caía del cielo. Sin acercarse demasiado, para no espantarla°, le habló en el tono que usan los cazadores para tranquilizar a su presa°, y le explicó su necesidad de casarse. Ella le hizo señas° para que se aproximara, lo observó sin disimulo° y debe haberle complacido° el aspecto del viajero, porque decidió que la idea del matrimonio no era del todo descabellado°. Mi padre tuvo que trabajar para su suegro hasta pagarle el valor de la mujer. Después de cumplir con los ritos de la boda, los dos hicieron el viaje de regreso a nuestra aldea°.

Yo crecí con mis hermanos bajo los árboles, sin ver nunca el sol. A veces caía un árbol herido° y quedaba un hueco° en la cúpula° profunda del bosque, entonces veíamos el ojo azul del cielo. Mis padres me contaron cuentos, me cantaron canciones y me enseñaron lo que deben saber los hombres para sobrevivir sin ayuda, sólo con su arco y sus flechas. De este modo fui libre. Nosotros, los Hijos de la Luna, no podemos vivir sin libertad. Cuando nos encierran entre paredes o barrotes° nos volcamos° hacia adentro, nos ponemos ciegos y sordos° y en pocos días el espíritu se nos despega° de los huesos° del pecho y nos abandona. A veces nos volvemos como animales miserables, pero casi siempre preferimos morir.

Por eso nuestras casas no tienen muros°, sólo un techo inclinado para detener el viento y desviar° la lluvia, bajo el cual colgamos° nuestras hamacas muy juntas porque nos gusta escuchar los sueños de las mujeres y de los niños y sentir el aliento° de los monos°, los perros y las lapas°, que duermen bajo el mismo alero°.

Los primeros tiempos viví en la selva sin saber que existía mundo más allá de los acantilados° y los ríos. En algunas ocasiones vinieron amigos visitantes de otras tribus y nos contaron rumores de Boa Vista y de El Platanal°, de los extranjeros y sus

Glosas (columna lateral)

conocimiento; forzándonos

nos... nos descubren, llegan; tierra cultivada; **echarnos...** *throw onto our backs;* sujetar, amarrar; soldados
pasado lejano

antecesores, predecesores; inician, comienzan

mujeres

con... antes, anteriormente; extranjeras, de otro lugar

catarata; asustarla
prey
movimientos, señales
sin... abiertamente, sinceramente; agradado, gustado; absurdo, irracional
pequeño pueblo, poblado

dañado, lastimado; hoyo, cavidad; *canopy, treetops*

barras gruesas, rejas
volvemos; **ciegos...** sin poder ver ni oír; desprende, suelta; *bones*
paredes gruesas
separar, alejar; suspendemos respiración
monkeys; especie de molusco; *eaves*

precipicios, *cliffs*
Boa... lugares colonizados por extranjeros

costumbres, pero creíamos que eran sólo cuentos para hacer reír. Me hice hombre y llegó mi turno de conseguir una esposa, pero decidí esperar porque prefería andar con los solteros, éramos alegres y nos divertíamos. Sin embargo, yo no podía dedicarme al juego y al descanso como otros, porque mi familia es numerosa: hermanos, primos, sobrinos, varias bocas que alimentar°, mucho trabajo para un cazador.   60

 dar de comer

5-3. Comprensión Indique si las siguientes oraciones son ciertas (**C**) o falsas (**F**). Si alguna oración es falsa, corríjala.

___F___ 1. Walimai creció con sus hermanos en la selva, bajo el sol brillante.
___C___ 2. Sus padres le contaron cuentos y le enseñaron a sobrevivir sin ayuda.
___C___ 3. Era cazador y utilizaba arco y flechas para matar los animales.
___F___ 4. Walimai se casó joven y vivía con su esposa e hijos.

5-4. Interpretación Conteste las preguntas, empleando la información de la Parte I.

1. ¿Qué importancia tenía la libertad para Walimai y los Hijos de la Luna?
2. ¿Qué ocurre cuando pierden esta libertad?

Parte II

5-5. ¿De qué se trata? Escoja un(a) compañero(a) con quien mirar los dibujos. Luego describan lo que ven. Después, escriban un resumen de la acción de esta parte del cuento.

5-6. Palabras importantes Escoja el sinónimo apropiado para reemplazar las palabras en itálica.

1. Los hombres pálidos cazaban sin *destreza* ni valor; apenas podían moverse en la selva.
   a. habilidad
   b. armas
   c. entusiasmo

2. Los hombres pálidos no eran misioneros ni soldados; querían la tierra y buscaban *piedras*. =O store
    a. animales exóticos
    b. gemas
    c. tierras fértiles

3. Walimai se echó a descansar y lo *cogieron* los soldados.
    a. vieron
    b. capturaron
    c. abandonaron

4. En un extremo del campamento los blancos habían instalado una *choza* grande donde mantenían a las mujeres.   Cohut
    a. casa bonita
    b. clínica médica
    c. cabaña rústica

pale; gunpowder

habilidad; subir

spear

enredados... *tangled up in their backpacks;* **empapados...** muy mojadas y oliendo mal; interesados

rumores, cuentos

recolectores... *rubber gatherers;* **cargar...** llevar encima de

rastro... *trail of waste*

cumplimos... observamos; invitados

golpes

distancias; partes de arriba, extremos; **para...** *so that (they) couldn't catch up with us; vindictive, vengeful*

Un día llegó un grupo de hombres pálidos° a nuestra aldea. Cazaban con pólvora°, desde lejos, sin destreza° ni valor. Eran incapaces de trepar° a un árbol o de clavar° un pez con una lanza en el agua. Apenas podían moverse en la selva, siempre enredados en sus mochilas°, sus armas y hasta en sus propios pies. No se vestían de aire, como nosotros, sino que tenían unas ropas empapadas y hediondas°. Eran 65 sucios y no conocían las reglas de la decencia, pero estaban empeñados° en hablarnos de sus conocimientos y de sus dioses. Los comparamos con lo que nos habían contado sobre los blancos y comprobamos la verdad de esos chismes°.

Pronto nos enteramos de que éstos no eran misioneros, soldados ni recolectores de caucho°. Estaban locos, querían la tierra y llevarse la madera; también buscaban 70 piedras. Les explicamos que la selva no se puede cargar a° la espalda y transportar como un pájaro muerto, pero no quisieron escuchar razones. Se instalaron cerca de nuestra aldea. Cada uno de ellos era como un viento de catástrofe, destruía a su paso todo lo que tocaba, dejaba un rastro de desperdicio°, molestaba a los animales y a las personas. Al principio cumplimos con° las reglas de cortesía y les dimos el 75 gusto, porque eran nuestros huéspedes°, pero ellos no estaban satisfechos con nada, siempre querían más, hasta que, cansados de esos juegos, iniciamos la guerra con todas las ceremonias habituales. No son buenos guerreros, se asustan con facilidad y tienen los huesos blandos. No resistieron los garrotazos° que les dimos en la cabeza. Después de eso abandonamos la aldea y nos fuimos hacia el este, donde el 80 bosque es impenetrable, viajando grandes trechos° por las copas° de los árboles para que no nos alcanzaran° sus compañeros. Nos había llegado la noticia de que son vengativos° y que por cada uno de ellos que muere, aunque sea en una batalla limpia, son capaces de eliminar a toda una tribu, incluyendo a los niños. Descubrimos un lugar donde establecer otra aldea. No era tan bueno. Las mujeres debían caminar 85 horas para buscar agua limpia pero allí nos quedamos porque creímos que nadie nos buscaría tan lejos.

fin

huella, indicio

confundido

por... en esa región

a... by force

bleeding

quitarles... take their
lives drop by drop;
condensarlo, hacerlo
más sólido; rubber;
sweat; a... profunda-
mente

tin cans

latas, envases

jefe encargado de
trabajadores; pedazo;
tiré, eché

Hice... I stood in line

me... fue mi turno

estrépito... ruido de
ranas grandes y pájaros

Al cabo° de un año, en una ocasión en que tuve que alejarme mucho siguiendo la pista° de un puma, me acerqué demasiado a un campamento de soldados. Yo estaba fatigado y no había comido en varios días, por eso mi entendimiento estaba aturdido°. En vez de dar media vuelta cuando percibí la presencia de los extranjeros, me eché a 90 descansar. Me cogieron los soldados. Me llevaron a trabajar con los caucheros, donde había muchos hombres de otras tribus, a quienes habían vestido con pantalones y obligaban a trabajar, sin considerar para nada sus deseos. El caucho requiere mucha dedicación y no había suficiente gente por esos lados°, por eso debían traernos a la fuerza°. Ése fue un período sin libertad y no quiero hablar de ello. Me quedé sólo para 95 ver si aprendía algo, pero desde el principio supe que iba a regresar donde los míos. Nadie puede retener por mucho tiempo a un guerrero contra su voluntad.

Se trabajaba de sol a sol, algunos sangrando° a los árboles para quitarles gota a gota la vida°, otros cocinando el líquido recogido para espesarlo° y convertirlo en grandes bolas. El aire libre estaba enfermo con el olor de la goma° quemada y el aire 100 en los dormitorios comunes lo estaba con el sudor° de los hombres. En ese lugar nunca pude respirar a fondo°. Nos daban de comer maíz, plátano y el extraño contenido de unas latas°, que jamás probé porque nada bueno para los humanos puede crecer en unos tarros°. En un extremo del campamento habían instalado una choza grande donde mantenían a las mujeres. Después de dos semanas trabajando con el 105 caucho, el capataz° me entregó un trozo° de papel y me mandó donde ellas. También me dio una taza de licor que yo volqué° en el suelo, porque he visto cómo esa agua destruye la prudencia. Hice la fila°, con todos los demás. Yo era el último y cuando me tocó° entrar en la choza, el sol ya se había puesto y comenzaba la noche, con su estrépito de sapos y loros°. 110

5-7. Comprensión Indique si las oraciones son ciertas (**C**) o falsas (**F**). Si alguna oración es falsa, corríjala.

F 1. Los blancos que llegaron a la aldea de Walimai querían llevarse la madera de la selva.

C 2. Después de cortar los árboles, los blancos sembraban otros, pues se preocupaban del medio ambiente.

F 3. En la guerra entre indios y blancos, ganaron los indígenas.

F 4. Los blancos se fueron de la selva.

F 5. Walimai y los otros indígenas trabajaban voluntariamente con los caucheros.

5-8. Interpretación Conteste las preguntas, empleando la información de la Parte II.

1. ¿Cómo eran los hombres pálidos?

2. ¿Cómo cambiaron esos hombres la vida de Walimai y la de los otros indígenas?

Parte III

5-9. ¿De qué se trata? Mire los dibujos, describa lo que ve y luego haga un resumen de la acción de esta parte del cuento.

5-10. Palabras importantes A continuación hay una descripción de las mujeres de la tribu de los Ila (párrafo al pie de esta página y en la próxima). Estudie las categorías de palabras que se encuentran dentro del triángulo, luego busque los términos en el texto que pertenecen *(belong)* a cada categoría y escríbalos en el pico apropiado del triángulo. Para completar la tarea, prepare un dibujo de una Ila típica y muéstreselo a unos compañeros de clase.

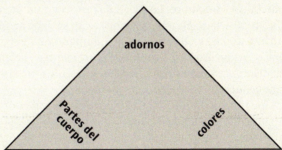

adornos

Partes del cuerpo

colores

---

lizard

straw mat; ankle; chain; narcotizada, sin energía
«yopo»… sustancia alucinante y olorosa de un árbol específico; líquido; **sonaban…** *sounded like;* pelos; *eyelashes*

Ella era de la tribu de los Ila, los de corazón dulce, de donde vienen las muchachas más delicadas. Algunos hombres viajan durante meses para acercarse a los Ila. Les llevan regalos y cazan para ellos, en la esperanza de conseguir una de sus mujeres. Yo la reconocí a pesar de su aspecto de lagarto°, porque mi madre también era una Ila. Estaba desnuda sobre un petate°, atada por el tobillo° con una cadena° fija en el suelo, aletargada°, como si hubiera aspirado por la nariz el «yopo» de la acacia°. Tenía el olor de los perros enfermos y estaba mojada por el rocío° de todos los hombres que estuvieron sobre ella antes que yo. Era del tamaño de un niño de pocos años, sus huesos sonaban como° piedrecitas en el río. Las mujeres Ila se quitan todos los vellos° del cuerpo, hasta las pestañas°, se adornan las orejas con plumas y flores, 115

120

se atraviesan palos pulidos en las mejillas y la nariz°, se pintan dibujos en todo el cuerpo con los colores rojo del onoto°, morado de la palmera y negro del carbón. Pero ella ya no tenía nada de eso. Dejé mi machete en el suelo y la saludé como hermana, imitando algunos cantos de pájaros y el ruido de los ríos. Ella no respondió. Le golpeé° con fuerza el pecho, para ver si su espíritu resonaba entre las costillas°, 125 pero no hubo eco, su alma estaba muy débil y no podía contestarme. En cuclillas° a su lado le di de beber un poco de agua y le hablé en la lengua de mi madre. Ella abrió los ojos y me miró largamente. Comprendí.

Antes que nada me lavé sin malgastar° el agua limpia. Me eché un buen sorbo° a la boca y lo lancé en chorros° finos contra mis manos, que froté° bien y luego 130 empapé° para limpiarme la cara. Hice lo mismo con ella, para quitarle el rocío de los hombres. Me saqué los pantalones que me había dado el capataz. De la cuerda que me rodeaba la cintura° colgaban mis palos° para hacer fuego, algunas puntas de flechas, mi rollo de tabaco, mi cuchillo de madera con un diente de rata en la punta y una bolsa de cuero bien firme, donde tenía un poco de *curare*°. Puse un poco de esa 135 pasta en la punta de mi cuchillo, me incliné sobre la mujer con el instrumento envenenado° y le abrí un corte en el cuello°. La vida es un regalo de los dioses. El cazador mata para alimentar a su familia. Él procura° no probar la carne de su presa y prefiere la que otro cazador le ofrece. A veces, por desgracia, un hombre mata a otro en la guerra, pero jamás puede hacer daño° a una mujer o a un niño. Ella me miró con 140 grandes ojos, amarillos como la miel°, y me parece que intentó sonreír agradecida°. Por ella° yo había violado el primer tabú de los Hijos de la Luna y tendría que pagar mi vergüenza° con muchos trabajos de expiación°. Acerqué mi oreja a su boca y ella murmuró su nombre. Lo repetí dos veces en mi mente para estar bien seguro pero sin pronunciarlo en alta voz, porque no se debe mentar° a los muertos para no per- 145 turbar su paz, y ella ya lo estaba, aunque todavía palpitara su corazón. Pronto vi que se le paralizaban los músculos del vientre°, del pecho y de los miembros, perdió el aliento, cambió de color, se le escapó un suspiro° y su cuerpo se murió sin luchar, como mueren las criaturas pequeñas.

De inmediato sentí que el espíritu se le salía por las narices° y se introducía en 150 mí, aferrándose a mi esternón°. Todo el peso° de ella cayó sobre mí y tuve que hacer un esfuerzo para ponerme de pie. Me movía con torpeza°, como si estuviera bajo el agua. Doblé su cuerpo en la posición del descanso último, con las rodillas tocando el mentón°, la até° con las cuerdas del petate, hice una pila con los restos de la paja° y usé mis palos para hacer fuego. Cuando vi que la hoguera ardía° segura, salí len- 155 tamente de la choza, trepé el cerco° del campamento con mucha dificultad, porque ella° me arrastraba hacia abajo, y me dirigí al bosque. Había alcanzado los primeros árboles cuando escuché las campanas de alarma.

Glosas marginales:

se... *they pierce their cheeks and nose with polished sticks;* una planta

pegué, di golpes; **resonaba...** *was vibrating in her ribs (rib cage);* **En...** *Squatting*

wasting; un poco de agua; *streams; rubbed*

mojé bien

me... *went around my waist; sticks*

nombre de un veneno (*poison*)

poisoned; neck

trata de

hacer... herir, lastimar

honey; con gratitud

Por... *For her sake*

embarrassment; purificación, reparación

nombrar, hablar de

estómago, barriga

sigh

nostrils

aferrándose... *clinging to my breastbone; weight; clumsiness*

chin; tied; straw

hoguera... el fuego estaba encendido; **trepé...** *I climbed the fence; she (her spirit which is now inside him)*

5-11. Comprensión Conteste las siguientes preguntas según la Parte III de la lectura.

1. ¿Por qué la mujer del campamento no se arregla ni se pinta como las mujeres de su tribu?
2. ¿Por qué ella no se alegra ni reacciona al ver a Walimai?
3. ¿Qué le pide la mujer sólo con los ojos?
4. ¿Cumple Walimai el deseo de la mujer?
5. ¿Qué hace Walimai con el cuerpo de la mujer?
6. ¿Qué sucede con el espíritu de la mujer?

 5-12. Interpretación Con un(a) compañero(a), escojan la oración más importante de esta sección y justifiquen su selección. Luego compartan la oración y sus razones con otros para ver si ellos escogieron la misma oración. Si escogieron la misma oración, ¿tienen razones en común?

Parte IV

 5-13. ¿De qué se trata? Con un(a) compañero(a), miren los dibujos y describan lo que ven. Después, resuman la acción de esta porción del cuento.

5-14. Palabras importantes Adivine el significado de las palabras en itálica, según el contexto. Elija la posibilidad más apropiada.

1. El guerrero que carga el peso de otra vida humana debe *ayunar* por diez días, así se debilita el espíritu del difunto.

   a. beber   b. no comer   c. hacer ejercicio

2. El espíritu debilitado del difunto *se desprende* del guerrero y se va al territorio de las almas.

   a. se separa   b. se enamora   c. se acerca

3. Durante *una vuelta completa de la luna* Walimai se internó en la selva.

   a. un día   b. una semana   c. un mes

día

persona que ha muerto

aumenta de peso

liver

donde... *where it would never be found; tenía el mismo sabor que; putrefacta; agria, antónimo de 'dulce'; comer*

pesaba... *grew heavier*

refleja el sonido

desgracias

quitar con violencia

frotándola... *rubbing her with ashes; mashed*

exacto

un... *riachuelo;* **levanté...** *construí un refugio, edificio de protección; envoltura o cáscara de un árbol o planta; master*

As

sin sustancia

steps

burn

valentía, fuerza

de... *back again*

pájaro tropical

de poco peso

Toda la primera jornada° caminé sin detenerme ni un instante. Al segundo día fabriqué un arco y unas flechas y con ellos pude cazar para ella y también para mí. El guerrero que carga el peso de otra vida humana debe ayunar por diez días, así se debilita el espíritu del difunto°, que finalmente, se desprende y se va al territorio de las almas. Si no lo hace, el espíritu engorda° con los alimentos y crece dentro del hombre hasta sofocarlo. He visto algunos de hígado° bravo morir así. Pero antes de cumplir con esos requisitos yo debía conducir el espíritu de la mujer Ila hacia la vegetación más oscura, donde nunca fuera hallado°. Comí muy poco, apenas lo suficiente para no matarla por segunda vez. Cada bocado en mi boca sabía a° carne podrida° y cada sorbo de agua era amargo°, pero me obligué a tragar° para nutrirnos a los dos.

Durante una vuelta completa de la luna me interné selva adentro llevando el alma de la mujer, que cada día pesaba más°. Hablamos mucho. La lengua de los Ila es libre y resuena° bajo los árboles con un largo eco. Nosotros nos comunicamos cantando, con todo el cuerpo, con los ojos, la cintura, los pies. Le repetí las leyendas que aprendí de mi madre y de mi padre, le conté mi pasado y ella me contó la primera parte del suyo, cuando era una muchacha alegre que jugaba con sus hermanos. Por cortesía, no mencionó su último tiempo de desdichas° y de humillaciones. Cacé un pájaro blanco, le arranqué° las mejores plumas y le hice adornos para las orejas. Por las noches mantenía encendida una pequeña hoguera, para que ella no tuviera frío y para que los jaguares y las serpientes no molestaran su sueño. En el río la bañé con cuidado, frotándola con ceniza° y flores machacadas°, para quitarle los malos recuerdos.

Por fin un día llegamos al sitio preciso° y ya no teníamos más pretextos para seguir andando. Allí la selva era tan densa que en algunas partes tuve que abrir paso rompiendo la vegetación con mi machete y hasta con los dientes, y debíamos hablar en voz baja, para no alterar el silencio del tiempo. Escogí un lugar cerca de un hilo de agua°, levanté un techo° de hojas e hice una hamaca para ella con tres trozos largos de corteza°. Con mi cuchillo me afeité la cabeza y comencé mi ayuno.

Durante el tiempo que caminamos juntos la mujer y yo nos amamos tanto que ya no deseábamos separarnos, pero el hombre no es dueño° de la vida, ni siquiera de la propia, de modo que tuve que cumplir con mi obligación. Por muchos días no puse nada en mi boca, sólo unos sorbos de agua. A medida° que mis fuerzas se debilitaban ella se iba desprendiendo de mi abrazo, y su espíritu, cada vez más etéreo°, ya no me pesaba como antes. A los cinco días ella dio sus primeros pasos° por los alrededores, mientras yo dormitaba, pero no estaba lista para seguir su viaje sola y volvió a mi lado. Repitió esas excursiones en varias oportunidades, alejándose cada vez un poco más. El dolor de su partida era para mí tan terrible como una quemadura° y tuve que recurrir a todo el valor° aprendido de mi padre para no llamarla por su nombre en alta voz atrayéndola así de vuelta° conmigo para siempre. A los doce días soñé que ella volaba como un tucán° por encima de las copas de los árboles y desperté con el cuerpo muy liviano° y con deseos de llorar. Ella se había ido definitivamente.

160

165

170

175

180

185

190

195

200

branch

skewered; con buena
punta; **escamas...**
scales and tail

fuerte

       Cogí mis armas y caminé muchas horas hasta llegar a un brazo° del río. Me sumergí en al agua hasta la cintura, ensarté° un pequeño pez con un palo afilado° y me lo tragué entero, con escamas y cola°. De inmediato lo vomité con un poco de sangre, como debe ser. Ya no me sentí triste. Aprendí entonces que algunas veces la muerte es más poderosa° que el amor. Luego me fui a cazar para no regresar a mi 205 aldea con las manos vacías.

5-15. Comprensión   Escoja la mejor respuesta, según la parte final del texto.

1. Walimai debe ayunar por diez días...
    a. porque no encuentra qué comer en la selva.
    b. para que el espíritu de la mujer que carga se desprenda de él.
    c. porque necesita purificar su cuerpo después del asesinato.

2. Antes de ayunar, el guerrero necesitaba...
    a. llevar el espíritu a un lugar especial, de vegetación densa.
    b. bañarse en el río.
    c. decir unas oraciones de los Ila.

3. Durante el viaje Walimai y la mujer Ila...
    a. hablaron sobre su vida.
    b. permanecieron en silencio.
    c. disputaron mucho.

4. Durante el tiempo que caminaron juntos, Walimai y la mujer...
    a. se hicieron amigos.
    b. se enamoraron.
    c. se hicieron enemigos.

5. Al final de la historia Walimai decide...
    a. volver a trabajar con los caucheros.
    b. regresar a su tribu.
    c. quedarse en el lugar donde desapareció la mujer.

 ### 5-16. Interpretación   En esta última sección aparecen elementos mágicos o fantásticos (de fantasía). Escoja un(a) compañero(a) para contestar y luego tratar sobre las respuestas a las preguntas que siguen.

1. Al final de la Parte III, ¿qué hizo Walimai con el cuerpo de la mujer?
2. Entonces, ¿con qué parte de la mujer se comunica?
3. ¿Qué crea en su imaginación?
4. ¿Qué pasó al final con el alma de la mujer?
5. ¿Es real todo esto, dentro de sus tradiciones?

Después de leer

 5-17. ¿Qué opinan? Con un(a) compañero(a), comenten las siguientes preguntas y luego compartan sus respuestas con la clase.

1. ¿Cuál es la reacción de Uds. ante lo que hizo Walimai? ¿Fue un acto inmoral e imperdonable, o un acto compasivo y necesario? Expliquen.
2. ¿Cuál era la característica definitiva de los Hijos de la Luna (vean el primer párrafo del cuento)? ¿Y la de los Ila (vean el ultimo párrafo en la página 179)?
3. ¿Qué acciones del hombre blanco amenazaron *(threatened)* o destruyeron las identidades básicas de estos individuos?
4. ¿Qué piensan Uds. de la llegada de los blancos? ¿En qué peligros se encuentran ahora las culturas indígenas?

 5-18. Juego imaginativo: ¿Culpable o inocente? Dice Walimai: «A veces, por desgracia, un hombre mata a otro en la guerra, pero jamás puede hacer daño a una mujer o a un niño... Por ella yo había violado el primer tabú de los Hijos de la Luna...». ¿Es culpable o inocente Walimai? La clase dramatizará el caso de Walimai en un tribunal. Cinco o más personas presentarán argumentos y al final afirmarán la inocencia o culpabilidad de Walimai.

Los personajes centrales:

- el espíritu de la mujer de los Ila
- un cauchero
- el padre de la mujer de los Ila
- los Hijos de la Luna
- Walimai
- Personajes menores: un(a) juez(a) y los miembros del jurado *(jury)* que pueden ser los demás estudiantes de la clase

Las preguntas a continuación les pueden servir de guía en la preparación del argumento.

1. ¿Por qué es o no culpable Walimai de la muerte de la mujer?
2. ¿Ha matado Walimai a la mujer? ¿En qué sentido?
3. ¿Hay testigos *(witnesses)* de la matanza? ¿Qué saben?
4. Si es culpable Walimai, ¿cuál debe ser su castigo?
5. Si no es culpable, ¿cómo se pueden explicar sus acciones a la familia de la mujer o a las autoridades del campamento cauchero?

5-19. Comentario sobre la foto Desde que Wal-Mart de México anunció la apertura de una tienda en Teotihuacán, la «Ciudad de los dioses», hubo manifestaciones en contra de la propuesta, pero la compañía triunfó. El sitio es una zona arqueológica localizada en el valle de Teotihuacán, que forma parte de la Cuenca de México y queda unos 40 kilómetros al noreste de la Ciudad de México. Como protesta, surgió una cantidad de cuadros, tales como el siguiente. Mírelo cuidadosamente, pensando en estas preguntas:

1. ¿Cree Ud. que las empresas nacionales y multinacionales tienen derecho a profanar *(desecrate)* los vestigios y lugares sagrados de antiguas civilizaciones?
2. ¿Considera Ud. que sean necesarias las acciones de individuos, como lo que aparece en la foto, o de organizaciones civiles?
3. ¿Se deben considerar las maniobras de Wal-Mart como una violación ética, un sacrilegio o simplemente una necesidad comercial?
4. ¿Debemos prevenir faltas de respeto como la de Wal-Mart?

Alfredo Estrella/AFP/Getty Images

Composición
del final del capítulo

Es hora de pensar en todo lo que ha leído en este capítulo. Escoja uno de los siguientes temas y escriba una composición de una o dos páginas sobre el que más le llame la atención.

1. El caso de Terri Schiavo, la joven de veinticinco años de edad, que en febrero de 1990 sufrió un accidente cardiovascular (ACV), que le dejó graves daños cerebrales, debido a los cuales se le tuvo que alimentar mediante un tubo.

2. El Convenio de Ginebra sobre el trato debido a los prisioneros de guerra (Convenio III), aprobado el 12 de agosto de 1949, entra en vigor el 21 de octubre de 1950. Trate acerca de este convenio, refiriéndose al tratamiento de los prisioneros encarcelados en la Base de Guantánamo, aunque éstos no hayan sido «oficialmente» declarados prisioneros de guerra *(POWs)*.

3. La adopción por parejas heterosexuales, mujeres y hombres solteros, o parientes de niños que han quedado huérfanos o han sido abandonados o maltratados por sus padres biológicos se considera legal y permisible alrededor del mundo. Sin embargo, las parejas gays y lesbianas todavía sufren discriminación cuando tratan de adoptar a niños a través del sistema jurídico.

4. Hay veces cuando un asesinato es un acto bueno, no malo, y por eso el responsable no debe ser castigado con la pena de muerte u otro castigo severo.

5. La imagen de los indígenas en el cine, la televisión y otras áreas de la vida contemporánea verdaderamente no representa la realidad de hoy sino que insiste en mantener estereotipos creados hace años.

Phrases: agreeing and disagreeing; asserting and insisting; comparing and distinguishing; disapproving; encouraging; expressing an opinion; hypothesizing; linking ideas; persuading; weighing alternatives and weighing evidence; writing a conclusion; and writing an introduction.

Vocabulary: emotions (positive and negative); family members; health: diseases and illnesses; medicine; upbringing; and violence.

Grammar: adjective agreement; demonstrative neuter (**esto, eso, aquello);** relatives (**que, lo que, lo cual);** Verbs: compound tenses; future tense; *if* clauses; passive with **se;** preterite and imperfect; subjunctive with **como si;** and use of **ser** and **estar.**

Arte y fantasía

Allá cuelga mi vestido, collage, por Frida Kahlo, 1933, Hoover Gallery. ¿Qué opina Ud. de esta extraña visión de una de las grandes ciudades del mundo? A propósito, ¿sabe Ud. de qué ciudad se trata?

Vocabulario preliminar

Antes de leer la Introducción, examine Ud. esta lista y haga los ejercicios de práctica. Luego, trate de usar las palabras de la lista durante su estudio del capítulo.

actor, el	hombre que representa un papel en una pieza de teatro o en una película (Hoy día se usa muchas veces también para referirse a una mujer que hace esto, por ejemplo: **la actor**, en contraste con la palabra tradicional a continuación.)
actriz, la	mujer que representa un papel en una pieza de teatro o en una película (Ésta es la palabra tradicional.)
actuar	representar un papel en una pieza de teatro o en una película
alcanzar	conseguir, lograr; por ejemplo: **alcanzar un deseo o una meta**
artista, el (la)	persona que se dedica a una de las bellas artes, por ejemplo, un pintor o una pintora, o una persona que actúa o canta ante el público en un espectáculo teatral, musical o cinematográfico, por ejemplo, un(a) actor o cantante (Hay que notar que la palabra **artista** tiene un uso más extenso en español que su cognado *artist* en inglés.)
cuadro, el	representación pictórica, pintura
discapacidad, la	limitación física o mental, a veces el resultado de un accidente o de una enfermedad
entretener	divertir; distraer, ocupar la atención
estilo, el	manera de expresarse, carácter original y típico de un(a) artista o época; moda
ingenio, el	habilidad para inventar o crear algo, o para resolver dificultades; talento
insólito(a)	poco usual, raro, extraño y sorprendente
mensaje, el	comunicación enviada de una persona a otra; significado de una obra artística o literaria
obra, la	cosa hecha o producida por alguien; producción artística o literaria; **obra maestra:** ejemplo excelente o perfecto
personaje, el	ser humano verdadero o simbólico que se representa en una obra literaria; persona muy especial o notable
posmodernismo, el	una clasificación general del arte de la segunda parte del siglo XX (a partir de la explosión de la bomba atómica) y de la primera parte del siglo XXI. Se caracteriza por el rechazo (la negación) de la tradición clásica y la celebración de una visión fragmentada y abierta de la existencia humana. Los artistas **posmodernos** combinan elementos de su vida personal y de la cultura popular con elementos intelectuales y abstractos, usan mucha ironía y presentan múltiples realidades en sus obras.
retrato, el	representación de una persona en dibujo, pintura o fotografía
autorretrato, el	representación por un(a) artista de sí mismo(a)

A. Sinónimos

Dé palabras de la lista anterior que, en algún sentido, puedan servir como sinónimos para las siguientes.

1. talento
2. limitación
3. pintura
4. lograr
5. raro
6. comunicación
7. divertir
8. rechazo de la tradición clásica

B. Palabras relacionadas

 Mire Ud. las palabras en negrilla que están relacionadas con palabras de la lista anterior. ¿Puede Ud. adivinar su significado? Trabaje con otra persona, haciendo y contestando las preguntas.

1. ¿Qué ejemplo me puedes dar de una persona **ingeniosa**?
2. ¿Qué cosas deseas tú que no son **alcanzables** ahora?
3. ¿Qué les pasa a veces a los **mensajeros** que traen malas noticias? ¿Te parece justo esto?
4. ¿Qué programa de la televisión te parece **entretenido**?
5. ¿Qué edificio es **posmoderno**: la Casa Blanca de Washington D.C. o el Museo Guggenheim de Nueva York? ¿Cómo lo sabes?
6. Mira la tira cómica de *Quico*. ¿Por qué crees que el gimnasio le parece a Quico «hecho por un diseñador posmoderno»? ¿Qué lugares conoces tú que parecen posmodernos? (Para saber más sobre el personaje cómico de Quico, hay que ver la Selección 4.)

QUICO...!

Jose Luis Martín, "QUICO"

Introducción Dos artistas y sus circunstancias

Antes de leer

Para abrir el tema La tradición del arte hispano es larga y variada, desde las antiguas pinturas de las cuevas de Altamira en el norte de España (15.000 años a. C.) hasta los cuadros de hoy de estilos muy diversos. Vamos a examinar brevemente la obra de dos artistas muy diferentes: Diego Velázquez, pintor español clásico, y Frida Kahlo, pintora mexicana y posmoderna.

1. ¿Qué tipo de arte prefiere Ud.? ¿El impresionismo? ¿ El cubismo? ¿ El arte abstracto o el arte realista? ¿Por qué?
2. Eche Ud. una ojeada *(Take a quick look)* a las pinturas de Velázquez que aparecen en este capítulo. ¿Qué puede Ud. deducir de la vida, los pensamientos o las emociones del pintor?
3. Ahora, eche Ud. una ojeada a las pinturas de Kahlo. ¿Qué podemos deducir de la vida, los pensamientos o las emociones de la pintora?

Parte 1 El arte clásico de Diego Velázquez (1599–1660)

Listen to the reading on the CD, Track 16.

Considerado como uno de los mejores pintores de todos los tiempos, Diego Velázquez es el artista clásico y realista por excelencia. Pintaba lo que veía y siempre mantenía una distancia entre su «yo» y la persona o escena que pintaba. Por eso, su obra nos muestra una buena representación de la sociedad de sus tiempos, pero de él mismo —de su vida, personalidad, emociones u opiniones— nos enseña 5 muy poco. Su estilo es clásico y por lo tanto sus obras se caracterizan por la armonía y el equilibrio entre sus elementos.

Velázquez nació en Sevilla en 1599 y empezó a pintar a la edad de once años. Se casó cuando tenía 18 años con la hija de su maestro y poco después se fue a Madrid a la Corte del rey Felipe IV. Pronto se hizo famoso por sus maravillosos retratos del 10 monarca y de su familia. Pasó su vida pintando y sirviendo al rey hasta que murió por enfermedad a la edad de 61 años. Su mujer se murió seis días más tarde.

A primera vista las obras de Velázquez parecen convencionales. Pero la persona que las observa con cuidado descubre un secreto: un mensaje sutil y original. Además, su estilo es deslumbrante. Mediante la manipulación de luz y sombra, ¡Veláz- 15 quez alcanzó a representar a las figuras sin necesidad de trazarlas con líneas! Por eso, siglos después de su muerte, Manet y otros pintores impresionistas hicieron viajes especiales de París a Madrid para estudiar las pinturas de Velázquez. Vamos a examinar algunos de sus cuadros ahora para buscar sus mensajes secretos.

1. Comprensión

1. ¿Por qué decimos que Velázquez es un pintor realista?
2. ¿Qué circunstancias de su vida lo ayudaron a ser un gran pintor?
3. ¿Por qué es necesario mirar atentamente sus cuadros?
4. ¿Para qué viajaron algunos de los impresionistas franceses a Madrid?

Velázquez, Diego Rodríguez (1599–1660) *The Surrender of Breda*, 1634–1635. Oil on canvas, 307 x 367 cm / Museo del Prado, Madrid, Spain / Scala / Art Resource, NY

La rendición de Breda por Diego Velázquez, Madrid, Museo del Prado. Una versión sorprendente de una victoria militar.

La rendición de Breda, una pintura histórica no muy típica

Primero, miremos *La rendición de Breda*. Hoy día, con la facilidad de la fotografía, 20
nos olvidamos de la importancia que tenía la pintura en el pasado como medio de
conservar los recuerdos de momentos históricos. Este enorme cuadro fue pintado
para conmemorar la victoria militar española de 1625 contra los holandeses. Pero,
¡qué sorpresa! El cuadro no es una típica pintura militar porque no muestra violencia, ni guerra, ni enfatiza el orgullo nacional de los vencedores. Más bien, evoca un 25
sentido de tranquilidad y compasión humana. La fuerza militar está simbolizada
por una fila de lanzas, y la destrucción de la ciudad está solamente insinuada por el

humo en el fondo. La atención del observador está dirigida a las relaciones humanas entre el vencedor y el vencido, entre el general español y el general holandés que le entrega la llave de la ciudad de Breda. La obra celebra las cualidades de reconcili- 30 ación, generosidad y cortesía. Además, los soldados menores no aparecen simple-mente en su papel de soldados; están representados como individuos preocupados con sus propios pensamientos.

2. Comprensión

1. ¿Para qué pintó Velázquez *La rendición de Breda?*
2. ¿Cómo sería una típica pintura militar? ¿En qué sentido es original y diferente esta pintura?
3. Mire Ud. a los soldados menores en la pintura. ¿Cómo están representados? Explique.

3. Interpretación

Mire bien el cuadro. ¿Qué objeto hay en el centro exacto de la pintura? ¿Por qué cree Ud. que el pintor lo ha puesto allí?

Retrato del papa Inocencio X por Diego Velázquez, Roma, Galería Doria-Pamphile. ¿Una pintura demasiada realista?

El Retrato del papa Inocencio X, suntuosidad y malicia

A Velázquez le interesaba el ser humano en toda su variedad. Pintaba a reyes y a princesas, pero también 35 a pobres, a borrachos y a la gente con discapacidades físicas o mentales que se empleaban en la Corte como bufones o compañeros para los niños reales. Es impor-tante recordar que un buen retrato no es simplemente una copia de apariencias externas; exige imaginación e 40 intuición porque el artista observa a su sujeto durante horas y escoge la expresión, la postura y los gestos más apropiados. Miremos ahora el *Retrato del papa Inocencio X.* Éste era uno de los hombres más poderosos del mundo de aquellos tiempos, y también... uno de los más feos[1]. 45 Velázquez, pintor realista, revela la fealdad del Papa sin piedad, al mismo tiempo que representa la suntuosidad y la hermosura de su ropa con una maravillosa pre-cisión. Quizás por eso no se fijó el Papa en la malicia que parece tan evidente en el retrato de su cara. 50

[1] Según el crítico Paul Westheim, «El papa Inocencio X era tan repulsiva-mente feo que en el Cónclave de 1546 se había discutido si era posible elegir de papa a un hombre de ese 'aspecto de sátiro torvo *(terrible)* y brutal'».

4. Comprensión

1. ¿A quiénes pintaba Velázquez? ¿Por qué?
2. ¿Por qué es necesario tener imaginación e intuición para pintar un buen retrato?

5. Interpretación

Mire la pintura con cuidado. ¿Qué características ve Ud. en la cara del Papa? ¿Compasión y bondad? ¿O astucia y crueldad? ¿Cómo cree Ud. que el Papa habrá reaccionado *(might have reacted)* al ver esta pintura?

Velázquez, Diego Rodríguez (1599–1660) *Venus and Cupid (Venus of the Mirror or Rockeby Venus)./ National Gallery, London, Great Britain / Erich Lessing / Art Resource, NY*

Venus y cupido (La Venus del espejo) por Diego Velázquez, The National Gallery, London. Un cuadro misterioso.

La Venus del espejo, esencia de la belleza femenina

Ahora, miremos una de las pinturas más bellas de Velázquez: la fascinante y misteriosa *Venus del espejo*, el primer desnudo no religioso de la pintura española. No se sabe mucho del cuadro. El tema es una mirada íntima de Venus, la diosa romana del amor, acompañada de su hijo Cupido. Seguramente se trataba de un encargo privado porque el «Santo Oficio» de la Inquisición no permitía el uso del cuerpo desnudo en las pinturas. Velázquez ha representado a la bella joven con dignidad, delgada y modesta, en contraste con las figuras voluptuosas y lascivas que se veían en muchas pinturas italianas de aquellos tiempos.

6. Comprensión

1. ¿Cuál es el tema de *La Venus del espejo*?
2. ¿Cómo sabemos que este cuadro era un encargo privado?

7. Interpretación

¿Qué piensa Ud. del cuadro? ¿Qué idea del amor evoca? ¿Por qué cree que Velázquez usa un espejo para reflejar la cara de la bella muchacha?

Después de leer

8. Charla   Piense un momento en las siguientes preguntas. Luego, comparta sus opiniones con su profesor(a) y con la clase.

1. ¿Podemos decir que Velázquez era convencional? ¿O era más bien original? Explique.
2. ¿Cuál de los cuadros de Velázquez, que se ven en este capítulo, le parece a Ud. el más importante? ¿El más memorable? ¿Por qué?

9. Opiniones   Trabajando con otra persona, expliquen por qué Uds. están o no de acuerdo con las siguientes opiniones. Después, comparen sus opiniones con las del resto de la clase.

1. Hoy día, un pintor realista como Velázquez no tendría mucho valor porque usamos cámaras para sacar fotos. ¿Sí o no? ¿Por qué?
2. En las Cortes del siglo XVII, el empleo de enanos y de otras personas con discapacidades para entretener a los nobles o servir como compañeros a los niños era una mala costumbre. ¿Sí o no? ¿Por qué?
3. Un cuadro como *La Venus del espejo* es insultante para las mujeres porque presenta el cuerpo femenino como un objeto del deseo erótico. No hay pinturas que presenten así al cuerpo masculino. ¿Sí o no? ¿Por qué?

Parte 2 El arte posmoderno de Frida Kahlo (1907–1954)

Listen to the reading on the CD, Track 17.

En tiempos recientes, una de las artistas mexicanas más famosas es Frida Kahlo. Kahlo no pertenece a la tradición clásica y realista; su obra es posmoderna. Por lo tanto en sus pinturas no se conserva la distancia entre el «yo» de la pintora y la persona o escena que pinta. Al contrario, la presencia de la artista está por todas partes: su cara, su figura, sus amores y odios, sus penas físicas y emocionales, sus 5 opiniones políticas.

Kahlo nació en Coyoacán, México, en 1907. Su madre era mestiza y su padre un inmigrante alemán judío, quien trabajaba como fotógrafo. Frida sufrió toda su vida de discapacidades físicas causadas por la polio que contrajo cuando era niña y por un horrendo accidente de autobús que ocurrió cuando tenía dieciocho años. 10 Se le fracturó la columna vertebral en tres partes. Mientras se recuperaba en el hospital, empezó a pintar para entretenerse. A los veinte años conoció al célebre pintor y muralista Diego Rivera. ¡Fue un flechazo! A pesar de sus cuarenta y un años, su esposa y sus hijos, Diego se casó con Frida. Juntos llevaron una vida tempestuosa, viajando por México, Europa y Estados Unidos y participando activamente 15 en el movimiento socialista. Se divorciaron en 1939 pero volvieron a casarse al año siguiente. Kahlo murió a la edad de cuarenta y siete años, sin haberse nunca recuperado completamente del accidente de su juventud.

Frida Kahlo poseía un espíritu libre, ingenioso y apasionado, y una gran valentía. Su obra muestra la influencia del paisaje y de la mitología indígena de México, y 20 a veces presenta crítica social. Pero Frida misma es el tema más común de sus cuadros. Vamos a examinar tres de sus pinturas y tratar de entender por qué la fama de Kahlo va creciendo y por qué cada día más personas encuentran en su arte un valor universal.

10. Comprensión

1. Frida Kahlo cojeó *(limped)* durante toda su vida; era una persona con discapacidad. ¿Le parece que ella llevó una vida limitada a causa de esto? Explique.
2. ¿Qué circunstancias de su vida la ayudaron a ser una famosa pintora?
3. ¿Cómo son las pinturas de Frida Kahlo? ¿Cuál es su tema preferido? ¿Qué opina Ud. de esto?

Las dos Fridas, un autorretrato insólito

Este cuadro representa un contraste directo con el concepto clásico del arte como 25 representación de la realidad objetiva. Contiene varias cualidades del posmodernismo: la fragmentación, la incorporación de elementos de la vida personal de la artista y de su estado emocional, la ironía y la presentación de múltiples realidades. Lo más insólito de este autorretrato es que muestra… ¡a dos Fridas en vez de una! La artista lo pintó poco después de su divorcio con Diego, proyectando en el cuadro sus sentimientos de 30

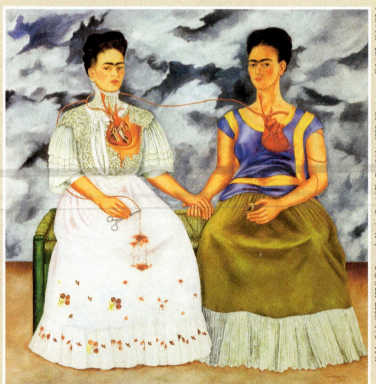

Kahlo, Frida (1907–1954) © Banco de Mexico Trust / *The Two Fridas*, 1939, Oil on canvas. 5' 8 1/2" x 5' 8 1/2". / Museo Nacional de Arte Moderno, Mexico City, D.F., Mexico / Schalkwijk / Art Resource, NY

Las dos Fridas por Frida Kahlo, 1939, Instituto Nacional de Bellas Artes, Museo de Arte Moderno, México. ¿Hay dos personas dentro de cada uno de nosotros?

separación y de conflicto matrimonial. Una de las figuras está vestida al estilo europeo y la otra al estilo de Tehuana (una región de México), pero las dos están unidas por una arteria conectada a los corazones que se muestran al desnudo. Frida obviamente se sentía dividida por la necesidad de actuar en el mundo cosmopolita de su marido, quien gozaba entonces de fama internacional, y al mismo tiempo retener su propia 35 identidad como mexicana. La «Frida» vestida a la europea lleva unas tijeras con las que se está cortando la arteria y haciendo que se desangre.

11. Comprensión

1. ¿Por qué la artista se representa a sí misma como dos personas?
2. ¿Qué características del posmodernismo hay en el cuadro?

12. Interpretación

¿Qué le parece este cuadro? ¿Sorprendente? ¿Interesante? ¿Chocante? ¿Repugnante? ¿Cree Ud. que es eficaz como un autorretrato de la pintora?

Allá cuelga mi vestido, una visión posmoderna de Nueva York

En 1933, mientras su esposo trabajaba en un mural para el Centro Rockefeller en Nueva York, Kahlo pintó *Allá cuelga mi vestido*, que está en la página 185 de este capítulo. A primera vista, se notan dos detalles raros y humorísticos: el enorme inodoro *(toilet)* y el trofeo, los dos montados en pedestales como si fueran monumentos. Para Frida, éstos representan dos de las obsesiones del pueblo estadounidense: la limpieza y los deportes. En el centro de todo se encuentra el toque personal: el vestido mexicano de la artista, colgado entre los grandes edificios. Pero, ¿dónde está Frida misma? Su cara y figura casi siempre aparecen en sus pinturas pero aquí faltan. La pintora odiaba Nueva York y no quería estar allí.

Una observación cuidadosa revela que el cuadro contiene un mensaje social: una crítica de las condiciones en Estados Unidos durante los años de la Gran Depresión. Hay un enorme contraste entre la riqueza de los rascacielos y la miseria de los miles de pobres que aparecen como pequeños puntitos bajo las estatuas de George Washington y de la Libertad y el inmenso anuncio comercial de la actriz Mae West. También hay un basurero *(garbage can)* colosal con un extraño contenido.

13. Comprensión

1. ¿Qué simbolizan el inodoro y el trofeo monumentales? ¿Qué opina Ud. de éstos? ¿Tenía razón Frida?
2. ¿Cómo se puede explicar el título del cuadro?

14. Interpretación

¿Qué mensaje social presenta esta pintura sobre Nueva York? ¿Qué piensa Ud. de Nueva York? Explique.

Retrato de Luther Burbank, Una combincíon híbrida de realidad y fantasía

Muchos cuadros de Frida Kahlo están pintados en un estilo que combina el realismo y la fantasía. En parte, esta tendencia se debía a la influencia del movimiento surrealista que estaba de moda entonces. Influidos por Freud, los surrealistas buscaban penetrar 55 en la subconsciencia para unirla con la realidad externa y crear así una realidad más completa. En este cuadro, pintado por Frida cuando sólo tenía veinticuatro años, vemos al conocido botánico Luther Burbank en un paisaje de sueño que simboliza su trabajo con híbridos sorprendentes de frutas y verduras. Con humor irónico, la artista presenta a Burbank como si él mismo fuera híbrido: mitad hombre, mitad árbol. El tema de la 60 muerte aparece en las raíces del árbol-hombre que se nutren de un cadáver humano. Sin embargo, esta visión de la muerte no parece morbosa porque se representa como el medio necesario para el nacimiento de una nueva vida.

Kahlo, Frida (1907–1954). © Banco de Mexico Trust. *Portrait of Luther Burbank, 1931.* Burbank (1849–1926), American horticulturist / Fundacion Dolores Olmedo, Mexico City, D.F., Mexico / Schalkwijk / Art Resource, NY

Retrato de Luther Burbank por Frida Kahlo, 1931, colección privada

15. Comprensión

1. ¿Por qué es famoso Luther Burbank?
2. ¿Cómo lo representa la artista y por qué? ¿Qué piensa Ud. de esta representación?

16. Interpretación

En su opinión, ¿qué quiere comunicar Frida Kahlo en esta pintura? ¿Qué le parece el esqueleto debajo de la tierra? ¿Sería mejor la pintura si se omitiera el esqueleto? Explique.

Después de leer

17. Charla   Piense un momento en las siguientes preguntas. Luego, comparta sus opiniones con su profesor(a) y con la clase.

1. ¿Cuál de los cuadros de Kahlo le parece a Ud. el más bello? ¿El más ingenioso? ¿El más insólito?
2. ¿Cree Ud. que el arte de Frida Kahlo es feminista, o no? ¿Por qué?
3. Para Ud., ¿cuál de estos artistas merece mayor respeto? Explique.

 ### 18. Opiniones   Trabajando con otra persona, expliquen por qué Uds. están o no de acuerdo con las siguientes opiniones. Después, comparen sus opiniones con las del resto de la clase.

1. Si no fuera por su discapacidad física, Frida Kahlo no sería una pintora famosa. ¿Sí o no? ¿Por qué?
2. Las pinturas de Diego Velázquez son técnicamente muy superiores a las de Frida Kahlo. ¿Sí o no? ¿Por qué?
3. Las pinturas de Frida Kahlo muestran más imaginación que las de Diego Velázquez. ¿Sí o no? ¿Por qué?

 ### 19. Hablando del arte…   ¿Para qué miramos el arte? A continuación hay algunas de las reacciones positivas que a veces sentimos ante un cuadro. Hable en un grupo con tres o cuatro compañeros y juntos contesten esta pregunta: ¿Con cuál o cuáles de los cuadros de Velázquez o de Kahlo se podrían relacionar las siguientes descripciones? Explíquele sus opiniones a la clase después.

1. Me hacer reír (o sonreír).
2. Presenta una nueva manera de ver la realidad.
3. Expresa emociones que yo he sentido.
4. Me gustaría tenerlo en mi casa.
5. Me enseña algo interesante sobre la historia o la vida.
6. Revela aspectos intrigantes de la naturaleza humana.
7. Tiene un mensaje importante.

Selección 1   Penélope Cruz: Una mirada íntima a la diva española[1]

Antes de leer

Para abrir el tema ¿Cómo será la vida de la gente rica y famosa? Piense Ud. un momento en la famosa actriz española Penélope Cruz. Trate de imaginarse la vida de ella y conteste estas preguntas.

1. ¿Cree Ud. que ella está satisfecha con su vida, o no? ¿Tendrá otras ambiciones además de la actuación? Explique.
2. ¿Se imagina Ud. a Penélope como una persona segura (llena de confianza) o insegura? ¿Por qué?
3. ¿Quiénes serán sus amigos y amigas? ¿Serán otros actores como ella, o los compañeros de escuela de su niñez?

1-1. Vocabulario: ¿Cuál es el sinónimo?   Busque sinónimos en el artículo para las palabras o frases en itálica. (Las frases están en el orden en que aparecen en el artículo.)

1. He tenido una gran *conexión* con Pedro Almodóvar. _____
2. He trabajado en Estados Unidos..., pero siempre *vuelvo* a Europa... _____
3. Ahora disfruto ir y venir entre *filmes* de Hollywood y europeos... _____
4. (Ella) Es la menor de tres hijos de... Eduardo y [...] Encarna, quienes *escogieron* su nombre por la popular canción... _____
5. Cuando niña (ella) estudió ballet... con la esperanza de *convertirse en* bailarina profesional. _____
6. ... (yo) actuaba para mi familia,... y hacía *piezas dramáticas* para todo el mundo. _____
7. ... y siempre que puedo asisto a reuniones... porque quiero *empezar* a desarrollar mis propios proyectos. _____
8. Si eso *pasara* me habría perdido algo muy importante en mi vida. _____

1-2. Estrategia para leer: Búsqueda de datos   Busque rápidamente en el artículo los siguientes datos sobre Penélope. ¿Quiénes serán los primeros en descubrirlos todos?

1. el nombre del director con quien la joven Penélope soñaba trabajar algún día
2. los tres idiomas que ella ha usado en sus películas (además del inglés)
3. la profesión de su padre
4. la profesión de su madre
5. la carrera para la que Penélope estudiaba antes de estudiar actuación
6. su apodo *(nickname)*

[1] De *Quattro*, una revista mexicana

El Deseo S.A./The Kobal Collection/Picture Desk

Penélope Cruz hace el papel de una madre que aprende un horripilante secreto de su hija (Johana Cobo) en el filme *Volver*. Penélope y Johana, junto con las otras actrices de la película, ganaron el premio de Cannes en la categoría de mejor actriz de 2006.

Leer

Penélope Cruz: Una mirada íntima a la diva española

Roald Rynning (Traducción: Ariel Moreno)

me... *I sneaked*

celebración; tenían la costumbre de; **los...** *the 1950s and 1960s*

me gusta

«Hacer *Volver* fue la mejor experiencia que he tenido como actriz», dice Penélope Cruz sobre la aclamada película de Pedro Almodóvar. «He tenido una gran relación personal con Pedro durante muchos años», continúa. «Cuando tenía 15 años me colé° en el cine para ver *Átame*[2] —era menor de edad—, y al salir decidí convertirme en actriz. Soñé trabajar un día con Pedro. Él es el artista que más me ha inspirado. En *Volver,* el papel de Raimunda lo escribió especialmente para mí. Es un homenaje° a los papeles que Sofía Loren y Anna Magnani solían° hacer en los cincuenta y sesenta°, mujeres fuertes que sobreviven a todo.» 5

«He trabajado en Estados Unidos desde hace seis años, pero siempre regreso a Europa cuando me proponen un proyecto interesante», insiste Penélope. «He hecho cine en francés, en italiano y en español. Ahora disfruto° ir y venir entre películas de Hollywood y europeas, y quiero seguir haciéndolo cada vez que sea posible.» 10

[2] Una película del renombrado director español de cine, Pedro Almodóvar; tiene el título *Tie Me Up, Tie Me Down* en inglés.

practicaba para

«Toda mi niñez ensayé° la vida que tengo ahora.»

Matt Sayles/AP Photo

Penélope Cruz Sánchez ha recorrido un largo camino. Es la mayor de tres hijos de un mecánico, Eduardo, y una peluquera, Encarna, quienes eligieron su nombre por la popular canción de Joan Manuel Serrat[3]. Cuando niña estudió ballet desde los cuatro años, con la esperanza de volverse bailarina profesional. A los quince se decidió por la actuación, primero en comerciales y en la televisión española luego, en largometrajes°.

películas largas

«Toda mi niñez ensayé la vida que tengo ahora. Me disfrazaba° y actuaba para mi familia, creaba personajes en mi cuarto, buscaba vestuario°, salía y hacía representaciones para todo el mundo.»

Me... *I used to disguise myself;* ropa

Sus primeras lecciones de actuación fueron en el salón de belleza de su mamá. «Solía observar a las mujeres ahí. Me esperaba a que se relajaran para ver sus diferentes conductas. Era una buena escuela de actuación.»

Penélope goza de los placeres sencillos. Le gusta pasar tiempo con su mascota, un perro que rescató de la calle.

«Pe», como es apodada° la actriz, saca fotografías en su tiempo libre y espera algún día hacerlo a nivel profesional. Ve películas, le encanta jugar boliche, bucear° y leer...

llamada por sus amigos

to snorkel or scuba

«Para mí es un privilegio levantarme todos los días y saber que puedo hacer lo que quiera», comenta sobre su estilo de vida. «Siempre me mantengo ocupada cuando no estoy filmando, porque un actor tiene muchas inseguridades. He estado todo un año sin trabajar, y si no tienes nada más que te motive, puedes perder tu autoestima rápidamente.»

«Soy una estudiante de la vida», añade. «No salgo mucho pero estudio fotografía y siempre que puedo asisto a reuniones con productores, directores y ejecutivos de los estudios porque quiero comenzar a desarrollar mis propios proyectos.»

La maternidad, por otro lado, está obviamente en la mente de la Srta. Cruz. «Siempre he soñado con ser madre. Quiero convertirme en mamá y también adoptar. No sé cuándo, pero me sorprendería llegar a los cuarenta° y no tener hijos. Si eso sucediera me habría perdido algo muy importante en mi vida.»

los... *40 years old*

A Penélope se le conoce por llegar tarde° y ser supersticiosa. No se para sobre grietas° en el suelo y se esfuerza por visualizar las cosas ocho veces para que sucedan. Sus mejores amigos en Hollywood son la actriz mexicana Salma Hayek, el galán° español Antonio Banderas y su esposa Melanie Griffith y Tom Cruise con su familia.

por... *for arriving late*

No... *She doesn't step on cracks*

hombre atractivo

Criada° como católica, Penélope encontró la paz mental al estudiar el budismo. «Me encanta su filosofía y es un ejemplo de paz. Yo creo en la tolerancia y si quieres practicar tres religiones al mismo tiempo, debería estar permitido hacerlo. Nunca he sentido la necesidad de encerrarme° dentro de una caja°.»

Educada en su familia

aprisionarme; *box*

[3] Un famoso cantante y compositor de canciones en catalán y en castellano. Nació en Barcelona en 1943.

Después de leer

1-3. Explícame más Turnándose, una persona lee la oración y dice, «¡Explícame más!» La otra persona tiene que explicársela con ejemplos y detalles. Tome apuntes breves sobre las explicaciones de su compañero(a). Luego, compartan Uds. sus explicaciones con las de otros estudiantes de la clase.

modelo: —El director Pedro Almodóvar tiene mucha influencia sobre Penélope. ¡Explícame más!

—Bueno, Penélope tiene una gran relación personal con Pedro. Cuando ella tenía quince años, decidió ser actriz después de ver una de sus películas. Soñaba con trabajar con él, ¡y ahora lo hace! En un filme reciente, Pedro escribió un papel especialmente para ella.

1. Penélope vive en Estados Unidos pero viaja mucho a Europa. ¡Explícame más!
2. «Pe» (usando su apodo) dice: «Toda mi niñez ensayé la vida que tengo ahora». ¡Explícame más!
3. Ella tiene varios pasatiempos y está muy ocupada en sus ratos libres. ¡Explícame más!
4. Pe habla de "inseguridades" y la posibilidad de perder la autoestima. ¡Explícame más! (Y, a propósito, ¿no fue una sorpresa para ti que ella hablara de esto?)
5. Pe piensa en la maternidad. ¡Explícame más!
6. Ella no es perfecta. Se le conoce por dos defectos. ¡Explícame más!
7. Penélope es religiosa. ¡Explícame más!

1-4. Charla: *Nosotros y las superestrellas* Hoy Uds. son participantes del aclamado programa de televisión *Nosotros y las superestrellas*. Siéntense con su grupo en un círculo o semicírculo si es posible. A cada persona le toca el turno de hacer el papel de locutor(a) *(show host)*. Entonces lee en voz alta uno de los aspectos de la vida de Penélope Cruz que están a continuación, y hace preguntas sobre él. Todos los demás tienen que opinar sobre este aspecto de la vida de Penélope cuando el (la) locutor(a) se lo indica, haciendo comparaciones entre ellos mismos *(themselves)* y la superestrella. ¡Aplausos para todos!

modelo: la carrera (profesión, trabajo)

locutor(a): *¿Cómo es la carrera que tiene la señorita Cruz? ¿Está contenta con esa carrera? ¿Y tú? ¿Qué carrera tienes o quieres tener? ¿Por qué? ¿Quién inspiró a Penélope? Y a ti, ¿alguien te inspiró?*

participantes: *Pues, la señorita Cruz es actriz, una persona famosa. Está muy contenta con su trabajo. Yo no soy famoso. Soy estudiante y quiero ser ingeniero o negociante porque quiero ganar dinero y llevar una vida interesante. El director Almodóvar inspiró a Penélope. Yo admiro a mi tío. Él es ingeniero. Él me inspiró.*

1. **La familia y los amigos**

   ¿Cómo es la familia de Pe? ¿Tiene hermanos? ¿Quiénes son sus amigos? ¿Te gustaría ser amigo(a) de ellos también? ¿O no? ¿Por qué?

2. **El nivel de satisfacción con la vida, ambiciones o metas** *(goals)*

   ¿Está contenta la superestrella? ¿Por qué sí o por qué no? ¿Tiene otra ambición, además de ser actriz? ¿Qué metas tiene ella? ¿Y tú?

3. **La seguridad o inseguridad personal, la autoestima**

   ¿Qué dice Penélope de la inseguridad? ¿Te sorprende a ti que diga eso una persona rica y famosa? ¿Por qué sí o por qué no? ¿Cuándo se siente insegura ella? Y tú, ¿te sientes inseguro(a) a veces? ¿Cuándo? ¿Qué hace la actriz para evitar que le baje la autoestima? Y tú, ¿qué haces?

4. **Los gustos y preferencias, los pasatiempos**

   ¿Qué pasatiempos tiene Pe? ¿Qué hace en sus ratos libres? ¿Tienes pasatiempos tú? ¿Qué haces tú los fines de semana?

5. **Carácter y defectos**

   ¿Es puntual Penélope? ¿Es supersticiosa? En general, ¿te parece que ella es una persona optimista o pesimista? Explica. Y tú, ¿cómo eres? ¿Qué defectos de carácter tienes? O, ¿eres quizás perfecto(a)?

6. **La maternidad o la paternidad**

   ¿Piensa Pe en la maternidad? ¿Qué planes tiene al respecto? ¿Quiere tener hijos? ¿Y tú? ¿Crees que es posible tener una vida agradable y completa sin nunca tener hijos nunca? Explica.

7. **La religión**

   ¿Es religiosa Penélope? ¿Qué opina ella de la religión? ¿Qué opinas tú de su idea de practicar dos o tres religiones al mismo tiempo? ¿Dónde encuentra ella la paz y la tranquilidad? ¿Y tú?

¡Conectémonos!

Artistas y autores, la realidad detrás de la fantasía

Trabajando solo(a) o con otros, escoja una de las personas (o el grupo) de esta lista.

1. Diego Velázquez
2. Frida Kahlo
3. Penélope Cruz
4. Pedro Almodóvar
5. Joan Manuel Serrat
6. Augusto Algueró
7. Julio Cortázar
8. Los Nocheros
9. Gabriel García Márquez

Use Internet o la biblioteca para buscar datos *(facts)* interesantes sobre su vida y sus obras. Visite sitios web en español o lea libros o revistas en español y prepare un breve informe de una o dos páginas para compartir con la clase o entregárselo a su profesor(a). ¡Ojo! *(Watch out!)* Tenga cuidado de anotar la fuente *(source)* de su información; después de cada dato o cita *(quote),* escriba claramente entre paréntesis la dirección del sitio web o el título del libro o de la revista donde Ud. encontró la información.

Incluya algunos de estos componentes:

- Tres adjetivos que se usen para describir a esta persona
- Los nombres o títulos de tres o cuatro de sus obras —ya sean películas, libros, cuentos (o un cuento o una novela convertidos en película), poemas, canciones, etcétera— y una descripción de por lo menos dos de sus obras
- Un dato cómico o insólito sobre su vida o sus obras
- Alguna imagen, dibujo o foto de la persona o de sus amigos
- Información sobre su familia, sus mascotas *(pets)* si las tiene, o sobre su auto o su casa
- Dos o más opiniones (positivas o negativas) sobre la persona y su obra
- Una cita directa de él o de ella o de otra persona que opine sobre él o ella, especialmente algo que refleje sus gustos y preferencias
- Información sobre la filosofía, los pensamientos o deseos íntimos de esta persona, sus ambiciones y metas

Selección 2 — Penélope: Un amor perdido

Antes de escuchar

Para abrir el tema Hay muchas canciones que han sido y continúan siendo muy populares a través del tiempo. Una de ellas es «Penélope», escrita por Augusto Algueró. Aunque salió en el año 1969, sigue contándose entre las canciones más reconocidas en la esfera de música en español. Se ha dicho que los padres de la cantante y actriz Penélope Cruz le pusieron ese nombre después de haber oído la canción. Piense un momento en su propio nombre e identidad. ¿Qué diría Ud. si alguien le preguntara: «¿Te ha afectado tu nombre de alguna manera? ¿Serías la misma persona si tuvieras otro nombre?»

¿Crees que el nombre de una persona afecta su identidad? ¿Crees que afecta su personalidad y autoestima? Trabajando con un(a) compañero(a), contesta las siguientes preguntas.

1. ¿Te gusta o no el nombre que te pusieron tus padres? ¿Te identificas con él? Explica.
2. Si pudieras, ¿preferirías tener otro nombre? ¿Por qué? ¿Cuál sería tu nombre si fuera tu decisión?
3. ¿Qué piensas de padres que les dan nombres raros o inventados a sus hijos? ¿Afecta la vida de la persona tener un nombre raro? Explica tus razones.

2-1. Vocabulario: ¿Dónde va la palabra? Lea la letra de la canción «Penélope» rápidamente, buscando el significado del vocabulario en la siguiente lista. Luego llene los espacios en blanco que aparecen a continuación con la palabra o frase más apropiada.

abanico	andén	de domingo	dejar de
huerto	se marchitan	menean	tacón

1. Según los médicos, las personas que fuman deben _____ hacerlo.
2. En la finca de mi tío Daniel, hay un _____ de naranjos y otros árboles que dan frutas.
3. Generalmente cuando no hay suficiente lluvia, las plantas en el jardín _____.
4. Cuando hace mucho calor, algunas mujeres usan un _____ para crear una brisa.
5. La ropa que no se lleva todos los días y que muchas personas se ponen para ir a la iglesia es ropa _____.
6. Los zapatos que la joven lleva con su traje formal tienen el _____ bastante alto.
7. Cuando los perros están contentos de ver a alguien, _____ la cola rápidamente.
8. Antes de subir al tren, la gente lo espera en el _____.

Escuchar

2-2. Estrategia para escuchar: Escuchar varias veces Escuche la canción sin mirar la letra. Escúchela tres veces. La primera vez escuche para familiarizarse con la canción. La segunda vez que la escuche, escriba la idea principal de cada verso. La tercera vez, revise lo que escribió para asegurarse *(to be sure)* de que la comprendió.

Sugerencia: Ud. puede reconocer el principio de un verso nuevo porque se repite el ritmo de la música.

Penélope

Letra y música por Augusto Algueró[1]; interpretado por Joan Manuel Serrat[2] y Penélope Cruz

 Perspectivas **iTunes playlist**

cuero

parte del zapato que le corresponde al talón; ropa que no se lleva diariamente; mueble alargado para sentarse; plataforma que se extiende a lo largo de las vías en las estaciones de tren; mover o agitar una cosa; instrumento para hacer brisa personal moviendo el aire a mano; le quitó su sentido de poder amar

Penélope,
con su bolso de piel° marrón
y sus zapatos de tacón°
y su vestido de domingo°.
Penélope
se sienta en un banco° en el andén°
y espera que llegue el primer tren
meneando° el abanico°.

Dicen en el pueblo
que un caminante paró
su reloj°
una tarde de primavera.
«Adiós amor mío
no me llores, volveré
antes que
de los sauces° caigan las hojas.
Piensa en mí
volveré a por ti...»

tipo de árbol, *willow tree*

El artista español, Joan Manuel Serrat

una persona muy triste; perteneciente a la infancia (período desde el nacimiento hasta la adolescencia); de color de plomo, un metal denso y pesado de color gris-azulado

Pobre infeliz°
se paró tu reloj infantil°
una tarde plomiza° de abril
cuando se fue tu amante.

5

10

15

20

---

[1] Augusto Algueró es un compositor, arreglista y director de orquesta español nacido en Barcelona. Su canción «Penélope», cantada por Serrat, ha llegado a ser una de las canciones indispensables en el repertorio del cantante catalán.

[2] Joan Manuel Serrat es un cantante español nacido en Barcelona que comenzó su carrera cantando en catalán. En 1968 salió su primer trabajo en español.

se secó o se puso débil la planta, flor, etc.; pequeña extensión de terreno donde se plantan verduras y árboles frutales

Se marchitó°
en tu huerto° hasta la última flor.
No hay un sauce en la calle Mayor   25
para Penélope.

Penélope,
tristes a fuerza de esperar,

tienen el aspecto de

whistles (verbo)

sus ojos, parecen° brillar
si un tren silba° a lo lejos.   30
Penélope
uno tras otro los ve pasar,
mira sus caras, les oye hablar,

juguetes de niños que representan a personas o personajes

para ella son muñecos°.

persona que se va caminando o andando

Dicen en el pueblo   35
que el caminante° volvió.
La encontró
en su banco de pino verde.
La llamó: «Penélope
mi amante fiel, mi paz,   40
deja ya

inventar sueños; crear un futuro dentro de la cabeza

de tejer sueños° en tu mente,
mírame,
soy tu amor, regresé».

Le sonrió   45

diminutivo del adjetivo «lleno»; que contiene tanto como le permite su capacidad

con los ojos llenitos° de ayer,
no era así su cara ni su piel.
«Tú no eres quien yo espero».
Y se quedó
con el bolso de piel marrón   50

diminutivo de zapatos; usado para enfatizar la pequeñez del artículo

y sus zapatitos° de tacón
sentada en la estación.

Después de escuchar

2-3. Comprensión: ¿Qué recuerda? Conteste las preguntas, según la letra de la canción que ha escuchado.

1. Al principio de la canción, el autor dice cómo va vestida Penélope. ¿Qué lleva puesto la joven?
2. ¿Dónde está Penélope al principio de la canción?
3. ¿Qué le pasó a Penélope una tarde plomiza de primavera?

4. ¿Qué fueron los resultados de la pérdida *(loss)* que sintió Penélope?
5. ¿Cómo reacciona Penélope cuando oye el silbido de un tren?
6. Cuando el amante volvió, ¿dónde encontró a Penélope?
7. ¿Qué le dijo él a ella?
8. ¿Cómo le respondió Penélope?
9. ¿Por qué lo rechazó ella?
10. ¿Dónde está Penélope al final de la canción?

 2-4. Opiniones: ¿Qué piensan? Después de haber estudiado la letra de la canción y haber escuchado la música, hable sobre los siguientes temas con un(a) compañero(a). Luego, compartan sus opiniones con el resto de la clase.

1. lo que piensan que ocurrió entre los amantes
2. por qué volvió el amante después de haberse ido
3. por qué ya no lo quiere Penélope
4. por qué el autor empleó diminutivos al final de la canción

2-5. Escritura artística John Denver («Annie's Song»), al igual que Algueró, escribió una canción con el nombre de una mujer como título. Elton John escribió un tributo a Marilyn Monroe, que luego se convirtió en homenaje a la princesa Diana de Inglaterra cuando ella murió repentinamente. Imagínese que es artista profesional y al fin ha conocido a la persona que cambiará su vida para siempre y sin quien Ud. no podrá ni querrá vivir. Siguiendo el ejemplo de estos famosos cantantes y escritores, Ud. decide hacerle homenaje a esta persona amada, escribiéndole una canción con su nombre como título. Usando «Penélope» de guía, escriba la letra para su canción. Puede incluir la descripción física de la persona, su propio estado emocional y el de su persona amada, cómo se conocieron y qué ha pasado en su relación. Luego el (la) profesor(a) puede pedirle que les lea su canción a los compañeros.

2-6. Comentario sobre el dibujo Mire el dibujo que es una representación del tributo por un amigo a Joan Manuel Serrat, cuando éste estaba reponiéndose de mala salud. Présteles atención a las semejanzas y a las diferencias entre la letra de la canción y el dibujo.

   ¿Piensa Ud. que el dibujo es fiel a la letra de la canción y a la visión de su autor? Explíqueles su punto de vista a sus compañeros.

Selección 3 | Casa tomada

Antes de leer

Para abrir el tema   ¿Qué importancia tiene una casa? En este cuento la casa es muy importante y funciona casi como un personaje. Al principio, la casa parece normal: el lugar donde viven el narrador y su hermana Irene en la ciudad de Buenos Aires. Pero, poco a poco la casa llega a convertirse en una casa «tomada» (capturada) por una fuerza siniestra y aterradora.

Trabajando solo(a) o con otro(s), conteste(n) estas preguntas.

1. ¿Cómo explica Ud. las casas embrujadas *(haunted)*?
2. ¿Dónde y cuándo visitan los fantasmas *(ghosts)*? ¿Por qué?
3. ¿Cree Ud. en la existencia de los fantasmas o del diablo y en su intervención en la vida humana? Explique.

3-1. Vocabulario: Habitaciones revueltas   Tome esta oportunidad para repasar los nombres de las habitaciones de una casa. Esto le ayudará a seguir el hilo *(follow the thread, i.e. action)* del cuento. Los nombres están en el cuadro que sigue (junto a sus definiciones), pero con sus letras revueltas *(scrambled)*. Escriba la forma correcta de cada palabra. (Todas las palabras aparecen en la primera parte del cuento, líneas 26–40.)

Letras revueltas	Palabra correcta	Definición
1. *tabboilice*		habitación donde se guardan los libros
2. *nacico*		habitación donde se prepara la comida
3. *modroce*		habitación para comer
4. *roomitidor*		habitación para dormir
5. *nigvil*		habitación para estar con la familia
6. *lliposa*		corredor, espacio por donde se pasa de una parte a otra
7. *alsa*		habitación donde se recibe a los invitados
8. *nazáug*		entrada

3-2. Visualización del ambiente La casa hace un papel muy importante en este cuento. Para comprenderlo mejor, lea la descripción de la distribución *(layout)* de la casa (líneas 26–40), y conteste estas preguntas: ¿Cuál de las dos ilustraciones a continuación es la correcta y cuál es la falsa? ¿Por qué?

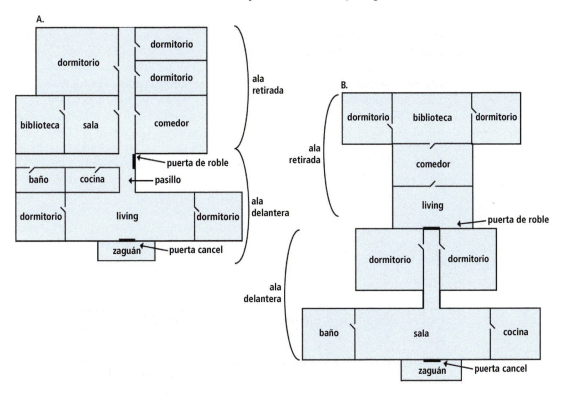

3-3. Estrategia para leer: Búsqueda de datos Busque rápidamente en las líneas 1–25 los siguientes datos sobre los dos personajes.

	El narrador	*Irene*
nombre		
edad		
estado civil		
profesión		
actividad(es) preferida(s)		
a qué hora se levanta		
a qué hora almuerza		

Ahora, lea el cuento con cuidado para ver los misteriosos incidentes que ocurren en la casa de los dos hermanos.

Leer

Casa tomada

Julio Cortázar[1]

Parte 1[2]

además; memories

great-grandparents

Nos gustaba la casa porque aparte° de espaciosa y antigua guardaba los recuerdos° de nuestros bisabuelos°, el abuelo paterno, nuestros padres y toda la infancia.

getting in each other's way

terminar

agradable

la casa; no... prevented us from getting married; suitors get engaged

conclusión

Nos habituamos Irene y yo a persistir solos en ella, lo que era una locura pues en esa casa podían vivir ocho personas sin estorbarse°. Hacíamos la limpieza por la mañana, levantándonos a las siete, y a eso de las once yo le dejaba a Irene las 5 últimas habitaciones por repasar° y me iba a la cocina. Almorzábamos a mediodía, siempre puntuales; ya no quedaba nada por hacer fuera de unos pocos platos sucios. Nos resultaba grato° almorzar pensando en la casa profunda y silenciosa. A veces llegamos a creer que era ella° la que no nos dejó casarnos°. Irene rechazó dos pretendientes° sin mayor motivo, a mí se me murió María Esther antes que llegáramos 10 a comprometernos°. Entramos en los cuarenta años con la inexpresada idea que el nuestro, simple y silencioso matrimonio de hermanos, era necesaria clausura° de la genealogía asentada por los bisabuelos en nuestra casa.

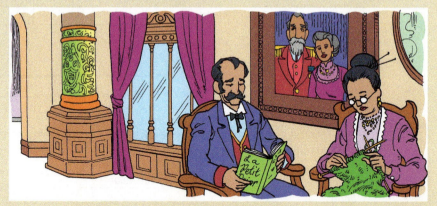

causar problemas

de la mañana; knitting

suéteres

chaquetas para la cama; vests; wool; utilizaba

libros nuevos

Irene era una chica nacida para no molestar° a nadie. Aparte de su actividad matinal° se pasaba el resto del día tejiendo° en el sofá de su dormitorio. No sé por 15 qué tejía tanto. Tejía cosas siempre necesarias, tricotas° para el invierno, medias para mí, mañanitas° y chalecos° para ella. Los sábados iba yo al centro a comprarle lana°. Yo aprovechaba° esas salidas para dar una vuelta por las librerías y preguntar vanamente si había novedades° en literatura francesa. Desde 1939 no llegaba nada valioso a la Argentina. 20

[1] Julio Cortázar (1914–1984), cuentista y novelista argentino de fama internacional. Sus cuentos, escritos en un estilo natural, crean un mundo de misterio y fantasía. El cuento «Casa tomada» está presentado aquí en dos partes y en forma levemente abreviada con el permiso del autor.

[2] Dos ejercicios sobre la Parte 1 se encuentran en la página 215.

Pero es de la casa que me interesa hablar, de la casa y de Irene, porque yo no tengo importancia. Me pregunto qué hubiera hecho Irene sin el tejido. No necesitábamos ganarnos la vida, todos los meses llegaba la plata° de los campos° y el dinero aumentaba. Pero a Irene solamente la entretenía el tejido, mostraba una destreza° maravillosa y a mí se me iban las horas viéndole las manos. Era hermoso.

Cómo no acordarme de° la distribución de la casa. El comedor, una sala con gobelinos°, la biblioteca y tres dormitorios grandes quedaban en la parte más retirada°. Solamente un pasillo con su maciza° puerta de roble° aislaba esa parte del ala delantera° donde había un baño, la cocina, nuestros dormitorios y el living central, al cual comunicaban los dormitorios y el pasillo. Se entraba a la casa por un zaguán de mayólica°, y la puerta cancel° daba al living. De manera que uno entraba por el zaguán, abría la cancel y pasaba al living; tenía a los lados las puertas de nuestros dormitorios, y al frente el pasillo que conducía a la parte más retirada; avanzando por el pasillo se franqueaba° la puerta de roble y más allá empezaba el otro lado de la casa, o bien se podía girar° a la izquierda justamente antes de la puerta y seguir por un pasillo más estrecho° que llevaba a la cocina y al baño. Cuando la puerta estaba abierta advertía° uno que la casa era muy grande; si no, daba la impresión de un departamento° de los que se edifican ahora, apenas para moverse; Irene y yo vivíamos siempre en esta parte de la casa, casi nunca íbamos más allá° de la puerta de roble, salvo° para hacer la limpieza.

Lo recordaré siempre con claridad porque fue simple y sin circunstancias inútiles°. Irene estaba tejiendo en su dormitorio, eran las ocho de la noche y de repente se me ocurrió poner al fuego la pavita del mate°. Fui por el pasillo hasta enfrentar la entornada° puerta de roble, y daba la vuelta al codo° que llevaba a la cocina cuando escuché algo en el comedor o la biblioteca. El sonido venía impreciso y sordo°, como un volcarse° de silla sobre la alfombra o un ahogado susurro° de conversación. Me tiré contra la puerta antes de que fuera demasiado tarde, la cerré de golpe apoyando el cuerpo, felizmente la llave estaba puesta de nuestro lado y además corrí° el gran cerrojo° para más seguridad.

Fui a la cocina, calenté la pavita, y cuando estuve de vuelta con la bandeja° del mate le dije a Irene:

—Tuve que cerrar la puerta del pasillo. Han tomado la parte del fondo°.

Parte 2

Dejó caer el tejido y me miró con sus graves ojos cansados.

—¿Estás seguro?

Asentí°.

—Entonces —dijo recogiendo las agujas°— tendremos que vivir en este lado.

Los primeros días nos pareció penoso° porque ambos° habíamos dejado en la parte tomada muchas cosas que queríamos. Mis libros de literatura francesa, por ejemplo, estaban todos en la biblioteca. Irene extrañaba° unas carpetas°, un par de pantuflas° que tanto la abrigaba° en invierno. Con frecuencia (pero esto solamente sucedió los primeros días) cerrábamos algún cajón° de las cómodas° y nos mirábamos con tristeza.

Glossary (margin notes):

dinero; *(rented) estates*
habilidad

Cómo... Recuerdo muy bien; *French tapestries*; lejos de la calle; sólida; *oak*
ala... *front wing*

Mallorcan tiles; **puerta...** *inner door*

pasaba por
doblar
narrow
notaba
apartamento
más... al otro lado
excepto

innecesarias
pavita... *pot of mate (tea)*; medio cerrada; pasillo
muffled
knocking down; **ahogado...** *choked whisper*
moví
bolt
tray

del... *in the back*

Dije que sí
knitting needles
muy difícil; nosotros dos
missed; folders
slippers; **la...** *would keep her warm; drawer; chests of drawers*

—No está aquí.

Y era una cosa más de todo lo que habíamos perdido al otro lado de la casa.

Pero también tuvimos ventajas°. La limpieza se simplificó tanto que aun levan- 65
tándose tardísimo, a las nueve y media por ejemplo, no daban las once y ya estábamos de brazos cruzados°.

Irene estaba contenta porque le quedaba más tiempo para tejer. Yo andaba un
poco perdido a causa de los libros, pero por no afligir° a mi hermana me puse a revisar la colección de estampillas° de papá, y eso me sirvió para matar el tiempo. Nos 70
divertíamos mucho, cada uno en sus cosas, casi siempre reunidos en el dormitorio
de Irene que era más cómodo. Estábamos bien, y poco a poco empezábamos a no
pensar. Se puede vivir sin pensar.

(Cuando Irene soñaba en alta voz° yo me desvelaba° en seguida. Nunca pude
habituarme a esa voz de estatua o papagayo°, voz que viene de los sueños y no de 75
la garganta°. Aparte de eso todo estaba callado° en la casa. De día eran los rumo-
res° domésticos. En la cocina y el baño, que quedaban tocando° la parte tomada,
nos poníamos a hablar en voz más alta o Irene cantaba canciones de cuna°. Muy
pocas veces permitíamos allí el silencio, pero cuando tornábamos° a los dormitorios
y al living, entonces la casa se ponía callada. Yo creo que era por eso que de noche 70
cuando Irene empezaba a soñar en voz alta, me desvelaba en seguida.)

Es casi repetir lo mismo salvo las consecuencias. De noche siento sed, y antes de
acostarnos le dije a Irene que iba hasta la cocina a servirme un vaso de agua. Desde
la puerta del dormitorio (ella tejía) oí ruido en la cocina; tal vez en la cocina o tal vez
en el baño. A Irene le llamó la atención mi brusca manera de detenerme°, y vino a mi 75
lado sin decir palabra. Nos quedamos escuchando los ruidos, notando claramente
que eran de este lado de la puerta de roble, en la cocina y el baño, o en el pasillo
mismo, casi al lado nuestro.

No nos miramos siquiera. Apreté° el brazo de Irene y la hice correr conmigo
hasta la puerta cancel, sin volvernos hacia atrás°. Los ruidos se oían más fuerte pero 80
siempre sordos, a espaldas nuestras. Cerré de un golpe la cancel y nos quedamos en
el zaguán. Ahora no se oía nada.

Glosas (margen):
beneficios
de... con todo el trabajo terminado
causar pena
stamps
soñaba... *would talk in her sleep;* me... despertaba; *parrot throat;* silencioso
sonidos; quedaban... estaban al lado de; canciones... *lullabies* volvíamos
stopping
I squeezed
sin... *without looking back*

—Han tomado esta parte —dijo Irene.

—¿Tuviste tiempo de traer alguna cosa? —le pregunté inútilmente.

—No, nada. 85

lo... *what we had on* —— Estábamos con lo puesto°. Me acordé de los quince mil pesos en el armario de mi dormitorio. Ya era tarde ahora.

reloj... *wristwatch* —— Como me quedaba el reloj pulsera°, vi que eran las once de la noche. Rodeé con

waist —— mi brazo la cintura° de Irene (yo creo que ella estaba llorando) y salimos así a la calle.

ir lejos —— Antes de alejarnos° tuve lástima, cerré bien la puerta de entrada y tiré la llave a la 90

sewer; **No...** *Heaven forbid that;* **se...** *he would enter* —— alcantarilla°. No fuese que° a algún pobre diablo se le ocurriera robar y se metiera° en la casa, a esa hora y con la casa tomada.

Después de leer

3-4. Comprensión de la Parte 1

1. ¿Por qué vivían en aquella casa el narrador y su hermana Irene?
2. ¿Cómo pasaban su tiempo?
3. ¿Qué piensa Ud. de su modo de vivir?
4. ¿Qué escuchó el narrador una noche en la parte retirada de la casa? ¿Qué hizo después? ¿Por qué?

3-5. Sacar inferencias sobre los personajes (Parte 1) A veces encontramos información importante sobre una persona por sus palabras, sacando inferencias de lo que dice y de lo que *no* dice. (Por ejemplo, si alguien dice que es del planeta Marte, es probable que esté loco. Si dice que ayer murió su madre y no expresa ninguna emoción, podemos inferir que es una persona muy fría.) ¿Qué podemos inferir sobre el narrador y su hermana Irene de las siguientes citas *(quotes* tomadas del cuento? ¿Cómo son los hermanos? ¿Ambiciosos? ¿Tímidos? ¿Sociables? ¿Agresivos? ¿Pasivos? Comparen sus inferencias con las del resto de la clase.

1. «Nos resultaba grato almorzar pensando en la casa profunda y silenciosa. A veces llegamos a creer que era ella la que no nos dejó casarnos.»
   Inferencia _____
2. «Pero es de la casa que me interesa hablar, de la casa y de Irene, porque yo no tengo importancia.»
   Inferencia _____
3. «Tuve que cerrar la puerta del pasillo. Han tomado la parte del fondo.»
   Inferencia _____

3-6. Comprensión de la Parte 2

1. ¿Cómo se adaptaron Irene y su hermano cuando perdieron la parte retirada de su casa?
2. ¿Por qué hablaban en voz alta cuando estaban en la cocina o en el baño?
3. ¿Qué le parecen a Ud. las reacciones de los dos hermanos ante su nueva situación?
4. ¿Qué pasa después para interrumpir su tranquilidad? ¿Cómo reaccionan? ¿Cómo están ellos al final?

 ### 3-7. El comité de interpretaciones   ¿Quiénes «toman» la casa y por qué? La mayoría de los críticos cree que la casa simboliza otra realidad escondida. Pero, ¿qué será? Conversen sobre esta cuestión en un comité de tres a cinco personas, evaluando las siguientes interpretaciones de uno a cuatro (con cuatro para la que más les gusta y uno para la que les gusta menos). Una persona es el (la) director(a), quien llama a los otros por turno para que lean cada interpretación en voz alta y den su opinión sobre ella. Después, escriban juntos una continuación *(ending)* para la interpretación que eligió el grupo. Comparen su evaluación con las de los otros comités, y léanle su continuación a la clase.

_____ **Interpretación sobrenatural**   Irene y su hermano viven en una casa embrujada por los fantasmas de sus antepasados. Estos fantasmas empiezan a hacer ruidos porque...

_____ **Interpretación psicológica**   Irene y su hermano son dos neuróticos que le tienen miedo a la vida y quieren permanecer en la infancia (simbolizada por la casa). Los ruidos que oyen son solamente...

_____ **Interpretación bíblica**   Irene y su hermano representan a Adán y Eva, y la casa simboliza el paraíso. Las misteriosas presencias que habitan en el fondo de la casa representan...

_____ **Interpretación política**   Irene y su hermano representan la clase media de Buenos Aires de los años cuarenta y la casa es Argentina cuando se mantenía «neutral» durante la Segunda Guerra Mundial con un gobierno pro nazi. El grupo que está al otro lado de la puerta es...

3-8. Escribir: Diálogo dirigido   Escriba un breve diálogo sobre uno de los siguientes temas.

1. **Entrevista con Irene**   Un(a) periodista de la televisión entrevista a Irene sobre los extraños incidentes que pasaron en su casa. ¡Qué sorpresa! Irene cuenta una historia totalmente distinta a la de su hermano.
2. **Al otro lado de la puerta**   Dos de los seres escondidos (fantasmas, personas, animales o lo que sean) charlan sobre las acciones de Irene y su hermano mientras observan a éstos.

¿Qué les parece?

El arte de Velázquez distorsionado por Francis Bacon

Bacon, Francis; (1909–1992) / *Study after Velazquez's portrait of Pope Innocent X.* 1953. Oil on canvas, 153 x 118 cm. / © 2008 The Estate of Francis Bacon / ARS, NY/ DACS, London / Bridgeman-Giraudon / Art Resource, NY

Estudio del Retrato del papa Inocencio X de Velázquez, hecho por Francis Bacon, 1953

En el cuento «Casa tomada» de Julio Cortázar, muchos críticos ven la influencia de *La caída de la casa de Usher,* una historia clásica del escritor estadounidense Edgar Allan Poe, escrita casi cien años antes. Efectivamente, no es raro que las obras clásicas les sirvan de inspiración a los artistas surrealistas o posmodernos. Pablo Picasso, por ejemplo, pintó 58 cuadros inspirados en una pintura de Velázquez llamada *Las meninas.* Otra pintura de Velázquez fue la inspiración del cuadro, del pintor británico Francis Bacon (1909–1992): el *Retrato del papa Inocencio X* (Véase la página 190). Esta pintura le fascinó tanto a Bacon, que pintó una serie de más de 25 cuadros basados en ella. Dijo una vez que durante años se sentía «obsesionado» por la pintura.

Para comprender mejor el cuadro del famoso pintor posmoderno, conviene recordar qué tipo de hombre era ese papa. (Véase la página 190.) Las imágenes violentas y distorsionadas de Bacon provocan reacciones distintas. Él mismo explicó que con estas imágenes quería «abrir las válvulas de las emociones».

Comparación entre dos retratos

Trabaje Ud. con un(a) compañero(a) y completen el cuadro para hacer una comparación de la figura central (el papa Inocencio X) en las dos representaciones, separadas por trescientos años. Después, contesten la pregunta.

	Apariencia ¿Cómo es físicamente?	Cualidades ¿Cómo es espiritualmente?	Emociones ¿Qué emociones siente?
1. El retrato clásico de Velázquez (página 190)			
2. El retrato posmoderno de Bacon			

¿Qué opinan Uds.? ¿Cuál de los dos retratos les parece mejor? ¿Por qué?

Selección 4 El papel del arte en la sociedad y el mundo

Antes de leer

Para abrir el tema El arte hace un papel muy importante en nuestras vidas, aun en bastantes esferas donde no estamos conscientes de ello. La televisión, el cine, la música, las bellas artes y la literatura son de gran importancia en cualquier sociedad. Sin embargo, el lugar que ocupan dentro de la sociedad ha cambiado con el tiempo. Cada generación les da un nuevo rol al intentar dejar sus propias huellas. Además, cada época tiene su propia definición de lo que es arte y quiénes son los verdaderos artistas que merecen ser reconocidos y protegidos para las futuras generaciones.

 4-1. La relación entre el arte y las marcas *(brands)* **comerciales** En el mundo actual, muchas marcas suelen asociarse con ciertos artistas. Estos individuos que han alcanzado gran fama les prestan su nombre a productos de todo tipo. Para ellos, es una muestra de haber logrado un nivel de reconocimiento que el público les otorga a pocas personas. En el mundo de perfumes encontramos a Jennifer López y Britney Spears, mientras que Daisy Fuentes, quien comenzó su carrera en MTV, tiene su línea de ropa que puede verse en cualquier centro comercial. Hay pocas personas que no conozcan los nombres de estas mujeres. Y aunque las tres vienen del mundo pop, muchas compañías se valen del nombre y de la figura de actores, deportistas, músicos y más. Paul Newman (1925–2008) y Joanne Woodward, actores muy admirados en Hollywood por mucho tiempo, tienen su propia marca de comidas que se asocian, tanto con los dos actores, como con las obras de beneficencia que hacen con el dinero que ganan. María Sharapova, la muy bella jugadora de tenis, no necesita mencionar su nombre cuando aparece en las pantallas de televisión con la cámara *PowerShot* para animar al público a comprarla.

En parejas o grupos de tres, piensen en personas conocidas y los productos que se asocian con ellas. ¿Hay ciertos tipos de mercancías que se prestan a esta manera de publicidad? ¿Creen Uds. que la asociación es válida? ¿Piensan que las estrellas de veras usan las mercancías que anuncian? Si Uds. fueran artistas famosos(as), ¿con qué producto(s) les gustaría estar asociados(as)?

Leer

Tira 1

4-2. Lectura e interpretación Déle un vistazo a la tira cómica. Fue creada por J. L. (José Luis) Martín para su personaje Quico. Léala cuidadosamente, prestando atención, tanto a los dibujos en cada una de las vistas, como a las palabras. Describa su reacción en un párrafo corto. Después conteste las siguientes preguntas para luego compartirlas con los compañeros de clase.

1. ¿Tiene esta tira cómica algún mensaje? ¿Qué será? ¿Puede haber varios mensajes? Si los hay, identifíquelos.
2. Además de las personas ya mencionadas, ¿qué otros artistas actuales están asociados con productos comerciales? ¿Por qué cree Ud. que los seleccionaron para representarlos? ¿Cuáles son los criterios que usan las compañías y las agencias publicitarias para seleccionar a su portavoz *(spokesperson)*?
3. ¿Qué opina Ud. de eso? ¿Será una tendencia *(trend)* que continuará en el futuro?
4. ¿Cree Ud. que esto disminuye el valor del arte producido?

4-3. Comprensión Conteste las siguientes preguntas, según el contexto de la tira.

1. ¿Cómo define Quico la fama?
2. Según Quico, ¿cuáles son algunos de los cambios que trae el tiempo?
3. ¿Está de acuerdo Ud. con las observaciones de Quico? Explique su punto de vista.

Tira 2

José Luis Martín, "QUICO"

4-4. Vocabulario: Relaciones entre palabras A continuación aparece una serie de sustantivos *(nouns)* y adjetivos que Martín emplea en su comentario sobre lo que es «arte». Al lado de cada palabra, escriba otra que esté relacionada con ella.

modelo: los motivos   *motivar / la motivación*

1. el tratamiento   _____
2. la sutileza   _____
3. el trazo   _____
4. la fuerza   _____
5. atrevido(a)   _____
6. expresivo(a)   _____

4.5 Hablemos «seriamente»

1. ¿Cuál es el tema de esta tira?
2. ¿Por qué cree Ud. que Quico le hace la pregunta al señor?
3. ¿Qué razones le da a Quico el señor en la tercera vista?
4. ¿Qué piensa Ud. de la manera en que el hombre expresa sus razones?
5. ¿Cuál es la verdadera razón por la cual compró el cuadro? ¿Aprecia el cuadro porque es una buena obra de arte?
6. ¿Da el hombre una buena razón por haber comprado la pintura?

 4-6. Opiniones Después de haber mirado y estudiado la tira cómica a la cabeza de esta página, discuta las siguientes preguntas con uno(a) o más compañeros(as). Más tarde compartan sus opiniones con el resto de la clase.

1. ¿Qué piensa Ud. de la compra y venta del arte?
2. ¿Cuál es el propósito de Martín al hacer al dueño *(owner)* del cuadro hablar de esa manera tan florida *(flowery)*? ¿Qué nos indica su manera de expresarse?
3. ¿Sería tan efectivo si hablara de una manera simple y fuera al grano *(to the point)*?
4. ¿Qué nos indica la explicación sobre la personalidad del hombre?
5. ¿Por qué es divertida esta tira? ¿Logra su propósito el autor?

Tira 3

Quico

Jose Luis Martin, "QUICO"

4-7. Análisis e interpretación Esta tira une la fantasía y el arte, puesto que ocurre en un futuro imaginado por el artista y las generaciones que nacieron antes de la exploración espacial. Sin embargo, es un futuro que ya ha llegado. Hay que notar que la tira lleva la fecha de 1984. ¡La pesadilla *(nightmare)* de Quico se ha convertido en nuestra realidad! Lea la tira y luego conteste las siguientes preguntas por escrito.

1. ¿Representa esta tira cómica arte, fantasía o realidad?
2. ¿Cómo sabemos que el autor intenta representar el futuro?
3. ¿Es verdaderamente «horrible» la pesadilla de Quico? ¿Sería una pesadilla para Ud.? Explique la diferencia entre los dos puntos de vista.
4. ¿Por qué considera Quico que el futuro es una pesadilla? ¿Cómo lo demuestra el autor?
5. ¿Conoce Ud. alguna(s) persona(s) como Quico? ¿Por qué cree Ud. que le tiene(n) miedo al futuro?
6. ¿Qué cambios ha experimentado Ud. en el mundo que se pueden relacionar con esta tira cómica? ¿Cómo ha reaccionado Ud.? ¿Y sus padres y abuelos?

 4-8. Charla Con un(a) compañero(a), comente los siguientes temas tratados en la tira cómica. Haga apuntes para luego participar en una discusión o debate con los otros compañeros de clase.

1. La pesadilla de Quico
2. Las expectativas de la gente en cuanto al futuro, especialmente relacionadas con el arte
3. Los aspectos positivos y negativos de los avances tecnológicos en el mundo del arte
4. Los efectos que esos cambios han ejercido sobre nuestra sociedad y en el valor que les otorgamos a las obras de arte. ¿Ha mejorado la tecnología el arte?

4-9. Escribir: Un memorando Imagine que Ud. es jefe(a) de una agencia que representa a artistas jóvenes y poco conocidos en toda variedad de campos artísticos. ¿Qué haría para promover la integración de estos artistas al público para que sean reconocidos y aceptados como excelentes ejemplos de sus destrezas individuales? Escriba un memorando para comunicarles a sus empleados las nuevas premisas bajo las cuales la compañía reclutará a artistas de todos los géneros para promoverlos dentro del mundo del arte.

4-10. Juego imaginativo: Reportero(a) del mundo artístico Ud. trabaja para una compañía que publica revistas y periódicos en español. Lo (La) han mandado a entrevistar a su artista favorito(a) para el artículo principal de una nueva revista titulada *Soy Artista*. Ud. debe escoger a la persona que va a entrevistar. Piense sobre el artículo que escribirá, usando la información comunicada en la entrevista, en la que el (la) artista explica su proceso creativo y cómo escoge sus temas. ¡Recuerde que debe captar el espíritu esencial del (de la) artista!

Selección 5 La luz es como el agua

Antes de leer

Para abrir el tema Cosas, objetos, productos. Vivimos en un mundo de productos, con la propaganda comercial por todas partes. Hoy día el deseo de obtener nuevas cosas es tan fuerte que ejerce un poder especial, casi mágico, sobre nuestra vida. El siguiente cuento de Gabriel García Márquez presenta el ejemplo de dos niños, Totó y Joel, que desean ciertas cosas locamente y las consiguen, pero con consecuencias inesperadas.

Conteste Ud. estas preguntas.

1. ¿Cuál fue el primer objeto comercial que Ud. deseaba intensamente? ¿Cuántos años tenía entonces? ¿Lo consiguió, o no? ¿Por qué?
2. ¿Cree Ud. que los padres deben comprarles a los hijos las cosas que desean mucho? Explique.
3. ¿Qué pasa si conseguimos las cosas que deseamos? ¿Siempre nos traen la felicidad? ¿Por qué sí o por qué no?

Piero Pomponi/Getty Images

El gran autor, Gabriel García Márquez

5-1. Vocabulario: Verificación de sustantivos Verifique si Ud. comprende los siguientes sustantivos *(nouns)* importantes del cuento, que aparecen con sus definiciones en la lista. Use el contexto para completar cada oración tomada del cuento con la palabra apropiada. Si Ud. tiene dudas, busque la palabra en el Vocabulario al final del libro.

bomberos	(hombres que apagan fuegos)
bombilla	(globo de cristal que contiene un filamento eléctrico)
cascada	(salto de agua, catarata)
condiscípulos	(compañeros de curso)
grifo	(llave que permite la salida del agua)
premiación	(ceremonia para dar honores o premios)

1. Sin embargo, la tarde del sábado siguiente los niños invitaron a sus _____ para subir el bote por las escaleras...
2. Los niños [...] cerraron puertas y ventanas, y rompieron la _____ encendida de una lámpara de la sala.
3. —La luz es como el agua —le contesté—: uno abre el _____, y sale.
4. En la _____ final los hermanos fueron aclamados como ejemplo para la escuela, y les dieron diplomas de excelencia.
5. El miércoles siguiente, [...] la gente que pasó por la Castellana vio una _____ de luz que caía de un viejo edificio...
6. Llamados de urgencia, los _____ forzaron la puerta del quinto piso...

5-2. Estrategia para leer: Documentar la acción repetida Tres veces en el cuento Totó y Joel les piden cosas, y sus padres les dicen que no. Luego, los niños prometen hacer algo para obtener la cosa deseada. Lea las líneas 1–19 y llene los espacios en blanco de la **Documentación** sobre el primer objeto deseado.

1ª Documentación

1. Es Navidad y el objeto que desean los niños es _____.
2. Desean este objeto con sus dos accesorios atractivos: un _____ y una _____.
3. Para merecer este objeto, Totó y Joel prometen que van a _____.
4. A mí me parece que este objeto (es / no es) apropiado para los niños porque _____.

Mientras Ud. lee el cuento, fíjese en *(pay attention to)* las otras dos **Documentaciones** (páginas 225 y 226) sobre las cosas que piden Totó y Joel. Deténgase un momento y llene los espacios en blanco antes de continuar con la lectura para comprender mejor la manipulación psicológica que forma la base del cuento.

5-3. Estrategia para leer: Analizar la intervención del autor Este cuento de
Gabriel García Márquez usa un truco posmoderno para introducir la fantasía.
Tal como hemos visto que la pintora Frida Kahlo está presente en casi todas sus
pinturas, vemos aquí la presencia del autor en su cuento. García Márquez «entra»
en el cuento, «habla» con un personaje y luego estas mismas palabras determinan
la acción que sigue. Lea las líneas 32–36 y conteste estas preguntas.

1. ¿Con quién habla García Márquez en esta parte?
2. ¿Qué le pregunta este personaje al autor?
3. ¿Qué respuesta le da el autor?
4. Claro, lo que dice el autor llega a ser «realidad» en el cuento (tal como lo que
   pronuncia Dios llega a ser realidad en el universo). ¿Cree Ud. que las palabras del
   autor van a tener buenas o malas consecuencias para los niños? ¿Por qué?

Leer

La luz es como el agua

Gabriel García Márquez[1]

bote... *rowboat*   En Navidad los niños volvieron a pedir un bote de remos°.

—De acuerdo —dijo el papá—, lo compraremos cuando volvamos a Cartagena[2].

Totó, de nueve años, y Joel, de siete, estaban más decididos de lo que sus padres
creían.

a... juntos   —No —dijeron a coro°—. Nos hace falta ahora y aquí.

—Para empezar —dijo la madre—, aquí no hay más aguas navegables que la

shower   que sale de la ducha°.

Tanto ella como el esposo tenían razón. En la casa de Cartagena de Indias había

pier; bay   un patio con un muelle° sobre la bahía°, y un refugio para dos yates grandes. En

crowded together   cambio aquí en Madrid vivían apretujados° en el piso quinto del número 47 del

decir que no   Paseo de la Castellana. Pero al final ni él ni ella pudieron negarse°, porque les había

su sextante... *its*   prometido un bote de remos con su sextante y su brújula° si se ganaban el laurel
sextant and compass;   del tercer año de primaria°, y se lo habían ganado. Así que el papá compró todo sin
si... *if they could pass*   decirle nada a su esposa, que era la más reacia° a pagar deudas de juego°. Era un
third grade; opuesta;   precioso bote de aluminio con un hilo dorado° en la línea de flotación.
deudas... *debts for*
amusements; **hilo...**
golden racing stripe

no... es imposible   —El bote está en el garaje —reveló el papá en el almuerzo. El problema es que
llevarlo arriba;   no hay cómo subirlo° ni por el ascensor ni por la escalera, y en el garaje no hay más
utilizable   espacio disponible°.

[1] Gabriel García Márquez (nacido en Colombia en 1928, y ganador del Premio Nobel en 1982) es considerado
por muchos como el novelista más renombrado de Latinoamérica y uno de los mejores escritores de todos los
tiempos. Sus novelas y cuentos se destacan por el uso frecuente del «realismo mágico», una fusión de hechos
históricos con elementos fantásticos e insólitos.
[2] Ciudad situada en la costa norte de Colombia. Su nombre completo es Cartagena de Indias.

Sin embargo, a la tarde del sábado siguiente los niños invitaron a sus condis- 20
cípulos para subir el bote por las escaleras, y lograron llevarlo hasta el cuarto de

cuarto... *service closet* servicio°.

—Felicitaciones —les dijo el papá—. ¿Y ahora qué?

Lo... *The only thing* —Ahora nada —dijeron los niños—. Lo único° que queríamos era tener el bote
en el cuarto, y ya está.   25

La noche del miércoles, como todos los miércoles, los padres se fueron al cine[3].

duenos... *lords and* Los niños, dueños y señores° de la casa, cerraron puertas y ventanas, y rompie-
masters ron la bombilla encendida de una lámpara de la sala. Un chorro° de luz dorada y
stream fresca como el agua empezó a salir de la bombilla rota, y lo dejaron correr hasta que

level; **cuatro...** *four* el nivel° llegó a cuatro palmos°. Entonces cortaron° la corriente, sacaron el bote y 30
lengths, about 32 navegaron a placer por entre las islas de la casa.
inches; they turned off
thoughtless remark Esta aventura fabulosa fue el resultado de una ligereza° mía cuando participaba
en un seminario sobre la poesía de los utensilios domésticos. Totó me preguntó
cómo era que la luz se encendía con sólo apretar un botón°, y yo no tuve el valor de

se... *got turned on* pensarlo dos veces.   35
with only the flick of
a switch —La luz es como el agua —le contesté—: uno abre el grifo, y sale.

[3] Muchos edificios de apartamentos en ciudades españolas o latinoamericanas tienen un guardián. Es probable
que antes de salir, los padres hayan avisado al guardián o a sus vecinos para que vigilaran que nadie entrara a
hacerles daño a sus hijos.

5-4. 2ª Documentación Lea las líneas 39–45 y llene los espacios en blanco antes
de continuar con la lectura.

1. Unos meses más tarde, el objeto deseado por los niños es un _____.
2. Desean este objeto con sus cuatro accesorios: _____, _____,
   _____ y _____.
3. Para merecer este objeto, Totó y Joel prometen que van a _____.

Ahora veremos que hacen los niños con este equipo...

sailing De modo que siguieron navegando° los miércoles en la noche, aprendiendo el
manera de usar manejo° del sextante y la brújula, hasta que los padres regresaban del cine y los
de... *on dry land* encontraban dormidos como ángeles de tierra firme°. Meses después, ansiosos de
equipo... *underwater* ir más lejos, pidieron un equipo de pesca submarina° con todo: máscaras, aletas°, 40
fishing gear; fins; tanques y escopetas de aire comprimido°.
escopetas... *compres-*
sed air guns —Está mal que tengan en el cuarto de servicio un bote de remos que no les sirve
para nada —dijo el padre—. Pero está peor que quieran tener además equipos de

scuba diving buceo°.

gold gardenia, i.e., top —¿Y si nos ganamos la gardenia de oro° del primer semestre? —dijo Joel. 45
honors

—No —dijo la madre, asustada—. Ya no más.

El padre le reprochó su intransigencia.

ni... even a nail; obli-gación; silly gadget

—Es que estos niños no se ganan ni un clavo° por cumplir con su deber° —dijo ella—, pero por un capricho° son capaces de ganarse hasta la silla del maestro.

Los padres no dijeron al fin ni que sí ni que no. Pero Totó y Joel, que habían sido 50 los últimos en los dos años anteriores, se ganaron en julio las dos gardenias de oro y el reconocimiento público del rector. Esa misma tarde, sin que hubieran vuelto a pedirlos°, encontraron en el dormitorio los equipos de buzos° en su empaque° origi-nal. De modo que el miércoles siguiente, mientras los padres veían *El último tango en París*, llenaron el apartamento hasta la altura de dos brazas°, bucearon como 55 tiburones mansos° por debajo de los muebles y las camas, y rescataron del fondo° de la luz las cosas que durante años se habían perdido en la oscuridad.

sin...without them (even) having to ask for them again; diving; packag-ing; dos... two fathoms, i.e., 12 feet; tiburones... tame sharks; rescata-ron... salvaged from the bottom

5-5. 3ª Documentación Lea las líneas 58–64 y llene los espacios en blanco antes de continuar con la lectura.

1. En la premiación final de su escuela, los niños fueron aclamados como
   _____.

2. Después, Totó y Joel no pidieron ningún objeto; sólo quisieron una _____
   para _____.

3. El padre cree que esto es una _____ de _____.

Ahora veremos si acaba bien o mal la historia...

En la premiación final los hermanos fueron aclamados como ejemplo para la escuela, y les dieron diplomas de excelencia. Esta vez no tuvieron que pedir nada, porque los padres les preguntaron qué querían. Ellos fueron tan razonables, que sólo 60 quisieron una fiesta en casa para agasajar° a los compañeros de curso.

festejar

El papá, a solas con su mujer, estaba radiante.

maturity

—Es una prueba de madurez° —dijo.

Dios... May God hear you

—Dios te oiga° —dijo la madre.

El miércoles siguiente, mientras los padres veían *La batalla de Argel*, la gente que 65 pasó por la Castellana vio una cascada de luz que caía de un viejo edificio escondido entre los árboles. Salía por los balcones, se derramaba a raudales por la fachada°, y se encauzó por la gran avenida en un torrente dorado que iluminó la ciudad hasta el Guadarrama°.

se... it poured out in torrents down the outside walls
un río que queda cerca de Madrid

Llamados de urgencia, los bomberos forzaron la puerta del quinto piso, y encon- 70 traron la casa rebosada° de luz hasta el techo. El sofá y los sillones forrados° en piel de leopardo flotaban en la sala a distintos niveles, entre las botellas del bar y el piano de cola° y su mantón° de Manila que aleteaba a media agua° como una manta-rraya de oro. Los utensilios domésticos, en la plenitud de su poesía, volaban con sus

overflowing; cubiertos

piano... grand piano; drape; aleteaba... was fluttering half-submerged

banda... *drum set*

al... con la corriente

acuario

swamp

condoms; jars; **dentadura...** *spare dental plate*

stern (back)

aferrado... *gripping the oars; lighthouse; bow (front)*

immortalized

flowerpot

a... en secreto

se... *had filled to the top; drowned*

muy calientes

nativos; **de...** *land-locked*

propias alas por el techo de la cocina. Los instrumentos de la banda de guerra°, que 75 los niños usaban para bailar, flotaban al garete° entre los peces de colores liberados de la pecera° de mamá, que eran los únicos que flotaban vivos y felices en la vasta ciénaga° iluminada. En el cuarto de baño flotaban los cepillos de dientes de todos, los preservativos° de papá, los pomos° de cremas y la dentadura de repuesto° de mamá, y el televisor de la alcoba principal flotaba de costado, todavía encendido en el último 80 episodio de la película de media noche prohibida para niños.

Al final del corredor, flotando entre dos aguas, Totó estaba sentado en la popa° del bote, aferrado a los remos° y con la máscara puesta, buscando el faro° del puerto hasta donde le alcanzó el aire de los tanques, y Joel flotaba en la proa° buscando todavía la altura de la estrella polar con el sextante, y flotaban por toda la casa sus 85 treinta y siete compañeros de clase, eternizados° en el instante de hacer pipí en la maceta° de geranios, de cantar el himno de la escuela con la letra cambiada por versos de burla contra el rector, de beberse a escondidas° un vaso de brandy de la botella de papá. Pues habían abierto tantas luces al mismo tiempo que la casa se había rebosado°, y todo el cuarto año elemental de la escuela de San Julián el Hospitalario 90 se había ahogado° en el piso quinto del número 47 del Paseo de la Castellana. En Madrid de España, una ciudad remota de veranos ardientes° y vientos helados, sin mar ni río, y cuyos aborígenes° de tierra firme° nunca fueron maestros en la ciencia de navegar en la luz.

Después de leer

5-6. Clarificación de elementos Trabaje con un(a) compañero(a) para contestar las preguntas sobre los personajes y el argumento *(plot)* del cuento.

1. **La familia** ¿De dónde es originalmente? ¿Piensan los padres volver allí o no? ¿Crees que hay buena comunicación entre padres e hijos, o no? ¿Por qué? ¿Te parece que la familia es «normal»? Explica.
2. **La manipulación** ¿Qué opinas tú? ¿Quiénes manipulan a quiénes? ¿Quiénes mienten? ¿Por qué?
3. **Las noches del miércoles** ¿Qué hacen los padres por la noche los miércoles? ¿Qué hacen Totó y Joel? ¿Qué piensas de estas actividades?
4. **Actitudes** ¿Qué diferencia de actitud hay entre el padre y la madre con respecto a la crianza *(upbringing)* de los hijos? Para ti, ¿cuál de los dos tiene razón?
5. **El momento culminante** ¿Qué pasó durante la fiesta? ¿Por qué acabó tan mal? ¿Crees que el final es trágico o cómico? Explica con ejemplos.

5-7. Interpretaciones de una obra «abierta» Como mucha de la literatura posmoderna, este cuento es una obra *abierta,* es decir, no tiene un solo significado o mensaje. Por eso, es posible interpretar el cuento de varias maneras distintas. Trabaje con un grupo sobre uno de los temas mostrados en el gráfico. El grupo debe contestar la pregunta, inventar una interpretación del cuento, y un «voluntario» puede hacer un dibujo para ilustrarla. Después, comparen su interpretación y dibujo con los de otro(s) grupo(s).

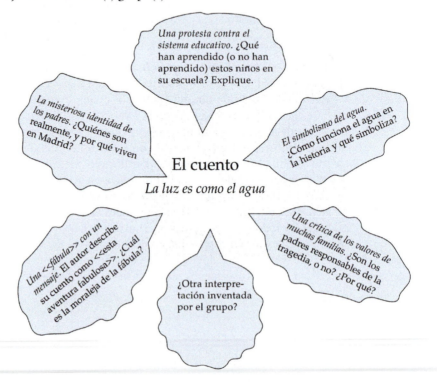

5-8. Los objetos que deseamos hoy ¿Qué deseamos hoy? Busque fotos, modelos, ilustraciones o propaganda comercial de revistas y periódicos para mostrar uno o dos de los objetos que Ud. considere entre «las cosas más deseadas de nuestros tiempos». Muéstrele la ilustración a la clase o a un grupo y explique brevemente por qué la gente desea tener ese objeto; luego, diga lo que Ud. opina de él. (¿Es realmente útil? ¿Podría ser peligroso? ¿Vale la pena comprarlo?)

5-9. Otra perspectiva más Mire el dibujo del artista mexicano Rogelio Naranjo y la cita *(quote)* de la famosa pieza dramática *La vida es sueño* del dramaturgo español Tirso de Molina. ¿Qué relación hay entre estos dos puntos de vista y el tema de este capítulo?

Rogelio Naranjo/Cartoons & Writers Syndicate

Dibujo de Rogelio Naranjo, dibujante mexicano

«¿Qué es la vida? Un frenesí.
¿Qué es la vida? Una ilusión,
una sombra, una ficción,
y el mayor bien es pequeño;
que toda la vida es sueño,
y los sueños, sueños son.»

(De *La vida es sueño,* obra dramática del siglo XVII de Pedro Calderón de la Barca)

Composición
del final del capítulo

Piense un momento en todo lo que Ud. ha leído en este capítulo. Luego, escriba una composición de una o dos páginas sobre uno de los siguientes temas.

1. **Penélope Cruz y Frida Kahlo** Dos mujeres famosas, artistas en diferentes campos, una que vivió en el siglo pasado y la otra que vive ahora. Escriba un párrafo sobre las diferencias entre las dos, y otro sobre las semejanzas (puntos parecidos). Luego, haga un tercer párrafo en el que exprese la opinión que Ud. tiene de ellas.

2. **Dos cuadros, descripción y comentario** Escoja un cuadro de Velázquez y un cuadro de Kahlo para compararlos. En el primer párrafo, describa uno de los cuadros y en el segundo, el otro. Luego, en el tercer párrafo explique cuál le gusta más y por qué.

3. **El propósito del arte** Según una de las tiras cómicas, el arte es para comprar y vender y así hacerse rico(a). Escriba un ensayo sobre lo que Ud. cree que es el verdadero objetivo del arte, desde el punto de vista del artista y luego desde el punto de vista del público.

4. **Una conversación desde el futuro en Buenos Aires** Irene y su hermano, los dos personajes del cuento «Casa tomada» de Julio Cortázar, se reúnen a tomar café cinco meses después de salir de la casa «tomada». Hablan de cómo sus vidas han cambiado. Para una persona la salida ha sido una catástrofe y para la otra, una liberación. Escriba su diálogo.

5. **Informe del (de la) detective X sobre lo que pasó el miércoles en Madrid en el piso quinto del número 47 del Paseo de la Castellana** Ud. es el (la) detective que ha investigado el trágico accidente en el que murieron 39 niños ahogados *(drowned)*. Después de investigar el apartamento usando toda la ciencia forense *(forensic)* más avanzada, Ud. entrevistó a los padres, a los maestros y a los vecinos. Ahora Ud. sabe la verdad. ¡Ud. sabe quién tiene la culpa de este horrible incidente! Escriba su informe en dos párrafos, primero explicando quién o quiénes tiene(n) la culpa y por qué y, segundo, qué se debe hacer para evitar que esto vuelva a pasar en el futuro.

ATAJO

Phrases: comparing and contrasting; comparing and distinguishing; describing objects; describing people; describing the past; expressing an opinion; linking ideas; stating a preference; talking about films; talking about past events; talking about the present; weighing the evidence; writing about characters

Vocabulary: body: face, hair, parts, postures; clothing; cultural periods and movements; dreams and aspirations; emotions: negative; emotions: positive; house; people; personality; time: expressions and aspirations

Grammar: verbs: present, past, subjunctive (other tenses as needed)

Los hispanos en Estados Unidos y Canadá

Courtesy of Sandra Schreffler

Courtesy of Sandra Schreffler

Courtesy of Wilfred Labiosa / Photograph by Sandra Schreffler

Las máscaras de las distintas islas del Caribe son un magnífico ejemplo de la contribución africana a la cultura caribeña. Las poblaciones negroides de las islas de habla hispana en el mar Caribe mantienen su cultura originaria mediante máscaras y vestimentos bastante parecidos.

Los cuadros representan las distintas facetas que forman la identidad de los latinos que hoy día llaman EE.UU. su hogar. Aunque muestran la multiplicidad y complejidad de los puertorriqueños, y mexicanos, y cubanos, cualquier latinoamericano puede allí encontrar componentes de su pueblo.

Sharon Hoogstraten

Este mural se encuentra en Chicago y representa la herencia Mexicana de los habitantes del barrio de Pilsen.

Vocabulario preliminar

Estudie el vocabulario antes de empezar este capítulo sobre los hispanos en Estados Unidos y Canadá. Luego utilice esta lista como medio de consulta durante su lectura y el estudio del material.

Personas y conceptos

anglo, el (la)	norteamericano(a) estadounidense de piel blanca y que habla inglés
boricua	de Puerto Rico
chicano(a)	mexicano-americano(a) que afirma una determinada conciencia política y cultural y que se identifica con la cultura de México
EE.UU.	abreviatura para *Estados Unidos de América*
emigración, la	proceso de mudarse de su propio país por su propia cuenta o deseos propios a otro país para vivir allí
exiliado(a), el (la)	persona que salió o fue forzada a salir de determinado país por razones políticas; refugiado(a)
frontera, la	linde o borde entre países
fronterizo(a)	cerca de la frontera
herencia, la	los valores culturales, las tradiciones e historia de una nación o grupo de personas
hispano(a), el (la)	persona de habla española, ya sea originaria de un país de habla española o por ascendencia de personas de este origen
hispanohablante, el (la)	persona de habla española; persona cuya lengua materna es el español; hispanoparlante
inmigración, la	proceso de entrar a otro país para vivir
inmigrante, el (la)	persona que entra a otro país para vivir
jíbaro(a), el (la)	campesino(a) puertorriqueño(a) que vive en la isla de Puerto Rico
latino(a), el (la)	persona de origen o ascendencia hispanohablante
mojado(a), el (la)	nombre peyorativo para referirse a inmigrantes mexicanos ilegales que han llegado a Estados Unidos
orgullo, el	sentido positivo acerca de sí mismo(a) o algún acto o hecho
(madre) patria, la	tierra o lugar donde uno nació
refugiado(a), el (la)	persona que fue forzada a abandonar su país natal por razones políticas; exiliado(a)

Acciones

tener éxito	alcanzar; triunfar
ubicarse	mudarse y quedarse en un sitio; encontrarse; localizarse

A. Sinónimos

Busque un sinónimo de la lista anterior para las palabras en itálica.

Las últimas décadas han visto la llegada a *Estados Unidos* de un enorme número de inmigrantes, entre ellos millones de *personas de habla española* y otras de origen asiático. Han venido por razones económicas, como en el caso de los mexicanos, o por motivos políticos, como en el caso de los *refugiados* cubanos, chilenos y centroamericanos. Entre los hispanos, los cubanos *se han instalado* principalmente en la Florida, los *boricuas* en el noreste y la mayoría de los mexicanos en los estados del suroeste.

Todos los inmigrantes han traído consigo los *valores culturales* de la *tierra donde nacieron* y al mismo tiempo, un deseo fuerte de encontrar una vida mejor. A veces encuentran la resistencia de ciertos individuos de grupos bien establecidos, pero en general, tanto los *anglos,* como otros grupos raciales y étnicos esperan que la aceptación de los miembros más recientes de la sociedad sea pacífica y total. Todos desean que los recién llegados *logren* las metas a las que aspiran.

B. Cognados y palabras parecidas

Escoja la palabra o frase de la columna A que se define en la columna B.

Columna A	**Columna B**
1. población	a. El lugar donde termina un viaje.
2. fronteras	b. Épocas de diez años.
3. minorías	c. Las tierras entre dos países diferentes.
4. décadas	d. Medida de distancia que se emplea en EE.UU. en vez de kilómetros.
5. millas	
6. identidad	e. Grupos de personas que viven en el mismo sitio y que tienen algún rasgo en común.
7. comunidades	
8. destino	f. Los individuos que viven en algún sitio.
	g. Las personas que no pertenecen al grupo más numeroso.
	h. Los rasgos mediante los que se reconocen las personas a sí mismas.

Introducción | La comunidad hispana en Estados Unidos y Canadá

Antes de leer

Para abrir el tema Estados Unidos ha llegado a significar la tierra de grandes oportunidades o de oportunidades sin límite. Explique Ud. cuántas razones específicas sabe por qué han venido tantos inmigrantes. ¿Cree Ud. que es lógico pensar que todos los sueños se cumplan mediante *(by means of)* un cambio geográfico? ¿Cree Ud. que se cumplen al trabajar duro y ahorrar dinero sin que importe dónde se vive?

Hay muchas personas que piensan que los inmigrantes diluyen la sociedad estadounidense al traer distintas costumbres y tradiciones, además de hablar idiomas diferentes. Por eso se han formado grupos que trabajan para establecer el inglés como idioma único y oficial del país. ¿Qué opina Ud. de estas personas y sus ideas?

La comunidad hispana en Estados Unidos y Canadá

Listen to the reading on the CD, Tracks 18–21.

procede, viene de

agregaron, aumentaron

diferentes

explotó, se benefició

cruzaban

haciendo... parando

a la orilla del mar

taste (n)

La comunidad hispana en Estados Unidos tiene representantes de todos los países hispanohablantes, aunque la mayoría de la población proviene° de México, Puerto Rico y Cuba. Durante las últimas décadas del siglo XX, los centroamericanos que fueron víctimas de guerras civiles en su madre patria comenzaron a refugiarse en la república estadounidense. A la vez, muchos dominicanos, víctimas de una 5 economía sin aparente remedio, añadieron° otros elementos a la población hispana. Los hispanos en este país pueden dividirse en dos grupos: los refugiados, los cubanos y centroamericanos, y aquéllos que llegaron a EE.UU. por razones socioeconómicas, los mexicanos, puertorriqueños y dominicanos.

Comprensiblemente, al principio cada grupo se ubicó en distintas° secciones del 10 continente norteamericano. En su mayor parte, los mexicanos se encontraban en el suroeste estadounidense en los estados con frontera con México —Arizona, California, Nuevo México y Texas— mientras que gran cantidad de los puertorriqueños se aprovechó° del bajo costo de vuelos entre Nueva York y San Juan para ubicarse en Nueva York y en los estados cercanos de Connecticut, Nuevo Jersey, Nueva Hamp- 15 shire, Vermont y Massachusetts. A solamente noventa millas de Cuba, la Florida (especialmente la ciudad de Miami) fue el destino lógico de los cubanos que deseaban escaparse del régimen de Fidel Castro. Los centroamericanos, quienes atravesaban° México para llegar a EE.UU., generalmente encontraban refugio en California y Texas. Los dominicanos llegaban directamente a Nueva York o haciendo escala° 20 en Puerto Rico para luego transferirse a su nueva ciudad.

Pero en las últimas décadas, la tendencia de todos los grupos ha sido dispersarse. Por un lado, los cubanos se han integrado en importantes comunidades fuera de la Florida, en sitios costeños° del Atlántico. Hoy día las ciudades de Elizabeth, Union City y West New York, en Nueva Jersey, tienen un sabor° distintivamente hispanocubano, 25 al igual que Filadelfia, Pennsylvania y Atlanta, Georgia. Los puertorriqueños han

ciudad, metrópoli

coexisten, cohabitan

son ejemplos de

establecido núcleos de población en la ciudad de Chicago, Hartford y Providence. Han dejado la urbe° neoyorquina por los suburbios al norte de ella. Así les han dejado espacio a muchos dominicanos que han logrado establecerse allí, donde conviven° con los puertorriqueños que han permanecido. Por otro lado, el grupo que ha 30 mostrado la menor tendencia hacia la dispersión es el mexicano-americano. El 80% de individuos de ascendencia mexicana todavía vive en los estados del suroeste; los que sí han decidido mudarse hacia el norte han ido a Illinois y Kansas. El destino de preferencia para los centroamericanos, cuya mayoría consiste de nicaragüenses, guatemaltecos y salvadoreños, ha sido California. La ciudad de Los Ángeles tiene la 35 mayor concentración de salvadoreños fuera del país de origen. La ciudad de Houston, Texas, es otro centro de población salvadoreña y guatemalteca, especialmente en las zonas occidentales de la ciudad, mientras que los nicaragüenses han preferido el área de Miami, donde conviven con los cubanos.

Canadá, un país enorme, alberga una población compuesta en gran medida de 40 inmigrantes donde también se nota una gran influencia hispana. Los inmigrantes hispanohablantes en las provincias de Quebec y Ontario ejemplifican° las tendencias migratorias del mundo hispano hacia el país. Nadie que camine por las calles principales de ciudades canadienses se sorprende al escuchar algunos de los resultados del Censo de 2006 en el área de minorías visibles. El documento afirma 45 que las comunidades hispanas más numerosas en el país son la mexicana, salvadoreña, colombiana y chilena. Los festivales, las ligas deportivas, los negocios y los encuentros culturales son verdaderos referentes que confirman que los originarios de esos cuatro países son los principales actores de la comunidad hispana asentada en Canadá. Es caso actual que los ciudadanos de origen mexicano están llegando 50 en forma masiva a Canadá. Unos arriban en calidad de turistas, otros en busca de refugio y otros más como profesionales independientes, teniendo todos en común el hecho de que México es el único país de origen latinoamericano cuyos nacionales no requieren visa para poder ingresar a Canadá.

La presencia latinoamericana ha sido especialmente significativa, comenzando 55 en las últimas décadas del siglo XX. Los trabajadores temporales provenientes de México laboraron en explotaciones de frutas y vegetales en el sur de Ontario. En el año 2006, 13.933, o 12,4%, de los trabajadores agrícolas temporales de esa provincia constaba de mexicanos[1]. Recientemente la provincia de Alberta inició el programa para el Trabajador Extranjero Temporal que permite la entrada de una mayoría de 60 mexicanos, sin olvidar a venezolanos, colombianos y otros.

Los salvadoreños, que llegaron en su mayoría en la década de 1980 a Canadá, como consecuencia del conflicto armado que entonces existía el país centroamericano, ocuparon el primer lugar en número poblacional. Un poco detrás de ellos se ubicó la comunidad de origen chileno, que había llegado a Canadá principalmente 65 en una oleada ocurrida en la década de 1970, a causa del golpe militar con que el dictador Augusto Pinochet derrocó al presidente socialista Salvador Allende. Desde un principio, empezaron a crear organizaciones para mantener contacto con su

---

[1] Las estadísticas provienen de la página web de Facts and Figures 2006, Immigration Overview: Temporary Residents (www.cic.gc.ca/ENGLISH/resources/statistics/facts2006/temporary/05.asp).

rights
realizaron

indicación, señal
han sentido

patria. Algunas de éstas se relacionaban con el apoyo material y la defensa de los derechos° humanos que la dictadura militar[2] violaba sistemáticamente. La mayoría 70 de las organizaciones cumplieron con° sus objetivos, pero después que terminó la dictadura y un gobierno civil llegó al poder en 1990, muchas de las organizaciones desaparecieron por falta de propósito y actividad. Un indicio° de la importancia que tiene la población latinoamericana en Canadá se vio en la provincia de Alberta con el establecimiento en el 2001 de un programa bilingüe de doce años, que comienza 75 en *kindergarten* y termina en el último año de secundaria. Con la perspectiva de que el español es la segunda lengua más importante del mundo, se les quería dar a los jóvenes hispanos en Edmonton la oportunidad de continuar con su idioma y a la vez triunfar académica y profesionalmente. Fue también una oportunidad para integrar a estudiantes anglos en el aprendizaje del idioma de los negocios, de viajes y de 80 relaciones internacionales. Estos últimos se sumaron muy entusiasmados. Por eso, hubo una gran conmoción en el otoño del 2006 cuando se completó el estudio sobre

Courtesy of Rosa María Sarabia

la posibilidad de mantener el programa bilingüe en diez escuelas que estaban experimentando 85 disminución en su matrícula. Después de que la administración habló con los padres y la comunidad, éstos aceptaron la propuesta de cerrar la escuela Mill Creek y 90 ampliar el programa en la escuela intermedia Ritchie, que también fue parte del estudio. El voto a favor de mantener la escuela Mill Creek parece haber salvado 95 el mejor y más importante integrante de Edmonton, su Academia Internacional de Español[3].

De origen chileno, la catedrática de lengua española y literatura latinoamericana Rosa María Sarabia enseña en la universidad de Toronto. Es un excelente ejemplo de cómo se han integrado los chilenos dentro de la sociedad canadiense.

[2] La dictadura del general Augusto Pinochet Ugarte comenzó en el año 1973 con un golpe militar *(military coup)*, apoyado por el gobierno estadounidense, que derribó el gobierno del presidente Salvador Allende. Pinochet y sus militares gobernaron Chile hasta marzo de 1990 y sus diecisiete años de gobierno son conocidos como una época muy represiva. La junta militar inmediatamente suspendió la Constitución, disolvió el Congreso Nacional, impuso censura estricta y prohibió todos los partidos políticos. Además, se embarcó en una campaña de terror en contra de los elementos izquierdistas del país. Miles de individuos fueron arrestados; muchos de ellos fueron ejecutados, torturados o exiliados, mientras que otros languidecieron en prisiones o simplemente desaparecieron.

[3] La información sobre la educación bilingüe en Edmonton proviene del artículo titulado «¡Qué maravilla para los estudiantes de Edmonton!» que apareció en la revista canadiense *Sin fronteras 2000* en octubre de ese año y en el artículo «Will it be adiós for Spanish school?», escrito por Bernadette DeSantis, para el periódico *Edmonton Journal* el 22 de marzo del 2007. Otras fuentes de Internet también fueron consultadas para comprobar detalles actuales.

La diversidad cultural hispanoamericana

La diversidad cultural de la comunidad hispanoamericana se refleja no sólo en la mezcla de los grupos nacionales tan variados, sino también en las raíces cosmopolitas de las culturas latinoamericanas individuales. Las culturas hispanas han experimentado° la influencia de las tradiciones judía, mahometana, católica, española, africana, asiática e indígena. Muchas personas latinoamericanas son de ascendencia mestiza (de sangre europea e indígena) o mulata (de sangre africana y europea). Aun dentro de un solo grupo nacional puede haber conflicto entre los distintos grupos culturales y raciales.

La identidad hispanoamericana

A pesar de las profundas diferencias, otras fuerzas sociales contribuyen a la formación de una identidad hispana que va unificándose dentro de las fronteras estadounidenses. En vez de proveerle servicios especializados a cada grupo hispano, el gobierno de EE.UU. ha promovido° la creación de una sola identidad hispana. Las radioemisoras y estaciones televisivas de habla española han trabajado muy duro para crear un mercado hispano unificado para las compañías comerciales. Los políticos hispanoamericanos, quienes tratan de encontrar terreno° común en sus diversas poblaciones, han forjado° alianzas entre los grupos hispanos. Estos intentos por crear una sola comunidad hispana han tenido resultados positivos, pero también han producido una idea simplificada de la compleja variedad de grupos hispanos en Estados Unidos.

alentado, estimulado

tierra, suelo

han formado, han hecho

100

105

110

115

Después de leer

1. La inmigración y la geografía Escriba el (los) lugar(es) en que cada grupo se estableció al llegar al continente norteamericano.

1. los centroamericanos _____
2. los cubanos _____
3. los chilenos _____
4. los mexicanos _____
5. los puertorriqueños _____

2. Preguntas de comprensión Conteste las siguientes preguntas, según la lectura.

1. ¿Cuáles son las dos razones principales por las cuales inmigran los latinos a EE.UU.?
2. ¿Qué significa ser mestizo?
3. ¿De qué países proviene la mayoría de los inmigrantes latinoamericanos?
4. ¿En qué región estadounidense se estableció la población mexicana?
5. ¿Por qué se ubicaron los puertorriqueños en Nueva York y en los estados cercanos?

6. ¿Cuál es el destino de preferencia de los guatemaltecos y salvadoreños?

7. ¿Dónde se establecieron los chilenos en Canadá?

8. ¿Cómo puede verse la diversidad cultural de la comunidad hispana en Canadá?

 3. Charla. Con un(a) compañero(a), comenten algunos de los siguientes temas. Después compartan sus ideas con la clase.

1. las diferencias culturales y de ascendencia entre los diferentes grupos hispanos

2. las razones por las cuales los hispanos han salido de su país natal

3. la importancia de aprender inglés para tener éxito en el nuevo país

4. el abandono de su cultura original por los latinoamericanos para integrarse a la sociedad anglo

---

Selección 1 Los mexicanos

Antes de leer

Para abrir el tema ¿Qué sabe Ud. de la población vecina hispanohablante directamente al sur de EE.UU.? México posee playas muy bellas (Isla Mujeres, Cozumel), hermosas montañas (la Sierra Morena), un volcán activo (Popocatépetl), una meseta central magnífica, ruinas de los diferentes reinos indígenas que vivieron allí antes de ser descubiertos por los españoles (Chichén Itzá, Tulum, Palenque), una colonia de artistas que viven en su propio mundo (San Miguel de Allende) y hasta una ciudad muy parecida a Venecia, Italia, donde los turistas pueden ir de paseo en bote (Xochimilco). Con un(a) compañero(a), compartan la información que Uds. tengan sobre los lugares mencionados, sobre otros que hayan visitado o sobre los cuales hayan leído. Quizás hayan visto alguna película que tenga lugar en México. Luego, compartan lo que han discutido con los otros compañeros de clase.

1-1. Formación de palabras Todo idioma tiene palabras que se forman de palabras más sencillas o de una palabra base con un prefijo o sufijo. Ud. va a encontrar las siguientes palabras en la lectura. Divida cada palabra de la lista a continuación en palabras dos más sencillas y trate de adivinar el significado. Después busque los significados usando un diccionario bilingüe para ver si tiene razón.

1. bienvenida _____   _____

2. norteamericano _____   _____

3. anglosajona _____   _____

4. suroeste _____   _____

5. socioeconómico _____   _____

6. angloparlante _____   _____

Mural by Leo Tanguma/photograph courtesy of Jill Garrett

La antigua presencia mexicana en el suroeste de Estados Unidos se refleja en este mural del aeropuerto internacional de Denver, pintado en 1995 por el activista y artista chicano Leo Tanguma.

Los mexicanos

A los miles de viajeros que desembarcan en el aeropuerto internacional de Denver se les ofrece un enorme mosaico y un mural, ambos de colores brillantes. Las dos piezas de arte celebran la antigua presencia en el suroeste norteamericano de las culturas española e indígena, que se establecieron en la región, antes de la llegada de los ingleses a la costa de Virginia. Mucha gente queda sorprendida al enterarse° 5 de que la primera ciudad establecida en Estados Unidos fue San Agustín, fundada en la Florida en 1565. Lo cierto es que una gran parte de este país fue explorada y poblada por los españoles y los mexicanos, siglos antes de que se sintiera la presencia anglosajona en el Nuevo Mundo.

saber, averiguar

Unos 26,6 millones[1] de personas que se identifican a sí mismas por su ascenden- 10 cia mexicana residen en EE.UU. Vive la mayoría de ellas en seis estados del suroeste: Arizona, California, Colorado, Nuevo México, Nevada y Texas. Estas personas de ascendencia mexicana hoy componen el 58,5[2] por ciento de la población hispana y 7,3[2] por ciento de la población estadounidense. Algunas de esas personas son descendientes de los primeros exploradores de la región. 15

[1] Esta cifra se sacó del U.S. Census Bureau, Current Population Survey, Annual Social and Economic Supplement, 2004, Ethnicity and Ancestry Statistics Branch, Population Division.
[2] La fuente de los porcentajes es el U.S. Census Bureau, Census 2000 Summary File 1, Matrix PCT11.

1-2. Comprensión Según la lectura, indique si las siguientes oraciones son ciertas (**C**) o falsas (**F**). Si la información es falsa, corrija la oración.

_____ 1. Las dos obras de arte en el aeropuerto de Denver expresan la presencia de los hispanos en el suroeste desde hace muchos años.

_____ 2. La primera ciudad de EE.UU. fue establecida en Virginia.

_____ 3. Las personas de ascendencia mexicana forman la mayoría de la población del suroeste estadounidense.

_____ 4. Los otros grupos de inmigrantes llegaron en grandes números antes del siglo XX.

_____ 5. Hay más de treinta millones de mexicano-americanos, cuya mayoría vive en los estados del suroeste.

Antes de 1845, la región del suroeste, poblada originalmente por indígenas, pasó a ser territorio español y después mexicano. En 1845 EE.UU. «anexó» Texas y un año después declaró guerra contra México, motivado por una disputa de fronteras y por la filosofía nacional del Destino Manifiesto[1] que prevalecía en esa época. EE.UU. ganó la guerra en 1848 y México perdió casi la mitad de su territorio. Unos cien mil 20
mexicanos permanecieron en los territorios que después se convirtieron en los estados del suroeste de EE.UU.

remonta... data de   La emigración mexicana hacia el norte remonta a° fines del siglo XIX, motivada por la demanda laboral resultante de la expansión agrícola y la construcción de **redes... railway systems** redes ferroviarias° en EE.UU. Después de la Revolución Mexicana de 1910, el número 25
de emigrantes aumentó. Para fines de la década de 1920 ya residían un millón de mexicanos en EE.UU. Luego, la Gran Depresión estadounidense de la década de 1930 redujo la demanda de trabajadores y creó un ambiente muy hostil para los individuos mexicanos y mexicano-americanos. Muchos de ellos fueron repatriados ilegalmente y la inmigración del sur se redujo drásticamente. 30

olas, multitudes   A principios de la Segunda Guerra Mundial llegaron nuevas oleadas° de inmigrantes mexicanos para disminuir la escasez° de mano de obra agrícola, que enton- **insuficiencia** ces existía en EE.UU. El gobierno estadounidense estableció el Programa de braceros[2] en 1942, pero en 1964 se puso fin al programa debido, en parte, a la oposición de los sindicatos laborales° estadounidenses. Esta acción provocó un enorme aumento 35
sindicatos... asociaciones de trabajadores agrícolas en la inmigración ilegal mexicana. El Servicio de Inmigración y Naturalización (INS por la sigla en inglés), llamado «la Migra» por los indocumentados, comenzó a arrestar a estos trabajadores. A estos inmigrantes se les daba el nombre peyorativo de «mojados», refiriéndose al hecho de que la mayoría había cruzado la frontera nadando el río Bravo (conocido como el río Grande en EE.UU.). Los mexicanos 40

[1] La filosofía del Destino Manifiesto se basaba en la creencia que era la voluntad de Dios que EE.UU. extendiera sus fronteras y sistema gubernamental a todo territorio entre los océanos Atlántico y Pacífico.
[2] Entre 1942 y 1964, el «Programa de braceros» permitió que casi cinco millones de trabajadores agrícolas migratorios entraran a EE.UU. a laborar en los campos agrícolas. Los braceros convirtieron la agricultura americana en la más rentable y avanzada de todo el mundo.

y mexicano-americanos que eran
ciudadanos o residentes legales del
país también sufrieron los efectos del
prejuicio, lo cual contribuía, y sigue
contribuyendo, a su nivel socioeconómico inferior, comparado con el
de la población angloamericana. Esta
situación hizo que muchos apoyaran
a los líderes radicales que surgieron
durante la década de 1960, siguiendo
el ejemplo del movimiento por los
derechos civiles protagonizado° por
la población negra (afroamericana)
del país.

representado, desem-
peñado

Rodolfo «Corky» Gonzales, poeta
y activista político de Colorado, difun-
dió su visión del «chicano» en su famoso poema «Yo soy Joaquín». El chicano no era
ni indio, ni europeo, ni mexicano, ni americano, sino una combinación de todas
estas identidades. Esta nueva raza descendía de las civilizaciones indígenas preco-
lombinas y tenía el derecho de habitar Aztlán (localizado en el suroeste de los Estados Unidos), la tierra de sus antepasados°. Gonzales propuso la independencia de la
comunidad mexicano-americana del resto de la población y un proceso de confron-
tación con la sociedad anglo para lograr los objetivos sociales deseados.

antecesores, prede-
cesores

En Nuevo México, Reies López Tijerina lideró una lucha por la restitución de las
concesiones de tierras otorgadas en Nuevo México a los descendientes de sus dueños
originales. Estas tierras habían sido concedidas antes de 1848 por la Corona española o el gobierno mexicano. Mientras López Tijerina y su organización «La Alianza»
protagonizaron actos de violencia en Nuevo México, los partidarios de César Chávez
adoptaron las tácticas de la huelga° y el boicoteo en California. Chávez organizó a los
trabajadores agrícolas, fundó la Asociación de Trabajadores Agrícolas Unidos *(United Farm Workers Association)* con Dolores Huerta y encabezó una exitosa huelga de
recolectores de uva en demanda de mejores salarios.

suspensión o interrup-
ción de trabajo

El partido político «La Raza Unida», creado a principios de la década de 1970, se
dedicó al adelanto° de la causa de los chicanos, o ciudadanos de origen mexicano,
mediante el voto. A pesar del creciente prestigio de César Chávez, cuya actitud no
violenta y cuyos principios religiosos le ganaron el apoyo popular, el término *chicano* no obtuvo la aprobación° de todos los mexicano-americanos, ya que muchos
de ellos identificaban este término con un activismo radical izquierdista que no
compartían.

avance, progreso

el apoyo

Los mexicanos y mexicano-americanos no han logrado cambios mediante grandes saltos, sino a través de la acción política y del aprendizaje de tácticas tales como
el cabildeo° y la identificación y organización de votantes hispanos. Gracias al trabajo hecho a nivel local, durante la década de 1980 se produjo un gran aumento en
el número de mexicano-americanos que lograron puestos gubernamentales°.

lobbying

del gobierno

Los obreros mexicanos trabajan en los campos en
condiciones difíciles.

45

50

55

60

65

70

75

80

El problema de la inmigración ilegal sigue generando tensiones, tanto dentro 85
de la comunidad mexicano-americana, como entre ésta y la comunidad anglo.
Además, este problema provoca tensiones en las relaciones entre EE.UU. y México.
Según un cálculo aproximado basado en las estadísticas del U.S. Census Bureau, en
octubre de 1994 se encontraban entre 300.000 y 427.000 inmigrantes indocumentados en Texas, mientras que en California había entre 1,3 y 1,6 millones de indo- 90
cumentados. Las redadas° de «la Migra» siguen provocando grandes resentimientos
sin solucionar este problema.

En octubre del 2006, el presidente Bush firmó la ley que autorizó la construcción de unos 1.125 kilómetros de barreras en la frontera con México para atajar
el flujo° de inmigrantes indocumentados y asegurar la frontera. La ley autoriza la 95
construcción de vallas° metálicas en los estados de California, Nuevo México, Arizona y Texas, e incluye otras medidas de seguridad, como la instalación de torres de
vigilancia, detectores, luces tipo estadio y barreras vehiculares. La llamada «ley del
muro°» ha sido el objeto de duras críticas por parte del gobierno mexicano, de grupos defensores de los derechos humanos, de grupos defensores del medio ambiente 100
y también por parte de los alcaldes° de siete ciudades tejanas situadas en la frontera
con México.

arrestos, detenciones

atajar... interrumpir
la corriente o movi-
miento; barreras

pared alta y gruesa

*jefes oficiales de una
ciudad*

1-3. ¿Cuál es la fecha? Ponga los siguientes hechos en orden cronológico. Use **1**
para el evento más antiguo y **8** para el más reciente.

_____ a. El suroeste pasa a ser territorio estadounidense.

_____ b. Hay revolución en México.

_____ c. EE.UU. anexa Texas.

_____ d. El suroeste es poblado por indígenas.

_____ e. EE.UU. declara guerra contra México.

_____ f. La Gran Depresión crea hostilidad contra los mexicano-americanos en
EE.UU.

_____ g. Los estadounidenses les quitan tierras a muchos mexicanos, aunque les
habían prometido respetárselas.

_____ h. Las oleadas de inmigrantes mexicanos vuelven de nuevo a EE.UU. para
trabajar en la agricultura.

1-4. ¿Quién soy y qué hice? Explique la importancia de las personas en la lista.

1. César Chávez
2. Rodolfo «Corky» Gonzales
3. Dolores Huerta
4. Reies López Tijerina

1-5. Definiciones Explique los términos de la lista.

1. «La Alianza»
2. «la ley del muro»
3. «la Migra»
4. «La Raza Unida»
5. «los chicanos»

Las contribuciones de los mexicano-americanos

Las contribuciones de la población mexicano-americana a la sociedad estadounidense se manifiestan en una gran variedad de esferas: en la política local, estatal y nacional, la música, la literatura, el cine, las artes y las ciencias.

Algunos individuos de ascendencia mexicano-americana que han ocupado puestos públicos en años recientes son: Tony Anaya, gobernador de Nuevo México; Henry Cisneros, alcalde de San Antonio, Texas y secretario del U.S. Department of Housing and Urban Development (HUD); Federico Peña, alcalde de Denver, Colorado, que durante la presidencia de Clinton sirvió de secretario de energía de marzo 1997 a junio 1998 y de secretario de transporte de enero 1993 a febrero 1997. Fue seguido en ese puesto por Bill Richardson, quien anteriormente había servido de gobernador de Nuevo México; Loretta Sánchez, la primera mujer en representar el distrito del condado° de Orange, California; Henry González, el poderoso congresista de Texas; Gloria Molina, la primera hispana elegida a la Junta Directiva del condado de Los Ángeles, y no se puede olvidar a Antonio Villaraigosa, el primer latino elegido para el puesto de alcalde de la ciudad de Los Ángeles desde 1872.

Los ritmos del jarabe tapatío[1], el corrido[2] y la música mariachi llegaron a EE.UU. durante la década de 1920. El gran número de inmigrantes mexicanos que llegó después de la Revolución de 1910, junto con la ayuda de Hollywood, dio impulso a la popularidad de la música hispana en EE.UU. La música tejana ha llegado a tener gran popularidad, especialmente desde la muerte de la joven y popular cantante Selena Quintanilla Pérez, quien a los veintitrés años de edad murió a manos de la presidenta de su club de aficionados. Más tarde, la actriz puertorriqueña Jennifer López se hizo famosa después de protagonizar° a la cantante tejana en la película *Selena*.

En la actualidad, numerosas universidades ofrecen programas de estudios chicanos, y cada día aumenta la importancia y popularidad de lo mexicano. Entre los escritores más destacados se encuentran Sandra Cisneros *(The House on Mango Street)*, Clarissa Pinkola Estés *(Women Who Run with the Wolves)*, Rudolfo Anaya *(Bless Me, Ultima)* y Richard Rodríguez *(Hunger of Memory)*. Algunos de los directores de cine más conocidos son Gregory Nava *(El norte, Mi familia, Selena)*, Ramón Menéndez *(Stand and Deliver)*, Luis Valdez *(La bamba)* y Robert Rodríguez *(El mariachi, Desperado, Spy Kids)*. Algunos directores angloamericanos también tratan temas mexicanos, como John Sayles *(Lone Star)* y Julie Taymor *(Frida)*. Entre los pintores más famosos se cuentan Frida Kahlo, Judy Baca, John Valadez, Carlos Almaraz, Carmen Lomas Garza y Gronk *(Glugio Nicondra)*.

(marginal glosses) county — hacer el papel

---

[1] El jarabe tapatío es un baile tradicional mexicano, de género lírico coreográfico que se inspira en las distintas regiones del estado mexicano de Jalisco. Este género de música de origen árabe fue traído por los españoles al Nuevo Mundo, y su mezcla con las tradiciones y bailes indígenas le dio vida al jarabe tapatío.

[2] El corrido es un canto épico narrativo que tiene origen en el romance castellano y en la jácara (uno de los géneros satíricos que se representaban en el entreacto de las comedias del Siglo de Oro español y que identifica a varias composiciones populares de tipo similar en todo el territorio hispanohablante). Del romance conserva su carácter narrativo, y de la jácara, el énfasis exagerado en el machismo y la alabanza a la arrogancia propia de personajes peligrosos y presuntuosos.

Los científicos más destacados de ascendencia mexicana cuentan con el químico Mario Molina, quien recibió el Premio Nobel de Química en 1995, y la primera astronauta hispana, Ellen Ochoa.   140

Además, una variedad de figuras públicas de ascendencia mexicana sobresalen° en muchas y variadas esferas y sirven de modelo para la juventud: los actores Edward James Olmos, Eva Longoria, Jessica Alba y Salma Hayek; los músicos Carlos Santana, Joan Báez y Linda Ronstadt; los conjuntos musicales Los Lobos, Latin Image y Mariachi Cascabel; los deportistas Fernando Valenzuela y Nomar Garciaparra (béisbol), los cómicos populares Paul Rodríguez y George López; y el famoso Lalo Alcaraz, autor del cómic «La Cucaracha».   145

En la actualidad, los mexicanos constituyen el segundo grupo minoritario más grande de EE.UU., y para el año 2050, junto con los otros grupos hispanos, se calcula que formarán casi el 25% de la población del país. Y, como durante toda su historia, seguirán contribuyendo con una dimensión propia a la cultura estadounidense.   150

se distinguen, se destacan, resaltan

La identidad mexicano-americana: dos caras de la misma moneda.

La joven estrella de la música tejana Selena Quintanilla Pérez murió a los veintitrés años de edad a manos de la presidenta de su club de aficionados.

Salma Hayek, la famosa estrella de Hollywood, es hija de una cantante de ópera mexicana y un comerciante mexicano-libanés.

Después de leer

1-6. La tradición mexicana Escoja la frase de la columna B que mejor explique o defina la palabra de la columna A y escriba la letra apropiada en el espacio en blanco. ¡Ojo! Hay más posibilidades que palabras.

Columna A

_____ 1. la juventud
_____ 2. los habitantes
_____ 3. elegido(a)
_____ 4. chicano(a)
_____ 5. la sangre
_____ 6. las redadas
_____ 7. las fronteras
_____ 8. el (la) intérprete
_____ 9. la bienvenida
_____ 10. la migra

Columna B

a. nombre despectivo para referirse al INS
b. persona que traduce oralmente de una lengua a otra o que da su propia versión de una pieza
c. lindes; líneas imaginarias entre países
d. llegar a saber; buscar información
e. personas jóvenes
f. descripción usada por algunos mexicanos para identificarse
g. haciendo una contribución
h. el líquido rojo que corre en las venas y arterias
i. acciones por la policía o el INS para capturar a inmigrantes ilegales
j. seleccionado(a) por el voto
k. familiares ya fallecidos (muertos)
l. las personas que viven en un lugar
m. lo que se da a una persona al llegar a un sitio
n. concepto abstracto de lo que es correcto legalmente
o. palabra para describir a un actor de cine muy famoso

1-7. ¿Cierto o falso? Indique si la oración es cierta (**C**) o falsa (**F**), según la información presentada. Si la información es falsa, corrija la oración.

_____ 1. Hoy día muchas universidades ofrecen programas de estudios chicanos, y cada día aumenta la importancia y popularidad de lo mexicano.
_____ 2. Los mexicano-americanos han logrado cambios rápidamente, mediante la acción de sus organizaciones.
_____ 3. La música «tejana» ha llegado a tener gran popularidad desde la muerte de Selena Quintanilla Pérez.
_____ 4. El INS ha encontrado una solución al problema de la inmigración ilegal.
_____ 5. La inmigración ilegal continúa creando tensiones dentro de la comunidad mexicano-americana y entre las comunidades mexicano-americana y la anglo.

1-8. ¿A qué campo pertenecen? Indique el área en la que las siguientes personas han alcanzado fama.

1. Antonio Villaraigosa, Federico Peña y Gloria Molina
2. Sandra Cisneros, Richard Rodríguez y Rudolfo Anaya
3. Carlos Almaraz, Carmen Lomas Garza y John Valadez
4. Edward James Olmos, Eva Longoria y Salma Hayek
5. Carlos Santana, Linda Ronstadt y Selena Quintanilla Pérez
6. Fernando Valenzuela y Nomar Garciaparra
7. Paul Rodríguez y George López
8. Gregory Nava, Ramón Menéndez y Luis Valdez
9. Mario Molina y Ellen Ochoa

Selección 2 | La Carcacha: La juventud y sus relaciones amorosas

Antes de escuchar

Para abrir el tema En la sociedad mexicano-americana, así como en la sociedad anglo, tener novio(a) es de suma importancia en la vida de los jóvenes. Asimismo, la adquisición de un carro es una meta a la que cada joven aspira para comprobar que ya no es niño(a). Hasta se puede decir que los dos acontecimientos van mano a mano en la vida de todo adolescente. La mayoría de los estados de EE.UU. permite que los jóvenes obtengan su licencia de manejar a la edad de quince o dieciséis años, aunque sea con restricciones.

¿Qué significado tuvo para Ud. el acto de haber obtenido su licencia de manejar? ¿Tuvo su primer(a) novio(a) el mismo impacto en su vida? Trabajando con un(a) compañero(a), háganse las siguientes preguntas y luego comparen sus respuestas para ver qué tienen en común. Si todavía no tiene(n) licencia de manejar, imagíne(n)-se cómo se sentirá cuando llegue ese día.

1. ¿Recuerdas el día que tu padre (madre) te llevó a presentar tu examen de manejar? ¿Estabas nervioso(a)?
2. ¿Cómo te sentiste al averiguar si habías salido bien y estabas a punto de recibir el tan anhelado (deseado) premio?
3. ¿Qué libertad(es) te dio poder manejar adonde querías y con quien querías?
4. ¿Te ayudó a conseguir novio(a)? ¿Influía en ti de alguna manera el hecho de que el (la) joven tuviera carro y pudiera manejar?
5. ¿Qué importancia tenía si era nuevo o viejo el carro y de qué marca era? ¿Por qué?

2-1. Vocabulario: ¡Palabras antónimas! Déle un vistazo a la letra de la canción «La Carcacha». Luego, escoja la palabra que tenga el sentido opuesto y escríbala a la derecha de la palabra apropiada.

abandonar	alegrarse	comenzar a	derecho
desleal	enorgullecerse	falso	feo

1. al revés _____
2. arrepentirse _____
3. avergonzarse _____
4. de verdad _____
5. continuar _____
6. dejar de _____
7. fiel _____
8. galán _____

 Escuchar

2-2. Estrategia para escuchar: Prestar atención a los cognados Esta canción es muy leve *(light)* y juguetona *(playful)* y tiene un ritmo que hace mover los pies. Quizás le recuerde su primer auto o primer(a) novio(a), quizás todavía no ha experimentado las emociones de la canción. ¡No importa! Al escuchar la canción, présteles atención a los cognados para poder gozar de la música y fácilmente comprender su contenido.

La Carcacha[1]

Música y letra por A. B. Quintanilla III[2]; interpretado por Selena[3]

Perspectivas iTunes playlist

David Turton/istockphoto.com

¡Uno! ¡Dos! ¡Tres! ¡Cuatro!
Qué humareda° que nos tiene ahogando°
La gente se pregunta, nadie sabe qué es
Un carro viejo que viene pitando°
con llantas° de triciclo y el motor al revés°
En la esquina° yo esperando
como siempre su novia fiel°
Mis amigas se están burlando°
Murmuran cosas de él

Glosas: humo, vapor automovilístico; asfixiando, no podiendo respirar / tocando la bocina *(horn)*; ruedas de goma o hule; al contrario; lugar donde se encuentran dos calles; leal, honesta / se están riendo (de), se están mofando

[1] un automóvil viejo y feo
[2] Quintanilla era el hermano mayor de Selena.
[3] véase la foto en la página 244

5

step by little step   Carcacha, paso a pasito°   10
pares; moverte de un   No dejes de° tambalear°
lado a otro por falta
de estabilidad o equi-   Carcacha, poco a poquito°
librio; little by little   No nos vayas a dejar°
bit; nos olvides
                        Carcacha, paso a pasito
                        No dejes de tambalear   15
                        Carcacha, poco a poquito
                        No nos vayas a dejar

me siento mal, lamen-   Miren muchachas que no me arrepiento°
to; me humillo, tengo   Y tampoco me avergüenzo° yo de mi galán°
vergüenza; joven
guapo   Aunque sea pobre y tenga un carro viejo   20
me atiende, me cuida;   Me trata°, como reina, un hombre de verdad°
verdadero, real   Y aunque tenga una carcacha
                        Lo que importa es que voy con él
                        Tampoco será el más guapo
                        Pero sí es mi novio fiel   25

                        Carcacha, paso a pasito
                        No dejes de tambalear
                        Carcacha, poco a poquito
                        No nos vayas a dejar
                        Carcacha, paso a pasito   30
                        No dejes de tambalear
                        Carcacha, poco a poquito
                        No nos vayas a dejar
                        (dos veces)

                        Todo el mundo con las manos en alto   35
                        Y diciendo...

                        Carcacha, poco a poquito
                        No nos vayas a dejar
                        Carcacha, paso a pasito
                        No dejes de tambalear   40
                        Carcacha, poco a poquito
                        No nos vayas a dejar

Después de escuchar

2-3. Significados: ¿Qué comprendió? Escriba con sus propias palabras lo que las siguientes frases significan dentro del contexto de la canción que acaba de escuchar.

1. qué humareda que nos tiene ahogando
2. con llantas de triciclo y el motor al revés
3. yo esperando como siempre
4. no dejes de tambalear
5. me trata como reina
6. un hombre de verdad

2-4. Opiniones: ¿Qué piensan? Con un(a) compañero(a), comenten lo que expresa la canción. Usen las preguntas que siguen.

1. ¿Cómo se relaciona el contenido con el título?
2. Quintanilla emplea mucha repetición. ¿Por qué creen Uds. que lo hace? ¿Es eficaz?
3. ¿Qué imágenes crea Quintanilla? Descríbanlas.
4. ¿Creen Uds. que hay algo autobiográfico en esta canción? Expliquen.

2-5. ¿Estereotipo o generalización? Hay muchos estereotipos que se asocian con diferentes grupos étnicos. A veces pueden ser positivos, mientras que otras veces son despectivos. Hay varios estereotipos que muchos anglos asocian con los mexicanos y mexicano-americanos. ¿Está basada en un estereotipo la imagen de la carcacha con los jóvenes de herencia mexicana? ¿O es una situación que puede aplicársele a toda la juventud? Con unos(as) compañeros(as), traten de las preguntas anteriores y anoten sus observaciones para después compartirlas con su profesor(a) y los demás compañeros de clase.

2-6. Juego imaginativo: ¡Sea artista! ¡Y no es necesario poder dibujar! Siguiendo la letra de esta canción Ud. puede crear una obra de arte que represente la «historia» por imágenes. Con la ayuda de unas tijeras, goma, revista(s) o computadora, impresora y acceso a Internet, Ud. puede hacerse artista del siglo XXI. Recorte o imprima imágenes que muestren su propia interpretación de la letra de «La Carcacha». Luego prepare una presentación para que sus compañeros puedan ver el (la) artista que Ud. tiene por dentro.

Selección 3   Los puertorriqueños

Antes de leer

Para abrir el tema Piense en lo que sabe de la historia y la población de la isla de Puerto Rico. ¿Quién la descubrió? ¿Cuándo? ¿Cómo es su cultura? ¿A quién pertenece? ¿Cómo es su gente? ¿Tiene algo en común con EE.UU.? Con un(a) compañero(a), hagan una lista de lo que Uds. ya saben del tema y lo que deseen saber. Cuando hayan terminado, dividan lo que quieren aprender y cada uno(a) salga a Internet y con su buscador puesto para páginas sólo en español, visiten diferentes sitios hasta que encuentren lo que necesitan. Tomen apuntes para poder compartir su información con las demás personas en la clase.

3-1. Formación de palabras Hay varios modos de formar palabras en español que se parecen a la palabra con el mismo significado en inglés. Aquí mostramos las reglas para la formación de cuatro grupos de cognados, todos sustantivos.

Inglés	Español	Inglés	Español
-tion	-ción; -sión	*tradition*	tradición
-y	-ía; -ia	*ecology*	ecología
-ty; -ity	-tad; -dad	*liberty*	libertad
-ence; -ance	-encia	*difference*	diferencia

Los cognados de las palabras en la siguiente lista aparecen en la lectura. Usando la lectura como guía, escriba el cognado en español.

1. agitation   _____
2. assistance   _____
3. category   _____
4. community   _____
5. controversy   _____
6. identity   _____
7. independence   _____
8. memory   _____

Las relaciones entre Puerto Rico y EE.UU.

tradición, legado

idea que hace algo comprensible

se portó; naciones poderosas

obligándole, implantándole

confirió, entregó

citizenship

brotó, se manifestó

demandaban, requerían

pasó, autorizó

asuntos... operaciones, cuestiones internas

customs (when entering a country); dinero

provechos

taxes

dado, concedido; autoridades

existente, actual; sometidos, obligados

por... por su cuenta

origen, base

Los puertorriqueños comparten con otros grupos latinoamericanos una larga herencia° que comienza con la llegada de Colón a la isla en 1493. Pero con una diferencia clave°: desde el fin de la guerra de 1898 entre España y EE.UU., Puerto Rico ha sido territorio estadounidense. Durante los primeros cincuenta años, el gobierno norteamericano se comportó° como las potencias° coloniales en África y en Asia. 5 Abrió la economía de la isla a las grandes compañías de azúcar, y construyó bases navales y militares, con vistas a controlar el comercio marítimo y proteger el canal de Panamá. Con una actitud de superioridad, intentó quitarle la cultura hispana a la población, imponiéndole° el inglés como idioma oficial e incluso llamando a la isla «Porto Rico». Y nombraba gobernadores norteamericanos en vez de darles a los 10 puertorriqueños la opción de elegirlos por sí mismos. En 1917, EE.UU. les concedió° a los isleños un tipo especial de ciudadanía°, mediante la cual, desde entonces, han podido entrar y salir del suelo estadounidense sin restricciones.

Con el fin de la Segunda Guerra Mundial, surgió° una oleada anticolonial en los imperios europeos. Ya para 1946 EE.UU. le daría la independencia a las Filipinas. En 15 Puerto Rico, a su vez, había agitación y demandas de mayor autonomía e incluso movimientos que exigían° la total separación. Como respuesta de término medio a estos sucesos, en la década de los 50 el Congreso estadounidense aprobó° la elección del gobernador por voto popular. Y en 1952, la isla cambió su estatus de «territorio» a «Estado Libre Asociado» (ELA), categoría bajo la cual se permite que los puerto- 20 rriqueños de la isla desarrollen su propio idioma y su cultura y que administren sus asuntos nacionales°. Sin embargo, el término de «Estado Libre Asociado» causa mucha controversia entre los residentes de la isla, dado que Puerto Rico ni es estado, ni es libre. En realidad, sus políticas exterior y comercial, sus sistemas de correos y de aduana°, y su moneda°, son todos de EE.UU. 25

El estar Puerto Rico «Asociado» con EE.UU. trae consigo ventajas° y desventajas, sobre las cuales existe un debate sin fin. Los puertorriqueños se benefician de los programas educativos y de salud pública, sin que la mayoría necesite pagar impuestos° federales. Sin embargo, los isleños sí pagan impuestos locales tanto como la Seguridad Social. Pueden entrar y salir del continente sin visa especial, ya que tienen 30 pasaporte estadounidense. Pero, a pesar de ser ciudadanos, no gozan del derecho de votar en las elecciones federales. Además, a su único delegado en Washington, D.C. se le han otorgado° poderes° limitados y no tiene voto en el Congreso, donde solamente hace el papel de consejero cuando se tratan asuntos relacionados con la isla. También, durante las épocas en que el servicio militar obligatorio ha sido la 35 ley reinante° en EE.UU., los puertorriqueños se han visto sujetos° a la llamada del ejército norteamericano. Como resultado, miles de jóvenes isleños murieron o fueron heridos en las guerras del siglo XX, y miles más han participado por voluntad° propia en las guerras de Afganistán e Irak. Las bases militares estadounidenses en la isla, las cuales ocupan más de 10% del suelo, son al mismo tiempo una fuente° de 40 empleo y una causa de resentimientos entre la población.

La continua situación política ha dividido a la población en tres grupos. Los estadistas quieren convertir la isla en el estado número cincuenta y uno de EE.UU. Los partidarios del Partido Popular Democrático establecieron y aún favorecen la situación actual de Estado Libre Asociado. Y los independentistas desean la soberanía° completa y una república puertorriqueña. Pero los plebiscitos no vinculantes° que se han llevado a cabo no han establecido una mayoría absoluta a favor de una ni otra de estas posibilidades. En 1993, el 48% de los votantes apoyó el ELA, mientras que el 46% de ellos quería hacerse estado; sólo el 4% votó por la independencia.

45

*autonomía, independencia; **plebiscitos...** non-binding referendums*

3-2. Comprensión Conteste las preguntas, según la información de la lectura.

1. ¿Cuándo y por qué pasó Puerto Rico a ser parte de EE.UU.?
2. ¿Qué cambios ocurrieron en las relaciones entre EE.UU. y Puerto Rico durante los años de 1950?
3. ¿Qué significa la sigla *(acronym)* ELA? Explique el concepto que representa.
4. ¿Por qué es irónico este concepto?
5. Durante el plebiscito de 1993, ¿cuántos puertorriqueños votaron por mantener su estatus actual?
6. Haga una lista de las ventajas y desventajas del estatus de ELA para los puertorriqueños.

La emigración de la isla al suelo estadounidense

De todo el territorio estadounidense, Puerto Rico es la zona más empobrecida. El ingreso° *per cápita* en la isla sigue por debajo del nivel económico de Misisipí, el estado más pobre de la unión estadounidense. La llegada de las grandes empresas azucareras causó que muchos pequeños agricultores perdieran sus tierras. Para complicarlo todo aún más, la isla es un lugar de gran densidad de población y el costo de vida es más o menos comparable al de EE.UU. Como resultado de todos estos factores, no hay trabajo suficiente para satisfacer a todos los habitantes.

50

55

dinero que se gana

Hasta el año 1940, la cifra° de emigrantes puertorriqueños era relativamente modesta —unas 70 mil personas. Aunque viajaban a EE.UU. por razones económicas, la mayoría de ellos provenía de los centros urbanos. Por eso poseía buen nivel de alfabetización° y conocimientos de oficios° que les permitían incorporarse dentro del mercado laboral estadounidense. Siendo Nueva York la destinación preferida, los primeros núcleos de población boricua[1] se establecieron en East Harlem (conocido como «El Barrio»), en Brooklyn y en otras partes de la ciudad neoyorquina°.

60

cantidad

saber leer y escribir; profesiones, empleos

de Nueva York

A partir de la posguerra —y en gran medida como proyecto consciente de los oficiales del ELA— surgió el éxodo masivo, movimiento demográfico que continúa hasta hoy día. Ya para 1970, la cifra de emigrados se aproximaba a un millón. Los inmigrantes de esta oleada procedían en su mayoría de las zonas rurales de Puerto

65

---

[1] El nombre original de la isla de Puerto Rico era Borinquen (o Borinquén) y a sus habitantes todavía se les llama boricuas.

**preparación, adiestra-
miento; habilidades,
capacidades
concordaran, corres-
pondieran**

Rico. Su nivel de alfabetización era más bajo que el de los grupos anteriores y más de la mitad no poseía ni entrenamiento° apropiado para la urbe, ni destrezas° que encajaran° con la demanda industrial. A diferencia de los cubanos que aceptaban el no poder volver a su país, muchos de estos puertorriqueños llegaban al suelo estadounidense con la idea de regresar a su isla cuando acumularan suficiente dinero para volver a establecerse allá. Desgraciadamente, una vez en EE.UU., muchos isleños se veían atrapados en un círculo vicioso de pobreza por su falta de destrezas y de educación, situación que seguía (y continúa) manteniéndolos en la pobreza.

En la década de los 50, el gobierno estadounidense y los líderes del Partido Popular lanzaron la «Operación Boot-strap»[2] con el objetivo de lograr la rápida industrialización de la isla. Las compa-ñías, sin la obligación de pagar impues-tos federales, ofrecían empleos de fábrica

Tina Fineberg/AP Photo

Jennifer López aparece en una carroza durante el desfile del día dedicado a lo puertorriqueño en 2007.

relativamente bien pagados, aunque todavía con salarios más bajos que en Esta-dos Unidos. Por otra parte, el proyecto de industrialización trajo como resultado el abandono de la agricultura, y hoy día Puerto Rico, isla tropical, importa 85% de su comida. Antes de la «Operación Bootstrap», la agricultura proveía 35% de los trabajos; después del establecimiento e implementación del proyecto, por contraste, disminuyó a sólo 4%. Los puertorriqueños pobres que se veían sin tierra ni empleo encontraban una válvula de escape en la emigración a Nueva York. Los vuelos para

brincar... viajar de la
isla al continente por
avión, *lit., jump the
puddle;* **medios...**
mass media; adquirir,
lograr; decadencia,
descenso; aumento

*advertising; computer
information systems;
stock market*

«brincar el charco°» en esa época eran baratos, y el gobierno del ELA y los medios masivos° animaban a los isleños en sus esperanzas de partir para la «Tierra Prome-tida», donde supuestamente habría oportunidades ilimitadas. El ambiente competi-tivo y hostil de Nueva York, sin embargo, no les facilitó a todos alcanzar° el sueño norteamericano. Además, con el declive° de las industrias urbanas y el ascenso° de la economía de servicios, a muchos les faltaba el nivel de educación y de idioma para integrarse a los empleos de publicidad°, de informática° o de la bolsa°.

Los puertorriqueños, que en gran medida son una mezcla de hispanos, indíge-nas y africanos, se diferencian por el color de la piel, la textura del pelo, el apellido y el acento, características por las cuales eran (y son) sujetos a la discriminación. Para muchos, tales rasgos mantenían fuera de su alcance el acceso a los buenos

---

[2] La «Operación Bootstrap» les daba incentivos económicos y fiscales a las empresas industriales extranjeras para que se instalaran en la isla y así elevar la situación económica de su población.

empleos. Con el tiempo, una gran cantidad de puertorriqueños que llegaba a Nueva   110
York empezó a mudarse a otras partes en vez de quedarse allí. Nueva York, pues, se
convirtió en una ciudad que alojaba° a una comunidad puertorriqueña predominantemente pobre y que se valía° de la asistencia social para sobrevivir.

    Cuando no han tenido que vivir bajo condiciones adversas, los puertorrique-
ños han sido muy capaces de crear comunidades vibrantes y prósperas. Esto se ha   115
visto en otros barrios boricuas en el estado de Nueva York, en las regiones de Nueva
Inglaterra, del medio oeste norteamericano y en la zona de San Francisco. Según la
organización puertorriqueña *National Puerto Rican Coalition*, se han notado ciertas
tendencias positivas en años recientes. Una cantidad significativa de puertorriqueños ha salido de la clase obrera° y ha logrado instalarse en la clase media. Además,   120
las mujeres se han integrado a la fuerza laboral en números notables. En la actualidad, dos de cada tres puertorriqueños en EE.UU. residen fuera de Nueva York, donde
ahora se encuentran casi un millón de dominicanos.

hospedaba
aprovechaba

trabajadora

3-3. Comprensión Conteste las siguientes preguntas, según la información de la
lectura. Preste atención a los detalles de importancia.

1. ¿Qué comparación puede hacerse entre los emigrantes puertorriqueños de la
   década de 1940 y los de la década de 1980?
2. ¿Dónde se establecieron las primeras comunidades boricuas en el continente?
3. ¿Por qué se estableció la «Operación Bootstrap»? ¿Logró los resultados esperados?
   Explique lo que ocurrió.
4. Históricamente, ¿qué grupos han formado la cultura puertorriqueña? ¿Qué
   características identifican a los puertorriqueños como isleños?
5. Para los puertorriqueños que llegaron al continente más tarde, ¿qué efecto
   producía el ser identificados como originarios de Puerto Rico?

Las contribuciones boricuas

En la isla misma, los puertorriqueños han contribuido a los avances sociales, en
cuestiones de la igualdad de la mujer, mostrando esto al comienzo del siglo XXI. En   125
las elecciones de noviembre de 2000, los votantes eligieron como gobernadora de
la isla a Sila María Calderón, y no era la primera vez que una mujer llegara a tan
alta posición política dentro de esta sociedad. En 1944, el liderato popular le pidió a
Felisa Rincón de Gautier que se postulara° para alcaldesa de San Juan, puesto que
asumió en 1946, convirtiéndose en la primera mujer en ocupar la alcaldía de una   130
ciudad importante en el hemisferio occidental. Y en Nueva York, en 1993, Nydia
Margarita Velásquez fue la primera puertorriqueña elegida al Congreso de EE.UU.,
representando el 12° distrito de Nueva York. En enero de 2008, Teresa Ruiz, hija de
inmigrantes puertorriqueños que arribaron° a Nueva Jersey en los años 50, fue la
primera mujer latina elegida para el puesto de senadora en el Congreso estatal.   135

solicitara, se hiciera
candidata

llegaron

El actor Raúl Juliá alcanzó fama mundial en el rol de Gomez en la película *The Addams Family*. Pero ya se reconocía su cara por haber desempeñado el papel de MacHeath en la obra *The Threepenny Opera* en el Festival de Shakespeare en Nueva York en 1976.

ambiente, entorno

En el ámbito° de la cultura, la música denominada «salsa» ha logrado establecerse en el mundo entero como un género musical del que todo tipo de gente disfruta, ya sea para escuchar o para bailar. Tito Puente, Eddie Palmieri y Willie Colón han sido aclamados como músicos de jazz latino a nivel internacional. En el área de música también se encuentran Marc Anthony y su esposa Jennifer López; Ricky 140 Martín, el joven cantante de *La vida loca;* y las cantantes de salsa y «pop» Yolandita y La India.

La pantalla cinematográfica también les ha dado fama a actores y directores puertorriqueños. Entre ellos están Raúl Juliá, el actor que ganó renombre mundial en la película *The Addams Family;* Benicio del Toro, quien ha ganado bastantes premios 145 a niveles nacional e internacional; y Rita Moreno, la primera actriz puertorriqueña en ganar un Óscar y que también se destacó en el teatro de Broadway.

Entre los individuos boricuas que han logrado fama en otras artes están Rafael Ferrer, pintor y escultor experimental; Wichie Torres, pintor; y la artista Migdalia Cabán, conocida como «Boricua MC», que se expresa mediante diferentes estilos y 150 medios.

Los escritores tales como el afro-puertorriqueño Piri Thomas, autor de *Down These Mean Streets*, y la muy popular Esmeralda Santiago, famosa por su libro de memorias de su niñez, *When I Was Puerto Rican*, son de herencia isleña. Miguel Algarín y Miguel Piñero, poetas de la vanguardia neoyorquina establecieron el Nuyorican Poets Café. Tato Laviera, uno de los poetas neoyorquinos mejor conocidos se mudó a Nueva York en 1960, donde escribió *La Carreta Made a U-Turn* (1979) y *AmeRícan* (1985), además de obras más recientes. Entre las muchas y variadas obras de Judith Ortiz Coffer están *Silent Dancing: A Partial Remembrance of a Puerto Rican Childhood* (1990) y *An Island Like You: Stories of the Barrio* (1996). Edwin Torres, además de ser el autor de *Carlito's Way* y *After Hours*, es juez en la Corte Suprema del estado de Nueva York.

Y hasta en el campo de los deportes, está el venerado golfista del circuito «senior» y reconocido filántropo, Chi Chi Rodríguez. El incomparable beisbolista, Roberto Clemente de los Piratas de Pittsburg, muerto trágicamente en un accidente aéreo a los treinta y ocho años de edad, fue seguido por otros como Mike Lowell de las Medias Rojas de Boston, José «Cheo» Cruz de los Astros de Houston y Carlos Beltrán de los Mets de Nueva York. En el juego de baloncesto, se encuentra Carmelo Anthony, jugador de los Denver Nuggets (que es de padre puertorriqueño). ¡Y la lista no termina!

El mundo de las ciencias cuenta con los boricuas Joseph M. Acaba, el primer astronauta puertorriqueño; el Dr. Rafael L. Bras, el mayor experto en el área de calentamiento global; y Antonia Coello Novello, la primera mujer y primera hispana en ocupar el puesto federal de *Surgeon General* de EE.UU.

155

160

165

170

Después de leer

3-4. ¿A qué campo pertenecemos? Después de haber leído sobre las contribuciones puertorriqueñas, indique la profesión asociada con cada grupo de individuos mencionados.

1. Nydia Velásquez, Teresa Ruiz y Sila María Calderón
2. Rafael Ferrer, Wichie Torres y Migdalia Cabán
3. Piri Thomas, Tato Laviera y Esmeralda Santiago
4. Marc Anthony, Jennifer López y Willie Colón
5. Chi Chi Rodríguez, Mike Lowell y Carmelo Anthony
6. Raúl Juliá, Benicio del Toro y Rita Moreno
7. Antonia Coello Novello, Joseph M. Acaba y Rafael L. Bras

3-5. ¿En qué año ocurrió? Escoja el acontecimiento de la columna B que le corresponda a la fecha de la columna A y escriba la letra apropiada en el espacio en blanco.

Columna A

_____ 1. 1493
_____ 2. 1898
_____ 3. 1917
_____ 4. 1952
_____ 5. 1993
_____ 6. 2008

Columna B

a. Termina la guerra entre EE.UU. y España.
b. Los puertorriqueños ganan ciudadanía estadounidense.
c. Puerto Rico se convierte en Estado Libre Asociado.
d. Hay plebiscito no vinculante sobre el estatus de Puerto Rico.
e. Colón llega al Nuevo Mundo y empieza una nueva tradición.
f. Teresa Ruiz es la primera mujer latina elegida al Senado Estatal de Nueva Jersey.

3-6. Comentarios sobre la lectura Complete las oraciones, según la información de la lectura.

1. La política exterior de un país consiste en _____.
2. Durante los años cincuenta, el Congreso estadounidense aprobó _____.
3. La meta de los «estadistas» puertorriqueños es _____.
4. Tres ventajas del presente estatus puertorriqueño son _____ _____.
5. El nombre original de Puerto Rico era _____.
6. Un «jíbaro» es _____.
7. Algunos autores puertorriqueños son _____.
8. El representante puertorriqueño en el Congreso estadounidense tiene una posición de _____.
9. Muchos jóvenes de la isla han peleado en las guerras de _____ y _____.
10. La «Operación Bootstrap» se estableció para _____.

3-7. Conversación y opiniones Con un(a) compañero(a), hablen sobre sus opiniones en cuanto a los siguientes temas. Estén preparados para compartir sus ideas con los otros alumnos.

1. la «verdadera» cultura de Puerto Rico
2. si la «Operación Bootstrap» mejoró o empeoró la situación económica de la isla
3. el futuro de Puerto Rico: continuar como Estado Libre Asociado, ser el 51° (fifty-first) estado de EE.UU. o ser un país independiente
4. si la emigración masiva de la isla resolvió los problemas de los que la dejaron atrás

Selección 4 | El día que fuimos a ver la nieve

Antes de leer

Para abrir el tema Este cuento está basado en un hecho real. En los años cincuenta la alcaldesa de San Juan, Felisa Rincón de Gautier, hizo arreglos para que dos aviones llenos de nieve de EE.UU. llegaran a Puerto Rico en Navidades, cuando hacía una temperatura de 85 grados. El autor describe esa ocasión especial —y cómica— en la vida de su familia cuando hicieron un viaje para ver la nieve. Al mismo tiempo, agrega elementos de observación social sobre la identidad nacional de Puerto Rico. ¿Fue un acto inocente y bondadoso de parte de la alcaldesa llevar la nieve para entretener a los niños, o representó la imposición de la cultura norteamericana sobre la isla? Uds. deben decidir.

 Trabajando con un(a) compañero(a), piensen Uds. en su propia niñez y en un viaje familiar para ver algo espectacular, como el océano, Santa Claus, el circo, un concierto o el jardín zoológico, etcétera. Háganse las preguntas y después escriban un resumen de lo que aprendió cada uno(a).

1. Escriba un título: «El día que fuimos a ver _____».
2. ¿Cómo se sentían todos los miembros de tu familia antes del gran evento?
3. ¿Hubo preparaciones especiales?
4. ¿Cómo fue el viaje al lugar? ¿Y el comportamiento de tus hermanos(as) y tus padres?
5. Después del gran evento, ¿te sentías contento(a) o desilusionado(a)? ¿Por qué?

4-1. Vocabulario: Adivinando por el contexto El contexto le ayudará a adivinar el sentido de las palabras en *itálica* sacadas del primer párrafo del cuento. Escoja la mejor opción.

1. Aquel día *amaneció* de golpe, con el sol... Escuché a mamá en la cocina, ya preparando el desayuno...
   a. terminó　　　　　　　　b. empezó　　　　　　　　c. pasó

2. Recordé de qué día se trataba y el corazón me *latió* más rápido.
   a. palpitó　　　　　　　　b. ayudó　　　　　　　　c. rompió

3. Escogí un sweater crema, unos pantalones de corduroy y medias gruesas. Mami, al verme entrar así *ataviado*, se echó a reír.
   a. informado　　　　　　　b. vestido　　　　　　　c. aburrido

4. Papi... comentó que... quizás no valía la pena hacer el viaje. —Ese tapón (congestión de vehículos) va a *estar del mero*... nos tomará dos horas llegar a San Juan.
   a. ser insignificante　　　b. ser agradable　　　　c. ser extraordinario

5. —Con lo *sobrada* que es la gente, no lo dudo— agregó mami.
   a. demasiado numerosa　　b. demasiado religiosa　　c. demasiado cortés

4-2. El texto: Buscando detalles Trabajando con un(a) compañero(a), busquen Uds. la siguiente información en el primer párrafo.

1. el número de personas en la familia
2. el tiempo que hacía aquel día
3. la ropa que llevaba el narrador
4. el lugar adonde iban y las condiciones del viaje que se anticipaban

Ahora con sus propias palabras, cuéntele a su compañero(a) lo que ha pasado hasta este punto. ¿Cómo cree Ud. que va a ser el viaje?

Leer

El día que fuimos a ver la nieve

Alfredo Villanueva-Collado[1]

penetrando; Venetian blinds; hacerlas líquido

dejando... orinando, peeing; toilet; revolviendo, desordenando; drawers; palpitó

growl

obstrucción o congestión de vehículos

abundante

nos... nos ponemos con prisa

llevado... hecho llorar

extraordinario

sticky

Aquel día amaneció de golpe, con el sol agarrado de° las persianas° como si quisiera derretirlas°. Escuché a mami en la cocina, ya preparando el desayuno, a papi dejando caer el chorro° sobre el agua del inodoro°, a Roberto trasteando° en las gavetas° del cuarto al lado del mío. Recordé de qué día se trataba y el corazón me latió° más rápido. Corrí a lavarme y a vestirme. Escogí un sweater crema, unos pantalones de corduroy y medias gruesas. Mami, al verme entrar así ataviado, se echó a reír. Papi, con su paso lento y pesado, dejando escapar un gruñido°, comentó que hacía demasiado calor y que quizás no valía la pena hacer el viaje. —Ese tapón° va a estar del mero—, dijo, dirigiéndose a nadie en particular. —Ya son las nueve, y nos tomará dos horas llegar a San Juan—. —Con lo sobrada° que es la gente, no lo dudo—, agregó mami. —Mejor nos vamos apurando°.

Ya montados en el carro, papi tuvo que ir al baño de urgencia, de manera que perdimos otros veinte minutos. Roberto y yo nos acomodamos en la parte de atrás, cada uno en su ventana. Mami nos advirtió que ya sabíamos lo que pasaría si no nos estábamos quietos. Y al decirlo, mostró las largas uñas inmaculadamente manicuradas y pintadas de un rojo oscuro con las que en más de una ocasión nos había llevado los cantos°, forma absoluta de ganar control inmediato sobre nuestras personas. Papi regresó y nos pusimos en camino.

Salir de Bayamón fue fácil, pero una vez que caímos en Santurce[2], el tapón fue apoteósico°. Nos movíamos cuatro pies cada media hora y, con el calor y la falta de una brisita, el interior del carro estaba pegajoso° como un baño de vapor. Roberto se puso

[1] Alfredo Villanueva-Collado nació en Santurce, Puerto Rico en 1941, pero se crió en Venezuela. Volvió a Puerto Rico para terminar sus estudios universitarios. Es profesor jubilado de la Universidad de la Ciudad de Nueva York, poeta, narrador y crítico literario. Cree que parte de su responsabilidad como escritor es contar la tragedia colonial de la identidad puertorriqueña.

[2] Bayamón y Santurce, que aunque son ciudades propias, forman parte del área metropolitana de San Juan, la capital de Puerto Rico.

a matar indios, porque ese día le había dado por ponerse su ropa de vaquero, completa con sombrero de ala ancha y cinturón con revólver. «¡Zas!» y allí caía un indio y ¡zas! allí caía otro indio, hasta que mami, fijándose en las miradas de horror que los ocu-

se dio vuelta
to point (a finger) at

pantes de otros baños de vapor nos dirigían, se viró° enérgica, lo agarró por el brazo y le dijo que se dejara de jueguitos, que era mala educación apuntarle° a la gente, y más con un revólver, que qué se iban a creer, que ella no había salido para pasar vergüen-

immediatamente; el nombre del padre; liberó

zas, y si no se controlaba nos regresábamos ahí mismito°, ¿verdad Casimiro°?

Soltó° a Roberto y se viró del otro lado, a ver qué estaba haciendo yo. Pero mi juego era mucho más pacífico. Mi pasión consistía en contar marcas de carros, espe- cíficamente Studebakers, lo cual, hay que reconocer, no era nada fácil en aquel tre- mendo tapón. Por lo menos lo podía hacer sin llamar demasiado la atención de los de al frente. Allí iba un Ford, y más adelante un Chrysler; había montones de Chevrolets

ni para... no matter how hard I looked; cristal... ventana de atrás; manotazo, golpe con la mano

y uno que otro Cadillac, pero no veía un Studebaker ni para remedio°, de manera que me fui levantando despacito a mirar por el cristal trasero° cuando paf, un manotón° me tumbó de nuevo sobre el asiento mientras me advertían que si todos moríamos en un accidente cuando papi no pudiera ver los otros carros en el cristal de atrás porque yo estaba en el medio, yo y nadie más que yo iba a ser el responsable, y que era mejor

regresáramos; desastre

que nos devolviéramos° allí mismito, para evitar una desgracia°.

irritación, picazón

Al fin llegamos a los puentes del Condado³; una brisita alivió la piquiña° que me estaba comiendo el cuerpo. Iba a quitarme el sweater, pero mami, que tenía ojos en

*cuello; **empapado...** drenched in sweat; golpes dados con un palo (stick); irritaba (itched); to scratch himself yank*

la nuca°, me informó que me vería en el hospital con pulmonía, empapado en sudor° como estaba, además de la paliza° que me iba a llevar porque la gente decente no se quitaba la ropa en público. Roberto se encontraba en peor situación: le picaba° en mal sitio y trataba de rascarse° sin que nadie lo notara. El resultado fue que de un jalón° fue a parar al frente, dejando una mancha de sudor sobre el plástico rojo del asiento al lado de la ventana, mientras le advertían que perdería la salud del espíritu

maravilla, milagro
encendía, provocaba

si se seguía metiendo la mano en cierto sitio. La radio anunciaba el portento° del regalo de la gran dama a su pueblo, lo que sólo prendía° la ira de papi cada vez más.

***Maldita...** Damn*
*suciedad, basura, cosa que no vale; **le leyó...** read him the riot act; niños; metiche (nosy person); perezoso, haragán*

—Maldita sea° la gente y maldita sea la vieja esa, mira y que ocurrírsele traer esa porquería° para que cuanto idiota hay en San Juan se crea esquimal por un día—. Pero mami le leyó la cartilla°. —Mira Casimiro, tú fuiste quien se lo prometió a los nenes° y tú eres el primer averiguado°; si no, ¿qué hacemos metidos en este tapón? Sería mejor dejar el carro por aquí y caminar hasta el parque. Pero tú eres un vago° de primera y no quieres pasar el trabajo; total, que estamos ahí al ladito.

llamado con el uso de magia; estacionó, puso
***Vete...** Go to hell*

Como si lo hubiera conjurado°, apareció un espacio y papi, rabioso, metió° el carro con una sola vuelta del volante. —¿Estás seguro de que es legal? —preguntó mami, siempre temerosa de la ley. —Vete al carajo°—, contestó papi, que ya no estaba para

nos bajamos del carro; camisa que llevan los hombres en muchos países hispanos; shawl; desprender (unstick) insectos pequeños que molestan en los picnics

cuentos. Nos apeamos°, papi y mami caminando al frente, él con su guayabera° y ella con un chal° sobre los hombros, por si acaso, como ella decía. Roberto y yo íbamos agarrados de la mano, él dando saltitos y tratando de despegarse° los pantalones de vaquero, que se habían convertido en instrumento de tortura, mientras que yo bata- llaba con el sweater, que me parecía una túnica de hormigas°. Era casi mediodía.

³ El Condado es la sección de la ciudad de San Juan donde se encuentran los hoteles y las tiendas de lujo. Es el destino para gran parte de los turistas que visitan la isla.

se amontonaba, se hacía un grupo; aguantando... tolerando los gritos

cintas *(ribbons)*

mushy; escapé, separé

lodo, fango; *melted*

multitud, gentío

snow cones; caos

chapoteaban... *splashed about in the mud;* plataforma

bun (hairstyle); **abanico...** *lace fan*

me caí, perdí el equilibrio; **a cinco...** *five inches from* **Para...** *To top it off*

me hago miembro o socio

Ya en el parque nos abrimos paso a través de la multitud que se apelotonaba° en una dirección solamente, aguantando los chillidos°, no sé si de excitación o de angustia, de millones de muchachitos vestidos con levis, corduroys, guantes y hasta unas raras gorras rojas con moñas° de colores. Y en el medio, blanca, o casi blanca, brillante, pero ya medio aguada°, la nieve. Me zafé° y corrí hacia ella, llenándome los pantalones de barro° en el proceso, porque el agua derretida° se mezclaba en los pies de la muchedumbre° con tierra de todas partes de la isla. Toqué la nieve. No era gran cosa; se me ocurrió que, si quería, podría hacerla en el freezer de casa, o jugar con el hielo hecho polvo de las piraguas°. ¿Tanto lío° para esto? Pero obviamente mi actitud crítica no era compartida. La gente estaba loca con la nieve. Le daban vuelta a la pila con los ojos desorbitados, mientras que los nenes chapoteaban en el fangal° o posaban para las Kodaks de los padres. A un lado, en una tarima°, la benefactriz[4] del pueblo, que había hecho posible el milagro y mi desencanto, movía su hermoso moño° blanco, sonreía y se echaba fresco con un abanico de encaje°.

Evidentemente la frescura del espectáculo no había mejorado el humor de papi porque lo llegué a ver, casi púrpura, con mami al lado, aguantando a Roberto que chillaba desconsoladamente con los pantalones caídos sobre las rodillas. Quise darme prisa y, llegando a donde estaban, resbalé°, quedando sentado a cinco pulgadas° de las uñas de mami, quien se limitó a levantarme, inspeccionar las ruinas de mi sweater, y comentar: —esperen que lleguemos a casa—. Para colmo°, cuando al fin logramos recordar dónde papi había dejado el carro, lo encontramos con un ticket incrustado en una ventana. Papi lo recogió, se lo metió en el bolsillo y exasperado se volvió a mami: —¡Bueno, m'ija, otra idea brillante de tu partido y me meto° a estadista!

65

70

75

80

85

---

[4] Felisa Rincón de Gautier fue la alcaldesa de la ciudad de San Juan por veintidós años (1946–1968).

Después de leer

 4-3. Comprensión La clase se dividirá en grupos para trabajar sobre las siguientes partes del cuento. Después, un(a) representante de cada grupo le leerá las respuestas a la clase.

Grupo 1: Párrafos 1 y 2 Indiquen si cada oración es cierta (**C**) o falsa (**F**). Si la información es falsa, corríjanla.

_____ 1. El narrador se llama Roberto.

_____ 2. Ese día hacía calor y el narrador se puso ropa de verano.

_____ 3. Mucha gente iba a San Juan en carro.

_____ 4. En el carro la madre disciplinó a sus hijos mostrándoles su nariz larga y amenazante.

Grupo 2: Párrafos 3 y 4 Contesten las preguntas, según la información de la lectura.

1. ¿Por qué no viajaban muy rápidamente en el carro?
2. ¿Cuál era la temperatura dentro del auto?
3. ¿Qué ropa llevaba Roberto y a qué jugaban él y su hermano?
4. ¿Por qué creen Uds. que el autor incluye estos elementos?

Grupo 3: Párrafo 5 Escojan la respuesta apropiada.

1. Por fin la familia llegó a...
   a. un parque en Bayamón.
   b. una sección de Santurce.
   c. el Condado, en San Juan.
2. En la radio...
   a. se criticaba el regalo de la alcaldesa.
   b. se maravillaban del regalo de la alcaldesa.
   c. se anunciaba la temperatura con frecuencia.
3. El padre creía que era una idea... traer nieve a Puerto Rico.
   a. muy tonta
   b. muy generosa
   c. muy cómica
4. La mamá cree que el padre...
   a. tiene razón en criticar a la alcaldesa.
   b. es muy perezoso y no quiere caminar hasta el parque.
   c. es culpable por todo el tráfico.

Grupo 4: Párrafos 6 y 7 Contesten las siguientes preguntas, según la información en el cuento.

1. ¿Cómo se sentían el narrador y su hermano con su ropa?
2. ¿Qué influencias de EE.UU. se notan en estos párrafos?
3. ¿Por qué creen que el autor emplea tantas palabras en inglés?
4. ¿Le impresionó la nieve al narrador? ¿Y a los demás? Expliquen.

Grupo 5: Párrafo 8 Contesten las preguntas, según el contenido del texto.

1. ¿Por qué estaban de mal humor los padres?
2. ¿Cuál fue el colmo para el padre?
3. Cuando el padre dice al final «me meto a estadista», ¿creen Uds. que habla en serio? ¿Por qué?

 4-4. Charla Trabajando con unos(as) compañeros(as), contesten las preguntas que aparecen a continuación.

1. ¿Qué opinan Uds. de la acción de traer nieve a Puerto Rico durante la Navidad?
2. ¿Fue este acto un «milagro» para entretener a los niños puertorriqueños o la intrusión de EE.UU. en la isla?
3. ¿Cómo muestra el autor las diferencias irreconciliables entre las culturas estadounidense e isleña? Consideren el vocabulario, los carros, la ropa, el ambiente al formular sus respuestas.
4. Al traer la nieve y las tradiciones navideñas anglosajonas a la isla, ¿qué costumbres están en vías de perderse si esta actividad se convierte en acontecimiento anual?
5. ¿Qué creen Uds. que opina el autor sobre este asunto? Expliquen.

Esta escena urbana en Puerto Rico revela un ejemplo moderno de los cien años de presencia norteamericana en la isla.

Selección 5 Los cubanos

Antes de leer

Para abrir el tema Hay gran diferencia entre ser inmigrante y ser exiliado o refugiado. Los mexicanos y los puertorriqueños representan gente que ha salido de su tierra natal por razones económicas o sociales y tienen la libertad de volver cuando quieran. Pero los cubanos no tienen la buena fortuna de poder regresar a donde nacieron, mientras que haya un «Castro» en el poder. Imagínese lo que deben sentir estas personas al tirarse al mar o subir a un avión sin saber qué les espera y si lograrán ver su patria de nuevo. Con un(a) compañero(a), hagan una lista de otras diferencias entre inmigrantes y refugiados y las ideas y sentimientos que los inspiran.

5-1. Los amigos falsos Los cognados falsos son palabras en español que son parecidas a palabras en inglés, pero que tienen significado diferente en cada lengua. Estudie esta lista de amigos falsos y el significado correcto antes de leer la información del texto.

el barco	*boat*	particular	*private*
el corredor	*runner*	el personal	*personnel*
los familiares	*relatives*	procedían	*originated*
las filas	*rows, lines*	se valió de	*made use of*
la inversión	*investment*		

Los cubanos

Las relaciones entre EE.UU. y Cuba a través del tiempo

barco grande

vencimiento *(defeat)*

Amendment

gozó

anuló, desfruyó

Cuba logró su independencia en 1898 después de que EE.UU. intervino en la guerra entre Cuba y España. El gobierno estadounidense se valió de la explosión de la nave° militar *Maine* en el puerto de La Habana, como pretexto para luchar contra España. La derrota° española dio como resultado la independencia de Cuba. También como consecuencia de esa derrota, las islas Filipinas, Guam y Puerto Rico pasaron a manos estadounidenses. Sin embargo, en 1901 EE.UU. obligó a los cubanos a aceptar la Enmienda° Platt, la cual autorizaba la intervención estadounidense en los asuntos internos de la isla recién independizada. Al mismo tiempo, EE.UU. estableció una base naval en las orillas de la bahía de Guantánamo que todavía existe, aunque con otros usos[1]. 10

    Al revocarse la Enmienda Platt, Cuba disfrutó de° un gobierno bastante democrático hasta 1952 cuando Fulgencio Batista derribó° el gobierno constitucional y

5

[1] La base en la bahía de Guantánamo es la misma que hoy día se emplea para encarcelar *(imprison)* a los prisioneros de las guerras en Afganistán e Irak. Sin embargo, el presidente Obama ha prometido trasladar a los detenidos y cerrar la prisión.

estableció una dictadura militar. La caída del gobierno provocó un levantamiento° que terminó en 1959 con el triunfo de Fidel Castro, quien inmediatamente estableció el primer gobierno comunista en el hemisferio occidental.

rebelión

El régimen de Fidel, que duró más de cuarenta años, cambió ciertas situaciones para la población de la isla. Por un lado, casi se ha eliminado el analfabetismo°, ha disminuido mucho el nivel de mortalidad infantil y ha avanzado el entrenamiento científico y técnico. Pero por otro lado, no ha habido libertad de expresión personal ni de prensa° y ha habido escasez de comestibles° y medicamentos.

la incapacidad de leer y escribir

publicaciones, periodismo; comida

Cuba y Castro perdieron su apoyo° financiero y técnico junto con su mercado principal de productos con la disolución de la Unión Soviética. Entre 1989 y 1994 hubo una crisis económica con severas restricciones en la disponibilidad° de gasolina, petróleo, electricidad, comida y otras necesidades básicas[2]. Castro fomentó la inversión extranjera° de millones de dólares, enfocando en la industria de turismo. El gobierno también ha apoyado la libre empresa° aunque se limita principalmente a restaurantes pequeños en casa de los dueños[3] y mercados para campesinos y artesanos. La introducción del dólar estadounidense como la moneda legal produjo desigualdades entre los que tienen contacto con extranjeros y acceso al dólar y los que dependían del peso cubano de menos valoración. Sin embargo, los cubanos siguen dependiendo de los más de mil millones° de dólares anuales que sus familiares y amigos en EE.UU. mandan como ayuda particular°. Sin embargo, hace varios años, el gobierno de Castro prohibió el uso del dólar en la isla y obligó a que los que tuvieran dólares los entregaran° al gobierno para convertirlos en pesos cubanos. En ese momento el gobierno comenzó a cobrar un 10% para efectuar el cambio. Esto significa que por cada dólar, el cubano recibe solamente 90 centavos, ¡porque el gobierno se queda con el 10% restante! Sin embargo, los familiares estadounidenses continúan mandándoles dólares a sus parientes en Cuba porque no hay manera

ayuda

availability

inversión... *foreign investment*

libre... *free enterprise*

mil... *billion*

privada, personal

transfirieran, transmitieran

MedioImages/CORBIS

Sólo hay «90 MILLAS A CUBA», tal como nos lo anuncia un letero cerca de una de las playas en Cayo Oeste, Florida. Para los cubanos es un recuerdo constante que su patria queda muy cerca; a los anglos que apoyan el Acto de Helms-Burton, les informa que hay todavía un gobierno comunista en la isla.

[2] A muchos cubanos no les gusta referirse a o hablar de este período de su historia. Grandes barbaridades ocurrieron y muchas personas sufrieron grandes penas; muchas personas pobres murieron de hambre.

[3] A estos pequeños restaurantes se les llama «paladares», lo cual viene de la palabra que significa *palate* o *sense of taste*.

de convertir dólares a pesos cubanos en EE.UU., debido a que el gobierno estadounidense no tiene relaciones políticas ni económicas con la isla. Como consecuencia, hoy día la moneda preferible en la isla es el euro porque mantiene un valor estable y se emplea por todo el mundo. Además, puede encontrarse en EE.UU. 55

El embargo comercial establecido por EE.UU. contra Cuba y más tarde el Acto de Helms-Burton[4], aprobado por el Congreso en 1996, han contribuido a la tensión entre los dos países. El Acto impuso sanciones sobre ciertas compañías extranjeras

afiliados, personas a favor de; measures (n) que tenían o tienen relaciones comerciales con Cuba. Los partidarios° de estas medi- 60 das° declaran que la presencia de un gobierno comunista tan cerca de tierras estado-

threat unidenses es una gran amenaza° que se debe disminuir y quizás hasta eliminar. Los que mantienen el punto de vista opuesto dicen que, puesto que *(since)* EE.UU. tiene relaciones comerciales con países comunistas como Vietnam y China, no se debe discriminar en contra de Cuba, porque verdaderamente ésta no representa ningún 65 peligro.

El 31 de julio del 2006, Raúl Castro, el hermano menor de Fidel, asumió las responsabilidades del presidente en la transferencia temporaria del poder, a causa de la enfermedad de Fidel. Raúl Castro fue elegido presidente en la sesión de la Asamblea Nacional el 24 de febrero del 2008, puesto que Fidel había anunciado su intención de 60 no continuar de presidente cinco días antes. Durante los últimos años, la situación

deteriorado económica del pueblo ha empeorado° notablemente. Hay menos dinero disponible y hay una continua escasez de comida. Además, la poca libertad que la gente tenía

ha... ha sido responsable por bajo Fidel ha disminuido desde que Raúl se ha encargado del° país.

[4] El Acto de Helms-Burton se aprobó después de que unos aviones militares cubanos derribaron dos aviones civiles de un grupo de exiliados cubanos de Miami que habían violado el espacio aéreo cubano.

5-2. Comprensión Conteste las siguientes preguntas para verificar cuánto entendió.

1. ¿Qué importancia tienen estas fechas en la historia de las relaciones entre EE.UU. y Cuba?
   a. 1898
   b. 1901
   c. 1952
   d. 1959
   e. 1989 a 1994
   f. 1996
   g. 2008
2. ¿Qué efectos positivos y negativos ha tenido el régimen de Castro en la sociedad cubana?
3. ¿Por qué ha causado problemas el Acto de Helms-Burton?
4. ¿Cómo ha afectado a la población cubana el cambio de presidente de Cuba?

La llegada de los refugiados: La primera oleada

La mayor parte de la emigración cubana de los años sesenta vino a EE.UU. por 65
razones ideológicas, más bien que económicas. Eran emigrantes pertenecientes en
su mayoría a la raza blanca y con un nivel de educación bastante superior al de casi
todos los demás grupos hispanos. Este grupo se ha distinguido por su baja tasa° de
fertilidad y por su tendencia a residir fuera del centro de las ciudades, en barrios residenciales. Económicamente, ha disfrutado de un nivel de ingresos sólo ligeramente° 70
inferior al de la población angloamericana.

Entre 1959 y 1963, los exiliados procedían en buena parte de la clase media y
alta de la sociedad cubana. Esos primeros contingentes de refugiados establecieron
las pautas de comportamiento° para los que llegarían después. Al llegar a Miami, el
principal centro del exilio cubano, la ciudad estaba en decadencia. Pocos años des- 75
pués, y gracias en buena medida a la dinámica presencia de los exiliados cubanos,
Miami se había convertido en una próspera metrópoli y en el principal centro financiero de los negocios entre EE.UU. y Latinoamérica. Esta presencia cubana actuó
también como incentivo para que otros núcleos de población hispana vinieran a
establecerse en la Florida. Por estas razones y otras más, Miami ha llegado a obtener 80
el título de «la capital de Latinoamérica».

Aun en el período inicial (1959–63), más del 50% de los exiliados eran empleados y obreros especializados o semiespecializados. Esta representación de la clase
obrera fue aumentando en los años siguientes, a medida que las leyes y disposiciones
del gobierno comunista de Castro fueron afectando a sectores cada vez más amplios° 85
de la población cubana. Puesto que sólo el 18% de los exiliados iniciales eran profesionales o ejecutivos, «el milagro cubano» de las décadas de los sesenta y setenta fue
producido por una comunidad cubana, cuya composición social se acercaba más de
lo que usualmente se piensa a la de la sociedad que había dejado atrás. Los exiliados
se hallaban° altamente motivados para tener éxito en la sociedad norteamericana 90
porque tenían algo que probar. El espíritu empresarial° de amplios sectores de la
población cubana de los años cincuenta tuvo su origen en la población española
que se había establecido en Cuba durante las primeras décadas del siglo XX[5]. Todo el
valioso «capital humano» de las empresas foráneas° que se había establecido en Cuba
quedó desplazado° cuando el gobierno de Cuba expropió las compañías extranjeras 95
y las industrias y empresas comerciales cubanas. En ellas sustituyó a su personal
por empleados fieles al régimen.

Entre 1959 y 1963 más de 250.000 refugiados entraron por el aeropuerto de
Miami. El gran número de refugiados hizo necesaria la creación de un programa
oficial de ayuda. En 1961, la administración del presidente Kennedy estableció el 100
«Programa para refugiados cubanos» que brindaba° asistencia inicial a los refugiados al proveerles un modesto cheque mensual y algunas provisiones de comida, y al
darles la oportunidad de volver a localizarse en otros estados del país.

---

[5] La población española estaba formada en su mayoría por trabajadores que abrieron comercios en la isla, prospe-
raron en ellos y dieron un aura de dignidad a las actividades comerciales, usualmente despreciadas por el código
de valores hispanoamericano.

Margin glosses:

nivel *(rate)*

slightly

pautas... *rules of behavior*

extensos, grandes

se encontraban
entrepreneurial

extranjeras
sin ningún lugar
(displaced)

ofrecía

5-3. Comprensión: ¿Cierto o falso? Decida si la oración es cierta (**C**) o falsa (**F**). Si la información es falsa, corrija la oración.

_____ 1. Los cubanos vinieron a EE.UU. en los años sesenta porque eran pobres.
_____ 2. Los cubanos tienen la costumbre de vivir en barrios residenciales.
_____ 3. Entre 1959 y 1963 los exiliados eran de la clase pobre.
_____ 4. El principal centro del exilio cubano era Miami.
_____ 5. Miami estaba en buenas condiciones económicas cuando llegaron los cubanos.
_____ 6. El título de «la capital de Latinoamérica» le pertenece a La Habana, Cuba.

5-4. ¿Qué comprendió Ud.? Conteste las preguntas, según la información de la última sección.

1. ¿Qué herencia española trajeron los cubanos a EE.UU. que los ayudaría a tener éxito?
2. ¿Cuántos refugiados entraron por el aeropuerto de Miami entre 1959 y 1963?
3. ¿Cómo podían ayudar a los refugiados recién llegados los que ya se habían establecido?
4. ¿Qué efecto tuvo el influjo de cubanos en la ciudad de Miami?

Los «marielitos»[6]

El episodio de Mariel ocurrió en 1980, cuando en sólo cinco meses llegaron 125.000 nuevos refugiados cubanos a las costas de la Florida. Fue sumamente difícil asimilar 105
de... de una vez, al mismo tiempo — de un golpe° a tan gran número de refugiados. Los delincuentes comunes y enfermos mentales que fueron enviados por el gobierno de Castro entre aquel grupo dañaron temporalmente la positiva imagen que los cubanos ya se habían ganado en EE.UU.
descontrolado — Durante los meses después de su llegada el sector más díscolo° de los «marielitos»
criminales — efectuó una serie de incidentes delictivos° o de protesta contra sus condiciones de vida 110 en Miami, que hicieron temer un difícil período de adaptación al medio norteamericano. Pero con el tiempo, los refugiados del puerto de Mariel fueron asimilados por la comunidad en que entonces se encontraban.

personas que viajaron en pequeños barcos
Los balseros°

Al comienzo de la última década del siglo XX, miles de balseros pudieron escaparse de las condiciones económicas, políticas y sociales en Cuba. Entre ellos se encontra- 115 ban la madre, el padrastro y un niño cubano llamado Elián González, cuyo caso es el
murieron; camino a — más conocido. La madre y el padrastro fallecieron° rumbo al° suelo estadounidense y el niño fue rescatado por pescadores estadounidenses que lo encontraron flotando
agarrado... *holding on to an inner tube* — en el mar agarrado de una llanta° en el año 1999. El padre biológico de Elián, quien había permanecido en Cuba, quería que el niño volviera a la isla, en vez de perma- 120 necer con la familia de la madre. Aunque las comunidades cubanas en Miami y

---

[6] Los «marielitos» recibieron ese apodo *(nickname)* porque habían partido del puerto de Mariel en Cuba.

demostraciones; pro-
meter, asegurar

a través del país montaron manifestaciones° y juraron° no permitir el regreso de
Elián, el INS y la Corte Suprema Federal decidieron que el domicilio legal del niño era
con su padre, y así fue que Elián volvió a la isla donde había nacido para vivir con su
padre, su madrastra y sus medio hermanos. 125

5-5. ¿Cierto o falso? Indique si la oración es cierta (**C**) o falsa (**F**). Si la información
es falsa, corríjala.

_____ 1. El episodio de Mariel ocurrió en 1980.

_____ 2. Mariel es un puerto en la Florida.

_____ 3. Todos los «marielitos» eran criminales y enfermos.

_____ 4. Los «marielitos» eran personas profesionales con un nivel alto de alfabe-
tización.

_____ 5. El incidente de Elián González ocurrió durante el episodio de Mariel.

_____ 6. Los familiares de Elián en Miami querían que el padre del niño se mudara
a Miami.

Un mural en la Calle Ocho de «La pequeña Habana» de Miami muestra el carácter bicultural de ese distrito
de la ciudad.

La transformación de Miami

Los cubanos transformaron radicalmente el ambiente cultural de las áreas urbanas
en que se ubicaron. El próspero «Little Havana» es el barrio cubano más famoso de
un Miami que se convirtió en una metrópoli predominantemente hispana, donde
los comerciantes que desean atraer a clientela no latina tienen que colgar cartelitos en las vitrinas° que declaran «English spoken». El español sirve para llevar a 130
cabo todas las actividades cotidianas°, para comprar en los supermercados, comer

colgar... *hang small
signs in their shop
windows;* diarias, de
todos los días

en los restaurantes, cortarse el pelo, hasta leer el periódico, ver la televisión y consultar al médico. El inglés, de verdad, suena como una lengua foránea en gran parte de la ciudad. Además, Miami es un importante centro artístico y literario en el que se encuentra una gran concentración de salas de arte, teatros, locales para conciertos, librerías, bibliotecas y casas editoriales que promueven las producciones hispanas con fuerte énfasis en las cubanas.

Por lo general, los cubanos son políticamente más conservadores que los demás hispanos y tienden a alinearse y apoyar al partido republicano. Aunque han pasado más de cuarenta y cinco años desde 1961, cuando ocurrió el episodio de la bahía de Cochinos°, el hecho dejó un profundo resentimiento dentro de la comunidad cubana que no muestra señas de desaparecer. Todas estas fuertes emociones se basan en el abandono por la administración del presidente democrático Kennedy, cuando el gobierno estadounidense desembarcó a una brigada de exiliados cubanos en una playa de la isla y luego no les proveyó° el prometido apoyo naval o aéreo. Tradicionalmente la comunidad cubana ha percibido a los republicanos como más decididos y efectivos opositores del régimen de Fidel Castro. A pesar de problemas entre Cuba y EE.UU., en 1995 los dos países firmaron un acuerdo que autoriza la entrada legal a EE.UU. de veinte mil cubanos al año y la devolución° a Cuba de balseros y otros que viajen en botes pequeños a suelo estadounidense.

bahía... *Bay of Pigs*

dio

retorno

135

140

145

150

155

160

165

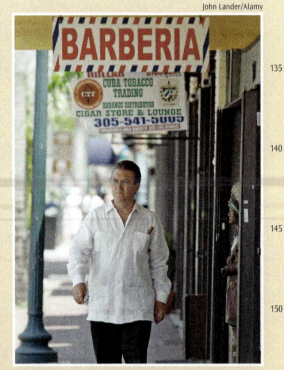
John Lander/Alamy

La guayabera de este cubano en Miami refleja que las tradiciones se han trasladado de la madre patria a suelo estadounidense.

5-6. Identificaciones   Identifique los siguientes términos y explique su importancia en la historia de los cubanos en Miami.

1. «Little Havana»
2. la bahía de Cochinos
3. la lengua «extranjera» en Miami
4. los cartelitos en las vitrinas
5. los balseros
6. el paladar

Las contribuciones cubano-americanas

votantes... registered voters

La influencia de los cubanos se nota fácilmente por todo el país. Más del 70% de los votantes inscritos° en Miami son hispanoparlantes, lo cual ayudó a elegir a Xavier Suárez alcalde de la ciudad. También hizo un papel importante en la elección del primer gobernador de ascendencia cubana de la Florida, Bob Martínez, y de la primera cubano-americana en el Congreso, Ileana Ros-Lehtinen. Entre los 170 muchos otros políticos de ascendencia cubana se pueden encontrar a Lincoln Díaz-Balart, representante de Florida en la Cámara Nacional de Representantes°, John

Cámara... U.S. House of Representatives

H. Sununu, el gobernador de Nuevo Hampshire y Bob Menéndez, Senador de Nueva Jersey y el primer hispano en representar su estado.

first class

Entre los exiliados cubanos que llegaron a EE.UU. en los años sesenta vinieron 175 muchos músicos y artistas de primera fila° que inyectaron nuevo vigor a la presencia musical cubana en suelo norteamericano. Entre ellos se encuentran la muy querida Celia Cruz, quien falleció en 2003, y Paquito D'Rivera, quien recibió su noveno Grammy cuando su álbum *Funk Tango* ganó el premio de Mejor Álbum de Jazz Latino en 2007. El área de Miami comenzó a competir con Nueva York como meca de la 180 música latina. En el Miami de los años ochenta apareció un conjunto musical con el nombre de Miami Sound Machine, que bien ilustraba la capacidad de esa música para entrar en síntesis con los ritmos pop de Norteamérica. Su hit «Conga» entró completa y fácilmente a la corriente central de la música norteamericana y convirtió a su cantante, la cubano-americana Gloria Estefan, en una figura de fama 185 mundial. Willy Chirino, cantante de salsa, compositor de canciones y el productor reconocido por el mundo como la fuerza creativa del «Sonido Miami», también tiene sangre cubana.

Los cubano-americanos cuentan con escritores de alta categoría como Cristina García, autora de *Dreaming in Cuban*. Este grupo de hispanos cuenta con dos ganadores 190 del Premio Pulitzer: Óscar Hijuelos, el primer hispano en otorgársele el Premio Pulitzer en ficción por su novela titulada *The Mambo Kings Play Songs of Love*, y Nilo Cruz, el primer dramaturgo latino en ganar el Premio Pulitzer por su obra *Anna in the Tropics*.

high fashion; sobresalen, se distinguen

En el campo de la alta costura° se destacan° los diseñadores Adolfo, Narciso 200 Rodríguez, Eduardo Lucero, Lázaro Hernández y Alvin Valley.

hostess

En el mundo de Hollywood y la televisión se destacan el actor y director cinematográfico Andy García, la actriz en presentaciones de ciencia ficción Gina Torres, tanto como la muy famosa actriz internacional Cameron Díaz. Sobresalen asimismo Bob Vila, la estrella de *This Old House* y Cristina Saralegui, anfitriona° de su propio 205 programa de televisión en español. También se hizo una película que dio fama a músicos cubanos hasta ese momento desconocidos, titulada *Buena Vista Social Club*. Y a principios de la era de la televisión, Desi Arnaz con su acento y ritmos cubanos y al lado de su esposa americana Lucille Ball, alcanzó con su programa *I Love Lucy*, una popularidad que nunca se había visto. 210

Tampoco se debe olvidar la contribución de este grupo de hispanos al mundo deportivo. Alberto Salazar no sólo es corredor olímpico, sino ganador de los maratones de Boston y Nueva York; y el nombre de José Canseco lo sabe cualquier aficionado al béisbol. También se debe mencionar a Rebecca Lobo, jugadora profesional de básquetbol, que hoy día trabaja en el canal deportivo ESPN, anunciando los juegos de básquetbol femenino en la WNBA. Así que la presencia cubana ha hecho grandes contribuciones a la vida cotidiana del pueblo estadounidense. 215

 5-7. ¿Cómo me gano la vida? Con un(a) compañero(a), estudien cada grupo de individuos de herencia cubana. Luego indiquen por escrito el campo al que pertenecen.

1. Celia Cruz, Willy Chirino y Tito Puente
2. Adolfo y Eduardo Lucero
3. Nilo Cruz, Cristina García y Óscar Hijuelos
4. Cristina Saralegui, Andy García y Cameron Díaz
5. Alberto Salazar, Rebecca Lobo y José Canseco
6. Xavier Suárez, Bob Martínez y John H. Sununu

¡Conectémonos!

5-8. ¿Por qué somos importantes? Con un(a) compañero(a), contesten las siguientes preguntas sobre las contribuciones de la cultura cubana/cubano-americana y su gente. Exploren el Internet si desean saber más sobre los temas e individuos que se mencionan a continuación. Apunten sus respuestas para compartirlas con los demás compañeros.

1. ¿Qué tipos de música han contribuido a «la salsa»?
2. ¿Por qué niegan algunos músicos la existencia de la salsa?
3. ¿Cómo se llaman la canción y el conjunto que hicieron famosa a Gloria Estefan?
4. ¿Por qué ganaron el Premio Pulitzer Nilo Cruz y Óscar Hijuelos?
5. ¿Qué es *Buena Vista Social Club*? ¿Por qué es algo especial?

Después de leer

5-9. Fechas y acontecimientos Escoja la fecha de la columna B que indique el acontecimiento que aparece en la columna A y escriba la letra apropiada en el espacio en blanco.

Columna A

_____ 1. Cuba y EE.UU. firman un acuerdo.
_____ 2. Cuba acepta la Enmienda Platt.
_____ 3. La primera oleada cubana llega a EE.UU.
_____ 4. Cuba logra su independencia.
_____ 5. Ocurre el episodio de la bahía de Cochinos.
_____ 6. Los «marielitos» llegan a EE.UU.
_____ 7. Castro triunfa en Cuba.
_____ 8. Fidel Castro decide dejar el puesto de presidente.

Columna B

a. 1898
b. 1901
c. 1952
d. 1959–63
e. 1959
f. 1961
g. 2000
h. 1989–94
i. 2008
j. 1995
k. 1996
l. 1980

 5-10. ¿Qué opinan? Con un(a) compañero(a), decidan si están de acuerdo con las siguientes declaraciones. Expliquen su punto de vista. Si no están de acuerdo, cada persona debe explicar su perspectiva.

1. Es mejor quedarse en su propio país y luchar que emigrar al extranjero.
2. Es cobardía *(cowardice)* emigrar para escapar la pobreza y la política con la que uno no está de acuerdo en vez de hacer cambios desde adentro.
3. El bloqueo de Cuba por EE.UU. es justo para proteger los intereses estado-unidenses.
4. El bloqueo ha perjudicado el gobierno de Cuba.
5. Los cubano-americanos desean volver a la tierra de sus antepasados.

Selección 6   Guantanamera: Canción de amor

Antes de escuchar

Para abrir el tema ¿Qué sabe Ud. de José Martí? ¿Ha leído algo sobre su vida o su poesía? Con un(a) compañero(a), compartan la información que Uds. ya tengan sobre Martí y sus obras. Para complementar lo que ya saben, busquen los *Versos sencillos* de José Martí o en Internet o en la biblioteca. Escojan una de las estrofas (*stanzas*) y tomen apuntes para poder compartir y tratar de lo que encontraron con los demás compañeros después de haber escuchado la canción.

6-1. Vocabulario: ¿Sinónimo o definición? La letra de esta canción es bastante sencilla. Contiene pocas palabras que no se usen con frecuencia. Déle un vistazo a la letra de esta canción sin consultar el glosario. Luego, piense en algún sinónimo para cada palabra de la lista y apúntelo a su lado. Si no sabe un sinónimo, trate de definir la palabra. Si nada le viene a la mente, consulte un diccionario monolingüe de español.

1. sincero   _____
2. crece   _____
3. morirme   _____
4. quiero   _____
5. versos   _____
6. claro   _____
7. herido   _____
8. los pobres   _____
9. suerte   _____
10. echar   _____
11. arroyo   _____
12. el mar   _____

Escuchar

6-2. Estrategia para escuchar: Identificar la idea principal Escuche la canción dos veces: la primera vez, escuche para descubrir la idea principal de cada estrofa; la segunda vez, concéntrese en averiguar el significado de la canción entera.

Guantanamera

Letra por José Martí y Joseíto (José) Fernández[1]; interpretado por Julio Iglesias[2]

 Perspectivas **iTunes playlist**

mujer de Guantánamo, Cuba; jerga, una mujer del campo	Guantanamera° guajira° guantanamera. Guantanamera guajira guantanamera.
	Yo soy un hombre sincero de donde crece la palma. Yo soy un hombre sincero de donde crece la palma. Y antes de morir yo quiero
expulsar, tirar; *soul*	echar° mis versos del alma°.
	Guantanamera .... (coro)
rojo, colorado; ardiente	Mi verso es de un verde claro y de un carmín° encendido°. Mi verso es de un verde claro y de un carmín encendido.
venado *(deer); injured, wounded;* montaña, cerro; protección, refugio	Mi verso es un ciervo° herido° que busca en el monte° amparo°.
	Guantanamera .... (coro)
	Con los pobres de la tierra
poner	quiero yo mi suerte echar°. Con los pobres de la tierra quiero yo mi suerte echar.
cordillera, montañas	Y el arroyo de la sierra°
me... me satisface, me agrada	me complace° más que el mar
	Guantanamera .... (coro 2x)

Manu Fernández/AP Photo

5

10

15

20

25

---

[1] José Fernández era anfitrión de radio, cantante y compositor que escribió la letra original de la canción que basó en un piropo *(compliment)* que le echó a una mujer desconocida. La letra más conocida, la letra «oficial», adaptada por Julián Orbón, se basa en la primera estrofa del primer poema de la colección *Versos sencillos*, escrito por el poeta nacionalista cubano y héroe en la lucha por la independencia de la isla, José Martí. Dada la importancia de Martí para la población cubana, el uso de su poema en la canción la ha elevado al estatus (no oficial) de himno nacional en el país.

[2] Julio Iglesias es un cantante y compositor español de fama internacional. Es el intérprete latino que más discos ha vendido en la historia de la música. Ha grabado canciones en catorce idiomas, y es el único artista en recibir el Disco de Diamante otorgado por el *Libro Guinness de los récords* por haber vendido más discos en diferentes idiomas en toda la historia.

Después de escuchar

6-3. ¿Qué comprendió? Conteste las preguntas según la letra de la canción que acaba de escuchar.

1. ¿Qué tipo de persona es el que canta?
2. ¿Dónde nació?
3. ¿Qué desea hacer antes de que termine su vida?
4. ¿De qué lugar es la mujer que describe?
5. ¿Cómo describe el hombre su poesía?
6. ¿Cuál es el contenido de su poesía?
7. ¿Con qué parte de la población se identifica?
8. ¿Qué le gusta más, el río o el mar?

6-4. Análisis del contenido Hable con un(a) compañero(a) de las imágenes que se describen en la canción. Luego, describan el cuadro que se presenta en cada una de las tres estrofas. Estén listos(as) para presentar lo que han descubierto en este poema musical.

6-5. Descripción artística Ya que Ud. y su compañero(a) han descrito las imágenes que se encuentran en la canción, úselas para dibujar una serie de cuadros relacionados. Si Ud. no se considera artísticamente dotado *(gifted)*, puede recortar fotos de periódicos y revistas para crear su obra. Recuerde que no es necesario crear algo «realista». Quizás el (la) profesor(a) le pida explicar el significado de su trabajo.

KPA/Hackenberg/Content Mine International/Alamy Limited

La ciudad de Guantánamo está situada en el sur de la provincia más oriental de la isla de Cuba. Aunque la municipalidad es una de las más interesantes, es uno de los lugares menos visitados. Con la posible excepción de Pinar del Río, esta provincia es uno de los territorios más agrestes *(wild)* y menos explorados del país.

Composición
del final del capítulo

Piense un momento en todo lo que Ud. ha leído en este capítulo. Luego, escriba una composición de una o dos páginas sobre uno de los siguientes temas.

1. **Los hispanos en suelo norteamericano** Explique las diferentes razones que promovieron a los tres grupos de hispanos (mexicanos, puertorriqueños y cubanos) a trasladarse a EE.UU. Explique por qué Ud. cree que éstas son importantes.

2. **Canciones de amor e identidad** Escoja una de las siguientes opciones.

   a. ¿Hay una canción que Ud. y sus amigos(as) creen que represente los hábitos de su grupo como lo hace «La Carcacha»? Identifique la canción y el (la) artista, y explique las razones por las que Ud. seleccionó la canción. No olvide de basar sus razones en el contenido de la canción.

   b. *«Guantanamera»* es una canción que siempre será identificada con la poesía de José Martí y la isla de Cuba. ¿Hay alguna canción o pieza de música que Ud. identifique con su país o su etnia? Explique cuál es y por qué la escogió.

3. **Los hispanos en Estados Unidos** EE.UU. ha experimentado oleadas de nuevos habitantes a lo largo de los siglos. Sin embargo, hay grandes diferencias entre los mexicanos, los puertorriqueños y los cubanos que forman parte de la sociedad estadounidense. Escriba una composición, basándose en la información que ha aprendido al leer este capítulo.

4. **Las contribuciones de poblaciones de otros países** Se dice que EE.UU. es un país creado sobre las espaldas de inmigrantes y refugiados. Sin embargo, todavía existe bastante prejuicio hacia los individuos de ascendencia «extranjera». Basándose en la información del capítulo y en investigación por Internet, escriba un ensayo que exponga esta dicotomía.

5. **El imperialismo cultural y lingüístico** Para algunos hispanos, el cuento «El día que fuimos a ver la nieve» es un excelente ejemplo del imperialismo cultural y lingüístico estadounidense, basados en egocentrismo y arrogancia. ¿Está Ud. de acuerdo con esta evaluación? Dé detalles específicos para apoyar su análisis.

Phrases: comparing and contrasting; comparing and distinguishing; describing people; describing the past; expressing a need; expressing conditions; hypothesizing; persuading; sequencing events; weighing alternatives; weighing the evidence; writing an essay.

Vocabulary: automobile; countries; cultural periods and movements; dreams and aspirations; geography; media: newsprint; media: television and radio; professions; sports; traveling; upbringing; working conditions.

Grammar: adjective agreement; adjective position; comparisons: equality; comparisons: inequality; negation; relatives and antecedent; relatives: **cuyo, -a; el cual, la cual; el que, la que; lo cual; lo que; que; quien;** verbs: if clauses **si;** passive with **se;** preterite and imperfect; subjunctive agreement; subjunctive with **que.**

Vocabulario

A few items that will help you use this vocabulary . . . .

1. Words containing **ñ** are placed after words containing **n.** For example, **año** comes after **anual.**
2. If a verb has a stem (radical) change (such as **dormir-duerme, durmió**), this change is indicated in parentheses next to the infinitive: **(ue, u).**
3. Idioms are generally listed under the more important or unusual word. **De regreso,** for example, is under **regreso.** In doubtful cases we have cross-referenced the expression.

The following types of words have been omitted: (1) cognates we judge to be easily recognizable, including regular verbs that with the removal of the infinitive or conjugated ending very closely approximate English verbs in form and meaning (such as **abandonar, ofender, decidir**), and most words ending in **-ario** *(-ary),* **-ivo** *(-ive),* **-ico** *(-ic),* **-ancia** *(-ance),* **-encia** *(-ence),* **-ente** *(-ent),* **-ción** *(-tion),* **-izar** *(-ize);* (2) low-frequency words that are explained in the marginal notes; (3) verb forms other than the infinitive (except for irregular past participles and a few uncommon present participles and preterite forms); (4) articles and personal, demonstrative, and possessive adjectives and pronouns (except in cases of special use or meaning); (5) adverbs that end in **-mente** when the corresponding adjective appears; (6) most ordinal and cardinal numbers; (7) common diminutives **(-ito, -ita)** and superlatives **(-ísimo, -ísima).** When we have not been certain that a word would be easily understood, we have included it. Finally, we have only given meanings that correspond to the text use.

Abbreviations

adj.	adjective		*lit.*	literally
adv.	adverb		*m.*	masculine (noun)
Arg.	Argentina		*Mex.*	Mexico
Bol.	Bolivia		*n.*	noun
colloq.	colloquial		*p.p.*	past participle
dial.	dialect		*pl.*	plural
dim.	diminutive		*prep.*	preposition
f.	feminine (noun)		*pres. p.*	present participle
in.	infinitive		*pret.*	preterite
L.A.	Latin America		*pron.*	pronoun

A

a at; by; to; on; for; in; from; of; into

a. C. B.C. (before Christ)

abajo down; below, underneath; downstairs; **hacia —** downward

¡Abajo...! Down with . . . !

abandono abandonment

abanico fan

abeja bee

abertura opening

abierto *adj.* open; frank; *p.p.* of **abrir** opened

abismo abyss; trough (of a wave)

abnegado *adj.* self-sacrificing

abnormalidad *f.* abnormality

abogado(a) lawyer

abono fertilizer

aborígenes *m. pl.* people indigenous to a place

abortar to abort

aborto abortion

abrasar to burn

abrazar(se) to embrace; to cling to

abrazo hug

abreviado *adj.* abbreviated

abreviar to shorten

abrigar: — una esperanza to harbor a hope

abrigo coat

abrir to open; **— el paso** to open the way, be the first

absoluto *adj.* absolute; **en —** not at all

absorber to absorb; to consume

abstraer to abstract

abuelo(a) grandfather; grandmother; **—s** *m. pl.* grandparents

abultado *adj.* bulky

abundancia abundance

abundante *adj.* plentiful

abundar to abound

aburrido *adj.* bored, boring

aburrir to bore; **—se** to be or become bored

abusar (de) to take advantage of; to misuse; to abuse

abuso abuse; misuse

acá here

acabar to finish, end; **— de +** *inf.* to have just . . . ; to put an end to

acacia type of tree

acalorarse to get heated up

acantilado cliff

acaso perhaps

acatar to observe; to respect

acceder to concede, give in

acceso entrance; accessibility; access

accesorios props

accidente cardiovascular *m.* stroke

acción *f.* action

acelerar to speed up, accelerate

acento accent

acentuar to emphasize, accentuate

aceptación *f.* acceptance

acequia irrigation channel

acera sidewalk

acerca: — de about, with regard to

acercar(se) (a) to draw close; to approach; to come (go) up (to)

achicamiento reduction

achiote *m.* orange-colored spice used in Latin cooking

ácido *adj.* acidic; sour

aclamado *adj.* well-known

aclarar to clarify

acogedor *adj.* friendly; hospitable; cozy

acomodado *adj.* well-off

acomodar to accommodate; **—se** to take a seat

acompañado adj. accompanied

acompañar to accompany

acomplejado *adj.* with complexes

acondicionado *adj.* conditioned

aconsejar to advise

acontecimiento event

acordado *adj.* given; agreed upon

acordarse (ue) (de) to remember

acortar to shorten

acoso harrassment; **— sexual** sexual harrassment

acostar (ue) to put to bed; **—se** to go to bed; to lie down

acostumbrar(se) to be accustomed; to get used (to)

actitud *f.* attitude

actividad *f.* activity

actriz (*pl.* actrices) *f.* actress

actuación *f.* acting

actual *adj.* present, present-day

actualidad *f.* present time

actualmente currently, nowadays

actuar to act

acuario aquarium

acudir to come (to aid); to go (in response to a call); to attend

acuerdo agreement; **estar de —** to be in agreement; **de — con** in accordance with

acuidad *f.* sharpness

acuífero aquifer, underground water bed

acumular to accumulate

acusar to accuse; to prosecute

Adán Adam

adaptabilidad *f.* adaptability

adecuado *adj.* adequate, sufficient

adelantado *adj.* advanced

adelantar(se) to get ahead; to move toward

adelante ahead; **más —** later on

adelanto progress

adelgazar to lose weight, grow thin

ademán *m.* gesture

además moreover, besides; **— de** besides, in addition to

adentro inside

adepto(a) follower

adherir (ie, i) to stick

adhesión *f.* loyalty; approval, acceptance

adicto *m. & adj.* addict; addicted

adiestrado *adj.* trained

adinerado(a) *adj. & n.* wealthy (person)

adiós goodbye, farewell

adivinar to guess

adjetivo adjective

admirador *adj.* admiring
admirados *adj.* admired
ADN *m.* DNA
adobe *m.* dried brick
¿Adónde? Where?
adoptado(a) *adj. & n.* adopted (person)
adorar to worship
adormecer to lull to sleep
adornar to decorate; to adorn
adorno decoration
adquirido *adj.* acquired
adquirir (ie) to acquire or get
adquisición *f.* acquisition
aduana customs (border inspection)
adulto(a) *n. & adj.* adult
advenimiento coming
adverso *adj.* unfavorable
advertencia warning
advertir (ie, i) to warn; to notice
aéreo *adj.* air
aeropuerto airport
afectar to affect, have an effect; to influence
afecto affection
afeitar(se) to shave
aferrarse to cling
afición *f.* hobby; fondness; love, interest
aficionado(a) fan, enthusiast
afilado *adj.* sharp
afiliado(a) member or subscriber
afinado *adj.* in tune
afinar to sharpen; to refine
afinidad *f.* similarity by association
afirmar to assert, affirm
afligir to distress, upset; **—se** to be distressed; to grieve
aflojarse to relax, loosen up
afluencia influx
afortunadamente fortunately
afortunado *adj.* fortunate
afrenta affront; disgrace
África subsahariana Sub-Saharan Africa
afrontar to confront
afuera outside
afueras suburbs; outskirts
agarrar to grab

agasajar to entertain
agobiado *adj.* bent; bowed under
agobiante *adj.* oppressive; heavy
agonía death throes; agony
agonizante *n. & adj.* dying (person)
agonizar to be dying
agotar to exhaust
agradable *adj.* pleasant
agradar to please
agradecer to thank for; to be grateful for
agradecido *adj.* thankful
agradecimiento gratitude
agravarse to get worse
agraviado *adj.* offended, wronged
agregado attaché
agregar to add
agresividad *f.* aggressiveness
agresivo *adj.* aggressive
agresor(a) aggressor, assailant
agreste *adj.* rural, rugged, wild
agrícola *adj.* agricultural
agrupación *f.* group
agrupar to group together, assemble
agua water
aguacate *m.* avocado
aguacero rainstorm; shower
aguafuerte *m.* etching
aguantar to await; to wait; to tolerate, bear; to hold, restrain
agudo *adj.* sharp
águila eagle
aguja needle; knitting needle
agujero hole
aguzado *adj.* sharpened
ahí there
ahogado *adj.* drowned
ahogar to suffocate
ahora now, at present; **— bien** now then
ahorrar to save
ahorro savings
ahumado *adj.* smoky
aire *m.* air
airecillo little breeze
aislar to isolate; to separate
ajedrez *m.* chess
ajeno *adj.* of others; foreign
ajo garlic

ajustar to adjust
al: — + *inf.* upon, on -ing
Alá *m.* Allah
ala wing; brim (hat)
alabanza praise
alabar to praise
alarde *m.* display
alargar to lengthen; **—se** to extend
alarmante *adj.* alarming
alba dawn
albergar to shelter, lodge
alboroto uproar
alcalde *m.* **alcaldesa** *f.* mayor
alcance: al — within reach
alcanzable *adj.* attainable
alcanzar to attain, reach, achieve; to catch up to
alcoba bedroom
aldea village
alegar to allege; to argue
alegato argument
alegrar to gladden, please; **—se** to be glad, rejoice
alegre *adj.* happy
alegría joy, gaiety, merriment
alejar to distance, move away; **—se (de)** to go away (from); leave; to go far away
alemán, alemana *n. & adj.* German
Alemania Germany
alergia allergy
alérgico *adj.* allergic
aletargado *adj.* drowsy, lethargic
alfabetización *f.* literacy
alfarería ceramic, pottery
alfombra rug
algo *pron. & adv.* something; somewhat
algodón *m.* cotton
alguacil *m.* police, sheriff
alguien someone, somebody
algún, alguno(a) *adj.* some; any; **—s** various
aliado(a) ally
alianza alliance
aliento breath; respiration, ability to breathe
alimentación *f.* nourishment
alimentar to feed, nourish; **alimentar —se (de)** to feed (on)

alimento food, nourishment; **— enlatado** canned food

alinearse to line up, align

aliviar to relieve; alleviate; to lessen, mitigate, reduce

allá there; (applied to time) far-off times, in times of old; **más — de** beyond

allí there, in that place

alma soul; person

almacén *m.* storehouse; department store, store

almohada pillow

almorzar (ue) to have lunch

almuerzo lunch

alojamiento lodging

alojar to house

alquilar to rent

alquiler *m.* rent

alquimista *m. & f.* alchemist

alrededor (de) around; **—es** *m. pl.* surroundings, surrounding area

alta: en voz — aloud

alternados *adj.* alternating

altibajos *m. pl.* ups and downs

altiplano high mountain plains

alto *adj.* tall; high; noble; **a —as horas** in the wee hours; **en —** up, up high; **¡alto!** stop!

altruismo selflessness

altruista *n. &.adj.* unselfish

altura height

alumbramiento birth

alumbrar to light, give light

aluminio aluminum

alumno(a) student

alzar to raise; **—se** to get up

ama: — de casa *f.* housewife

amado(a) *n. & adj.* beloved

amalgamar to combine

amanecer to rise at daybreak; to dawn, get light; *m.* dawn

amante *m. & f.* lover

amar to love

amargo *adj.* bitter

amarillo *adj.* yellow

Amazonía Amazon jungle or region

ambición *f.* ambition

ambiental *adj.* environmental

ambiente *m.* setting, environment; atmosphere

ámbito sphere, area

ambos *adj.* both

amenaza threat

amenazado *adj.* threatened

amenazante *adj.* threatening

amenazar to threaten, endanger

amigo(a) friend

amigote *m.* buddy, pal

aminoración *f.* lessening

amistad *f.* friendship

amnistía amnesty

amo(a) master; mistress

amontonadero accumulation

amor *m.* love; **—es** love affairs

amorío love affair

amoroso *adj.* loving, amorous; darling

amparo *m.* protection, refuge

ampliación *f.* enlargement; amplification

ampliar to amplify

amplio *adj.* broad, extensive

amplísimo *adj.* far-reaching, broad

amplitud *f.* breadth, extent

anacronismo object or idea represented outside of its proper historical time period

analfabetismo illiteracy

analfabeto *adj.* illiterate

análisis *m.* analysis; test (medical)

anarquista *m. & f.* anarchist

ancho *adj.* wide, broad

ancianidad *f.* old age

anciano(a) *n. & adj.* old person, elder; old

Andalucía Andalusia (province in Southern Spain)

Andaluz(a) (*m. pl.* **andaluces**) *n. & adj.* Andalusian

andante: caballero — knight errant

andar to walk; to go about; to travel; **¡Anda!** Go ahead!; **andando los tiempos** with the passage of time; **¿Cómo andas?** How are you? How are things going?

andén *m.* platform at train station

anexar to annex, attach

anfitrión *m.* host

anfitriona hostess

ángeles *m. pl.* angels

anglo *m. & adj.* white American

angloamericano(a) English-speaking American

anglohablante *adj.* English-speaking

anglosajón, anglosajona *n. & adj.* Anglo-Saxon

ángulo angle

angustia anguish

angustiado *adj.* anguished; anxious

angustioso *adj.* anguishing, full of anguish; distressing

anhelado *adj.* longed-for

anhelar to desire anxiously, long or yearn for

anhelo longing, yearning

anhídrido carbónico *m.* carbon dioxide

animar to encourage; **—se (a)** to dare, to take courage

anímico: estado — *m.* mood

ánimo courage; energy; **estado de —** mood

animoso *adj.* spirited

aniversario anniversary

anómalo *adj.* anomalous

anónimo *adj.* anonymous

anotar to record, write down

ansia anguish; yearning

ansiedad *f.* anxiety, uneasiness

ansioso *adj.* anxious

Antártida Antarctica

ante before; in the presence of; **— todo** above all

antebrazo forearm

antecedente *m.* antecedent; (*pl.*) background

antemano: de — *adv.* beforehand

anteojos eyeglasses

antepasado(a) ancestor

anterior *adj.* previous; earlier

anterioridad: con — previously

anteriormente previously, in the past

antes (**de**) before

anticastrista *m. & f.* person against Castro

anticipación: con — in advance

anticipado *adj.* expected; advance

anticipar to anticipate; to advance; **—se** to get ahead of

anticonceptivo contraceptive

antigüedad *f.* antiquity; **—es** *f. pl.* antiques

antiguo *adj.* ancient, old; of long standing

antología anthology

antónimo antonym, opposite word

anualmente yearly

anular(se) to be annulled, revoked

anunciar to announce

anuncio advertisement; announcement

añadir to add

año year; **tener... —s** to be . . . years old

añorado *adj.* missed nostalgically

añoranza yearning

apacible *adj.* gentle; quiet, peaceful

apagar to put out; to turn off (the light); **—se** to die out; to go out

aparato apparatus; (TV) set

aparecer to appear; to be published

aparición *f.* appearance; apparition

apariencia appearance

apartar(se) to separate; to remove; to move away

aparte apart, aside; **— de** besides

apasionado *adj.* passionate

apatía apathy

apearse to get out (car)

apelar to appeal

apellido surname

apelotonarse to heap together

apenas scarcely; hardly

apetitoso *adj.* appetizing

aplanar to smooth, to level

aplastar to crush; to flatten; to destroy

aplausos applause

aplicar to apply; to lay on

Apocalipsis Apocalypse

apocalíptico *adj.* apocalyptic

apodado *adj.* nicknamed

apoderarse (**de**) to seize; to take over

apodo nickname

apogeo high point

apolítico *adj.* uninterested in politics

aportar to bring; to present, submit

aporte *m.* contribution

apoteósico huge, extraordinary

apoyar to support

apoyo support

apreciado *adj.* appreciated, valued

apreciar to appreciate

aprender to learn

aprendido *adj.* learned

aprendizaje *m.* apprenticeship or training

apretado *adj.* compact; pressed together

apretar (**ie**) to squeeze; to step on the gas; to press; **— la mano** to shake someone's hand

apretón: — de manos handshake

apretujado *adj.* crowded together

aprisionar to imprison

aprobación *f.* approval; approbation

aprobar (**ue**) to approve; to pass

apropiado *adj.* appropriate; correct

apropiarse to take possession; to confiscate

aprovechar(se) (**de**) to take advantage of

aproximación *f.* approach

aproximadamente approximately

aproximarse to approach, move near

apto *adj.* apt, fit; appropriate

apuntar to point out; to write down

apuntes *m.* notes

apuración *f.* anguish

apurado *adj.* in a hurry

apurarse to be quick, hurry

aquejado *adj.* suffering

aquel, aquella that; **aquél,** etc. that one; **aquello** that (thing)

aquí here

aquietar to quiet down

árabe *adj.* Arab, Arabic

arancel *m.* customs duty or tariff

araña spider

árbol *m.* tree

arbusto bush

arcaico *adj.* archaic

archivo archives

arco bow; **— iris** rainbow; **— y flecha** bow and arrow

arder to burn

ardiente *adj.* ardent; burning hot

ardientemente ardently

arena sand

argumento plot

árido *adj.* arid, dry; barren

arma *m.* armor; weapon

armado *adj.* armed

armadura armor

armar to put together, build; to establish; to arm

armario cabinet, closet

armonía harmony

arqueológico *adj.* archaeological

arqueólogo(a) archaeologist

arquetipo archetype

arquitectónico *adj.* architectural

arracada: ponerse —s to pierce parts of the body

arraigado *adj.* rooted

arraigo: tener — to have influence

arrancar to start (a car); to tear out; to tear off

arrasar to demolish; to flatten

arrastrar to drag along

arrebato rapture; fit

arredrar to frighten, scare away
arreglado *adj.* arranged
arreglar to fix, arrange; to adjust; to resolve
arreglista *m. & f.* musical arranger
arreglo agreement; arrangement
arrepentirse (**ie, i**) to repent, be sorry
arriba up, above; high; **calle —** up the street; **de —** upper
arriba up, high
arribo arrival
arriesgado *adj.* adventurous
arriesgar to risk
arrimado *adj.* pressed close to
arrogarse to assume
arroyo small stream, arroyo
arroz *m.* rice
arrugar to wrinkle
arruinar to ruin; to destroy
arte *m.* art; **bellas —s** *f. pl.* fine arts
artesano(a) artisan, craftsperson
artículo article
artista *m. & pl.* artist, entertainer
artístico *adj.* art; artistic
arzobispo archbishop
asalariado *adj.* salaried
asamblea assembly, group
asar to roast
ascendencia ancestry
ascender (**ie**) to ascend, climb; to promote; to be promoted
ascenso promotion; rise, improvement
ascensor *m.* elevator
asco disgust
asegurado *adj.* assured
asegurar to assure; to secure; **—se** to be sure
asentado *adj.* fixed; well-established
asentir (**ie**) to agree, say yes
asequible *adj.* accessible
asesinado *adj.* killed
asesinar to murder; to assassinate
asesinato murder

asesino(a) murderer, assassin
asesoría *f.* consultation
asfalto asphalt
asfixiar to suffocate
así thus; like that, in this way; so; **— que** and so; **no —** not so, not like that
asiático *adj.* Asian
asiento seat
asignar to assign
asignatura course or subject (in school)
asilo asylum— **para huérfanos** orphanage
asimismo likewise, also
asir to seize, grasp
asistencia aid, assistance; **— pública** welfare; **— social** *f.* welfare
asistir (**a**) to attend (school)
asolearse to sunbathe; to dry in the sun
asomar to begin to appear or show in a door or window; **—se** to look out (window)
asombrar to startle, astonish
asombro astonishment, amazement
asombroso *adj.* startling, astonishing
asomo sign, indication
aspecto aspect; look, appearance
áspero *adj.* harsh, rough
aspiradora vacuum cleaner
aspirar to breathe in; to vacuum; **— a** to aspire to
astro star, heavenly body
astronauta *m. & f.* astronaut
astronomía astronomy
astronómico *adj.* astronomical
astucia cunning, slyness
asturiano(a) Asturian (person from Asturias, Spain)
asumir to assume; to assume, take (office)
asunto topic; business matter; affair
asustador *adj.* frightening
asustar to frighten, scare; **—se** to become frightened
atacante *m. & f.* assailant
atacar to attack

atado *adj.* tied together
atajar to stop, detain
atañer to concern
ataque *m.* attack; **contra—** counterattack
atar to tie
atarantado *adj.* restless
atardecer *m.* late afternoon
ataviado *adj.* dressed up
atender (**ie**) to take care of; to attend; to pay attention
atenerse (**a**) to abide by
atentamente carefully
atentar (**contra**) to endanger; to commit an outrage against
atento *adj.* attentive
ateo(a) atheist
aterrador *adj.* terrifying
aterrizar to land (airplane)
aterrorizar to frighten, terrify
atinar to discover; to succeed
atleta *m. & f.* athlete
atmósfera atmosphere
atónito *adj.* astonished, amazed
atormentar to worry; to torment
atraer to attract
atragantado *adj.* embarrassed
atraído *adj.* attracted
atrapado *adj.* trapped
atrapar to trap; to captivate
atrás back; behind
atrasado *adj.* backward, underdeveloped
atravesar (**ie**) to pass through
atreverse to dare
atrevido *adj.* daring
atribución *f.* power
atribuir to attribute
atrocidad *f.* atrocity
atrofiar(se) to atrophy
aturdido *adj.* stunned, bewildered, confused
aula *f.* classroom
aumentar to increase
aumento increase
aun even; **aún** still, not yet
aunque although
aurora dawn
ausencia absence
ausentarse (**de**) to leave; to absent oneself from

ausente *adj.* absent; *m. & f.* absent person
auténtico *adj.* authentic
autoafirmación *f.* self-affirmation
autoafirmarse to affirm oneself
autoaprendizaje *m.* self-instruction
autobiografía autobiography
autobús *m.* bus
autodestrucción *f.* self-destruction
autoestima *f.* self-esteem
autogobierno self-government
automóvil *m.* car, automobile
automovilístico *adj.* pertaining to automobiles
autonombrarse to name or appoint oneself
autonomía self-government; autonomy
autor(a) author ; — **anónimo** ghost writer
autoridad *f.* authority
autoritario *adj.* authoritarian
autorizar to authorize
autorretrato self-portrait
autosuficiente *adj.* self-sufficient
auxiliado *adj.* helped, aided
auxiliar *adj.* auxiliary, helping
auxilio aid, help
avaluar to appraise; to value
avance *m.* advance; achievement; development
avanzado *adj.* advanced
avanzar to advance, move forward
avaro(a) *n. & adj.* stingy, miserly; miser
ave *f.* bird; ¡**Ave María!** (from Latin for *Hail Mary*) Good heavens!
avecinarse to approach; to be coming
aventura adventure; (love) affair
aventurar(se) to venture
avergonzarse (**üe**) to be ashamed
avería breakdown
averiguar to find out; to investigate

aviación *f.* air force; aviation
ávido *adj.* greedy; eager
avión *m.* airplane
avisar to advise
aviso notice; information
avizorar to spy
ayllu (**aíllo**) *m.* line or family group of people (*Bol., Peru*)
ayuda help, aid
ayudante *m. & f.* assistant
ayudar to help, aid
ayunar to fast
ayuno fast
azúcar *m.* sugar
azul *adj.* blue
azulado *adj.* bluish

B

babel *m. & f.* confusion
báculo staff, walking stick
bahía bay
bailar to dance
bailarín(a) dancer
baile *m.* dance
baja decrease
bajar to bring down; to come down; to go down; —**se de** to get off, out of (a vehicle)
bajeza baseness; lowliness
bajo *adj.* low; short; *prep.* under, underneath; — **mundo** underworld
bajorrelieve *m.* bas-relief sculpture
balada ballad
balance *m.* report
balancear(se) to balance
balcón *m.* balcony
ballena whale
ballenero whaler (hunter of whales)
balneario spa, watering place, resort
baloncesto basketball
balsa raft
balsero(a) person afloat on a raft
bancario *adj.* banking
banco bank; bench
bandeja dish; tray

bandera flag
bando faction
banquero(a) banker
bañado (*p.p.* of **bañar**) bathed, covered with a fluid
bañar to bathe
bañista *m. & f.* bather
baño: cuarto de — bathroom; — **de vapor** *m.* steam bath
baranda roof balcony
barato *adj.* inexpensive, cheap
barba beard
barbaridad *f.* atrocity, barbarity; ¡**Qué —!** How awful!, That's terrible!
barbudo *adj.* thickly-bearded
barco boat, ship
barra bar (of gold, iron, etc.)
barranca ravine; cliff
barrendero(a) street sweeper
barrer to sweep clean
barrera barrier
barriga belly
barrio neighborhood; section; — **bajo** slum
barro clay; mud
barroco *adj.* baroque
barrotes *m. pl.* thick bars
basar to base; —**se** to be based
base *f.* basis, base, foundation; **a — de** on the basis of
básicamente basically
bastante enough, sufficient; several, many; quite, rather
bastar to be enough
bastardilla: en — in italics
bastón *m.* cane, walking stick
basura garbage; — **orgánica** compost
basurero(a) *m. & f.* garbage dump; garbage can
batalla battle
bautismo baptism
bebé *m.* baby
beber to drink
bebida drink
becerro calf
béisbol *m.* baseball
beisbolista *m. & f.* baseball player
Belén Bethlehem
belleza beauty

bello *adj.* beautiful
bencina benzine; gasoline *(Chile)*
bendición *f.* blessing; benediction
bendito *adj.* blessed
benefactriz *f.* benefactor
beneficencia charity
beneficiar(se) to benefit; do good
beneficio benefit
beneficioso *adj.* beneficial
benéfico *adj.* kind, charitable
besar to kiss
beso kiss
bestia beast
bestialidad *f.* brutality; bestiality
biblia bible
bíblico *adj.* biblical
biblioteca *n.* library
bibliotecario(a) librarian
bicicleta bicycle; **montar en —** to ride a bicycle
bien *adv.* well, perfectly; *m.* good; **—es** goods; possessions; resources; **— está** that's all right; **si —** although; **— buena** very good; **más —** rather; **o —** or
bienaventuranza blessing
bienestar *m.* well-being
bienvenida welcome
bilingüe *adj.* bilingual
biodegradabilidad *f.* biodegradability
bioética bioethics
biología biology
biólogo(a) biologist
bioquímica biochemistry
bióxido: — de carbono carbon dioxide
bisabuelo(a) great-grandfather; great-grandmother
bisiesto *adj.* leap (year); **club de bisiestos** club for people born on the 29th of February
bisonte *m.* bison, buffalo
blanco *adj.* white; **espacio en —** blank space
blando *adj.* soft; bland
blasfemia blasphemy
bloque *m.* block
bloqueo blockade
blusa blouse
boca mouth

bocado bite, mouthful
boda wedding
bodega cheap bar or wine store; grocery store; warehouse
boga: estar en — to be in fashion
boicoteo boycott
bola ball
bolsa bag; pocket; **— de valores** stock exchange
bolsillo pocket
bolso: — de mano handbag
bombardear to bomb
bombardeo bombing
bombero firefighter
bombilla light bulb
bondad *f.* goodness; kindness
bondadoso *adj.* good-natured; kind, good
bonito *adj.* pretty
borde *m.* border; edge; **al — de, de —** on the brink of
boricua *n. & adj.* Puerto Rican
borinquen *m. & f.* from Puerto Rico
borrachera drunkeness; drunken spree
borracho *adj.* drunkard
borrador *m.* rough draft
borrar to rub out, wipe out; to erase
bosque *m.* forest, woods
bosquejo outline
botánico(a) botanist
botar to throw away
bote *m.* small boat; can
botella bottle
bracero *m.* day laborer hired for temporary contract
bramar to bellow
bravo *adj.* harsh, ill-tempered; brave; angry
brazo arm; **de —s cruzados** with folded arms
Bretaña: Gran — Great Britain
breve *adj.* brief
brevemente briefly
brillante *adj.* brilliant
brillar to shine
brillo brightness
brincar to jump
brindar to offer; to make a toast; to provide

brisa breeze
británico *adj.* British
broma jest, joke; **en —** jokingly, as a joke
bronce *m.* bronze
brotar to spring forth
bruja witch
bruscamente abruptly
brusco *adj.* abrupt
brutalidad *f.* brutality
bruto *adj.* brutish, stupid
buceador(a) diver, scuba diver
buceo diving; **— con tanques** scuba diving
budista *n. & adj.* Buddhist
buen bueno
bueno *adj.* good; *adv.* well then, well now, all right
buey (*pl.* **bueyes**) *m.* ox
bufete *m.* office
bufo *adj.* comic
bufón, bufona (court) jester; clown
bulla uproar
bullicio noise
bulto bulk; body
buque *m.* boat
burgués, burguesa *n. & adj.* bourgeois, person of the middle class
burguesía bourgeoisie, middle class
burla mockery; jest; deception
burlarse to deceive; to fool around; to make fun of
burocracia bureaucracy
burro jackass, donkey
busca: en — de in search of, looking for
buscador *m.* search engine
buscar to look for, seek
búsqueda search, quest
butaca armchair
buzón *m.* mailbox

C

cabal *adj.* honest
caballería chivalry; **libros de —** chivalric novels
caballero gentleman; knight

caballo horse

cabaña hut, cabin

cabello hair

caber to fit; **no cabe duda** there is no doubt

cabeza head; **tener — para** to have the brains for; **a la —** leader, the first

cabida room

cabizbajo *adj.* crestfallen

cabo: al — de after (a period of time); **llevar a —** to carry out, accomplish

cabra goat

cacahuate *m.* peanut

cacto cactus

cada *adj.* each; **— vez más** more and more; **— cual** every one; each one

cadena chain; **— perpetua** life in prison

caer to fall; **dejar —** to drop

café *m.* coffee; coffee house, café

caída fall

caja case, box

calabaza pumpkin; squash

calabozo jail, calaboose

calcetín *m.* sock

calcinado *adj.* burned, charred

calcomanía sticker, decal

cálculo calculation; estimate

calefacción *f.* heating

calendario calendar

calentamiento warming, heating up

calentar (ie) to warm, heat

calidad *f.* quality

cálido *adj.* warm

caliente *adj.* hot

calificación *f.* qualification

calificado *adj.* qualified

calificar (de) to describe as

callado *adj.* quiet

callar to silence, make quiet; **—se** to become quiet; **¡Cállate!** Be quiet!

calle *f.* street

callejón *m.* back alley

calma quiet, peace

calmado *adj.* calm

calmar to calm; to relieve

calmoso *adj.* calm; slow, phlegmatic

calor *m.* heat

caluroso *adj.* hot

cama bed

Camagüey a province in Cuba

camarada *m.* comrade

camarero(a) waiter, waitress

camarón *m.* shrimp

camastro rickety cot

cambiado *adj.* changed

cambiante *adj.* changing

cambiar to change

cambiarse (en) to change into

cambio change; rate of exchange (money) ; **a — de** in exchange for; **en —** on the other hand, in contrast

caminante *m. & f.* traveler, walker

caminar to walk

caminata: hacer —s to take walks or excursions

camino road, way, path

camión *m.* truck; bus *(Mex.)*

camioneta station wagon; van

camisa shirt

camote *m.* sweet potato

campamento camp

campana bell

campaña campaign

campesino(a) farmer; peasant

campo field; country, countryside; camp; **— de batalla** battlefield

camuflaje *m.* camouflage

canadiense *n. & adj.* Canadian

canal *m.* channel (on T.V.); *f.* canal

canalizar to channel or direct

canas *f. pl.* white or gray hair(s)

cancel: puerta — inner door to keep out drafts

cancha:— de tenis *f.* tennis court

canción *f.* song; **— de cuna** lullaby

cándido *adj.* naive; guileless

candil *m.* oil lamp

cano *adj.* gray, white

canoa canoe

canora *adj.* musical

cansancio tiredness

cansarse to be or become tired

cantante *m. & f.* singer

cantar to sing; *m.* song

cantidad *f.* quantity, amount

canto song

caña: — brava *f.* tall bamboo plant

caos *m.* chaos

caótico *adj.* chaotic

capa layer, stratum

capacidad *f.* capacity; capability, ability, talent

capacitación *f.* preparation, training

capacitado *adj.* qualified

capataz *m.* foreman

capaz (*pl.* **capaces**). *adj.* capable, able

capital *m.* capital, funds; *f.* capital city

capitán *m.* captain

capítulo chapter

capricho caprice, whim

caprichoso *adj.* capricious, inconstant

captar to captivate; to grasp

capturar to capture

cara face

carácter *m.* character; nature

característica characteristic

caracterizar to characterize

¡caramba! confound it!, darn it!, wow!, well!

carbón *m.* coal; charcoal

carcacha jalopy

cárcel *f.* jail

carecer (de) to lack

carencia lack, deficiency

carga burden, load

cargado *adj.* filled; loaded; carried

cargamento load

cargar to impose; to carry; **— con** to assume (responsibility); **—se de** to load or fill oneself up with

cargo; alto — *m.* high office, position

Caribe *m.* Caribbean

caridad *f.* charity

cariño affection; dear

cariñoso *adj.* affectionate

carísimo *adj.* very dear; dearest; very expensive

caritativo *adj.* charitable

carmín carmine, red

carne *f.* meat; flesh; **— de vaca, res** beef

carnet *m.* identity card

carnicería butcher shop

caro *adj.* expensive; dear; *adv.* at a high price

carpintería carpentry

carpintero(a) carpenter

carrera career; profession; race

carretera road

carro car; cart

carroza carriage, float

carta letter; playing card; **por —** by mail

carteles *m. pl.* posters, signs

cartelón *m.* placard

cartón *m.* cardboard

casa house, home

casado *adj.* married

casarse (**con**) to get married (to)

cascada waterfall

casco helmet

casero *adj.* home-made

caserón *m.* large (ramshackle) house

casi almost

caso case; **hacer —** to pay attention

casta caste, social level

castellano Spanish

castigar to punish, castigate

castigo punishment

castillo castle

castrista *m. & f.* person in favor of Fidel Castro

casualidad *f.* coincidence; **por —** by chance, by accident

catalán, catalana *n. & adj.* Catalonian (person from Catalonia); *m.* language spoken in Catalonia

catalítico *adj.* catalytic; **convertidor —** catalytic converter

Cataluña Catalonia (province in northern Spain)

catedral *f.* cathedral

catedrático(a) professor

categoría category; **de —** high-quality; prominent

católico *adj.* Catholic

cauchero(a) rubber plantation owner or boss; rubber plantation worker; *adj.* pertaining to rubber plantation

caucho rubber

caudillo chief, leader

causa cause; **a — de** because of

causante *adj.* causing, occasioning

cautivar to captivate or charm

cautividad *f.* captivity

cautivo(a) *n. & adj.* captive

caza hunting

cazador(a) hunter

cazar to hunt

cebada barley

cebolla onion

ceder to cede, transfer; to yield, surrender

ceibo silk-cotton tree

ceja eyebrow

celda prison cell

celebrado *adj.* famous

celebrar to celebrate

célebre *adj.* famous

celeste *adj.* celestial; sky blue

celestina *adj.* referring to brothels; *n.* madam of a brothel; person who brings others together

celos *m. pl.* jealousy; **tener —** to be jealous

celoso *adj.* jealous

celta *m. & f.* Celt

célula cell (biology); **— madre** *f.* stem cell

cementerio cemetery

cena dinner

cenar to eat supper

ceniza ash

censo census

censura censorship

censurar to censor

centavo cent

centenario centennial; **quinto centenario** 500th anniversary

centrado *adj.* **— en** based in or based on

central nuclear *f.* nuclear power station

centrarse to center on; to be based on

centro center, middle, downtown **—s nocturnos** night clubs; **— comercial** shopping center

centroamericano *n. & adj.* Central American

cepillar to brush

cepillo de dientes *m. sing.* toothbrush

cerca nearby; **— de** near

cercado *adj.* enclosed, encircled

cercano *adj.* near, nearby

cerco wall or fence

cerdo pig

cerebro brain

ceremonia ceremony

cerquita (*dim.* of **cerca**) very close

cerradura lock

cerrar (**ie**) to close

certeza certainty

certidumbre *f.* certainty

cerveza beer

César Caesar (Roman emperor symbolic of power)

cesar to cease

cetáceo *m.* cetacean

cetro sceptre; rod

chal *m.* shawl

chaleco vest; **— salvavidas** life jacket

champú *m.* shampoo

chaqueta jacket, coat

charco: brincar el — to cross the pond (or the ocean)

charlar to chat

chasqui *m.* (Incan) messenger

chatear to chat over the Internet

chavo cent; **—s** money (Puerto Rico)

cheque *m.* check

chicano *n. & adj.* Mexican-American

chicha beer made from corn or other grain

chico(a) child; friend, old buddy; *adj.* small; *f.* girl, young woman

chile *m.* chili, red pepper
chileno(a) *n. & adj.* Chilean
chillar to scream, shriek; to be loud, gaudy (clothes)
chillido cry, howl
chillón, chillona *adj.* loud, gaudy
chino(a) Chinese
chiquillo(a) little boy; little girl
chiquito(a) little boy; little girl
chisme *m.* rumor, gossip
chiste *m.* joke
chocante *adj.* shocking; unpleasant
chocar to crash, have an accident
chofer *m.* driver
choque *m.* collision; clash; shock; **llevarse un —** to be shocked
chorrete *m.* little spout or gush
chorro jet; spout; gush
choza hut, cabin
chuchitos *m. pl.* typical Salvadoran dish
chupete *m.* pacifier
ciberespacio cyberspace
cíclico *adj.* cyclical
ciclo cycle
ciegamente blindly
ciego *adj.* blind
cielo sky; heaven
ciencia science; **—ficción** *f.* science fiction
científico(a) *n. & adj.* scientist; scientific
ciento *m.* hundred; **por —** percentage
cierto *adj.* certain
cifra *f.* figure, number
cifrar to estimate
cigarrillo cigarette
cimarrón *m.* fugitive slave
cine *m.* movie(s); movie house
cineasta *m. & f.* film or movie maker
cinematográfico *adj.* movie
cinta *f.* film; tape
cintura waist
cinturón *m.* belt
circulación *f.* traffic
circular to circulate; to move in traffic

círculo circle
circundar to surround
circunstancia circumstance
cirugía surgery
cirujano(a) surgeon
cita appointment, engagement; quotation
citado *adj.* aforementioned
citar to refer to; to quote
cítricos *m. pl.* citrus fruits
ciudad *f.* city
ciudadanía citizenship
ciudadano(a) citizen
civil *n. & adj.* civilian
civilización *f.* civilization
civilizado *adj.* civilized
clamar to shout, clamor
clandestino *adj.* underhanded; clandestine
clara *adj.* light in color
claramente clearly
claridad *f.* clarity
clarín *m.* bugle
claro *adj.* clear, light; of course! **¡— que sí!** sure!, of course!; **— está** clearly; **— que** naturally; **poner las cosas en —** to make things clear
clase *f.* class, kind, type; classroom; **— baja** lower class; **— media** middle class; **— obrera** working class
clásico *adj.* classic(al)
cláusula clause
clausura ending, closing
clavado *adj.* nailed; grabbed
clave *f. & adj.* key
clemencia clemency, mercy
clérigo *m.* clergyman
clero clergy
cliente *m. & f.* customer
clientela clientele
clima *m.* climate
climático *adj.* climatic
clínica clinic
clínico *adj.* clinical
clonación *f.* cloning
clonar to clone
cobardía cowardice
cobertor *m.* quilt, bedspread
cobijar to cover
cobrador(a) collector (business)

cobrar to collect; to charge
cobrizo *adj.* copper-colored
cocaína cocaine
coche *m.* car
cocido *adj.* cooked
cociente *m.* quotient; **— intelectual** I.Q.
cocina kitchen
cocomún *adj.* common
coctel *m.* cocktail party
códices *m. pl.* codices; ancient documents
codicia greed, covetousness
código code
codo elbow; bend (in hallway)
coger to catch, grab; to capture
cognado cognate
coguionista *m. & f.* screenwriter
coincidir to coincide; to agree; to arrive at the same time
cojear to limp
cojones *m. pl. (vulg.)* testicles
cola tail
colapso collapse, breakdown
colchón *m.* mattress
coleccionar to collect
coleccionista *m. & f.* collector
colectivo *adj.* collective
colega *m. & f.* fellow worker, colleague
colegio school, academy
colérico *adj.* angry, furious
colgado *(p.p.* of **colgar)** hanging
colgar (ue) to hang
colina hill
colindante *adj.* adjacent
colmillo eye tooth; tusk
colocación *f.* placement, arrangement
colocar to place
colombiano(a) *adj. & n.* Colombian
Colón (Christopher) Columbus
colonizador(a) colonizer
colono(a) settler
colorado *adj.* red, reddish; colored
columna column; **— vertebral** spine, backbone
comadre *f.* woman friend; godmother
comandante *m.* commander

combatir to fight, combat
combinar(se) to combine
combustible *m.* fuel
comedor *m.* dining room
comentar to comment; to discuss
comentario commentary
comentarista *m. & f.* commentator
comenzar (**ie**) to begin
comer to eat
comercial advertisement
comerciante *m.* storekeeper
comerciar to trade with
comercio commerce, trade; store, storefront
comestibles *m. pl.* food
cometer to commit
cómico *adj.* humorous, funny; *m.* comedian
comida food; meal
comienzo beginning; origin
comillas *f. pl.* quotation marks
comité *m.* committee
como as; like; inasmuch as; as long as; **¿cómo?** how?; **¡— no!** of course!; **— si** as if
comodidad *f.* convenience
cómodo *adj.* comfortable
compadecer(se) (**de**) to have pity on
compadre *m.* friend
compañerismo friendship, affinity
compañero(a) companion, comrade; buddy; **—s de curso** classmates
compañía company; firm
comparación *f.* comparison
comparar to compare
comparecer to appear
compartir to share
compás: llevar el — to keep time, rhythm
compatriota *m. & f.* fellow countryman or countrywoman
compelido *adj.* compelled
competencia competition
competir (**i**) to compete
complacer to please
complejidad *f.* complexity

complejo complex; **— de inferioridad** inferiority complex
complemento: — directo direct object
completamente *adj.* entirely, totally
completar to finish
completo: por — completely; **tiempo —** full-time
complicado *adj.* complicated
complicar to complicate; **—se** to become complicated
componer to compose, make up
comportamiento behavior, conduct
comportar to bear; **—se** to behave
compositor composer
compra purchase
comprar to buy
comprender to understand
comprensión *f.* understanding; comprehension
comprensivo *adj.* understanding
comprimido *adj.* crushed
comprobar (**ue**) to verify, prove
comprometerse to commit oneself; to become engaged
compromiso obligation; engagement
compu *f.* (*colloq.*), computer
compuesto (*p.p.* of **componer**) composed
computadora computer
comuna commune
comunal *adj.* common (belonging to the community)
comunes *adj. pl.* common
comunicar to communicate
comunidad *f.* community
comunista *adj.* Communist
con with; **— todo** however, nevertheless
concebir (**i**) to imagine; to conceive
conceder to concede; to admit; to grant
concentrarse to concentrate
concertarse to come to an agreement
concha shell; shellfish

conciencia conscience; consciousness, awareness; **a —** conscientiously; **tomar —** to become aware
concierto concert
conciliar to reconcile
concluir (**y**) to conclude; to finish
concordar (**ue**) to agree; to reconcile
concretarse to make come true
concurrir to meet
condado county
conde *m.* count
condena sentence, punishment
condenación *f.* condemnation
condenar to condemn
condición *f.* condition; status; **a — de** on the condition that, provided that; **estar en —es de** to be in a position to
condicionamiento conditioning
condimento seasoning
condiscípulo(a) classmate
condominio condominium
conducir to lead, conduct; to behave; to drive
conducta behavior, conduct
conductor(a) driver; (*pl.*) executives, managers
condujo *pret.* of **conducir** lead
conejillo (**de Indias**) guinea pig; animal or person used for experiments
conejo rabbit
conexión *f.* connection
confesar (**ie**) to confess
confiabilidad *f.* reliability
confianza confidence, trust; **tener — en** to trust
confiar to confide; to entrust, trust
confín *m.* boundary, limit
confirmado (*p.p.* of **confirmar**) confirmed
conflictivo *adj.* troubled, difficult
confluir (**y**) to converge; join
conformarse to conform
confrontar to face; to confront

confundir to confuse; to
  bewilder
confuso *adj.* indistinct; confused
congelado *adj.* frozen
congénere *m. & f.* kindred
  person
congestión vehicular *f.* traffic
  jam
congraciado *adj.* flattered
Congreso Congress
conjetura conjecture,
  speculation
conjeturar to surmise,
  conjecture
conjugar to fit together; to come
  together
conjunción *f.* union;
  conjunction
conjunto ensemble; musical
  group, band
conjurar to conjure up
conllevar to put up with; endure
conmigo with me; with myself
conmoción *f.* commotion
conmovedor *adj.* moving;
  stirring
conmovido *adj.* moved, stirred
connacionales *m. & f. pl.* fellow
  citizens
conocer to know, be familiar
  with; to meet
conocido *adj.* known
conocimiento knowledge
conquista conquest
conquistador(a) conqueror
conquistar to conquer, to win
  over
consagrado *adj.* renowned
consagrar to consecrate; to
  sanction; to establish
consciente *adj.* conscious,
  aware
conscripción *f.* conscription,
  military draft
consecuencia consequence;
  result; **como —** as a result; **a**
  — de as a result
consecuentemente
  consequently; logically
conseguido *adj.* gotten; obtained
conseguir (**i**) to obtain, get; to
  manage to; to get (somebody) to

consejero(a) adviser
consejo council; advice; **— de**
  guerra court martial
consenso consensus, general
  assent
conservado *adj.* kept
conservador(a) *n. & adj.*
  conservative
conservar to keep, preserve
consigo with himself (herself,
  themselves, etc.)
consiguiente *adj.* resulting,
  consequent
consistir (**en**) to be composed of;
  to consist of
consolador(a) comforting
consolar (**ue**) to console,
  comfort; **—se** to take comfort
conspiración *f.* conspiracy
constancia evidence, proof;
  constancy
constantemente constantly
constar (**de**) to consist of
constatar to show; to verify
consternación *f.* dismay; panic;
  consternation
constituir (**y**) to make up, to
  constitute
construcciones buildings,
  constructions
construir to build, construct
consuelo comfort, consolation
consumar to consummate,
  complete
consumidor(a) consumer
consumir to consume; to use
  up
consumo consumption
contacto contact
contagiarse (**de**) to become or
  be infected with
contagio contagion
contaminación *f.* pollution
contaminador *adj.*
  contaminating
contaminante *m.* pollutant; *adj.*
  polluting
contaminar to contaminate,
  pollute
contar (**ue**) to count; to recount,
  tell; to include **— con** to count
  on; to have

contemplar to watch, gaze at,
  contemplate
contemporáneo *adj.*
  contemporary
contener to contain; to hold in,
  restrain
contenido contents
contentamiento contentment
contento *adj.* pleased; happy;
  m. joy
contestar to answer
continente negro Africa
continuación: a — as follows;
  below; following this
continuar to continue, go on
continuidad *f.* continuity
continuo *adj.* continuous;
  constant
contorno contour; **—s** *pl.*
  surroundings
contra against; **estar en — de**
  to be, against; **—ataque** *m.*
  counterattack
contrabandista *m. & f.*
  smuggler; contrabandist
contrabando smuggling
contradecir to contradict
contradicción *f.* contradiction
contradictorio *adj.* contradictory
contraer to contract, catch
  (contagion) **— matrimonio**
  to marry
contrapartida counterpart
contraposición: estar en — to
  be at odds, in opposition
contrariado *adj.* thwarted
contrario *n. & adj.* opposite,
  contrary; **al —**, **por el —** on
  the contrary
contratar to hire
contrato contract
contravenir to infringe; to
  violate
contribuido *adj.* contributed
contribuir to contribute
controversia controversy
contundente *adj.* definite,
  forceful
convencer to convince
convenir (**ie**) to be necessary;
  to be agreeable; to suit; to be a
  good idea

conversar to converse, chat
convertido *adj.* turned into, converted
convertidor:— catalítico *m.* catalytic converter
convertir (ie, i) to convert, change; **—se en** to change into, to become
convincente *adj.* convincing
convivencia living together, coexistence
convivir to coexist, live together
convulso *adj.* convulsed
conyugal *adj.* conjugal
cónyuge *m. & f.* spouse
copa goblet, cup, glass; drink; tree-top
copar to win
copiar to copy; to cheat; to imitate
coraje: le dio — it made him angry
Corán *m.* Koran (sacred book of Moslems)
coraza armor plate
corazón *m.* heart
corazonada sudden impulse, hunch
corbata tie
cordillera high mountain range
cordón *m.* string, cord
coro chorus
corolario corollary
corona crown
correcto *adj.* proper, correct
corredizo *adj.* running, slipping
corredor *m.* corridor; **— olímpico** Olympic runner
corregido *adj.* corrected, fixed
corregir (i) to correct; to discipline (children)
correo mail; postal service; **— electrónico** e-mail
correr to run; to hasten; to throw out; to move, slide; **— riesgos** to run risks
corresponder to pertain, belong; to correspond
correspondiente *adj.* corresponding
corrida: — de toros *f.* bullfight
corrido type of Mexican ballad

corriente *f.* current; *adj.* regular, usual; current
corromper to corrupt
corrupción *f.* corruption
cortar to cut
corte *f.* court; *m.* cut
cortés *adj.* courteous
cortesano(a) courtier; courtesan; royal attendant; *adj.* of the court, courtly
cortesía courtesy
corteza bark
cortina curtain
corto *adj.* short
cosa thing, matter; **no ser gran — ** not to be a big thing; not to amount to much
cosecha harvest, crop
cosechar to harvest
cosechero(a) grower
coser to sew
costa coast; **a toda—** at all costs; **a mi — (a costa mía)** at my expense
costar (ue) to cost
coste, costo *m.* cost
costeño coastal
costilla rib
costo de vida cost of living
costoso *adj.* costly; expensive
costumbre custom; **como de —, según la —** as usual, as is customary
costurera seamstress
coterráneo *adj.* of the same land or country
cotidianamente daily
cotidiano *adj.* daily
cráneo *m.* skull
creación *f.* creation
creador(a) creator; *adj.* creative; **poder —** *m.* creativity
crear to create
crecer to grow (up)
creciente *adj.* growing, increasing; *f.* river flood
crecimiento growth
credo creed
creencia belief
creer to believe; **se cree** it is believed, some people think
crema *adj.* cream-colored

crepúsculo dusk
cretense *m. & f.* Cretan
creyente *m. & f.* believer
cría breeding
criado(a) servant, maid; *adj.* brought up
crianza raising, upbringing
criar to raise; **—se** to be raised, grow up
criatura creature; child, baby
crimen *m.* crime
cristal *m.* crystal; glass; **— de atrás, — trasero** rearview mirror
cristiano *adj.* Christian
Cristo Christ
Cristóbal Christopher (man's name)
criterio standard, criterion
crítica criticism
criticar to criticize
crítico *n. & adj.* critic; critical
crónica chronicle or narrative
crucigrama *m.* crossword puzzle
crueldad *f.* cruelty
crujido creaking; crunching
cruz *f.* cross
cruzada crusade
cruzado *adj.* passed through, crossed
cruzar to cross; **—se** to pass one another
cuaderno notebook
cuadrado *adj.* square
cuadro painting, picture; frame (of a comic strip)
cual who, which; **¿cuál?** which? what?
cualidad *f.* quality; characteristic, virtue
cualquier *adj.* any; **de — modo** in any case
cualquiera anyone, anybody
cuando when; **de vez en —** from time to time; **¿cuándo?** when?
cuanto(a) as much as, as many as; all that; **— más... más** the more . . . the more; **en —** as soon as; **en —a** as for, with regard to; **¿cuánto(a)?** how much?; **¿cuántos(as)?** how

many?; **¡cuánto!** how much!, how!; **cuantos(as)** all; how many

cuantos: **unos** — a few

cuarta quarter (part)

cuarto room; quarter (of an hour)

cubano(a) *n. & adj.* Cuban

cubículo cubicle

cubierta cover

cubrir to cover

cuchillo knife

cuello neck; throat

cuenca basin

cuenta count; calculation; account; bill; —**s** accounts; **darse** — (**de**) to realize; **dar** — to answer for ; **tener en** — to bear in mind

cuentista *m. & f.* short story writer; storyteller

cuento short story; story, tale; —**de hadas** *m. sing.* fairy tale

cuerda cord; —**s vocales** vocal chords

cuerdo *adj.* sane

cuerno horn (of an animal); **llevar** — **s** to have an unfaithful spouse, to be a cuckold

cuero hide, skin, leather; **en** —**s** stark naked

cuerpo body

cuervo crow

cuestión *f.* issue; question

cuestionar to question

cueva cave

cuidado care, attention; **tener** — to be careful

cuidadoso *adj.* careful

cuidar (**de**) to take care of

culebrón *m.* serpent; soap opera (*Venezuela*)

culpa guilt; blame, fault; **tener la** — to be to blame, to be guilty; **echar la**— to blame

culpabilidad *f.* guilt

culpable *n. & adj.* guilty (person); blameworthy

cultivar to cultivate

cultivo cultivation; crop

culto *adj.* educated, cultured; *m.* worship

cultura culture

cumbre *f.* summit; *adj.* greatest

cumpleaños *m.* birthday

cumplir (**con**) to perform one's duty; to fulfill; to comply; to carry out; — **años** to turn or become (so many) years old

cuotas *f. pl.* quotas

cupón *m.* coupon

cúpula dome

cura *m.* priest

curación *f.* cure

curandero(a) quack doctor; charlatan

curar to cure

curiosear to observe with curiosity

curiosidad *f.* curiosity

curioso *adj.* curious; strange, unusual

cursi *adj.* cheap, vulgar, flashy

cursiva: en — italicized

curso course

custodia custody

custodial *m.* custody; escort

cuyo(a) whose

D

d. C. A.D. (after Christ)

dado, dada considering; **dado:** — **que** given that

dama lady; noble or distinguished woman

dañar to harm, damage

dañino *adj.* harmful

daño harm, damage; **hacer** — to hurt, damage

dar to give; — **un paseo** to take a walk; — **una vuelta** to take a walk; — **vueltas** to walk in circles; — **muerte a** to kill; — **por bueno y completo** to consider good and complete; — **a entender** to hint, imply; — **a luz** to give birth; — **con uno en tierra** to throw one to the ground; —**le a uno por** to take to; —**le a uno coraje** to make one angry; —**se cuenta** to realize; — **prisa** to hurry

darse la vuelta to change direction or point of view

datar: — **de** to date from

dato datum, fact; —**s** data

de of; from; about; concerning; —... **en** from . . . to (more commonly written: **de... a**)

dean *m.* dean (church official)

debajo under, beneath; — **de, por** — **de** underneath

debatir to debate, discuss

deber to owe; to have to (must, should, ought); **se debe a** is due to; *m.* duty; homework

debidamente properly; appropriately

debido: — **a** due to

débil *adj. & n.* weak; weak person

debilidad *f.* weakness

debilitación *f.* weakening

debilitar to weaken; —**se** to become weak

década decade

decadencia decline

decaído (*p.p.* of **decaer**) *adj.* decayed; declining

decenas *m. pl.* tens

decente *adj.* respectable; decent

decepcionado *adj.* disillusioned

decir to say, tell; **es** — that is to say; **se dice** people say

decisivo *adj.* conclusive

declive *m.* decline

decorar to decorate

decretar to decree

decreto decree

dedicado *adj.* devoted

dedicar to dedicate; — **se** (**a**) to devote oneself (to)

dedo finger

deducir to infer

defender (**ie**) to defend

defensor(a) defender

deferir (**ie**) to defer or yield

deficiencia deficiency

definitivo: con — conclusive, final

deforestación *f.* deforestation

deforme *adj.* deformed

defunción *f.* death

deidad *f.* deity

dejar to leave; to allow, let; to quit; **— caer** to drop; **— de** to stop, cease; **— en paz** to let alone; **—se matar** to let oneself die or be killed

delante before, in front; **— de** ahead of, in front of

delfín *m.* dolphin

delgado *adj.* thin

deliberado *adj.* deliberate, intentional

deliberar to deliberate

delicadeza tenderness; gentleness; tact; **con —** delicately

delicado *adj.* delicate

delicioso *adj.* delightful, delicious

delictivo *adj.* criminal

delincuente *m. & f.* criminal

delirio delirium, temporary madness

delito crime

demanda demand; lawsuit

demás *adj.* other; **los, las —** the others; **por lo —** as to the rest, moreover

demasiado too; too much

democracia democracy

demográfico *adj.* demographic (pertaining to the population)

demógrafo demographer, population expert

demonio demon

demora delay

demorado *adj.* delayed

demorar to take a long time, be delayed

demostración *f.* proof, demonstration

demostrado *adj.* shown

demostrar (ue) to show, demonstrate

denegar (ie) to deny

denominada *adj.* called, named

densidad *f.* density

denso *adj.* thick

dentro within, inside; **— de** within, inside of, in; **por —** inside

denuncia *f.* denunciation; accusation of someone to the authorities

denunciar to denounce

departamento apartment

depender (de) to depend (on)

dependiente *m. & f.* waiter; waitress; clerk; *adj.* dependent

deporte *m.* sport

deportista *m. & f.* athlete; *adj.* athletic

deprimente *adj.* depressing

depuesto (*p.p.* of **deponer**) deposed

derecha right (side or direction); right wing (in politics)

derechista *m. & f.* rightwinger

derecho right; **tener — a** to have the right to; **en —** by law (more commonly written: **por derecho**); **—s humanos** human rights

derrame *m.* spill

derribar to overthrow; to tear down, demolish

derrocamiento overthrow

derrocar to overthrow, topple

derrochar to squander; to waste

derrota defeat

derruido *adj.* in ruins

desabrochar to undo, to unbutton, to unfasten

desacostumbrado *adj.* unusual

desactualizado *adj.* out of date

desacuerdo disagreement

desafío challenge

desagradable *adj.* disagreeable, unpleasant

desagradecido(a) *n. & adj.* ungrateful (person)

desahuciado *adj.* hopelessly ill

desamparado *adj.* abandoned

desaparecer to disappear

desaparecido (*p.p.* of **desaparecer**) disappeared; *adj.* disappeared

desarraigo uprooting; lack of roots

desarrollado *adj.* developed

desarrollar to develop; **—se** to take place (story)

desarrollo development; **— económico** economic development; **en —** developing

desastre *m.* disaster

desastroso *adj.* disastrous

desayunar to have breakfast

desazón *f.* annoyance; discomfort; anxiety

descabellado *adj.* absurd, irrational

descalzo *adj.* barefoot

descamisado *adj.* ragged, in rags; shirtless

descansar to rest

descanso rest, relaxation

descaro brazenness

descartar to discard

descender (ie) to descend, go down; to get off (a bus)

descendiente *m. & f.* descendent

descenso descent

descifrado *adj.* deciphered, decoded

descifrar to decipher

descollar (ue) to stand out; to be prominent

descomponer to ruin; to put out of order

desconcertante disconcerting, disturbing

desconfianza mistrust

desconforme *n. & adj.* nonconformist; not in agreement

desconocido(a) *n.* stranger; *adj.* unknown

descontento *adj.* unhappy

descontrolado *adj.* uncontrolled

descorrer to draw, open (curtains)

descortesía discourtesy; uncouthness

descrito *adj. & p.p.* of **describir** described

descubierto *adj.* uncovered; bareheaded; discovered

descubrimiento discovery

descubrir to discover; **—se** to take off one's hat

descuidar: descuida don't worry

desde from; since

desdén *m.* disdain

desdibujar to fade, to blur

desdicha misfortune

desdichado(a) wretch, unfortunate person; *adj.* unfortunate

desdoblar to straighten; to unfold

deseable *adj.* desirable

deseado *adj.* wished for or wanted

desear to desire, wish, want

desechar to reject; to discard

desembarcar to disembark

desembocar to lead or flow into

desempeñado (*p.p.* of **desempeñar**) played (a role)

desempleado *adj.* unemployed

desempleo unemployment

desencadenar to trigger, lead to

desenganchar(se) to unhook, detach (oneself)

desengaño disillusionment

desenvuelto developed; evolved; self-confident; brazen

deseo desire, wish

deseoso *adj.* eager; desirous

desequilibrio imbalance

desértico *adj.* desert-like

desesperación *f.* despair

desesperado *adj.* desperate; despairing

desfavorable *adj.* unfavorable

desfile *m.* parade

desgarrar to tear open

desgracia misfortune; **por —** sadly, tragically

desgraciadamente unfortunately

desgraciado *adj.* unfortunate, hapless

deshacerse (**de**) to get rid of

deshecho *adj.* undone; destroyed; beaten

deshielo thaw

deshonestidad *f.* dishonesty

deshonrar to dishonor, disgrace

deshumanizar to dehumanize

desierto desert; *adj.* deserted

designar to designate, appoint

desigualdad *f.* inequality, uneveness

desilusión *f.* disillusionment; disappointment

desilusionado disappointed

desilusionarse to become disillusioned

desinflado *adj.* deflated; **rueda/ llanta —** flat tire

desleal *adj.* disloyal

deslumbrado *adj.* dazed

deslumbrante *adj.* dazzling

desmantelamiento dismantlement

desmitificación *f.* demythification

desnudar to undress

desnudo *adj.* naked, unclothed; *m.* nude (figure in art)

desobligar to be free

desocupar to empty; to vacate

desodorante *m.* deodorant

desoír to turn a deaf ear to; to refuse

desolado *adj.* desolate

desorbitado *adj.* with bulging eyes; out of proportion

desorden *m.* disorder

desorientar to disorient, confuse; **—se** to get or become lost

despacho dispatch; office; study

despacio (*dim.* **despacito**) *adv.* slowly

despectivo *adj.* derogatory

despedida farewell

despedir (**i, i**) to give off; to dismiss; **—se** (**de**) to say or bid good-bye (to)

despegar to come loose

desperdiciar to waste

desperdicios *m. pl.* garbage, waste

despertador *m.* alarm clock

despertar(se) (**ie**) to awaken, wake up

despierto *adj.* awake

despistar to throw off the track

desplazado *adj.* displaced; forced out

desplazamiento displacement

desplazarse to move; to travel

desplegar (**ie**) to unfold

desplomarse to fall over; to collapse

despoblado *adj.* unpopulated

despreciar to look down upon, despise, scorn

desprecio scorn, contempt

desprenderse to issue from

desprendido *adj.* loose

desprestigio loss of credit or prestige

desproporcionado *adj.* disproportionate

desprotegidos(as) *n. & adj.* unprotected, vulnerable (persons)

después afterwards; later; then; **— de** after

destacado *adj.* outstanding; well-known, prominent

destacar to make stand out; **—se** to stand out

destape *m.* opening up; uncovering

desterrado *adj.* destined; fated

destinado (**a**) *adj.* designed (to), aimed at

destinatorio(a) addressee

destino destiny; destination; **—manifiesto** Manifest Destiny

destreza skill, ability

destruir to destroy

desuso disuse; obsolescence

desvalido *adj.* helpless; destitute

desvarío whim; nonsense

desvelarse to remain awake; to wake up

desventaja disadvantage

desviar to deflect

detalle *m.* detail

detener(se) to stop; to stay, remain

detenido *adj.* stopped, detained

detentar (**ie**) to hold

deteriorado *adj.* deteriorated

deteriorarse to deteriorate; to become damaged

deterioro deterioration

determinado *adj.* certain, particular

determinante *adj.* decisive

determinar to determine

detonación *f.* explosion

detrás (**de**) behind; **por —** from behind

detuvo (*pret.* of **detener**) stopped

deuda debt

devastar to destroy

devenir (**ie**) to happen, occur; — (**de**) to come from

devolución *f.* return

devolver (**ue**) to return; —**se** to go back

devorar to devour

devuelto (*p.p.* of **devolver**) returned

día *m.* day; **de** — by day; **hoy** — nowadays; **al** — **siguiente** (on) the following day; — **feriado** *m.* holiday; **de un** — **para otro** overnight

diablo devil

diabólico *adj.* diabolical, devilish

diagnosticar to diagnose

dialogar to take part in a dialogue

diariamente daily

diario *adj.* daily; *m.* (daily) newspaper; diary

dibujante *m. & f.* line artist, person who draws, sketcher

dibujar to draw; to sketch

dibujo drawing

diccionario dictionary

dicha happiness; good luck, fortune

dicho (*p.p.* of **decir**) said; *adj.* aforementioned; **mejor** — rather

dictado *adj.* dictated, given (e.g. **dictado en inglés** given in English)

dictador(a) dictator

dictadura dictatorship

Diego James (man's name)

diente *m.* tooth

diestro *adj.* right-handed, skillful

diferencia difference; **a** — **de** in contrast to; unlike

diferenciar to differ; to differentiate; —**se** to distinguish oneself; to differ

difícil *adj.* difficult; hard; improbable

dificultad *f.* difficulty

dificultar to make difficult

difundir to spread

difunto(a) deceased, dead

difuso *adj.* worthy; dignified

dignidad *f.* dignity

dignísimo *adj.* very honorable

digno *adj.* dignified

dilatarse to be delayed

diluir (**y**) to dilute

diluvio flood, rainstorm

diluvio, flood

dinero money

dios(a) god; goddess; **Dios** God; **¡Vaya por** —**!** God's will be done!

diputado(a) representative; deputy

dirección *f.* address; direction; management; — **ejecutiva** *f.* management

dirigente *m. & f.* leader, ruler

dirigir to lead; direct; —**se a** to address (a person); to go to, go toward

disabilidad *f.* disability

discapacidad handicap, disability

discernido *adj.* discerned; appointed

disciplinar to discipline

disco record; disk

díscolo *adj.* intractable

discordancia discord

discrepante *adj.* dissenting; discrepant

discreto *adj.* discreet; clever

discriminar to discriminate (against)

disculpa *f.* apology, excuse

disculpable *adj.* excusable

disculparse to excuse oneself; to apologize

discurso speech

discutido *adj.* discussed

discutir to discuss, argue

diseñador(a) designer

diseñar to design

diseño design

disfrutar (**de**) to enjoy

disgregarse to scatter; be disintegrated

disimular to conceal, hide (feelings or thoughts)

disimulo reservedness; **sin** — openly, sincerely

disminución *f.* drop, decrease

disminuido *adj.* lowered

disminuir (**y**) to diminish, decrease

disolución *f.* breakup, disintegration

disolver (**ue**) to dissolve

disparate *m.* foolish remark; crazy idea

dispersarse to disperse

disperso *adj.* dispersed, scattered

disponer to order; to dispose; — **de** to have the use of; to have at one's disposal; —**se a** to prepare (to do something)

disponibilidad *f.* availability

disponible *adj.* available

disposición *f.* decree; rule, provision

disposición: a — **de** at the service or disposal of; **tener a su** — to have access to

dispuesto *adj.* disposed; ready; fit; smart; clever

disputa dispute, fight

disputar to argue

distanciado *adj.* distant, at a distance

distinguir to distinguish

distintivamente *adj.* distinctively

distinto *adj.* distinct, different

distorsionado *adj.* distorted

distorsionar to distort

distraer to distract; —**se** to amuse oneself

distraído *adj.* distracted; absent-minded

distribución *f.* layout

distribuido *adj.* distributed

distribuir to distribute

distrito district

disyuntiva alternative; dilemma

divergencia divergency; divergence

diversidad *f.* diversity

diversión *f.* entertainment, pastime

diversos *pl. adj.* several different, various

divertido *adj.* fun, entertaining

divertirse (**ie, i**) to have a good time, amuse oneself

dividido *adj.* separated; spread out

dividir to divide

divino *adj.* lovely

divisa foreign currency

divisar to perceive at a distance

divorciarse to divorce

divorcio divorce

divulgación *f.* dissemination, publication

divulgar to divulge, reveal

doblado *adj.* folded; dubbed (movie)

doblar to fold

doble double; **— jornada** double shift

docena dozen

docente *adj.* educational, teaching

dócilmente docilely

doctorado doctorate

dólar *m.* dollar

doler (**ue**) to hurt, ache

dolor *m.* pain; grief

dolorido *adj.* grieving

doloroso *adj.* painful

domado *adj.* tamed; conquered

domésticos *adj.* domestic, household.

domicilio residence

dominante *adj.* dominant; prevailing

dominar to dominate; to master

domingo Sunday

dominicano(a) person from the Dominican Republic

dominio mastery; dominion; domain

don Don (title of respect used before male names)

donación *f.* donation

donar donate

donde where; **¿dónde?, ¿a—?** (to) where?

dondequiera anywhere; wherever

doña Doña (title of respect used before female names)

dorado *adj.* golden

dormido *adj.* sleeping, asleep

dormir (**ue, u**) to sleep; **—se** to fall asleep

dormitar to doze off

dormitorio bedroom

dotado *adj.* endowed

dote *f.* dowry; natural gift, talent

dragón *m.* dragon

drama *m.* play

dramaturgo(a) *n.* playwright

droga drug

drogadicto(a) drug addict

dualidad *f.* duality

ducha shower

duda doubt; **no cabe —** there is no doubt; **sin —** without a doubt

dudar to doubt

duelo *m.* duel, fight

dueño(a) owner; master

dulce *adj.* sweet

dulcificar to sweeten; to soften

dulzura sweetness

duplicar(**se**) to double, duplicate

duración *f.* duration

durante during; for

durar to last

duro *adj.* hard; severe

E

e (= **y** before words beginning with **i** or **hi**) and

echado *adj.* lying down

echar to throw, toss; to throw out; **— a andar** to set or place in motion; **— la culpa** to blame; **echar** to cast one's lot **—se a reír** to burst out laughing; **—se a perder** to be or become ruined; **— a correr** to run away; **— de menos** to miss, yearn for; **— mano de** to use, resort to; **—se fresco** to fan oneself

eco echo

ecología ecology

ecológico *adj.* ecological

ecólogo(a) ecologist

economía economy

economizar to save

ecuestre *adj.* equestrian

edad *f.* age; **de — mediana** middle-aged; **— oscura** Dark (Middle) Ages

Edén (Garden of) Eden

edénico *adj.* paradisiacal, like paradise

edificar to build, construct

edificio *n.* building

editorial *adj.* publishing; *f.* publishing house

educación *f.* education; upbringing

educar to educate; to bring up

educativo *adj.* educational

EE.UU. (abbreviation for **Estados Unidos**) United States

efectivamente indeed

efecto effect; **en —** in fact; **— invernadero** global warming (greenhouse effect)

efectuar to do, effect, bring about, carry out

eficacia effectiveness

eficaz (*pl.* **eficaces**) *adj.* efficient

eficazmente effectively

eficiente *adj.* efficient

efímero *adj.* ephemeral, short-lived

efusión *f.* effusion, unrestrained expression of feeling

efusivo *adj.* effusive

egipcio(a) *n. & adj.* Egyptian

egoísmo selfishness

egoísta *n. & adj.* selfish (person)

ejecución *f.* carrying out; execution

ejecutar to execute

ejecutivo(a) *n. & adj.* executive

ejemplar *adj.* exemplary, model

ejemplificar to exemplify

ejemplo example; **por —** for example

ejercer to exert; to perform; to exercise

ejercicio exercise

ejército army

elaborado *adj.* elaborate

elección *f.* election; choice, decision

electorado electorate

electricidad *f.* electricity

elegido *adj.* elected
elegir (**i**) to choose, elect
elemental *adj.* elementary
elevado *adj.* raised
elevar to elevate, raise
eliminar to eliminate
ello *pron.* it
elocuente *adj.* eloquent
elote *m.* ear of tender corn
embajador(a) ambassador
embarazada *adj.* pregnant
embarazo pregnancy
embarcado *adj.* engaged (in)
embarcar to embark (on an enterprise)
embargo: sin — nevertheless, however
emborracharse to get drunk
embriagado *adj.* intoxicated
embrionario *adj.* embryonic
embrujado *adj.* haunted
embrutecer to render brutish; to dull the mind
emigrar to emigrate; to migrate
emisión *f.* broadcast
emitir to emit
emoción emotion
emocionado *adj.* moved, touched, affected, excited
emocionante *adj.* exciting
emotivo *adj.* emotional
empapado *adj.* soaking wet
empapar to soak, wet
empaquetar to package; to put in a package
empatía empathy
empeñado *adj.* intent on, interested
empeoramiento worsening
empeorar to worsen
emperador *m.* emperor
emperatriz *f.* empress
empero however; nevertheless
empezar (**ie**) to begin
empleado(a) employee
emplear to use; to employ, hire
empleo employment, job; use
emplumado *adj.* feathered
empobrecerse to become impoverished
empobrecido *adj.* impoverished

emprender to undertake; to begin
empresa enterprise; company, business
empresarial *adj.* enterprising; management, business, corporate
empresario(a) businessman; businesswoman; contractor
empujar to push, shove
en in; on; at; during; to; **de... —...** from . . . to . . .
enajenar to alienate
enamorado *adj.* in love
enamorarse (**de**) to fall in love (with)
enano(a) dwarf
encabezado *adj.* headed
encabezar to head
encajar to match
encajonar to fence in
encaminarse to start out on a road
encantado *adj.* delighted; satisfied
encantador(a) sorcerer; sorceress; charming
encanto enchantment, spell
encarcelado *adj.* imprisoned
encarcelamiento *m.* imprisonment
encarcelar to imprison
encargado(a) *n.* person in charge or entrusted; *adj.* in charge of, entrusted responsible
encargar to entrust; **—se** (**de**) to take charge (of)
encargo commission
encauzar to channel
encendedor *m.* lighter
encender (**ie**) to light; to turn on, to switch on
encendido *adj.* lit; bright
encerrado *adj.* enclosed; locked up; stuck inside
encerrar (**ie**) to enclose; to encircle; to shut in, confine; to contain; **—se** to lock oneself up, go into seclusion; **— en un círculo** to draw a circle around

enchufar to plug in
encima (**de**) on; upon; on top of
encinta pregnant
encontrado *adj.* found
encontrar (**ue**) to find; to meet up with; **—se** to be; to be found; **—se con** to come across, encounter
encrucijada crossroads, intersection
encubierto *adj.* disguised
encubrir to hide, conceal
encuentro encounter; event; **ir al — de** to go to meet
encuesta poll
endurecimiento hardening
enemigo(a) enemy
energía energy
enérgico *adj.* energetic
enfadar to displease, anger; **—se** to become angry
énfasis *m.* emphasis; **hacer — en** to emphasize
enfático *adj.* emphatic
enfatizar to emphasize
enfermarse to become sick
enfermedad *f.* sickness, disease
enfermería nursing
enfermero(a) nurse
enfermizo *adj.* sickly
enfermo *n. & adj.* sick (sick person)
enflaquecer to grow thin
enfocar to focus
enfoque *m.* focus
enfrentarse (**con**) to face, confront
enfrente (**de**) opposite, in front
engañar to deceive; to cheat
engaño deceit, fraud
engordar to grow fat, gain weight; to increase in size
engranaje *m.* gear; connection
enigmático *adj.* enigmatic, mysterious
enjuagarse to rinse out (mouth)
enlace *m.* tie, connection
enlazarse to link up,
enloquecer (**zc**) to delight, to make crazy (with joy)
enmarañado *adj.* tangled

enmarañar (**en**) to tangle, muddle (up)
enmarcar to mark, to frame
enmienda amendment
enojar to make angry
enojo anger
enorme *adj.* enormous
enrigidecer to make rigid; **—se** to become rigid
enriquecer to enrich; **—se** to get rich
enriquecimiento enrichment
enrollado *adj.* wrapped around, enveloped; coiled around
ensalada salad
ensanchar to become larger
ensangrentarse (**ie**) to become covered with blood
ensayar to test; to try; to rehearse
ensayista *m. & f.* essayist
ensayo essay
enseñanza teaching; education; training
enseñar to teach; to show
ensordecer to deafen
ensuciarse to get dirty
entender (**ie**) to understand
entendimiento understanding
enterarse to find out
entero *adj.* entire, whole, complete
enterrar (**ie**) to bury
entibiar to take the chill off; **—se** to cool down
entidad *f.* entity
entonces then, at that time; therefore, so
entornado *adj.* half-closed (eyes)
entornar to half close
entorno surroundings; environment
entrada entry
entrante: el año — (the) next year
entrañar to contain; to carry
entrar to enter; **entrado en años** getting on in years
entre between, among, within; **— líneas** between the lines
entreacto intermission, interval
entrega surrender
entregar to hand over; **—se** to devote oneself wholly

entrenamiento training
entrenar to train
entretanto meanwhile
entretener to amuse; to entertain
entretenido (*p.p.* of **entretener**) *adj.* amusing, entertaining
entrevista interview
entrevistar to interview
entristecerse to become sad
entusiasmado *adj.* enthused
entusiasmo enthusiasm
entusiasta *adj.* enthusiastic
enumerado *adj.* listed, mentioned
envalentonado *adj.* emboldened
envase *m.* container
envejecer to grow old
envenenamiento poisoning
envenenar to poison
enviado *adj.* sent
enviar to send
envidia envy
envolver to surround, wrap
envuelto *adj.* wrapped up
episodio episode
época epoch; age; time; season
equidad *f.* fairness, equity
equilibrio equilibrium, balance
equipado *adj.* equipped
equipo team
equivaler to be worth, equivalent to
equivocado *adj.* mistaken
equivocarse to be mistaken; to make a mistake
equívoco *adj.* mistaken, erroneous
era era, time period
erigirse to set oneself up
erosionar to erode
erradicar to eradicate
erróneo *adj.* incorrect, erroneous
erudito *adj.* erudite, learned, scholarly
erupción *f.* eruption
esbozo outline
escala scale; **a — menor** on a smaller scale; **hacer —** to stop off

escalar to scale, climb
escalera staircase
escalofriante *adj.* spine-chilling
escalón *m.* step
escamas scales
escandalizar to shock, scandalize
escándalo tumult, noise; scandal
escandaloso *adj.* scandalous
escapar(se) to escape; to flee; to slip away
escaparate *m.* display window
escarcha frost
escasear to be scarce
escasez (*pl.* **escaseces**) *f.* shortage
escaso *adj.* scarce; scant; in small quantity
escena scene
escenario scenery; backdrop
escencia essence
esclavitud *f.* slavery
esclavo(a) slave
escoger to choose, select
escogido (*p.p.* of **escoger**) chosen
escolar *adj.* academic, scholastic
escolástico *adj.* scholastic
escollo obstacle
esconder(se) to hide
escondido *adj.* hidden; **a escondidas** secretly
escribir to write
escrito *adj.* written; **—s** *m. pl.* writings
escritor(a) writer
escritorio desk
escritura writing
escrúpulo scruple
escuchar to listen (to)
escudo shield
escuela school; **— intermedia** middle school
escueto *adj.* concise
escultor(a) sculptor, sculptress
escultura sculpture
escurrir to drain
esencial *adj.* essential
esfera sphere
esforzarse (**ue**) to make an effort

esfuerzo effort
esmero great care
esnórquel *m.* snorkeling
eso that; that thing; that fact; **por —** therefore, for that reason; **a — de** at about (time)
espacial *adj.* space; **nave —** *f.* spaceship
espacio space
espacioso *adj.* spacious
espada sword
espalda back; **a mis —s** behind my back
espantar to frighten, scare; **—se** to become frightened; **No te espantes** Don't get frightened
espanto fright, horror
espantoso *adj.* frightful, terrifying
España Spain
español(a) *n. & adj.* Spaniard; Spanish
especial *adj.* special
especializado *adj.* specialized
especializarse to attend graduate or professional school; to major in a field of studies
especialmente specially
especias *f. pl.* spices
especie *f.* kind, type; species; idea
específicamente specifically
específico *adj.* specific
espectáculo spectacle; show
espectador(a) spectator; viewer
espectro ghost
especulación *f.* speculation
espejo mirror
espera wait, waiting; **en — de** in the expectation of
esperanza hope
esperar to hope for; to wait for; to expect
espesante *m.* thickening agent
espesar to thicken
espeso *adj.* thick
espesura thicket, dense wood
espía spy
espiar to spy, watch
espiral *m.* spiral
espíritu *m.* spirit
esplendor splendor; radiance

espontáneo *adj.* spontaneous
esposo(a) husband; wife; spouse
esqueleto skeleton
esquema *m.* outline, plan
esquemático *adj.* schematic
esquí *m.* skiing
esquimal *m. & f.* eskimo
esquina corner
estabilidad *f.* stability
estable *adj.*
establecer to establish; **—se** to move to
establecido *adj.* established; set up
establecimiento establishment
estación *f.* season; station
estadio stadium
estadística statistic
estado state; condition; **— civil** marital status
Estados Unidos United States
estadounidense *n. & adj.* (citizen) of the United States
estallar to explode, burst
estampa picture; image; print
estampilla stamp
estancia large ranch *(Arg.)*; stay, sojourn
estanque *m.* reservoir; basin; pond
estar to be, to be present; **— de acuerdo (con)** to agree (with); **no — para** to be in no mood for
estatal *adj.* (pertaining to the) state
estático *adj.* static, stationary
estatua statue
estatura stature, height
estatus *m.* status
estatuto statute; by-law
este *m.* east
estela pre-Columbian carved stone, stele
estereotipado *adj.* stereotyped
estereotipar to stereotype (someone or something)
estereotipo stereotype
estéril *adj.* sterile
esterilización *f.* sterilization
estigma *m.* stigma, mark of disgrace

estilo style; **— de vida** lifestyle
estimación *f.* esteem
estimar to esteem, respect; to estimate
estimulante *adj.* stimulating
estimular to stimulate
estímulo stimulus; stimulation
estirpe *f.* race; breed; stock
esto this; this thing; this matter
estoicismo stoicism
estoico *adj.* stoic
estómago stomach
estorbar to make problems for, to get in the way of
estornudar to sneeze
estrago havoc, ruin
estrangular to strangle
estratagema stratagem, trick
estrategia strategy
estrato stratum, layer
estrechez *f.* austerity
estrecho *adj.* narrow; close
estrella star
estrenar to première
estrépito noise
estrés *m.* stress (anglicism)
estribillo refrain
estrictamente strictly
estridencia stridence, flashiness
estrofa stanza, verse (of a song)
estructura structure
estruendo great noise
estudiado *adj.* studied
estudiante *m. & f.* student
estudiar to study
estudio study
estudios *m. pl.* studies or schoolwork; studios
estupidez *f.* stupidity
ETA Basque separatist group in Spain that sometimes uses terrorist tactics in their campaign for regional independence
etapa stage; period
etéreo *adj.* ethereal
eternidad *f.* eternity
eterno *adj.* eternal
ética ethics
ético *adj.* ethical; *f.* ethics
etimológico *adj.* etymological (history of words)

etiqueta formality; etiquette
etnia ethnic group
étnico *adj.* ethnic
eufemismo euphemism
europeo(a) *n. & adj.* European
eutanasia euthanasia, mercy
   killing
Eva Eve
evitar to avoid
evocar to evoke
evolucionar to evolve
ex coronel *m.* ex-colonel
exabrupto impolite outburst
exactitud *f.* exactness, precision
exacto(a) *adj.* exact; *adv.* exactly
exagerar to exaggerate
excavado *adj.* excavated
excedencia leave of absence;
   excess
exceder to exceed
excelentísimo *adj.* most
   excellent
excentricidad *f.* eccentricity
excitación *f.* stimulus; excitation
excluir to exclude
exclusivamente only,
   exclusively
exhibir to show, display, exhibit
exigencia demand; requirement
exigir to demand, require
exiliado(a) *n. & adj.* exile; exiled
exilio exile
existir to be, exist
éxito success; **tener —** to be a
   success, be successful
exitoso *adj.* successful
éxodo exodus, mass migration
expectativa expectation
expedientar to censure, penalize
expediente *m.* document,
   certification
expedir (**i, i**) to send, dispatch
experiencia experience
experimentar to experience,
   feel, undergo; to experiment
expiación *f.* atonement,
   purification
explicación *f.* explanation
explicar to explain
explorador(a) explorer
explotación *f.* exploitation;
   development; business

explotador *adj.* operating;
   exploitative
explotar to exploit; to explode; to
   develop; to operate (a business)
exponer to expound; to expose
exportadores *m. pl.* exporters
expositor(a) commentator
expropiar to take over
expulsar to expel
éxtasis *m.* ecstasy
extender(se) (**ie**) to extend;
   to spread out; to last; **— la**
   mirada to cast a glance
extenso *adj.* extensive, vast,
   spacious
externo *adj.* external; outside
extinción *f.* extinction
extinguir to extinguish; to
   put out; **—se** to go out, die,
   become extiguished
extradición *f.* extradition
   (forcible deportation)
extranjerizar to introduce
   foreign ways in
extranjero *adj.* foreign
extrañar to miss; to seem
   strange
extraño(a) *adj.* strange, foreign;
   n. stranger
extraterrestre *m.*
   extraterrestrial
extremado *adj.* extreme
extremo opuesto other end

F

fábrica factory
fabricación *f.* manufacture
fabricar to manufacture; to
   make
fácil *adj.* easy
facilidad *f.* ease, facility; **con —**
   easily
facilitar to make easy; facilitate
   or expedite
faenas work, chores
Falange *f.* the Fascist Party in
   Spain
falda *f.* skirt; lap
fallecer (**zc**) to die, expire
fallecido *adj.* deceased

fallecimiento death
falsedad *f.* falsehood, lie
falsificar to falsify
falso *adj.* false
falta *f.* lack; absence; **hacer —** to
   be necessary; **sin —** without
   fail; **por — de** for want of
faltar to be lacking; **—le a uno**
   algo to be lacking something;
   — al trabajo to be absent
   from work; **no faltaba más**
   that was the last straw
falto *adj.* lacking, deficient
fama *f.* fame, reputation
famélico *adj.* hungry, famished
familia family; relative, family
   member
familiar *adj.* (pertaining to the)
   family; familiar; **—es** relatives
familiarmente familiarly
famoso *adj.* famous, well-known
fantasía fantasy
fantasma *m.* aparition;
   phantom, ghost
farmacéutico *adj.*
   pharmaceutical
farmacológico *adj.*
   pharmacological
farolillo small lantern
farsante *m. & f.* actor; sham
fascinante *adj.* fascinating
fascinar to fascinate, charm
fascismo *m.* fascism
fase *f.* phase
fastidiosamente in an
   annoying or a bothersome way
fatal *adj.* unlucky, unfortunate
fatalidad *f.* fatality
fatalista *adj.* fatalistic
fatiga *f.* fatigue
fatigado *adj.* tired
favor: estar a — de to be in
   favor of; **por —** please
favorecer to favor
favorecido *adj.* favored
fe *f.* faith
fealdad *f.* ugliness
febril *adj.* feverish
fecha *f.* date
fecundación *f.* fertilization
felicidad *f.* happiness
felicitar to congratulate

feliz (*pl.* **felices**) happy
felizmente happily
feminidad *f.* femininity
fenicio(a) Phoenician
fenómeno phenomenon
fenómeno phenomenon, fact
feo *adj.* ugly
feroz (*pl.* **feroces**) *adj.* fierce
ferrocarril *m.* railroad
fértil *adj.* fertile
fervor *m.* fervor, zeal
fervorosa(**mente**) *adj., adv.*
    fervent(ly), ardent(ly)
feto fetus
fiable *adj.* reliable
fiambre *m.* cold meat or food,
    cold cuts
fiar (**en**) trust (in)
ficción *f.* fiction; — **científica**
    f. science fiction (more
    commonly written: **ciencia**
    ficción)
ficticio *adj.* fictitious
fidelidad *f.* faithfulness, fidelity
fiebre *f.* fever
fiel *adj.* faithful
fiesta party
figura figure
figurar to be a part of, to appear;
    —**se** to imagine
fijar to fix; —**se en** to notice
fijeza firmness; **mirar con** — to
    stare
fijo *adj.* fixed, firm, secure
fila row
filántropo(a) philanthropist
filatélico *adj.* related to stamp
    collecting
filial *f.* subsidiary
Filipinas the Philippines
filólogo(a) philologist; expert in
    the study of words and their
    origin; linguist
filosofía philosophy
filosófico *adj.* philosophical
filósofo(a) philosopher
filtrar to filter
fin *m.* end; ending; purpose;
    a — **de** in order to; **a** — **de**
    cuentas after all; **a** —**es de,**
    de —**es de** toward the end of;
    al — at last, at the end; **al** — **y**

al cabo, por — finally; — **de**
    semana weekend; **en** — in
    short
finado(a) *n. & adj.* deceased,
    dead person
final *m.* end; **al** — at the end
finalidad *f.* purpose; goal
finalizar to end
finalmente finally
financiero *adj.* financial
finanza(s) finance
finca farm
finito *adv.* finite, small
fino *adj.* delicate
firmamento sky, firmament
firmar to sign
firme *adj.* firm, solid; stable
firmeza firmness
físico *adj.* physical; *m.*
    appearance, looks
fisionomía facial expression
flaco *adj.* skinny
flama flame
flamenco flamingo (bird);
    rhythmic style of music
    characteristic of Spanish
    gypsies
flaqueza weakness; frailty
flecha arrow
flechazo love at first sight
flor *f.* flower
florecer to flourish; to bloom
floreciente *adj.* blooming
florecimiento flourishing,
    flowering
florido *adj.* flowery
flotante *adj.* floating
flotar to float
fluir to flow
flujo flow
fomentar to encourage
fondo bottom, depth; back;
    background; —**s** funds; **a** —
    deeply
foráneo *adj.* foreign, alien
forastero *adj.* foreign, outside
forcejar to struggle
forense *adj.* forensic
forestal *adj.* forest
forjar to form
forma form, shape; **de esta** —in
    this way; — **de ser** manner,

lifestyle; **en** — **tal** in such a
    way
formado *adj.* made up
formalidad *f.* formality
formar to form; to constitute,
    make up
formular to formulate
formulario form (to fill in)
foro forum
forrado *adj.* upholstered
fortaleza fortress
fortuito *adj.* accidental
forzado *adj.* forced
forzar (**ue**) to force
forzoso *adj.* obligatory,
    compulsory
foto *f.* short form of **fotografía**
fotografía photograph
fotógrafo(a) photographer
fracasar to fail
fracaso failure
fractura fracture
fragante *adj.* fragrant
fragilidad *f.* fragility
francamente frankly
francés, francesa *n. & adj.*
    French person; French
Francia France
franquear to free; to clear
franqueo postage
franquismo Francoism, Franco
    regime
frase *f.* phrase; sentence
frecuencia frequency
frecuentar to frequent, go
    frequently
frecuente *adj.* frequent
fregadero sink (kitchen)
frenado *adj.* stopped
frenar to put on the brakes; to
    slow down
frenesí *m.* frenzy, madness
frenéticamente frenetically
frente *m.* front; **al** — **de** in front
    of; — **a** facing, in front of; *f.*
    forehead
fresas *f. pl.* strawberries
fresco *adj.* fresh
frescura freshness, coolness;
    ease
frialdad *f.* coldness
frijoles *m. pl.* beans

frío *adj.* cold
frívolo *adj.* frivolous
frontera border; boundary
fronterizo *adj.* border
frustrar to frustrate; **—se** to be or become frustrated
fruta fruit
frutero *adj.* fruit, of fruit
fruto result; fruit (any organic product of the earth)
fuego fire
fuente *f.* fountain; source
fuera outside; away; **— de** outside of, beyond
fuere: sea cual — be what it may
fuerte *adj.* strong; harsh
fuertísimo *adj.* powerful
fuerza force, strength; **a — de** by dint of; **de —, por —** by force; **por su propia —** without help, by itself; **— laboral** labor force; **es —** it is necessary
fumar to smoke
fumarola hot gas, vapor
funcionar to function; to work, run (said of machines)
funcionario(a) public official, civil servant
fundación *f.* establishment, founding; foundation
fundado *adj.* founded
fundamentado *adj.* based
fundamento foundation
fundar to found, establish; to base
fundir to merge; to melt
funerario *adj.* funeral
furia rage, fury
fusil *m.* gun, rifle
fútbol *m.* soccer
futuro future

G

gabinete *m.* cabinet (politics)
galán *m. & adj.* suitor; loverboy; gallant
galardonado (*p.p.* of **galardonar**) awarded (a prize)
galeote *m.* galley slave
galería corridor; gallery

Galicia Galicia (province in northwestern Spain)
gallego language spoken in Galicia
gallina hen
gana desire; will; **darle la —** to feel like; to choose to; **tener —s** to feel like
ganadería livestock
ganado *adj.* won
ganado cattle; herd; livestock
ganador(a) winner
ganancia profit; gain
ganar to gain; to win; to earn; **— el pan, —se la vida** to earn a living
ganas: tener — to want, desire
garaje *m.* garage
garante *m. & f.* guarantor
garantía guarantee
garantizar to guarantee; to vouch for
garete: al garete in every direction, every which way
garganta throat
garrotazo blow with a stick
gastar to spend; to wear down
gasto expense
gastronomía cuisine
gato(a) cat; *m.* jack (tool for fixing a tire)
gaucho Argentinian and Uruguayan cowboy
gema gem
gemelo(a) twin
gemido whine, moan
genealogía genealogy
general: por lo — generally
generalmente usually, generally
género kind; type; gender; genre, literary form
generosidad *f.* generosity
generoso *adj.* generous
genética genetics
genéticamente genetically
genético *adj.* genetic
genial *adj.* jovial, pleasant
genio genius; genie, spirit
gente *f.* people; **— bien** *f.* wealthy people, the well-off
gentuza riffraff, scum
geográfico *adj.* geographical

gerencia management
gerente *m. & f.* manager
germen *m.* origin, source
gestionar to take steps to arrange
gesto expression; grimace; gesture
gigantesco *adj.* gigantic
gimnasio gymnasium, gym
ginecológico *adj.* gynecological
girar to rotate, turn
giro turn
giros postales *m. pl.* money orders
gitano(a) *n. & adj.* gypsy
glaciar *m.* glacier
Glaciar: Período — Ice Age
globalizado *adj.* globalized
globo globe; world
glorificar to glorify
gobernador(a) ruler, governor
gobernados *adj.* governed, ruled
gobernar (**ie**) to govern, rule
gobierno government
goce *m.* enjoyment, pleasure
golfista *m. & f.* golfer
golondrina swallow (bird)
golosina sweet morsel
golpe *m.* hit, blow; **dar —s** to strike, hit; **— de mano** surprise attack ; **— militar** military coup; **de —** suddenly; all at once
golpeado *adj.* bruised; beaten up
goma rubber
gordo *adj.* fat
gorro cap
gótico *adj.* gothic
gozar (**de**) to enjoy
gozo joy
grabadora tape recorder
gracia grace, charm; **—s** thank you
gracias *f. pl.* thanks
gracioso *adj.* charming; comical
grado grade; degree
graduar(se) to graduate
gráfico graph, chart; *adj.* graphic
gran *adj.* form of **grande**
grande *adj.* large, big; great; grand

grandeza greatness

grandiosamente magnificently, grandiosely

granizo hail; hailstorm

granjero(a) farmer

grano grain (of cereals); **al —** to the point

grasa grease

gratificación *f.* tip; additional fee

gratificar to gratify

gratis *adj.* free of charge, gratis

gratuito *adj.* gratuitous; without justification; uncalled for

grave *adj.* serious, grave

gravedad *f.* seriousness; gravity

gravitar to press on; to gravitate

griego(a) *n. & adj.* Greek

grifo faucet

gris *adj.* gray

gritar to yell

grito shout, cry; **dar —s** to cry, shout

grosero *adj.* crude; **palabras —as** dirty words

grueso *adj.* thick

grupo group

guagua (Cuba) bus

guagüero (Cuba) bus driver

guajiro(a) Cuban peasant

guanábana custard-apple fruit

guante *m.* glove

guapo *adj.* good-looking

guarda *m. & f.* guard, keeper

guardar to guard, watch over; to keep, save; to take care of; to put away

guardería daycare center

guardia *m.* guard, guardsman; **— de noche** night watchman

guardián *m.* guard, doorman

guarida den, lair (of wild animals)

guayabera Caribbean-style shirt for a man

gubernamental *adj.* governmental

guerra war; **— mundial** World War

guerrero(a) soldier, warrior; *adj.* belligerent

guerrilla band of guerrilla fighters

guía *m. & f.* guide

guiado *adj.* guided

guiar (í) to guide

guión *m.* script, scenario; screenplay; dash (in writing)

guisa manner; way

guitarra guitar

guitarrista *m. & f.* guitar player

gula gluttony

gustado *adj.* liked

gustar to like; to please

gusto pleasure; taste; **estar a —** to be comfortable; **dar —** to please

H

ha (form of **haber**) see **haber**

Habana Havana

haber (auxiliary verb) to have; **— de** + *inf.* to have to; to be obliged to; to be going to, *e.g.* **si he de morirme** if I am to die

habido (*p.p.* of **haber**) been

hábil *adj.* skillful

habilidad *f.* ability, skill; talent

habitación *f.* room; apartment

habitado *adj.* inhabited

habitante *m. & f.* inhabitant

habitar to live in, inhabit

habituarse to become accustomed, get used to

habla *m.* language **— común** everyday language; **de — española** Spanish-speaking

hablador(a) talker

hablar to talk, speak; **el — español** speaking Spanish, the speaking of Spanish

hacer to make; to do; **— buen (mal) tiempo** to be good (bad) weather; **— calor (frío, sol)** to be warm (cold, sunny); **— pipí** to pee; **—se** to become, to change into; **—se tarde** to be getting late; **— +** *time expression* ago, e.g. **hace un siglo** one century ago; **— un papel** to play a role or part; **— saber** to make known; **— manos** to acquire experience

hacha axe

hacia toward, to

hallar to find; **—se** to be, to be found

hallazgo finding

hamaca hammock

hambre *f.* hunger

hambriento *adj.* hungry

harina flour

harto(a): estar — de to be fed up with, sick and tired of

hasta even; until; to; up to; **— que** until

hastiado (de) *adj.* weary (of)

hay (form of **haber**) there is, there are: **— que** + *inf.* one must . . .

hazaña feat

he aquí here is, here I have

hecho *adj.* made, done; *m.* fact; act ; **de —** in fact

hediondo *adj.* foul-smelling

helado ice cream; *adj.* freezing cold

helar (ie) to freeze

hembra female

hembrismo exaggeratedly feminine actions and attitudes

hembrista *f. & adj.* female who believes in or practices **hembrismo**

hemisferio hemisphere

hemofilia hemophilia

heredar to inherit

heredero(a) heir; successor

herencia inheritance; heritage; heredity

herida injury

herido *adj.* wounded, hurt

herir (ie, i) to hurt; to wound

hermandad *f.* brotherhood

hermano(a) brother; sister

hermoso *adj.* beautiful

hermosura beauty

héroe *m.* hero

heroicidad *f.* heroism

heroína heroine

herramienta tool; **—s** *f. pl.* set of tools

hervido *adj.* boiled

heterocentrado *adj.* focused on outside interests

híbrido(a) *n. & adj.* hybrid
hielo ice
hierba grass
hierro iron
hígado liver
higiénico *adj.* hygienic
hijo(a) child; son; daughter; — **de puta** bastard; son of bitch; — **único** only child; —**s** children; sons; daughters
hilo thread; string; thin wire; — **de agua** small creek
himno hymn; — **nacional** national anthem
hinchado *adj.* swollen
hipocresía hypocrisy
hipócrita *m. & f.* hypocrite
hipoteca mortgage
hipotecado *adj.* mortgaged
hipótesis *f.* hypothesis
hispánico *adj.* Hispanic
hispano(a) Hispanic person, Spaniard or Spanish-American; *adj.* Hispanic
Hispanoamérica Latin America
hispanohablante *n. & adj.* Spanish speaker; Spanish-speaking
hispanoparlante *n. & adj.* Spanish speaker; Spanish-speaking
historia history; story
historiador(a) historian
históricamente historically
histórico *adj.* historical
historieta story; comic strip
hogar *m.* home
hogareño *adj.* domestic
hoguera bonfire
hoja leaf; page
holandés, holandesa *n. & adj.* Dutch (person)
holgazán, holgazana loafer, bum
hombre *m.* man; mankind; **¡hombre!** indeed!, you don't say!; **ser muy —** to be a real man; — **de empresa** businessman
hombro shoulder
homenaje *m.* homage; tribute
homicida *adj.* homicidal
homicidio murder, homicide

hondo *adj.* deep, profound
honestidad *f.* decency; decorum
honorífico *adj.* honorary
honra honor
honrado *adj.* honorable; honest
honrar to honor, glorify
hora hour; time
horario timetable
horda horde
horizonte *m.* horizon
hormiga ant
hormona hormone
horroroso *adj.* horrid; hideous
hospedaje *m.* lodgings
hospedar to lodge
hospitalidad *f.* hospitality
hostilidad *f.* hostility
hoy today; nowadays; — **día** nowadays, today
hueco hole
huelga strike (of workers); rest, merriment; **hacer —** to strike; — **de hambre** hunger strike
huella track; mark, trace
huerto garden; orchard
hueso bone
huésped *m.* guest
huesudo *adj.* bony
huevo egg
huida flight
huir to flee
humanidad *f.* humanity; humankind
humanista *adj.* humanist
humareda cloud of smoke
humeante *adj.* smoky
húmedo *adj.* humid
humildad *f.* humility
humilde *adj.* humble
humillación *f.* humiliation
humillado *adj.* humiliated
humo smoke; fume
humorístico *adj.* humorous
huracán (*pl.* **huracanes**) *m.* hurricane

I

ibérico *adj.* Iberian (from Iberian Peninsula: Spain and Portugal)
idealizado *adj.* idealized

idéntico *adj.* identical
identidad *f.* identity
identificar to identify; —**se** to be identified
ideología ideology
idioma *m.* language
ídolo *m.* idol
idóneo *adj.* suitable or apt
iglesia church
ignorar not to know, to be ignorant of
igual *adj.* equal; the same; similar; **por —** equally; — **que** the same as, similarly
igualación *f.* equalization
igualdad *f.* equality; — **de derechos** equal rights
igualitario *adj.* egalitarian
igualmente likewise
ilimitado *adj.* unlimited
iluminación lighting
iluminar to illuminate, light up
ilusión *f.* hopeful anticipation; hope, dream; illusion
ilustrar to illustrate
imagen *f.* image
imaginar to imagine; —**se** to imagine, picture to oneself
imaginario imaginary
imitación imitation
imitar to imitate
impaciencia impatience
impacto impact
impartir to demand
impasibilidad *f.* insensitivity; impassivity
impasible *adj.* impassive
impedido *adj.* (physically or mentally) handicapped or challenged
impedimento handicap, physical or mental challenge or impediment
impedir (**i, i**) to prevent, impede
imperante *adj.* ruling
imperar to prevail, to reign, rule
imperdonable *adj.* unpardonable, unforgivable
imperio empire
impermeable *m.* raincoat
ímpetu *m.* impetus
implicar to imply; to involve

implorar to beg, implore
imponente *adj.* imposing
imponer to impose
importación *f.* import; importation
importar to be important; to matter
importe *m.* amount (of bill)
impreciso *adj.* imprecise
imprescindible *adj.* essential
impresionante *adj.* impressive
impresionar to impress
impresionista *n. & adj.* Impressionist
imprimir to print
improviso: de — suddenly
impuesto tax; **cobrar —s** to collect taxes; (*p.p.* of **imponer**) imposed
impulso impulse; impetus, momentum
impureza impurity
inadecuado *adj.* inadequate, unfit
inagotable *adj.* inexhaustible, bottomless
inalienable *adj.* unalienable
inalienablemente inalienably
inaugurar to inaugurate
inca *m. & f.* Inca (Indian of the Incan culture)
incaico *adj.* Incan (of or pertaining to the Inca)
incapacidad *f.* incapacity
incapaz (*pl.* **incapaces**) *adj.* incapable
incauto *adj.* uncautious, unwary
incendiar to set on fire
incendio fire
incentivo incentive
incertidumbre *f.* uncertainty
incierto *adj.* uncertain
incinerado *adj.* burned, incinerated
incitar to lead, to incite or to induce
inclinado *adj.* sloping
inclinarse to bend over; to bow
incluir to include
incluso including; even
incómodo *adj.* uncomfortable

incomprehensivo *adj.* ignorant; not understanding
incomprensible *adj.* incomprehensible
incomunicación *f.* lack of communication
inconcebible *adj.* inconceivable
inconfesable *adj.* unspeakable, shameful
inconforme *adj.* nonconformist
inconformidad *f.* disconformity
inconfundible *adj.* unmistakable
inconsciencia *f.* unconsciousness, lack of awareness and reason
inconsciente *adj.* unconscious; unaware
incontenible *adj.* uncontrollable
incontrolado *adj.* uncontrolled
inconveniente *m.* objection; drawback; *adj.* inconvenient
incorporación *f.* inclusion, incorporation
incorporarse to sit up; to join
incredulidad *f.* disbelief, incredulity
increíble *adj.* unbelievable, incredible
incrementar to increase
incrustado *adj.* embedded
inculto *adj.* uneducated, uncultured
indagación *f.* inquiry
indebido *adj.* improper; unlawful
indefenso *adj.* defenseless
independista (**independentista**) *m. & f.* supporter of independence
independizado *adj.* made independent
indicación *f.* hint
indicado *adj.* appropriate; proper
indicar to indicate, point out
índice *m.* index
indicio indication, sign, clue
indígena *n. & adj.* native inhabitant: Indian; Aboriginal
indignidad *f.* indignity
indigno *adj.* undignified, unworthy

indio(a) *n. & adj.* Indian
indiscreto *adj.* indiscreet; imprudent
individuo individual, person
indocumentados(as) *n. & adj.* undocumented (workers)
indominable *adj.* uncontrollable
indudable *adj.* undoubtable
indudablemente undoubtedly
indulto pardon; reprieve
industria industry
industrioso *adj.* industrious
inepto *adj.* incompetent
inerte *adj.* inert
inescrupuloso *adj.* unscrupulous
inesperado *adj.* unexpected
inestabilidad *f.* instability
inestable *adj.* unstable
inexistente *adj.* nonexistent
inexpresado *adj.* unexpressed
inexpresivo *adj.* emotionless, without expression
infame *adj.* infamous
infancia infancy, childhood
infantil *adj.* childish
inferencia inference
infelicidad *f.* unhappiness
infeliz (*pl.* **infelices**) *adj.* unhappy
inferioridad *f.* inferiority
inferir (**ie, i**) to suggest; to infer
infidelidad *f.* unfaithfulness
infiel *adj.* unfaithful
infierno hell
infinidad *f.* infinity
influencia influence
influir to influence
influjo influence; influx
influyente *adj.* influential
informador(a) informant
informe *adj.* shapeless; *m.* report
infortunado(a) *n. & adj.* unfortunate (person)
infortunio misfortune
infracción *f.* violation
inframundo underworld
infundir to infuse, inspire, imbue with
ingeniería engineering
ingeniero(a) engineer

ingenio creative or inventive talent

ingenioso *adj.* ingenious, clever

ingerir (ie, i) to ingest, take in

Inglaterra England

inglés, inglesa *n. & adj.* English person; English

ingrato(a) ingrate

ingresar to enter

ingreso entrance; income

inhabilidad *f.* inability

inhibición: en estado de — unconscious; inhibited

inhibir to inhibit

iniciador(a) initiator

iniciales *f. pl.* initials

iniciar to begin, initiate

inicuo *adj.* evil, nefarious

ininteligible *adj.* unintelligible, unable to be understood

ininterrumpido *adj.* uninterrupted

injusticia injustice

injustificable *adj.* unjustifiable

injusto *adj.* unfair, unjust

inmediato *adj.* immediate; adjoining; **de —** immediately

inmensidad *f.* vastness; immensity

inmenso *adj.* immense; limitless

inmigrado *adj.* immigrated

inmigrante *n. & adj.* immigrant

inmigrar to immigrate

inminente *adj.* imminent

inmiscuirse to meddle or interfere in the affairs of others

inmortalidad *f.* immortality

inmóvil *adj.* immobile

inmutable. *adj.* immutable

innecesariamente unnecessarily

innegable *adj.* undeniable

inocente *adj.* innocent

inocuo *adj.* innocuous

inodoro toilet

inolvidable *adj.* unforgettable

inolvidablemente unforgettably

inoperante *adj.* inoperative

inquietar to disturb; to worry

inquieto *adj.* restless; worried

inquietud *f.* restlessness; anxiety; uneasiness

inquilino(a) tenant

Inquisición *f.* (Spanish) Inquisition

insaciable *adj.* insatiable, incapable of being satisfied

insalubre *adj.* unhealthy

inscribir(se) to register

inseguridad *f.* insecurity

inseguro *adj.* uncertain; unsafe

insensato *adj.* foolish

insensible *adj.* insensitive

insertar to insert

insinuación *f.* innuendo; insinuation

insinuado *adj.* insinuated or indirectly suggested

insinuante *adj.* provocative

insinuar to insinuate, suggest

insólito *adj.* unheard-of; very unusual

insomnio insomnia, sleeplessness

insoportable *adj.* unbearable, intolerable

insostenible *adj.* unsustainable

instalaciones *f. pl.* facilities

instalado *adj.* settled

instalar to install, set up; **—se** to settle; to set oneself up, place oneself

instantáneo *adj.* instantaneous

instante *m.* instant, moment; **al — at** once

instaurar to establish

instintivamente instinctively

instinto instinct

instrucción *f.* education; instruction

instruido *adj.* educated

insuficiencia deficiency; insufficiency

insultante *adj.* insulting

integrante *m.* member, part

integrar to form, make up; to integrate

integridad *f.* integrity

inteligente *adj.* intelligent

intensidad *f.* intensity

intensificar to intensify

intentar to try

intercambiar to exchange; to interchange

interés *m.* interest

interesado *adj.* interested

interesante *adj.* interesting

interesar to interest

interesarse to get interested

interferir (ie, i) to interfere

interior *adj.* inner; *m.* inside, interior

intermediario(a) middleman

intermedio *adj.* intermediate

internar to confine; to admit to a hospital or clinic

internar(se) to penetrate into the interior of a country; to be admitted to a hospital or clinic

interno *adj.* internal

interponer to bring (a lawsuit) against

intérprete *m. & f.* performer; interpreter

interrogar to question, interrogate

interrumpir to interrupt

intervenir (ie) to intervene; to be involved

intimidar to intimidate, scare

íntimo *adj.* intimate; close

intranquilidad *f.* restlessness, anxiety

intranquilo *adj.* restless; uneasy; worried

intrigante *adj.* intriguing

intrincado *adj.* intricate

introducir to bring into, put inside

introductor(a) introducer; *adj.* introductory

intruso(a) intruder

intuir to sense; to have an intuition of

inundación *f.* flood

inundar to flood, inundate

inútil *adj.* useless, unnecessary

inutilidad *f.* uselessness, futility

inútilmente pointlessly

invadir to invade

invasor(a) invader; *adj.* invasive

invencibilidad *f.* invincibility

inventado *adj. & p.p.* of **inventar** invented

inventar to invent

invento invention

invernadero greenhouse; **efecto —** global warming (greenhouse effect)
inversión *f.* investment
invertir (ie, i) to invest
investigación *f.* research; investigation
investigado *adj.* researched
investigador(a) researcher; investigator
investigar to investigate
invierno winter
involucrado *adj.* involved
inyectar to inject
ir to go; to be; **— de mal en peor** to go from bad to worse; **se va familiarizando** he begins to become familiar; **—se** to go out, to leave; to go away; **—se de las manos** to get out of hand
ira anger, ire
irlandés, irlandesa *n. & adj.* Irish
ironía irony
irónicamente ironically
irreal *adj.* unreal
irremisiblemente without pardon; irremissibly
irrenunciable *adj.* inalienable, irrevocable
irrespirable *adj.* unbreathable
irresponsabilidad *f.* irresponsibility
irreverencia irreverence, display of lack of respect
irritar to irritate, annoy
irrumpir to interrupt; to enter abruptly
isla island
isleños(as) islanders
Italia Italy
itinerario timetable; schedule; itinerary
izquierdista *m. & f.* leftist
izquierdo *adj.* left (side or direction); *f.* left wing (in politics)

J

¡ja! ha!
jabón *m.* soap
jacal *m.* small house, hut

jadeo panting, breathlessness
jamás never, not ever
jamón *m.* ham
Japón *m.* Japan
jarabe tapatío *m.* Mexican folk dance
jardín *m.* garden; yard; **— zoológico** zoological gardens (zoo)
jaula cage
jefe *m.* (*f.* **jefa**) chief, leader; boss; **— de estado** head of state
jerarquía hierarchy
jerárquica *adj.* hierarchical
jeroglíficos *m. pl.* hieroglyphics; pre-Columbian symbols
Jesucristo Jesus Christ
jíbaro(a) Puerto Rican peasant
jinete *m.* horseman, rider
joder to mess up, to ruin; (vulgar expression in some Hispanic countries)
jodido *adj.* (*vulg.*) crushed, ruined
jornada working day; **doble —** double shift; **media —** half day
José Joseph
joven *m. & f.* young person, youth
jovencito *dim.* young person
joya jewel
jubilación *f.* retirement
jubilado *adj.* retiree
jubilarse to retire; to be pensioned; to rejoice
judías *f. pl.* green beans
judío(a) Jew; *adj.* Jewish
juego game; gambling
juez (*pl.* **jueces**) *m. & f.* judge, justice
jugador(a) player
jugar (ue) to play; **— a** + *sport* to play, *e.g.* **— al fútbol** to play soccer
jugoso *adj.* juicy; meaty
juguete *m.* toy
juguetón *adj.* playful
juicio judgment; trial
jungla jungle

junta council; board; **— directiva** board of directors
juntar to assemble; to bring together
junto *adj.* joined, united; **— a** near to, close to, next to; **— con** along with; **—s** together; **— de** nearby, next to
jurado jury
juramento: — de Hipócrates Hippocratic oath
jurar to swear, vow
jurídico *adj.* legal
jurista *m. & f.* lawyer; jurist
justamente fairly, justly
justicia justice
justicialista *adj.* (*Arg.*) pertaining to justice
justificable *adj.* justifiable
justificar to justify
justo *adj.* just, fair
juvenil *adj.* young, juvenile
juventud *f.* youth, young people
juzgado *m.* court
juzgar to judge; to try (in court)

K

kilo kilogram

L

laberinto labyrinth
labio lip
laboral *adj.* (pertaining to) labor
laborar to work
laboriosamente laboriously
labrador(a) peasant, farmer
lacrimoso *adj.* weeping, tearful
lado side; **al —** nearby; **por otro —** on the other hand
ladrón, ladrona *n.* thief
lagartijo lizard
lago lake
lágrima tear
laguna gap; pond
Lamas (Dalai) Dalai Lama
lamentable *adj.* regrettable
lamentar to regret, lament
lamento lament
lámpara lamp

lana wool
lancha boat; — **motora** f. speedboat; powerboat
langosta lobster
languidecer (**zc**) to languish
lanza spear
lanzado adj. thrown
lanzamiento pitching
lanzar(se) to hurl (oneself); to spout; to launch
lapa macaw; small mammal
lápiz (pl. **lápices**) m. pencil
largo adj. long; **a lo — de** along; throughout
largometraje m. full-length movie
lascivo adj. lascivious
lástima pity
lastimar to hurt
lastimarse (**de**) to feel pity (for)
lastimero adj. sorrowful; mournful
lata tin can
latino adj. Latin-American
latir to beat, palpitate
latitud f. latitude (climate, region)
lavandera laundress
lavar to wash
Lázaro: San — Saint Lazarus
lazo knot; lasso; tie; bond
leal adj. loyal
lealtad f. loyalty; Lealtad, name of a street in Havana, Cuba
leche f. milk
lecho bed
lector(a) reader
lectura reading
leer to read
legumbre f. vegetable
lejano adj. distant, far away; long-ago
lejos far; **a lo —** far away
lema m. motto
lengua language; tongue
lenguaje m. language
lenteja lentil
lentes m. pl. eyeglasses
lento adj. slow
leñador(a) woodcutter
león m. lion
lesbiana f. lesbian

letanía litany
letra letter (of alphabet); lyrics
letrero sign
levantamiento uprising
levantar to raise, lift; **—se** to get up, stand up, arise; to rebel
leve adj. slight
levemente slightly
ley f. law
leyenda legend
liado adj. entangled; complicated
liberado adj. freed
liberar to liberate, set free; **—se** to become free, escape
libertad f. liberty, freedom; **libertad**: **— de palabra**, **— de expresión** freedom of speech; **— de prensa** freedom of the press
libertador(a) liberator
librar to free, set free; **—se** to save oneself, escape
libre adj. free
librería bookstore
libreta notebook
libro book
licencia de manejar f. driver's license
licor m. liquor
líder m. leader
liderar to lead
liderato leadership
liderazgo leadership
lidiar to struggle; contend
lienzo canvas
liga (sports) league
ligado adj. linked, associated, tied to
ligar to tie
ligeramente adv. slightly; lightly
limitado adj. limited
limitar to limit; to restrict
límite m. limit
limón m. lemon
limonada lemonade
limpiabotas m. & f. shoe shiner
limpiar to clean
límpido adj. clear, limpid
limpieza cleanliness; cleaning
limpio adj. clean
linaje m. lineage
lindes f. boundaries

lindo adj. pretty, beautiful; delightful
línea line; **en —** on line
lingüista m. & f. linguist
linterna lantern
lío bundle; mess, confusion
liquidar to liquidate
lírico adj. lyrical
lisiado(a) crippled person
listo adj. ready; clever
litigioso adj. litigious (fond of litigation)
livianidad f. levity; imprudence
liviano adj. light, not heavy
lívido adj. livid, purplish; whitish
living (colloq.) m. living room
llama flame
llamada call
llamado adj. called; known as
llamar to call; **—se** to be named, called; **— a la puerta** to knock at the door
llanta tire
llanto crying, weeping
llanura plain; flatness
llave f. key
llegada arrival
llegar to arrive; to come; to reach; to amount; **— a ser** to become
llenar to fill; **—se** to fill up; **—se de** to get or become filled
lleno adj. full
llevado adj. brought; **— a cabo** carried out
llevar to carry, bear, transport; to lead; to wear; to carry on; **— al poder** to bring to power; **—se** to carry off, take away; **— su merecido** to get what one deserves; **— a cabo** to carry out, conduct; **— los cantos** to make (someone) cry; **— puesto** to wear
llorar to cry
lloroso adj. tearful, weeping
llover (**ue**) to rain
llovizna drizzle
lluvia rain; **— de ideas** brainstorm
lo + adj. the . . .; that which is . . .; the . . . thing, part or aspect;

— bueno the good thing (about it); **— contrario** the opposite; **— indígena** the indigenous (native Indian) part; **— peor** the worst part; **— único** the only thing; **— suficiente** that which (what) is enough; **— que** that which, what

lobo wolf

lóbrego *adj.* dark gloomy

lóbulo lobe (of brain)

local *m.* room, hall

localidad *f.* place

localización *f.* placement

localizar to localize, locate

locamente intensely, madly

loco(a) lunatic, crazy person; fool; *adj.* crazy

locura madness

locutor(a) show host or hostess

lógica logic; reasoning; *adj.* logical

lograr to achieve, accomplish; to obtain; **— + inf.** to succeed in

logro achievement; gain

lomo back (of an animal)

loro parrot

loza porcelain; crockery

lozano *adj.* luxuriant

lúbrico *adj.* wanton, lascivious, lubricious

lucha fight, struggle

luchar to fight, struggle

luciérnaga firefly

lucir to seem, appear

lucro gain, profit

luego *adv.* then; later; **— que** as soon as; **hasta —** good-bye, so long

lugar *m.* place; **en primer —** in the first place; **tener —** to take place; **en — de** instead of; **dar — a** to give rise to

lujo luxury

lujoso *adj.* costly; luxurious

luna moon

lunar *m.* birthmark; *adj.* on the moon. of the moon

lunes *m.* Monday

lupa magnifying glass

luz (*pl.* **luces**) *f.* light; lamp; **dar a —** to give birth

M

machete *m.* large, heavy knife; machete

machismo exaggeratedly masculine actions and attitudes

machista *m. & adj.* male who believes in or practices machismo; chauvinistic

macho *m. & adj.* male, manly

macizo *adj.* massive; solid

madera wood

madrastra stepmother

madre *f.* mother; **— patria** *f.* fatherland (motherland)

madrileño(a) resident of Madrid

maduro *adj.* mature

maestría mastery

maestro(a) teacher; master

magia magic

magistrado(a) magistrate, judge

magnífico *adj.* magnificent, great

mago(a) magician, wizard

mahometano(a) Muslim

maíz *m.* corn

majestuoso *adj.* majestic

mal *adv.* bad, badly; ill; *m.* evil; *adj.* bad; **ir de — en peor** to go from bad to worse

maldad *f.* evil

maldecir to curse; to damn

maldición *f.* curse

maleficio magical influence, evil eye

maléfico *adj.* harmful, evil

malestar *m.* discomfort, uneasiness

malgastar to waste

malicia malice

malicioso *adj.* malicious, spiteful

maligno *adj.* evil, malignant

malo *adj.* bad

maltratado *adj.* abused, badly treated

maltratar to mistreat, abuse

maltrato abuse, mistreatment

mamífero mammal

manar to spring, flow

mancha spot; stain

manchado *adj.* soiled, stained

mancillar to stain, blemish

mandado *adj.* sent

mandar to send; to rule; to order

mandato mandate, command

mando power; control; **— a distancia** remote control (for T.V.)

manejar to drive (car, etc.); to operate, run (elevator); to manage, handle

manejo management, handling

manera manner; way

manía whim; mania

manifestación *f.* demonstration

manifestante *m. & f.* demonstrator

manifestar (**ie**) to reveal, show, manifest

manipular to manipulate

mano *f.* hand; **—s a la obra** (let's get down) to work; **— de obra** labor; **poner — a** to lay hands on; to grab; **ir de la —** to go hand in hand; **— a —** hand in hand

manojo bunch; bundle; handful

manotón slap, smack

manso *adj.* gentle, soft

mantarraya manta ray

mantener to maintain; to keep; to support; to argue, state; **—se** to support oneself

mantequilla butter

manufacturero(a) *adj.* manufacturing

manuscrito manuscript

manzana apple

mañana morning; tomorrow

mañanita bed shawl

mapa *m.* map

mapamundi *m.* world map

maquiladora assembly plant

maquillaje *m.* makeup

máquina machine; **— de escribir** typewriter; **— de coser** sewing machine

mar *m. & f.* sea

maratón *m. & f.* marathon

maravilla wonder; **—s del mundo** Wonders of the World

maravilloso *adj.* marvelous; fantastic (of the fantasy or imagination)

marca comercial brand

marcar to mark; to score

marcha march; operation; **poner en —** to start up; **puesta en —** activation, start-up

marchar to travel; to march; **—se** to leave, go out; to march

marchitar to wither

marco frame

maremoto tidal wave

marfil *m.* ivory

marginación *f.* marginalization

marginado *adj.* on the fringe, excluded

marido husband

Marielitos Cuban refugees named for port town (Mariel) from which they departed in small boats in 1980

marimba musical instrument, xylophone

marino *adj.* marine

mariposa butterfly

marisco shellfish

marítimo *adj.* sea

marzo March

más more; most; **— bien** rather; **— o menos** more or less

mas but

masa mass; **en —** in a body; **las —s** the masses

máscara mask

mascota pet; mascot

masculinidad *f.* masculinity

masivo *adj.* massive

mástil *m.* mast

mata plant

matanza killing, slaughter

matar to kill; **—se** to kill oneself

matemáticas *f. pl.* mathematics

matemático(a) mathematician

materia subject; matter; material

maternidad *f.* maternity

materno *adj.* maternal; **lengua — ** *f.* mother tongue (one's native language)

matinal *adj.* morning

matricular to register

matrimonio marriage; married couple

maullando (*pres. p.* of **maullar**) mewing, meowing

máximo *adj.* top; highest; maximum; **lo —** the best, maximum

maya *n. & adj.* Mayan Indian; Mayan

Mayab *m.* Mayan civilization

mayólica Majolica style of chinaware or tile

mayor *adj.* greater; larger; older; greatest; largest; oldest

mayoría majority

Meca Mecca (holy city for Muslims); goal

mecánico *adj.* mechanical

mecanizado *adj.* mechanized

medalla medal

media: Edad — Middle Ages

mediados: a — de halfway through; in the middle of

mediana: de edad — middle aged

medianoche *f.* midnight

mediante with the help of; through, by means of

medias: a — half; by halves

medicamento medicine, drug

médico(a) doctor; *adj.* medical

medida measure; **a — que** as, at the same time as; **en la —** to the extent

medio *adj.* half; middle; average; *m.* means; middle; medium; way; **— ambiente** *m.* environment; **—s de comunicación** *m. pl.* the media; **en — de** in the middle of, among; **— de consulta** *m.* means of reference; **por — de** by means of; **Medio Este** *m.* Middle East; **medio oeste** *m.* Midwest

mediodía *m.* midday, noon

medir (**i, i**) to measure

meditar to meditate

Mediterráneo *adj.* Mediterranean

médula bone marrow

mejor *adj.* better; best

mejora improvement

mejorar to improve, better

melancólico *adj.* melancholy, dejected

memorando memo

memoria memory

mencionado *adj.* mentioned

mencionar to mention

mendigo(a) beggar

menina maid of honor; lady-in-waiting

menor *adj.* smaller, younger; *m. & f.* minor, child

menos *adv.* less; **a — que** unless; **al —, por lo —** at least

mensaje *m.* message

mensajero(a) messenger

mensual *adj.* monthly

mentalidad *f.* mentality

mentar to mention, to name

mente *f.* mind

mentir (**ie, i**) to lie

mentira falsehood, lie

mentiroso(a) *n. & adj.* lying, deceptive, false (person)

menudo market; **a — frequently, often

mercado market(place)

mercadotecnia marketing

mercancía merchandise; goods

mercantil *adj.* commercial; mercantile

merced *f.* grace, favor; mercy

merecer to deserve

merecido (*p.p.* of **merecer**) just deserts or punishment

mérito merit, worth

meritorio *adj.* worthy, deserving, meritorious

mero *adj.* mere; **del —** extraordinary

mes *m.* month

mesa table; **— redonda** round table (discussion)

mesero(a) waiter; waitress

meseta plateau, tableland

mestizaje *m.* race mixture

mestizo(a) person of mixed Spanish and Indian ancestry

meta goal; objective

metafísico(a) metaphysician

metáfora metaphor
metano methane (gas)
meteorología meteorology, study of climate and weather
meter to put in; **—se en** to get into; **—se a** to become
meticulosamente meticulously
metido *adj.* involved
método method
metro meter
mexica *n. & adj.* relating to the Mexica tribe in Mexico
méxico-americano(a) Mexican-American
mezcla mixture, combination
mezclar to mix, combine
mezquino *adj.* mean-spirited; tight-fisted, stingy
microbio microbe, germ
micrófono microphone
miedo fear
miedoso *adj.* fearful
miel: luna de — honeymoon
miembro member. body part
mientras (que) while; whereas; **— tanto** meanwhile
miércoles *m.* Wednesday
migra *colloq.* Immigration and Naturalization Service of U.S.A. (INS)
migratorio *adj.* migratory
m'ija *colloq.* my dear; *lit.* my daughter
mil (*pl.* **miles**) thousand
milagro miracle
milagroso *adj.* miraculous
milenario *adj.* ancient
militar *adj.* military; *m.* military man, soldier
milla mile
millón *m.* million
mimado *adj.* spoiled
mina mine
minifalda miniskirt
mínimo *n. & adj.* minimum; minimal
ministerio department; ministry
minoría minority
minoritario *adj.* minority
minucia small detail
minuto minute; **a los pocos —s** a few minutes later

miopía near-sightedness
mirada look, glance, gaze
mirar to look at; **— mal** to look down at
misa Mass
miseria misery; poverty
misericordia mercy
misericordioso *adj.* merciful
misionero(a) missionary
misiva missive (letter)
mismo *adj.* same; self; very; **a sí —** to oneself; **lo —** the same (thing); **por lo —** for the same reason
misterio mystery
misterioso *adj.* mysterious
mita drafting of Indian laborers for public works (during Inca period); forced labor
mitad *f.* half
mito myth
mitología mythology
mitológico *adj.* mythological
mixto *adj.* mixed
mocos *colloq.* mucus from nose
moda style; trend, fashion **estar de —** to be in vogue, popular, fashionable
modelo *m. & adj.* model; example
moderado *adj.* moderate; moderate person
modernizado *adj.* modernized
modificar to modify
modismo idiom
modo way; manner; **— de vivir** way of life; **de cualquier —** by any means, in any manner; **de — que** so that, consequently; **de ese —** like that; **de todos —s** anyhow, anyway
mofarse de to make fun of; to sneer at
mojado(a) *adj.* wet, damp; *colloq.* undocumented worker in U.S.
molestar to bother, irritate
molestia bother
molesto *adj.* upset, offended
molido *adj.* worn out; exhausted
momentáneo *adj.* momentary
momento moment
monarca *m.* monarch

monarquía monarchy
monárquico(a) monarchist
moneda coin; currency; **— legal** *f.* legal currency
monja nun, sister of a religious order
monje *m.* monk
mono monkey
monolingüe *adj.* monolingual
monolito monolith
monólogo monologue
monstruo monster
montado *adj.* mounted
montaje *m.* assembly
montaña mountain
montar to assemble, set up; to mount; **— en bicicleta** to ride a bicycle
monte *m.* mountain; hill; forest; foothill
montón *m.* pile, heap
montura saddle
morado *adj.* purple
moraleja moral
moralidad *f.* morality
morder (**ue**) to bite
moreno *adj.* dark; darkskinned, brunette
moribundo *adj.* dying
morir (**ue, u**) to die
moroso(a) procrastinator
mortal *adj.* fatal, terminal (disease); mortal
mortalidad infantil child mortality
mosca fly
mostrado *adj.* shown
mostrador *m.* store counter
mostrar (**ue**) to show
motín *m.* riot
motivado *adj.* motivated
motivar to motivate
motivo motif, theme; motive, reason
motocicleta motorcycle
mover(se) (**ue**) to move
movilizar to mobilize
movimiento movement
mozo(a) young man, woman; waiter, waitress
muchacho(a) boy; girl; child
muchedumbre *f.* crowd

mucho(a) *adj.* much, a lot of; **—s** many; *adv.* much, a great deal, a lot

mudarse to move, change residence; change

mudo *adj.* silent, speechless

mueble *m.* piece of furniture; *pl.* furniture

muerte *f.* death; **dar — a** to kill

muerto(a) (*p.p.* of **morir**) dead; *adj.* dead person

muestras *pl.* signs

mugriento *adj.* grimy, dirty

mujer *f.* woman; wife

mulato(a) person with mixed Negro and Caucasian ancestry

multinacional *f.* multinational company or business

multiplicar to multiply

multitud *f.* crowd, multitude

mundial *adj.* worldwide; **guerra — ** World War

mundo world; **todo el — ** everyone; **tercer — ** Third World region (most of Asia, Africa, Latin America)

muñeco(a) doll

mural *m.* mural painting

muralla city wall

murmurar to whisper, murmur; to gossip

muro wall

musculatura musculature

músculo muscle

musculoso *adj.* muscular

museo museum

música music

musicalidad *f.* musicality

músico(a) musician

musulmán, musulmana *n. & adj.* Moslem

mutuamente mutually, to each other

muy very; very much

N

nacer to be born; to originate

nacido *adj.* born

nacimiento birth

nacional *adj.* national; *m.* national, citizen; in Spanish Civil War, those seeking to overthrow the Republic

nacionalizar to nationalize

nada nothing, not anything; nothingness

nadar to swim

nadie no one, nobody

naranjo orange tree

narcoguerrilla group of terrorists who aid drug smugglers

narcotraficante *m. & f.* drug dealer

nariz *f.* nose

narrador(a) narrator

natación *f.* swimming

natal *adj.* native

natalidad *f.* birth rate; **control de la — ** *m.* birth control

naturaleza nature

nave ship; **— espacial** *f.* spaceship

navegantes sailors, navigators

navegar to sail; to move around or surf on the Internet

Navidad *f.* Christmas

necesidad *f.* need, necessity

necesitado *ad j. & n.* needy (people)

necesitar to need; to necessitate

nefasto *adj.* bad, ill-fated

negado *adj.* denied

negar (**ie**) to deny; **—se** to refuse

negociante *m. & f.* businessperson

negociar to negotiate

negocio business; affair

negrilla boldface

negritud *f.* blackness; Black identity

negro (a) *n. & adj.* black; dear, darling

nena baby girl

nene *m.* baby boy; *pl.* children

neoyorquino(a) New Yorker

nervioso *adj.* nervous

neurótico *adj.* neurotic

nevada snowfall

nevar (**ie**) to snow

ni neither, nor; **—... —** neither . . . nor; **— siquiera** not even

nicaragüense *n. & adj.* Nicaraguan

nido nest

nieto(a) grandchild; grandson; granddaughter

nieve *f.* snow

ningún, ninguno(a) none; no one; (not) any

niñez *f.* childhood

niño(a) child; (baby) girl; (baby) boy; **—s** children; boys; girls; **de —** as a child

níspero medlar fruit

nítido *adj.* sharply defined

nivel *m.* level; **— de vida** standard of living

noble *m.* nobleman; *adj.* noble

nobleza nobility

noche *f.* night; **de —, de la —, por la —** at night; **ser de —** to be night

nómada *n. & adj.* nomad, nomadic

nombrar to name

nombre *m.* name

nominado *adj.* nominated

noreste *m.* northeast

norma rule

normalizar to normalize

noroeste *m.* northwest

norte *m.* north

norteamericano(a) *n. & adj.* American (from the United States)

nosotros we, us

nota grade, score (on test)

notar to notice, note

noticiario newscast, news program

noticias *f. pl.* news; **dar — ** to notify

notorio *adj.* well-known; evident

novedad *f.* novelty; piece of news

novedoso *adj.* novel

novelita (*dim.* of **novela**) **— rosa** romantic novel

noviembre November

novio(a) boyfriend; girlfriend; *m. pl.* engaged couple; bride and groom

nube *f.* cloud; **—s de agua** rain clouds

nublazón *m.* gathering of storm
nuca nape of the neck
núcleo group
nudo knot
nuestro *adj.* our
Nueva Inglaterra New England
Nueva Zelandia New Zealand
nuevo *adj.* new; **de —** again
nuevomexicano(a) New Mexican
nulo *adj.* null, void
número number
numeroso *adj.* numerous, several
nunca never; not ever
nupcias *f. pl.* wedding, nuptials
nutrir to feed, nourish

O

o or; **—... —** either . . . or
obedecer to obey
obispo bishop
objetivo *m. & adj.* objective; goal
objeto object; purpose
obligar to obligate; to oblige; **obligado a** obliged to
obligatorio *adj.* compulsory
obra work; **manos a la —** get down to work; **— social** social work; **— de arte** work of art; **— dramática** play; **— literaria** literary work; **— teatral** play; **— musical** *f.* musical (comedy)
obrero(a) worker, laborer; **— migratorio** migrant worker
obscenidad *f.* obscenity
obscuridad *f.* obscurity; darkness
obscuro *adj.* dark; **a obscuras** in the dark
obsequioso *adj.* obliging, obsequious
observador(a) observer
observar to observe; to watch
obsesionado *adj.* obsessed
obstaculizar to block, obstruct
obstáculo obstacle
obstante: no — however; nevertheless

obstinado *adj.* stubborn, obstinate
obstruir to obstruct
obtener to obtain, get; to attain
obviamente obviously
obvio *adj.* obvious
ocasionar to cause, result in
occidental western, occidental
océano ocean
ocio idleness; leisure time
ocote *m.* torch pine *(Mex.)*
octubre October
ocultar(se) to hide
oculto *adj.* hidden
ocupado *adj.* occupied, busy
ocupantes *m. & f.* occupants
ocupar to occupy; **—se de** to pay attention to; to be interested in
ocurrido (*p.p.* of **ocurrir**) occurred
ocurrir to occur; to happen; **—se** to occur (to one) (e.g., **se me ocurrio una buena idea** *a good idea just came to me*)
oda ode
odiar to hate
odio hatred, hate
oeste *m.* west
ofender to offend
ofendido *adj.* affected, injured (legally); offended, insulted
oferta offer
oficina office
oficio job; task; duty
ofrecer to offer
ofrenda offering
oído (inner) ear; *p.p.* of **oir** heard
oír to hear; **— decir** to hear it said
ojalá (**que**) I hope that, would that
ojeada: echar una — to cast a glance
ojo eye; **¡Ojo!** Watch out!
ola wave
oleada wave or surge (of immigrants)
óleo oil (painting)
oleoducto pipeline
olfato smell, sense of smell

oligarquía oligarchy, wealthy class
olimpiadas *f. pl.* Olympics
olímpico(a) *n.* participant in Olympics; *adj.* Olympic
olor *m.* fragrance, smell
olvidado *adj.* forgotten
olvidar(se) (**de**) to forget
ombligo navel; center
omitir to omit; to neglect
oncólogo(a) oncologist, doctor specializing in the treatment of cancer
onda wave; **onda —s sonoras** sound waves
oneroso *adj.* onerous
onoto annatto plant
ONU abbreviation for Organización de Naciones Unidas, UN (United Nations)
opaco *adj.* opaque
opción *f.* choice, option
operarse to have an operation
opinar to be of the opinion; to have an opinion **¿Qué opina usted de...?** What is your opinion of . . . ?
opinión: cambiar de — to change one's mind
opio opium
oponer(se) to oppose
oportunidad *f.* opportunity
oportunista *m. & f.* opportunist
oposición *f.* opposition
opositor *adj.* opposing
opreso(a) oppressed person
oprimir to oppress; to weigh down
oprobio disgrace; insult
optar (**por**) to choose
optimista optimistic
óptimo *adj.* optimal
opuesto *adj.* opposite; opposed
oración *f.* sentence; prayer
orador(a) speaker
oralmente orally
orar to pray
oratorio *adj.* oratorical
orbe *m.* circle; sphere; world
órbita eye socket; orbit
orden *m.* order (sequence) order, stability; *f.* order, command

ordenado *adj.* tidy, orderly
ordenar to arrange, put in order; to order
oreja (outer) ear
órgano organ
orgullo pride; **tener —** to be proud
orgulloso *adj.* proud
oriental eastern
Oriente Orient, East
originar(se) to originate; to create
originario *adj.* original; native (to a particular place)
orilla border, bank (of river); edge
oro gold
orquesta orchestra; band
ortodoncia: trabajo de — braces (dental)
ortodoxo *adj.* orthodox
ortografía spelling
os you; yourselves (*fam. form of* you plural *in central Spain*)
oscilar to fluctuate, oscillate
oscurecer to darken, obscure; **—se** to become cloudy; to become dark
oscuridad *f.* darkness
oscuro *adj.* dark; **a oscuras** in the dark; **Edad —** *f.* Dark (Middle) Ages
ostentar(se) to show; to show off
ostentosamente ostentatiously
ostra oyster
otoño fall, autumn
otorgar to grant, give; to award
otro *adj.* another, other
oveja sheep
oxígeno oxygen
ozono ozone

P

Pachamama Earth goddess
paciencia patience
paciente *n. & adj.* patient
pacífico *adj.* peaceful, pacific
padecer (de) to suffer (from)

padecimiento illness, pain
padrastro step-father
padre *m.* father; **—s** *m. pl.* parents
pagar to pay; to pay for
página page
pago pay, payment
país *m.* country
País Vasco Basque Country
paisaje *m.* landscape
paisano(a) peasant
pajarillo little bird
pájaro bird; **— carpintero** woodpecker
palabra word
palacio palace
paladar palate, sense of taste
paleolítico *adj.* paleolithic
paliar to mitigate, reduce
palidecer to turn pale
pálido *adj.* pale
paliza beating
palma palm tree
palmada: dar —s to clap hands
palmera palm (tree)
palo stick; pole
paloma pigeon
palpar to feel, to touch
palpitar to beat; *m.* beating, palpitation
pampas (*Arg.*) grassy plains
pan *m.* bread; **ganar el —** to earn a living
pandilla gang
pantalla screen
pantalón *m.* pants; **llevar los pantalones** to wear the pants (to be the boss)
panza belly
pañuelo kerchief, handkerchief
papa *f.* potato; *m.* Pope
papá *m.* father, papa, dad
papagayo parrot
papel *m.* paper; role, part; **hacer (jugar) un —** to play a role, a part
paquete *m.* package
par *m.* pair; **sin —** without equal
para for; in order to; **— qué** what for, why; by (a certain time); **— ti (Ud.)** in your opinion

paracaídas *m. sing.* parachute
parado(a) *adj.* stopped; standing up, vertical; *n.* worker who has been laid off
paradoja paradox
paradójicamente paradoxically
paraguayo(a) *n. & adj.* Paraguayan
paraíso paradise
paranoico *adj.* paranoic, paranoid
parar to stop
parasitario *adj.* parasitic
parcela plot
parecer to seem, appear; **—se a** to resemble; **al —** apparently; **¿Qué le (te) parece… ?** What do you think of . . . ?
parecido *adj.* alike; similar
pared *f.* wall
paredón *m.* thick wall
pareja couple, pair; partner
parentela relations, relatives
paréntesis *m.* parenthesis
pariente(a) relative
párpado eyelid
parque *m.* park
párrafo paragraph
parte *f.* part, portion; **en —** in part, partially; **en gran —** largely; **la mayor —** the majority, most; **ninguna —** nowhere; **por (de) una —** on the other hand; **por su —** on his/her own; **por todas —s** everywhere; **por — de** by, on the part of; **por otra parte** in addition, furthermore; on the other hand
Partenón *m.* Parthenon
participio participle; **— pasado** past participle
particular *adj.* private
particularidad *f.* particularity
partida departure; **punto de —** starting point
partidario(a) *n.* partisan; supporter; *adj.* in favor of
partido party (political); game (sports)
partido: sacar — to profit from, take advantage of

partir to depart, leave; to split; to break; — **el alma** to break one's heart; **a — de** from (some specified time) onward

pasado *adj.* past; **el año —** last year; *m.* past

pasaje *m.* passage; group of passengers

pasajero(a) passenger; *adj.* passing, transitory

pasaporte *m.* passport

pasar to pass; to pass by; to happen, occur; to spend (time); to cross; — **a ser** to become; — **de** to exceed, surpass; **¿Qué pasa?** What's the matter? What's going on?; **pasársenos** to leave us; — **el trabajo** to take the trouble; — **vergüenzas** to be embarrassed

pasatiempo pastime

pasear to walk; to take a walk

paseo walk, trip; **dar un —** to take a walk, a drive

pasillo hall

pasividad *f.* passivity

paso step, pace; pass; passage; — **a —** step by step; **de —** in passing; by the way

pastel *m.* pastry

pastos *m.pl.* pastures

patentar to patent

patente *f.* patent

paterno *adj.* paternal; — **filial** *adj.* parent-child

patético *adj.* pathetic

patria fatherland, native country; **lengua —** *f.* native language

Patrimonio de la Humanidad World Heritage; — **en peligro** World Heritage in Danger

patriota *m. & f.* patriot

patrón, patrona master; mistress; boss; landlord, proprietor; protector, patron, patroness; *m.* pattern

patronal *adj.* patronal; religious

paulatinamente gradually, slowly

pausa pause, break

pausado *adj.* a slow

pauta rule, guide; model, example

pavita tea kettle

pavo peacock

paz *f.* peace

pecado sin

peces (*pl.* of **pez**) *m.* fish

pechera shirt front

pecho chest; breast; **en el —** in one's heart

pedazo piece

pedir (**i, i**) to ask for, request; to order (food)

pedrada hit or blow with a stone

pegado *adj.* stuck, glued

pegar to glue

peinar(se) to comb

pelea fight, quarrel; struggle

pelear to fight, quarrel

película film; movie

peligro danger; **en — de extinción** endangered

peligroso *adj.* dangerous

pelo hair

pelota ball; **en —** naked

peloton *m.* firing squad

peludo *adj.* thick, hairy

peluquería hairdresser's

peluquero(a) hairdresser

pena punishment; suffering, pain; worry; — **capital, — de muerte** capital punishment; **valer la —** to be worth it

penal *m.* prison, jail

pendiente *adj.* hanging; pending

péndola pen; quill

péndulo péndulum

penetrar to enter; to penetrate

Península Ibérica Iberian Peninsula (Spain and Portugal)

penoso *adj.* hard; burdensome

pensador(a) thinker

pensamiento thoughts

pensar (**ie**) to think, to think over; — **de** to think about, of (be of the opinion); — **en** to think about (direct one's thought to); — + *inf.* to plan, intend

peor worse, worst

pepino cucumber

pequeño *adj.* small, little; *m.* little boy

percatarse (de) to be or become aware (of)

percibido (*p.p.* of **percibir**) perceived

percibir to perceive; to make out

perdedor(a) loser

perder (**ie**) to lose; to ruin, destroy; to miss; — **el tiempo** to waste time; —**se** to be lost

perdición *f.* perdition, ruin

pérdida loss

perdido *adj.* lost

perdiz (*pl.* **perdices**) *f.* partridge

perdón *m.* pardon, forgiveness

perdonar to pardon, forgive

perenne *adj.* perennial; perpetual

pereza laziness

perezoso *adj.* lazy

perfeccionar to perfect

perfil *m.* profile

perimido *adj.* obsolete

periódico newspaper

periodista *m. & f.* journalist

peripecia adventure

perjudicar to damage, harm; to injure

perjuicio harm, damage

perla pearl

permanecer to remain

permanecido (*p.p.* of **permanecer**) stayed

permiso permission; leave of

permitir to allow, permit

pero but

perpetrar to perpetrate

perplejo *adj.* perplexed

perro(a) dog

persecución *f.* persecution

perseguir (**i, i**) to persecute; to chase, run after

personaje *m.* character (in a novel, play, etc.)

personal personnel

personal sanitario health care staff

personalidad *f.* personality

personificar to personify

perspectiva prospect; perspective

pertenecer to belong, pertain

pertenecido (*p.p.* of **pertenecer**) belonged
perteneciente *adj.* belonging
perturbado *adj.* troubled
perturbador *adj.* disturbing, perturbing
perturbar to disturb, perturb
perversidad *f.* perversity
pesadilla nightmare
pesado *adj.* boring, annoying
pesar to weigh; to cause regret; **a — de** in spite of; **—es** *m. pl.* sorrows
pesca fishing
pescado fish (for eating)
pescador fisherman
pescar to fish
pese a in spite of
pesimista *adj.* pessimistic
pésimo *adj.* very bad, terrible
peso monetary unit of several Spanish-American countries; weight
pesquero *adj.* fishing
petate *m. Mex.* mat made from palms or grass
petición *f.* request
petrodólares *m. pl.* oil money
petroglifo petroglyph, prehistoric rock carving or drawing
petróleo oil
peyorativo *adj.* insulting; pejorative
pez *m.* (*pl.* **peces**) fish
piadoso *adj.* compassionate, merciful; pious
pibe *m.* child
picante *adj.* (spicy) hot
picar to spur, incite; to bite; to itch
pícaro *adj.* mischievous; astute
pico peak (of a mountain); beak (of a bird)
pictórico *adj.* pictorial
pie *m.* foot; **a —** walking, on foot; **estar de —** , **ir de —** to be standing, to go on foot; **ponerse de —** to stand up
piedad *f.* pity; piety; **Piedad de Miguel Ángel** Michelangelo's Pietà

piedra rock, stone
piel *f.* skin; fur; leather
pierna leg
pieza piece; play (drama)
pila pile
pilar *m.* pillar
píldora *f.* pill
pinchado(a) punctured, flat (tire)
pingüino penguin
pino pine tree
pintado *adj. & p.p.* of **pintar** painted
pintar to paint
pintor(a) painter
pintoresco *adj.* picturesque
pintura painting; paint
piña pineapple
piquete *m.* picket (of strikers)
piquiña itching
pirámide *f.* pyramid
pirata *m. & f.* pirate
Pirineos *m. pl.* Pyrénées
piropo flirtatious compliment
pisado (*p.p.* of **pisar**) treaded, stepped on
pisar to step onto; to tread upon
piscina swimming pool
piso apartment; floor
pista track; clue
pistola gun, pistol police
pitar to blow (a horn, whistle)
placa plaque, tablet; license
placer *m.* pleasure; **a —** to one's pleasure
plaga plague
planchar to iron (clothes)
planear to plan
planeta *m.* planet
planicie *f.* plateau
planificar to plan
plano *adj.* level, flat
planta plant
plantear to establish; to state; to raise (a topic)
plata silver; money (*L.A.*)
plataforma platform
plátano banana
plato plate, disc (the sun); dish (cuisine)
playa beach
plaza public square

plazo period (of time); deadline; **a largo —** long range; **a — corto —** short term
plazuela small square (in a town or city)
plebe *f.* common people
plegaria supplication, prayer
pleito lawsuit; **seguir —** to bring a lawsuit
plenitud *f.* fulfillment; fullness
pleno *adj.* full, complete; fulfilled
plomo lead (metal)
pluma feather; pen
plumaje *m.* plumage, feathers
población *f.* population
poblado *adj.* populated
poblar (**ue**) to populate, settle
pobre *adj.* poor; unfortunate absence
pobreza poverty
poco(a) little; **— s** few; *m.* a little; **a los —s** minutos a few minutes later; **a —** shortly, in a short time; **tener en —** to hold in low esteem; **— a —** little by little
poder (**ue**) to be able, can; to have power or influence; *m.* power; **en — de** in the power of; **no — más** to have had enough; *m.* power, rulership
poderío power; might (force)
poderoso *adj.* powerful
podido (*p.p.* of **poder**) been able
podrido *adj.* rotten
poesía poetry; poem
poeta *m. & f.* poet
poetisa poetess, poet
polémico *adj.* controversial; polemical
policía *m.* police officer; *f.* police
policíaco *adj.* (pertaining to the) police
policial *adj.* (pertaining to the) police
política politics; policy
político(a) politician; *adj.* political
poliuretano polyurethane
pollo chicken
polluelo chick
Polonia Poland

polvo dust
pompa pageant; pomp
ponderar to extol
poner to put; to place; to set; —
  en marcha to start up; —**se**
  to place oneself; to become; to
  put on (clothes); —**se de pie**
  to stand up; —**se de acuerdo**
  come to an agreement; —**se a**
  to start (doing)
poniente *m.* west; west wind
popularidad *f.* popularity
póquer *m.* poker; poker game
por for; by; through; around;
  on account of, due to; for the
  sake of; — **eso** for that reason,
  because of that; —**ciento** *m.*
  percent; — **un lado** on the
  one hand, for one thing; —
  voluntad propia voluntarily;
  — **encima** over, more than; —
  supuesto of course; ¿— **qué?**
  why?
porcentaje *m.* percentage
pornografía pornography
porquería junk, trash
portada cover (of a book or
  magazine)
portafolio briefcase
portal *m.* gate; entrance; large
  door
portar to carry; — **se** to behave
portátil *adj.* portable
portavoz *m.* spokesperson
portento wonder, miracle
porteño *adj.* from or pertaining
  to Buenos Aires
posar to pose
poseer to possess; to have (to own)
poseído *adj.* possessed
posibilidad *f.* possibility
posmodernismo
  postmodernism (artistic
  movement)
pósteres *m. pl.* posters
postergado *adj.* postponed
postular to postulate; to request;
  to demand; —**se** to run (for
  office)
postura position, point of view,
potencia power; faculty;
  potential

potro colt, foal
pozo hole; well; shaft
prácticamente practically
practicar to practice
práctico *adj.* practical; *f.* practice
preciado *adj.* valued
precio price
precioso *adj.* precious, valuable;
  beautiful
precisar to determine precisely
preciso *adj.* necessary; precise
precolombino *adj.* pre-
  Columbian
predecir (i) to predict, foretell
predicar to preach
predicción *f.* prediction
predilecto *adj.* favorite
predominantemente
  predominantly
pre-escolar *m. & f.* preschooler
preferible *adj.* preferred,
  preferable
preferir (ie, i) to prefer
prefijo prefix
pregunta question; **hacer una**
  — to ask a question
preguntar to ask; —**se** to
  wonder
prehistoria prehistoric times
prejuicio prejudice
preludio prelude
premiación *f.* the giving of an
  award or prize
premio prize
premisa premise, hypothesis
prender to seize; to arrest; to
  spark off
prensa press
preñar to fill
preocupación *f.* worry
preocupar(se) to worry
preparación *f.* preparation;
  background, skills
preparado *adj.* ready
preparar to prepare, make ready
presagio foreshadowing
presencia presence; appearance
presenciar to see; to witness
presentar to introduce; to
  present
presente: tener — to bear in
  mind

presentir to have a
  presentiment, premonition
preservar to guard, preserve
presidencia presidency
presidir to predominate over; to
  preside over
presión *f.* pressure
presionar to pressure
preso(a) prisoner, inmate
prestamista *n. & adj.* lending;
  lender of money; owner of a
  pawn shop
prestar to lend; — **atención** to
  pay attention; —**se a** to lend
  oneself
prestigio prestige
presuntuoso *adj.* presumptuous
presuponer to presuppose
presupuestario *adj.* budgetary
presupuesto budget
presuroso *adj.* in a hurry; quick
pretencioso *adj.* pretentious
pretender to try, endeavor; to
  want
pretérito past; past tense
prevalecer to prevail
prevaleciente *adj.* prevalent
prevenir (ie) to prevent
prever to foresee
previo *adj.* previous
previsto (*p.p.* of **prever**) foreseen
primavera spring
primero *adj.* first; — **dama** First
  Lady; **de primera** first-class; **a**
  primera vista at first glance
primo(a) *m. & f.* cousin
princesa princess
principio principle; beginning;
  al —, a —s at the beginning
priorizar to prioritize
prisa hurry; haste; **de —**
  hurriedly; **tener —** to be in a
  hurry; **a —** rapidly, in a hurry
prisión *f.* prison, jail
prisionero(a) prisoner
pristino *adj.* pristine, original
privado *adj.* private; (*p.p.* of
  privar) deprived
privativo(a) *adj.* particular;
  belonging exclusively
privilegio privilege
probabilidad *f.* probability

probar (ue) to prove; to try out; **— fortuna** to try one's luck

probeta test tube

procedente *adj.* coming from, originating

proceder (de) to proceed; to originate (from)

procedimiento procedure

procesador(a) processor

procesamiento processing

proclamar to proclaim

procurar to try

prodigio prodigy

prodigioso *adj.* magical, wonderful

producido *adj.* produced

productividad *f.* productivity

productor(a) producer

profanar to profane; to defile

profecía prophecy

profesionalmente professionally

profesor(a) teacher, professor

profeta *m.* prophet

profético *adj.* prophetic

profetizar to prophesy, predict

profundidad *f.* depths

profundizar to elaborate

profundo *adj.* profound, deep; **los —s** *m.* the depths

programación *f.* programming

progresar to advance, make progress

prohibido *adj.* forbidden

prohibir to forbid

prójimo(a) *m. & f.* fellow being

prole *f.* offspring

prolongación *f.* extension, lengthening

prolongar to prolong

promedio average

promesa promise

prometer to promise

prometido *adj.* promised

promoción *f.* publicity; promoting

promocionar to promote

promover (ue) to promote; to cause, motivate

promulgar to enact, proclaim; to publish

pronosticar to forecast, fortell

pronóstico prediction; **— del tiempo** weather report

prontitud: **con —** quickly

pronto soon; quickly; **de —** suddenly

pronunciar to pronounce

propaganda propaganda; advertising, publicity

propiciar to sponsor; encourage; foster

propiedad *f.* property

propietario(a) owner, proprietor

propina tip

propio *adj.* (one's) own; appropriate; proper; characteristic

proponer to propose

proporcionar to provide, supply, to furnish

propósito intention, aim; purpose; **a —** by the way; **a — de** on the subject of

propuesta proposal

propuesto (*p.p.* of **proponer**) proposed

prosa prose

proseguir (i, i) to continue

proselitismo publicity

prosperar to prosper; thrive

próspero *adj.* prosperous

protagonista *m. & f.* protagonist, character, actor

protagonizado *adj.* enacted, brought about

protagonizar to be responsible

protección *f.* protection

protector(a) *n. & adj.* protector; protective

proteger to protect

protesta protest

provecho benefit; **en — tuyo** for

proveer to provide

provenir (ie) (de) to come, originate (from)

provincia province

provinciano(a) *n.* person from the province; *adj.* provincial

provisión *f.* supplying; provision; supplies

provocador *adj.* provocative

provocar to provoke; to cause, produce, give rise to

proximidad *f.* proximity, closeness

próximo *adj.* next; near, close

proyectar to project, show

proyectil *m.* projectile, missile

proyecto project

prueba proof; test

psicólogo(a) psychologist

psiquiatra *m. & f.* psychiatrist

pubertad *f.* puberty

publicado *adj.* published

publicar to publish

publicidad *f.* advertising; publicity

publicitario *adj.* related to advertising

pueblo town; people (of a region, nation); the common people

puente *m.* bridge

puerco pig

puerta door; **— cancel** inner door; **a —s cerradas** behind closed doors

puerto port; harbor

puertorriqueño(a) *n. & adj.* Puerto Rican

pues since, because; well; then; anyhow; **— bien** now then

puesto(a) en marcha ready to go or to start; turned on (motor, car)

puesto (*p.p.* of **poner**) placed, put; *m.* job, position; **—s públicos** government posts; **— que** because, since

pulmón *m.* lung

pulmonía pneumonia

puma *m.* mountain lion

punta point, tip

puntito *dim.* dot

punto point; dot; **— de vista** point of view; **— de partida** point of departure; **a punto de** about to, on the verge of; **a — de que** at the point when; **en —** exactly, on the dot

puntualidad *f.* punctuality, promptness

puñada punch, blow with the fist; **dar —s** to punch

pupila pupil (of eye)

pupusas *f. pl.* typical Salvadoran dish

pureza purity; innocence

purificar to purify

puro *adj.* pure; clean; mere, only; sheer; **la — verdad** the honest truth

púrpura *m.* purple

puta whore; **hijo de —** son of a bitch; bastard

Q

que *pron.* who; which; that; **lo — what**; that, which; **¿qué?** what? which?; **¿para qué?** what for?; **¿por qué?** why?; *adv.* how; **¿Qué tal?** How are you?; **¿Qué tal te gusta... ?** How do you like . . . ?; **¡Qué bonita!** How pretty!

quebrado *adj.* broken

quebrantado *adj.* bruised, broken

quechua *m.* Quechua (language of the Inca)

quedar(se) to remain, stay; to be

queja complaint

quejarse to complain

quejido moan

quemado *adj.* burnt

quemador *m.* burner

quemar to burn

querella lawsuit

querellar(se) to be involved in a lawsuit; to argue

querer (ie) to want, wish; to love; **— decir** to mean

querido(a) *n.* lover; loved one

quien who, whom; **¿quién?** who? whom?

quieto *adj.* quiet, still; **déjame —** leave me alone (undisturbed)

quietud *f.* quiet; stillness; calmness

química chemistry

químico(a) chemist

quimioterapia chemotherapy

quinto *adj.* fifth; *m.* fifth grade

quiosco kiosk

quirúrgico *adj.* surgical

quitar to remove; to take away

quizá(s) perhaps, maybe

R

rabia rage, fury

rabioso *adj.* furious

racimo cluster; branches or extensions of the ocean

racionado *adj.* rationed

radioemisora radio station

radionovela radio soap opera

ráfaga gust of wind

raíz (*pl.* raíces) *f.* root; origin

rama branch

ramificarse to ramify; to branch off

ramo branch

ranchera style of Mexican music

rapero *m.* rapper

rápidamente quickly

rápido *adj.* quick, rapid

rareza oddity, rarity

raro *adj.* strange

rascacielos *m.* skyscraper

rascar(se) to scratch

rasgo trait, feature

rastro trail, track

rata rat

rato while, little while, short time; **a —s, de — en —** from time to time; **a cada —** very often

ratón *m.* rat; mouse

rayo ray; lightening bolt

raza race (in the sense of a group of people)

razón *f.* reason; work; **dar la —** to agree with; **tener —** to be right

razonable *adj.* reasonable

reacción *f.* reaction

reaccionar to react

reacio *adj.* hesitant, unwilling

reafirmar to reaffirm, reassert

real *adj.* royal; real; **— Academia Española** Spanish Royal Academy; body which rules on proper usage of Spanish language

realidad *f.* reality; **en —** actually, in fact

realista *n. & adj.* realist; realistic

realiviar to give relief

realización *f.* accomplishment

realizar to accomplish, carry out, conduct, fulfill; **—(se)** to be fulfilled, come to pass

realmente really

reanimación *f.* resuscitation

reanudar to resume, begin again

reata lariat, rope, lasso

rebajar to lower; to deduct

rebelde *m.* rebel; *adj.* rebellious

rebeldía rebelliousness

rebuscar to search again; to search thoroughly

recalentarse (ie) to reheat, warm up (food)

recaudado *adj.* gathered

recelo fear, distrust

receptor *adj.* receiving

recetario prescription

rechazar to reject; to ward off

recibido *adj.* received

recibir to receive

reciclaje *m.* recycling

reciclar to recycle

recién *adv.* recently, newly; **— casado(a)** *n.* newlywed

reciente *adj.* recent

recientemente recently

recio *adj.* strong

recíprocamente reciprocally

reclamar to demand; to claim

recluirse to shut oneself away

reclutar to recruit

recobrar to recover

recoger to gather (up); to pick up

recolector(a) *n.* collector; picker, harvester

recomendar (ie) to recommend

recompensa: en — in return

reconocer to recognize; to admit; to examine (medically)

reconocido *adj.* recognized

reconocimiento gratitude; recognition

reconstruir to reconstruct, rebuild

recordado *adj.* remembered

recordar (ue) to remember; to recall

recorrer to travel over; to go around, walk around

recortar to cut out

recorte clipping (from magazine or newspaper)

recreativo *adj.* recreational

recreo recreation, amusement

recrudecer to become worse

rectángulo rectangle

rectificador(a) *n.* reformer, rectifier

rectificar to rectify, correct

rector(a) school principal

recuadro square

recuerdo memory; souvenir

recuperar(se) to recuperate, recover

recurrir (a) to appeal (to), have recourse (to)

recursos *m. pl.* resources; **— sostenibles** sustainable resources

red *f.* net, network; Internet; **en la —** on-line

redactar to draft, write

redada raid

redescubierto *adj.* rediscovered

redonda: mesa — round table (discussion)

reducido *adj.* reduced

reducir to diminish; to reduce

reemplazar to replace

referente *adj.* referring; **—s** *pl. n.* references

referir(se) (ie, i) to refer

refinado *adj.* sophisticated; refined

refinería refinery

reflejar to reflect

reflejo reflection

reflexión *f.* reflection, thought; meditation

reflexionar to think, reflect

reformista *adj.* reformist

reforzar (ue) to reinforce

refrán *m.* proverb, saying; chorus, refrain

refrescante *adj.* refreshing; cooling

refresco refreshment

refugiado(a) refugee

refugiarse to take refuge

refugio refuge

refutar to refute

regalar to give (as a present); to please, delight

regalo gift

regañar to scold

regaño scolding

regar (ie) to water (plants, crops)

regiamente sumptuously; magnificently

régimen *m.* government; regime; diet

regir (i, i) to rule, govern

registrar to record

registro civil registry

regla rule

reglamentos *m.* regulations

regresar to return

regreso: de — on the way back

regular to regulate; *adj.* average, fairly good

reina queen

reinante *adj.* reigning

reinar to rule; to reign

reino kingdom

reinventar to reinvent

reír (se) (i) to laugh

relación *f.* relation; relationship

relacionado *adj.* related

relacionar to relate

relajado *adj.* relaxed

relajarse to relax

relámpago lightning

relatar to relate, to say

relato narration, story

religioso *adj.* religious

reliquia relic

reloj *m.* clock; watch

reluciente *adj.* shining, sparkling

relucir to shine

remediar to remedy

remedio remedy, cure; help, relief; **no hay otro —** nothing else can be done; **sin —** hopeless; **no tiene —** it can't be helped

remendado *adj.* mended

remesas *f. pl.* remittances

remitente *m. & f.* sender

remontar to date back

remordimiento remorse, prick of conscience

remover (ue) to remove

remunerar to pay, remunerate

renacer to be reborn; to spring up again

renacimiento rebirth, renaissance

rencor *m.* rancor, animosity; resentment

rendición *f.* surrender

rendimiento output

rendir (i, i) to give, render (tribute, homage)

renegar (ie) to deny vigorously; **— de** to curse; to deny; to disown

renombrado *adj.* renowned, famous

renombre *m.* renown, fame

renovación *f.* renewal

renta rent

rentable *adj.* profitable

renunciar to renounce, give up; to resign

reñir (i, i) to fight; to quarrel

reordenar to rearrange

reparación *f.* repair

reparar to notice; to take heed of; to repair

repartir to distribute, divide, deal out

repasar to review; to finish up

repaso review

repatriado *adj.* repatriated

repente: de — suddenly

repentinamente suddenly

repertorio repertory, repertoire

repetido *adj.* repeated

repetir (i, i) to repeat

repleto *adj.* full

réplica reply

replicar to reply

reponer(se) to recover one's health

reposar to rest, repose

represalia reprisal

representación *f.* figure, likeness; representation

representado *adj.* expressed; represented

representante *m. & f.* representative

representar to represent; to act, play

represivo *adj.* repressive

reprimido *adj.* repressed

reprimir to repress

reprochar to reproach

reproche *m.* reproach

republicano(a) *n. & adj.* republican; in Spanish Civil War, those defending the Republic

repudio repudiation

repugnante *adj.* repulsive

repugnar to be repugnant

repulsivamente repulsively

requerir (ie) to require

requisito requirement

res *f.* steer; head of cattle

resaca backlash (political)

resaltar to emphasize

resbalar (por) to slide (along); to slip

rescatado (*p.p.* of **rescatar**) rescued

rescatar to recover; to rescue

resentido(a) *adj.* resentful; offended; *n.* resentful person

resentimiento resentment

resentirse (ie, i) to resent

reseña review (of book, movie); description

reserva reservation; discretion; nature preserve

reservado *adj.* reserved, reticent

residir to reside, live; to be

resistencia resistance

resolución *f.* termination; **en —** in brief, in short

resolver (ue) to solve; to resolve

resonancia resonance

resonar (ue) to resonate, echo, ring out

respecto: **con — a, con — de** with respect to, with regard to; **al —** in that regard

respetado *adj.* well-respected

respetar to respect, honor

respeto respect

respirable *adj.* breathable

respiración *f.* breathing

respirar to breathe

resplandor *m.* brilliance, radiance

responder to answer, respond; to correspond

responsabilidad *f.* responsibility; liability

respuesta answer, response

restablecer to reestablish; to set up again

restado *adj.* taken away

restauración *f.* restoration, reestablishment

restaurar to restore

resto (the) rest, remainder

restos *m. pl.* remains

restringir to restrict

resucitar to revive, bring back from the dead

resultado result

resultar to result, follow; to be; to turn out to be; **resulta que** it turns out that

resumen *m.* summary; **en —** summing up; in brief

resumido (*p.p.* of **resumir**) summed up; summarized; **en resumidas cuentas** in summary

resumir to summarize

retahila string

retardar to hold back, retard

retener (ie) to retain

reticencia reticence, taciturnity, shyness

retirado *adj.* set back, apart

retirar to withdraw; **—se** to retreat; to retire

reto challenge

retornar to return

retorno return, going back

retrasado: — mental mentally retarded

retrasar to postpone

retraso delay; backwardness

retratado (*p.p.* of **retratar**) portrayed

retrato photographic likeness; portrait

retroceder to withdraw, draw back

reunión *f.* get-together, meeting, assembly

reunir(se) to meet, assemble; to meet (requirements)

revelación *f.* revelation

revelador *adj.* revealing

revelar to reveal

reverberar (of light) to reverberate

reverencia courtesy, bow; reverence

reverenciar to revere

revés *m.* setback; **al —** backward, in the opposite way

revisar to revise; to examine, inspect

revista magazine

revivir to revive

revocar to revoke, repeal

revuelto *adj.* scrambled

rey *m.* king

riacho stream

rico(a) rich, wealthy; lovely; *n.* rich person

ridiculizar to ridicule

ridículo *adj.* ridiculous

riego irrigation

rienda: — suelta free rein

riesgo risk; **correr —s** run risks

rígido *adj.* rigid, stiff; strict

rigor *m.* exactness; rigor; **en —** in fact

rigurosidad *f.* rigor

rimas *f. pl.* lyric poems; rhymes

rincón *m.* corner (of a room)

riña fight, quarrel

río river

riqueza wealth, riches

rítmico *adj.* rhythmic

ritmo pace; rhythm

rito rite, ceremony

rivalidad *f.* rivalry

rizado *adj.* curly

robar *m.* theft, robbery

roca rock

rocío dew

rodar (ue) to roll; to be tossed about

rodeado(a) (de) surrounded (by)

rodear to surround

rodilla knee

rogar (ue) to ask, beg; **rogar** to pray

rojo *adj.* red

rol *m.* role

romance *m.* ballad, narrative or lyric poem

romper to break; **— a llorar** to burst out crying

ronco *adj.* hoarse

rondar to go around; to circle around; to threaten

ropa clothes, garments

rosa rose

rostro face

rotura break; breaking

rubio *adj.* blond; **tabaco —** mild tobacco

rudo *adj.* rugged; hard; rough; stupid

rueda wheel, tire

ruegos pleading

ruido noise, sound

ruidoso *adj.* noisy

ruinas ruins

rumbo: — a on one's way to; **con — a** in the direction of

rumor *m.* murmur; rumble; noise

ruta route

rutina routine

S

sábado Saturday

saber to know; to know how, be able; **— a** to taste like

sabiduría wisdom

sabio *adj.* wise, learned

sabor *m.* taste; flavor

sabotaje *m.* sabotage

sabroso *adj.* flavorful, tasty

sacar to take out; to take away; to get; **— a luz** to bring out; **— fotos** to take pictures

sacerdotal *adj.* priestly

sacerdote *m.* priest

saco sack, bag; man's jacket

sacrificador(a) *adj.* sacrificing; self-denying

sacrificar to sacrifice

sacrificio sacrifice

sacrosanto *adj.* sacred, sacrosanct

sacudir to shake; to dust

sacudón *m.* tossing and turning

sagrado *adj.* sacred

sala living room; room

salario salary, wages

saldo remnant; trace

salida exit; departure; solution, way out

salido (*p.p.* of **salir**) left, gone out

salir (de) to go out, leave; to come out; **— con** to date, to go out with

salón *m.* room

salsa type of dance music

salta jump; leap

saltar to leap (up), jump

salto waterfall; increase; leap

salud *f.* health; **— pública** public health

saludador(a) *n.* quack doctor; charlatan

saludar to greet

saludo greeting

salvaje *adj.* savage, wild

salvar to save, rescue; **—se (de)** to be safe, exempt

salvavidas *sing. & pl. adj.* lifesaving; *m.* life preserver; **chaleco —** life jacket

salvo excepting; **estar a —** to be safe

sanar to heal, cure

sangrar to bleed

sangre *f.* blood, ancestry

sangriento *adj.* bloody

sanitario *adj.* health

sano(a) *adj. & n.* healthy (person)

sánscrito Sanskrit

santo oficio Holy Office, Catholic tribunal

santo(a) saintly, holy; *n.* saint

santuario sanctuary

sátira satire

sátiro satyr, immoral man

satisfacer to satisfy, please; **—se** to be satisfied, pleased

satisfecho *adj.* satisfied

savia sap (plants)

sea: o — that is to say, in other words; **ya —** whether it be

seco *adj.* dry

secuestrador(a) kidnapper

secuestrar to kidnap

secundario(a) secondary; *f.* high school; **escuela —** high school

sed *f.* thirst

sedante *m.* sedative

seductor(a) seducer

segadora *f.* harvester (farm machine)

segregar to segregate

seguida: en — at once

seguido *adj.* followed; continued

seguidor(a) follower

seguir (i, i) to follow; to continue, go on; to still be; **siga usted** follow, continue, go on; **— adelante** to continue, go on; **— el hilo** to follow the thread, action (plot)

según according to

segundo *n. & adj.* second (time); **Segunda Guerra Mundial** World War II

seguridad *f.* security; safety

seguro *adj.* sure, certain; *m.* insurance

seleccionado *adj.* selected, chosen

sello mark; stamp

selva forest; jungle

selvático *adj.* jungle

semana week; **fin de —** *m.* weekend

semanal *adj.* weekly

sembrados crops

sembrar (ie) to sow, seed

semejante *adj.* similar

semejanza similarity

semilla seed

senado senate

señal *f.* sign; signal

señalar to point out, indicate; to mark

sencillez *f.* simplicity

sencillo *adj.* simple

senda path

sendos(as) each of them
sensibilidad *f.* sensitivity
sensible *adj.* sensitive
sensualidad *f.* sensuality
sentarse (ie) to sit down
sentenciar to sentence, pass judgment on
sentido meaning; sense; **— del humor** sense of humor
sentimiento sentiment, feeling; emotion
sentir (ie, i) to feel; to sense; **—se** to feel oneself; to feel; to be
seña sign; signal
señor(a) Mr.; gentleman; master, owner; Mrs.; woman; lady; **el Señor** God
señorito (*dim.*) dandy
separado *adj.* separated
separar to separate
sepulcro grave, sepulcher
sequía drought, period of dryness
ser to be; **a no — que** unless; **llegar a —** to become; **qué será de** what will become of; *m.* being, creature; **— humano** human being; **— querido** loved one
serenidad *f.* serenity
seriamente seriously
serie *f.* series
seriedad *f.* seriousness
serio *adj.* serious; **en —** seriously
sermonear to preach, sermonize
serpiente *f.* snake, serpent
servicio service
servilmente slavishly; servilely
servir (i, i) to serve; to be of use; **— de** to serve as; **— para** to be good for; to be used for
severo *adj.* grave, severe
sexto *adj.* sixth
sí *adv.* yes; certainly; *pron.* **— mismo(a)** itself, herself, himself, oneself, themselves; oneself, etc.
si if
sibilino *adj.* sibyline, prophetic
sicoterapeuta *m. & f.* psychotherapist

SIDA (Síndrome de Inmunodeficiencia Adquirida) *m.* AIDS
sido (*p.p.* of **ser**) been
siempre always; **— que** whenever; **de —** usual; **para —** forever
sierra mountain range
sigla abbreviation by initials, for example, U.S.A.
siglo century
significación *f.* meaning, significance
significado meaning
significar to mean, signify
significativo *adj.* significant
siguiente *adj.* following; next
sílaba syllable
silbido whistle (sound)
silencio silence
silencioso *adj.* quiet, silent
silla chair
sillón *m.* easy chair
simbólico *adj.* symbolic
simbolismo symbolism
simbolizar to symbolize
símbolo symbol
similitud *f.* similarity, similitude
simio simian, monkey
simpatía congeniality; sympathy; friendly feeling
simpático *adj.* pleasant, nice, friendly
simpatizantes *n. & adj.* sympathizers; supportive
simpatizar to sympathize
simple *adj.* simple; plain; artless
simplemente simply
simplificar to simplify
simplista *adj.* simplistic
simultáneamente simultaneously
simultaneidad *f.* simultaneity
sin without; **— embargo** however, nevertheless; **— ánimo de lucro** nonprofit; **— que importe** no matter
sinceridad *f.* sincerity
sindicato labor union
sinfín *n.* endless number, great amount
sinfonía symphony

sinfronteras *adj.* cross-border, international
singular *adj.* unique
siniestramente in a sinister way
siniestro(a) *adj.* evil, sinister
sino but; except
sinónimo synonym
síntesis *m.* synthesis; **en —** in summary
sintetizar to synthesize
síntoma *m.* symptom
siquiera at least; even; **ni —** not even
sirviente(a) servant, maid
sismo tremor, earthquake
sistema *m.* system
sitio place, room, space; **— de estar** sitting or living room; site; **— (de) web** web site
situado *adj.* located, situated
soberanía sovereignty
soberano(a) *n. & adj.* sovereign; king; queen
soborno bribe
sobrado *adj.* more than enough; plenty
sobrar to be more than enough
sobre on; above; about; **— todo** especially, above all
sobrenatural *adj.* supernatural
sobrepasar to surpass
sobresalir to excel; to stand out
sobrevivencia survival
sobrevivir to survive
sobrino(a) nephew; niece
socialista *adj.* socialist
sociedad *f.* society
sociológico(a) sociological
sociólogo(a) sociologist
socorrer to help, aid
socorro help, aid
sofá *m.* couch, sofa, chesterfield
sofocante *adj.* suffocating
sofocar to suffocate
sol *m.* sun
solamente only
solar *adj.* solar, of the sun; plot of ground
soldado soldier
soleado *adj.* sunny
soledad *f.* solitude; loneliness

soler (ue) to be in the habit of
solicitar to ask for; to solicit
solícito *adj.* concerned, solicitous
solicitud *f.* request
solidaridad *f.* solidarity
solitario(a) *adj.* lonely; solitary; **en —** alone; *n.* recluse, hermit
solo *adj.* alone; single; **a solas** alone, by oneself
sólo *adv.* only
soltar (ue) to set free; to let out
soltero(a) *adj.* single, unmarried; *n.* unmarried person
solterón *m.* confirmed bachelor
solucionar to solve
sombra shadow
sombrero hat
sombrío dark and gloomy
someter to subdue; to subject; to force to yield; **—se** to undergo, to submit
sometido *adj.* subdued, put down, subjected, dominated
son *m.* sound, noise; type of Cuban dance
sonámbulo *adj.* sleepwalking
sonar (ue) to sound; to ring
sondeo poll
soneto sonnet
sonido sound
sonoro *adj.* voiced; musical, sonorous
sonreír(se) (i, i) to smile
sonriente *adj.* smiling
sonrisa smile
soñar (ue) to dream; **— con** to dream about
sopa soup
soportar to tolerate, endure
sorbo sip
sordo *adj.* deaf; dull; muffled
sorprendente *adj.* surprising
sorprender to surprise; **—se** to be surprised
sorprendido *adj.* surprised
sorpresa surprise
soso *adj.* tasteless, insipid
sospechar to suspect
sospechoso *adj.* suspicious
sostén *m.* support

sostener to sustain; to hold; to support; to affirm, argue, state
sostenible *adj.* sustainable
sostenimiento vital *m.* life support
sótano basement
Soviética: Unión — Soviet Union
su(b)stancia substance
suave *adj.* gentle; sweet (odor); bland (taste)
subalterno(a) subordinate, employee
subconsciencia (the) subconscious; subconsciousness
subdesarrollado *adj.* underdeveloped
subida rise
subido *adj.* risen; increased
subir to go up, rise, ascend, climb; to raise; **—(se) a** to get on (a vehicle); to take upstairs
súbitamente suddenly
subordinado(a) *n.* subordinate
subrayar to underline; to emphasize
subsistir to exist; to subsist
subterráneo *adj.* underground
suburbios suburbs; slums
suceder to occur, happen
suceso event, happening
suciedad *f.* dirt, filth; dirtiness
sucio *adj.* dirty, filthy
Sudamérica South America
sudeste *m.* southeast
sudor *m.* sweat
suegro(a) father-in-law; mother-in-law
suelas *f. pl.* soles (of shoes)
sueldo salary
suelo floor; ground; soil, land
sueño dream; sleep
suerte *f.* fortune, luck; **buena —** good luck
sufijo suffix
sufrimiento suffering
sufrir to suffer; to tolerate; to undergo
sugerido *adj.* suggested
sugerir (ie, i) to suggest

suicida *m. & f.* suicide (person who commits suicide); *adj.* suicidal
suicidarse to commit suicide
Suiza Switzerland
sujetar to anchor, hold
sujeto *m.* subject
sumamente very, highly, extremely
sumar (a) to add (to); **—se** to join; to support
sumergirse to submerge oneself
sumirse to sink
sumisión *f.* submission
sumiso *adj.* submissive
sumo *adj.* great; *n.* aggregate; sum
suntuosidad *f.* sumptuousness
superado *adj.* overcome
superar to overcome; to exceed; to surpass
superestrella superstar
superfluo *adj.* superfluous
superior *adj.* upper, highest
superioridad *f.* superiority
supermercado supermarket
superpoblado *adj.* overpopulated
superpotencia superpower
supersticioso *adj.* superstitious
supervivencia survival
súplica request
suplicante *adj.* pleading, imploring
suplicar to beg, implore
suponer to suppose; to assume
supranacional beyond one nation
suprimir to eliminate, do away with
supuestamente supposedly
supuesto assumption; *adj.* supposed, assumed; alleged; **por —** of course, naturally
sur *m.* south
sureste *m.* southeast
surgido *adj.* occuring
surgir to appear; to arise; to rise, surge
suroeste *m.* southwest
surrealista *n. & adj.* surrealist; surrealistic

suspender(se) to suspend, stop; to defer; to hang
suspendido *adj.* hanging; suspended
suspenso *adj.* astonished; *m.* suspense
sustancia substance; matter
sustantivo noun
sustentar to support; to sustain
sustituir to substitute, replace
susto scare, shock
sutil *adj.* subtle
sutileza subtlety
suyo his, hers, yours, theirs, its, one's, etc.
suyos: los — one's family

T

tabaco tobacco
tabaquero(a) *n.* tobacco worker
tabla board
tabú *m.* taboo
taciturno *adj.* sullen, taciturn
taco folded tortilla sandwich (*Mex.*)
Tailandia Thailand
taíno(a) *n. & adj.* native Indians of Puerto Rico, Haiti, and eastern Cuba who were decimated by Spanish conquerors and the diseases they brought
tal such (a); **— que** such that, in such a way that; **— vez** perhaps; **¿Qué —?** How are you?; **¿Qué — te gusta...?** How do you like . . . ?
talar to fell (trees); to cut down
tallado *adj.* carved, sculpted
tamaño size
tamarindo tamarind tree (small fruit tree)
tambaleante *adj.* teetering; tottering; shaky
tambalear to totter, lurch
también also; too
tambo (*Mex.*) can; container
tamborete *m.* tambourine
tampoco not either; neither

tan so; such; **— ... como** as . . . as
tanque *m.* tank
tanto(a) so much; as much; **tanto... como** both . . . as well as . . . ; **—s** as many, so many; **por lo —** therefore
tapado *adj.* covered
tapatío *adj.* typical of the state of Jalisco (Mexico)
tapices tapestries
tapón *m.* sink stopper, drain plug; traffic jam
tardanza slowness; tardiness
tardar (en) to take a long time or specified time (in doing something)
tarde *f.* afternoon; **por la —, de la —** in the afternoon; *adv.* late; **hacerse —** to grow late, to get late; **más —** later
tarea task, job
tarima *m.* platform
tarjeta card
tarro jar; tin can
tasa: — de natalidad *f.* birth rate; **— de fertilidad** *f.* fertility rate
tatuajado *adj.* tattooed
tatuaje *m.* tattoo; tattooing (marks or designs on the skin)
taurino *adj.* referring to bullfighting
taza cup
teatro theater
techo ceiling; roof; **— de cristal** glass ceiling
teclear to type
técnico(a) *n. & adj.* technician; technical; *f.* technique; technical ability
tecnología technology
tecnológico *adj.* technological
tejabán (*Mex.*) *m.* country hut made of reed or adobe, with a tile roof
tejano *adj.* Texan
Tejas Texas
tejer to knit
tejido weaving; knitting
tela fabric, cloth; **— metálica** screen

tele *f.* television
teleadicción *f.* compulsive television watching
teleadicto(a) TV addict
telefonista *m. & f.* telephone operator
teléfono telephone
telenovela soap opera
teleserie *f.* T.V. series
telespectador(a) television viewer
televidentes *m. & f.* T.V. viewers
televisivo *adj.* television
televisor *m.* television set
tema *m.* topic; subject; theme
temblar (ie) to tremble
temblores *m. pl.* earthquakes, tremors
tembloroso *adj.* trembling, shaking
temer to fear
temeroso *adj.* fearful
temor *m.* fear
tempestad *f.* storm; tempest
tempestuoso *adj.* stormy
templado *adj.* moderate, temperate
templo temple
temporada time span
temporal *adj.* temporary
temporáneo *adj.* temporary
temporario *adj.* temporary
tempranero *adj.* habitually early or ahead of time
temprano early
tenazas *f. pl.* pliers, pincers
tendencia tendency, trend
tender (ie) to tend; to extend; to spread out; to stretch out
tener to have; to hold; **— derecho a** to have the right to; **— la culpa** to be to blame; **— lugar** to take place; **— que** to have to, must; **— que ver con** to have to do with; **— razón** to be right
tenido (*p.p.* of **tener**) had
tentación *f.* temptation
tentar (ie) to tempt
teoría theory
teóricamente theoretically
teórico *adj.* theoretical

teorizar to theorize
terapéutico *adj.* therapeutic
tercer: — mundo *m.* Third World
tercermundista *n. & adj.* Third World, (person) from or in favor of the Third World
tercio *adj.* third
terco(a) *adj.* stubborn
termal *adj.* thermal; naturally occurring hot water
terminación *f.* end; ending
terminado *adj.* finished; ended
terminar (de) to finish, end
término term; end; **de — medio** *adj.* compromise
ternura tenderness, affection
terraza terrace (agricultural)
terremoto earthquake
terreno ground, land; terrain
terrestre *adj.* earthly; terrestrial
territorio territory
terrorífico *adj.* horrific
tertulia gathering
tesoro treasure
testarudo *adj.* stubborn
testigo(a) witness
textilero(a) textile worker
tibetano *n. & adj.* Tibetan
ticos (*colloq.*) Costa Ricans
tiempo time; weather; **a —** on time; **al mismo —** at the same time; **hacer buen (mal) —** to be good (bad) weather; **perder el —** to waste time; **poco —** a short time, a while; **— completo** full-time
tienda store
tierno *adj.* tender
tierra land; earth; ground; soil; **Tierra Prometida** Promised Land
tieso *adj.* stiff, rigid
tigre *m.* tiger
tijeras scissors
timbre *m.* bell, buzzer; stamp, seal
tímido *adj.* timid, shy
tinta ink; hue
tío(a) uncle; aunt
típico *adj.* typical
tipo type, kind; fellow, guy

tira: — cómica comic strip
tiranía tyranny
tirar to throw; **—se** to throw oneself
tiritar to tremble
titulado *adj.* entitled
titulares *m. pl.* headlines
título title; degree
tiza chalk
tiznado *adj.* blackened
tobogán *m.* toboggan
tocar to touch; to play (a musical instrument); to come to know (by experience) **—le a uno** to be one's turn; to be one's responsibility
todavía still; yet; **— no** not yet
todo(a) all; every; everything; **—s** all, all of them, everyone; **del —** entirely; **sobre —** especially, above all; **con —** however, nevertheless
tolerar to tolerate
tolteca *n. & adj.* relating to the Toltec tribe in Mexico
toma: — de posesión *f.* induction into office
tomado *adj.* taken
tomar to take; to drink; to eat; to seize, take over; **— una decisión** to make a decision
tomas *f.* takes (in filmmaking)
tomatera tomato factory
tonelada ton
tono tone
tontería foolishness; stupidity
tonto *adj.* unintelligent, foolish
topar (con) to bump into; to find
toque *m.* touch; ringing
torbellino twister; whirlwind
torcer to twist, deform
tormenta storm; tempest; **— de nieve** snowstorm, blizzard
tormento torture; torment
tornar to return
torno: en — a regarding
toro bull; **corrida de —s** *f.* bullfight
torpe stupid; dull; clumsy; slow
torpeza stupidity; clumsiness
torre tower; **— de vigilancia** *f.* watchtower

tortilla *f.* flat cornmeal cake
tortuga turtle
tortura *f.* torture
torturar to torture
tosco *adj.* coarse, harsh
toser to cough
totalitario *adj.* totalitarian
totémico *adj.* emblematic (animal)
tra(n)smitir to transmit; to convey
trabajador(a) *n.* worker; *adj.* hard-working
trabajar to work
trabajo work; job
trabajoso *adj.* laborious
tradición *f.* tradition
traducido *adj.* translated
traducir to translate
traer to bring; to have; to wear, have on
tráfico traffic
tragar to swallow; engulf
traído *adj.* brought
traidor(a) traitor
traje *m.* suit of clothes; dress
trama plot (of a story)
trámites *m. pl.* paperwork, form-filing, procedures
trampa trap
trance *m.* critical moment; peril
tranquilidad *f.* tranquility, peace; composure, ease of mind
tranquilo *adj.* calm, tranquil, peaceful
transcurrir to pass, go by
transferencia transfer
transferir(se) to transfer
transformado *adj.* changed, transformed
transformar to transform; **—se** to be transformed
transitar to travel; to pass
tránsito traffic
transmisora *f.* transmitter
transmitir to pass down, transmit
transportar to transport
tranvía *m.* streetcar
trasladar to move; to transfer
trasplantar to transplant

trasplante *m.* transplant, transplantation

trastear to rummage

trastorno disorder

tratable *adj.* courteous; sociable

tratado *n.* treaty (between nations); *adj.* treated, dealt with

tratamiento treatment (medical)

tratar to deal with; to treat; to handle; to discuss, talk about; **— de** + *inf.* to try to; **—se de** to be a question of

trato treatment

través: a — de through, by means of

travestirse to dress like the opposite sex

travieso *adj.* mischievous

trazar to draw

trazo line, stroke

trecho distance

tremendo *adj.* tremendous

tren *m.* train

trepar to climb

triángulo triangle

tribu *f.* tribe

tribuna: — improvisada *f.* soapbox

tribunal *m.* court of justice; tribunal

tributo tribute

tricota *f.* sweater

trinidad *f.* trinity

triste *adj.* sad

tristeza sadness

triunfante *adj.* triumphant

triunfar to triumph, win; to be successful

triunfo triumph; victory

trivialidad *f.* triviality

troca (*Mex.*) truck

trofeo trophy

trompa trunk; horn (instrument)

tronco trunk (of tree); branch (of family tree)

trono throne

tropa troop

trópico tropic(s), tropical region(s)

trozar to break into pieces

trozo piece; selection, excerpt

truco trick

trueno thunder

tubo tube

tucán toucan, tropical bird

tumba grave; tomb

tumbado *adj.* lying down

tumbar to knock down

turbado *adj.* embarrassed

turbar(se) to be upset or disturbed

turbulencia instability, turbulence

turismo tourism

turista *m. & f.* turist

turístico *adj.* tourist

turnarse to take turns

Turquía Turkey

tusa stripped corncob

tuteo use of the familiar form (**tú**) of address

U

u (= **o** before words beginning with **o** or **ho**) or

ubicado(a) located

ubicar to locate; **—se** to locate or situate oneself; to be situated

¡uf! expression denoting weariness, annoyance, or disgust

úlcera ulcer

último *adj.* last, final; ultimate; **por —** finally; **a — hora** at the last minute; *n.* last one

unánime *adj.* unanimous

único *adj.* only; unique

unidad *f.* unity; unit

unido *adj.* close; united

unificar(se) to unite

uniformado *adj.* dressed in uniform

Unión Europea European Union

unir to join; to unite

unísono: al — in unison; all together; unanimously

universidad *f.* university

uno que otro an occasional

unos some; about, approximately

urbanista *m. & f.* urban developer

urbe *f.* city, urban center

urgencia urgency; **de —** urgently

usado *adj.* used

usar to use; to wear

usarse to be the custom, to be the fashion

uso use

usted(es) *sing. & pl. pron.* you

utensilio utensil; tool

útil *adj.* useful

utilitario *adj.* utilitarian

utilizado *adj.* used

utilizar to use; to utilize

uva grape

V

vaca cow

vacación *f.* vacation (usually used in the plural); **de —es** on vacation

vacilante *adj.* hesitant; vacillating

vacilar to hesitate

vacío *adj.* empty

vacuna vaccine

vago(a) do-nothing, loafer, slacker

valenciano *n. & adj.* Valencian (from Valencia, Spain)

valentía courage

valer to be equivalent to; to be worth; to produce; to be valid; *m.* value, worth; dignity; self-respect; **—se de** to use

validez *f.* validity

valido (*p.p.* of **valer**) earned; been worth

valiente *adj.* valiant, brave

valija suitcase, mailbag

valioso *adj.* valuable

vallas metálicas metal barriers

valle *m.* valley; **— fluvial** river valley

valor *m.* value; courage

valoración *f.* appreciation; value

valorar to value, appraise

válvula valve; **— de escape** safety valve

vanamente vainly, in vain

vanguardia vanguard; **de —** in the vanguard, in the lead

vanidad *f.* vanity

vano *adj.* vain, insubstantial; **en —** in vain

vapor *m.* mist; **—es** *m. pl.* fumes

vaquero cowboy

vara rod, stick; staff

variado *adj.* varied

variar to vary; to change

variedad *f.* variety

varios(as) various; several

varón *m.* male, man

vasco(a) *m. & f. & adj.* Basque; **Países Vascos** Basque Country (region in northern Spain)

vascuence *m.* Basque language; Euskara

vaso glass

vaya (form of **ir**): **—, —** well, well

véase (command form of **ver**) see

vecindad *f.* neighborhood

vecino(a) neighbor; resident

vega fertile lowland or plain

vegetal *m.* vegetable

vehículo vehicle

vejez *f.* old age

vela *f.* candle

velador *m.* night table

vellos body hair

velocidad *f.* speed

veloz quick

venado deer; **carne de —** *f.* venison

vencedor(a) *n.* victor, winner; *adj.* victorious

vencer to defeat, conquer, triumph; to win, beat

vencido (*p.p.* of **vencer**) defeated, vanquished

vendedor(a) — ambulante traveling salesperson

vender to sell

venenoso *adj.* poisonous

venerado *adj.* venerated, respected

venerar to worship; to venerate

vengarse to avenge oneself; to take revenge

vengativo *adj.* revengeful

venida arrival; **— al mundo** birth

venido (*p.p.* of **venir**) to come

venir to come; **¿a qué viene?** what's the point?

venta sale; country inn

ventaja advantage

ventana window

ver to see; **a —** let's see; **tener que — con** to have to do with; **—se** to be seen

verano summer

veras: de — really

veraz *adj.* (*pl.* **veraces**) true

verbo verb

verdad *f.* truth; **de —** real, true; **¿de —?** really? is that so?

verdaderamente really

verdadero *adj.* true, real

verde *adj.* green; "dirty" (jokes and stories about sex)

verduras *f.* (green) vegetables

vergonzante *adj.* shameful

vergüenza shame; **sentir —** to be ashamed

verídico *adj.* true

verificar to check; to test; to verify

verja fence, railing

verso line of poetry; verse

vestido *n.* dress; *adj.* dressed; **mal —** poorly, badly dressed

vestigio vestige, trace

vestir (i, i) to dress, put on, wear

vestuario wardrobe, costumes

vez (*pl.* **veces**) *f.* time; occasion; **a la —** at the same time; **otra —** again; **tal —** perhaps; **cada —; de — en —** from time to time; **en — de** instead of; **una —** once; **una — más** once again; **a veces** at times, sometimes; **muchas veces** often; **repetidas veces** often

viajado (*p.p.* of **viajar**) traveled

viajar to travel

viaje *m.* trip

viajero(a) passenger; traveler

vías: en — in the process

vibrar to vibrate

vicio vice

vicioso *adj.* vicious; **círculo —** vicious cycle

víctima victim

victoria victory

vicuña vicuna (South American animal)

vida familiar family life

vida life

vidrio glass

viejo(a) *n. & adj.* old; old man; old woman; term of endearment for mother, father, husband, or wife

viento wind

vientre abdomen, stomache

vietnamita *n. & adj.* Vietnamese

vigencia existence, keeping alive; thriving

vigente *adj.* in force, valid

vigilar to watch over; to keep an eye on

villa country house

vinculado(a) linked, joined (to)

vinculante *adj.* binding

vino wine

viña vineyard

viñatero(a) *n.* grape grower

viñedos *m.* vineyards

violación *f.* rape

violado *adj.* violated, infringed upon; raped

violador *m.* rapist

violar to violate; to rape

violento *adj.* violent

virar(se) to turn around

virgen *m.* virgin; **¡ay —!** good heavens!

virilidad *f.* virility

virtud *f.* virtue; **en — de** by virtue

viruela smallpox

virus *sing. & pl.* virus

visitar to visit

vista view, sight; frame (comic strip); **con —s a** with a view to; with the purpose of

vistazo: echar un — a to glance at

visto (*p.p.* of **ver**) seen

vital *adj.* vital (of life, essential life)

vitrina shop window

viudo(a) widower; widow

vivencia intimate or personal experience

viveza liveliness

vivienda housing

vivir to live; **— en pareja** live as a couple, live together (with a sweetheart or mate)

vivo *adj.* alive; lively; clever

vociferar to shout; to yell

volante *m.* steering wheel

volar (**ue**) to fly

volcán *m.* volcano

volcar to turn upside down; to spill; **—se** to turn, go

voltear to turn around

volumen *m.* volume

voluntad *f.* will; wish; individual's ability to choose

voluntariamente voluntarily

voluntario(a) volunteer

volver (**ue**) to return; **— a** + *inf.* to do again; **—se** to go back; to turn around; to become; **—se loco** to go crazy

vos you

vosotros(as) you (plural form of **tú**, used in most parts of Spain)

votante *m. & f.* voter

voz (*pl.* **voces**) *f.* voice; **en — alta** out loud; **en — baja** in a low tone; in whispers

vuelo flight

vuelta turn; return trip, **a la —** around the corner; **dar —** to turn; **dar una —** to take a walk; **dar —s** to walk in circles

vuestro(a) your; plural form of **tu** used in most parts of Spain

vulgar *adj.* common, ordinary; vulgar

vulgaridad *f.* commonness; ordinariness

vulgo common people

vulnerabilidad *f.* vulnerability

Y

y and

ya now; already; **¡ya!** oh! alas!; **— no** no longer; **— sea . . . — sea** whether . . . or; **— que** because, since

yacía place to lie down

yate *m.* yacht

yerba herb; grass

yo I

yopo hallucinatory substance

yuca yucca (plant with fibrous leaf)

Z

zafarse to get loose

zaguán *m.* entry; front hall

zapato shoe **— de tacón** high heels

zarpazo thud, bang, whack

zona area; zone

zurvanitas *m. pl.* followers of **Zurván**, ancient Persian god of time and destiny

Credits

Capítulo 1

12: Asociación Cultural Nueva Acrópolis, "El misterio de los delfines" from *Nuevo Diario*, Managua, Nicaragua. Reprinted by permission.

18: La Primavera. © 1999 Sony/ATV Music Publishing, LLC, Insignia Music, Insignia Music Publishing Companies, MCA Music Publishing. All rights on behalf of Sony/ATV Music Publishing LLC and Insignia Music administered by Sony/ATV Music Publishing LLC, 8 Music Square West. Nashville, TN 37203. All rights reserved. Used by permission. Words and music by K. C. Porter, J. B. Eckl, and Chein Jose Garcia-Alonso. Copyright © 1999 by Olinga Music and Insignia Music. All rights reserved. Used by permission.

22: Paco Rego, "Así será el mundo" *El Mundo*, February 18, 2007. Reprinted by permission.

39: Luís Rosado Vega, "El indio y los animales" from *El alma misteriosa del Maya*. Reprinted by permission of Librería y Ediciones Botas. S.A., México

Capítulo 2

60: Miguel Hernández, "Guerra", by permission of Centenario Miguel Hernádez, España.

64: "Lamento Borincano" written by Miguel Hernández. Copyright © 1930 Peer International Corporation © Renewed. International Rights Secured. Used by Permission, All Rights Reserved.

72: Eva Perón, "La razón de mi vida" (excerpts), by permission of Blanca Duarte de Álvarez Rodríguez and Erminda Duarte de Bertolini.

89: Denevi, Marco, *Falsificaciones*, Buenos Aires, Corregidor, 2007.

Capítulo 3

106: María Eugenia Estenssoro, "La ventaja de ser mujer", by permission of the author.

111: "Juntos" by Alberto Aguilera Valadez. © 1984 Alma Music. All Rights Administered in the U.S. and Canada by Universal Music – MGB Songs (ASCAP). Used by Permission. All Rights Reserved.

118: Judith Guzmán Vea, "El amor y el deseo", by permission of Dr. Tino Villanueva.

119: Mario Benedetti, "Viceversa", © Mario Benedetti,

120: Luis Cernuda, "Qué más da", from *Poesía Completa*, Vol. 1, by permisssion of Angel M. Yanguas Cernuda.

121: Gioconda Belli, "Reglas del juego para hombres que quieran amar a mujeres mujeres" from *La Costilla de Eva*, by permisssion of the author.

Capítulo 4

Capítulo 5

Capítulo 6